高等院校文化产业基础教材

WENHUA CHANYE

丛书主编 王育济 韩 英

文化产业项目管理

唐建军 编著

海峡出版发行集团 THE STRAITS PUBLISHING & DISTRIBUTING GROUP | 福建人民出版社 FUJIAN PEOPLE'S PUBLISHING HOUSE

图书在版编目（CIP）数据

文化产业项目管理/唐建军编著．--福州：福建人民出版社，2017.2（2025.7 重印）

高等院校文化产业基础教材/王育济，韩英主编

ISBN 978-7-211-07568-3

Ⅰ.①文… Ⅱ.①唐… Ⅲ.①文化产业—项目管理—高等学校—教材 Ⅳ.①G114

中国版本图书馆 CIP 数据核字(2017)第 015538 号

文化产业项目管理

WENHUA CHANYE XIANGMU GUANLI

作　　者： 唐建军

责任编辑： 黄须友

出版发行： 福建人民出版社　　**电　　话：** 0591-87533169(发行部)

网　　址： http://www.fjpph.com　　**电子邮箱：** fjpph7211@126.com

地　　址： 福州市东水路 76 号　　**邮政编码：** 350001

经　　销： 福建新华发行（集团）有限责任公司

印　　刷： 福州万达印刷有限公司

地　　址： 福州市闽侯县荆溪镇溪头工业区徐家村 166-1 号

开　　本： 787 毫米×1092 毫米　1/16

印　　张： 21.5

字　　数： 356 千字

印　　数： 8001—9000

版　　次： 2017 年 2 月第 1 版　　2025 年 7 月第 4 次印刷

书　　号： ISBN 978-7-211-07568-3

定　　价： 55.00 元

序

2004 年 1 月，教育部新设“文化产业管理”本科专业，山东大学历史文化学院成为全国首批承担这一专业的四所院系之一，并于当年实现了本科招生。次年春，山东大学文化产业管理学系成立。

任何一门学科的基础与范式，都只能建立在对研究史的总结之上，这是学科建设的第一块基石。山东大学已故史学名师郑鹤声先生有言：历史系每成立一个教研组，其首要工作必是整理学界相关著述之索引。基于这种办学传统，山东大学文化产业管理学系成立伊始，即会同历史系、档案系、考古系等，着手基础资料库的建设，并渐次启动《中国文化产业学术年鉴 1979—2008 年卷》的编纂工作。《中国文化产业学术年鉴》按学术编年史的框架，通过“年度学术论著选编”“评价集成与结论”“研究总目索引”等形式，对改革开放 30 年来中国文化产业研究的学术历程进行了系统的梳理。《中国文化产业学术年鉴》的编纂工作历时 7 年，出版后获得学术界、文化界的广泛好评，被认为是“涵盖了近 30 年相关领域中最完整的学术信息和最丰富的理论内容，既包括文化产业的概念、定义、逻辑内涵、行业边际、学科特点等学理方面的研究，又包括中国文化产业的历史、现状、行业模式、区域布局、新兴业态、业内典范等方面的宏观理论、政策和案例研究……近 700 万字的各类索引，更是为文化产业的学术理论研究和文化产业发展提供了海量资讯”（《光明日报》2010 年 3 月 31 日）；产业界、政府管理层，甚至央视《新闻联播》等，也对这套历时 7 年而成的学术年鉴给予了特别关注。

与《中国文化产业学术年鉴》相类似，现由福建人民出版社出版的这套“高等院校文化产业基础教材”，也是山东大学文化产业管理学系成立伊始即已启动，历时多年才完成的一套大学本科基础教材。首批推出的六种分别是：《文化产业概论》《文化产业管理学》《文化资源学》《文化产业文献导读》《文化产业知识产权》《广告创意与文案策划》。这六种教材所对应的都是山东大学文化产业管理专业的核心课程，从最初的备课教案、自编讲义开始，经历过2004年至2012年间的若干轮授课实践和若干轮修改。同时，这也是目前国内唯一一套由同一所院系的一线授课教师完成的本科基础教材。因而，除了相对严谨、扎实之外，这套教材也非常适合大学本科教学。

作为一套完全由山东大学一线授课教师所完成的教材，自然还会表现出某些“山大特色”，即山东大学师生有关文化产业的某些共识性的理念。

第一，关于“文化产业”自身的发展历程，我们的共识有两点：

1. 认为“文化产品”的历史可以追溯久远，但“产业”意义上的“文化产业”则是现代“工业革命”后形成的一种产业体系。工业革命提供了强大的能源动力，如留声机、照相机、印刷机、播放器、摄影机等可以把一件文化产品按产业的需求海量复制，火车、轮船、飞机又足以把海量文化产品的营销链条无限延展。正是伴随着工业文明体系的建立，才产生了真正产业意义上的现代文化产业。

2. 认为“农业文明”关联的只是“文化产品”，“工业文明”关联的是“现代文化产业”，而数字技术关联的则是“当代文化产业”。数字技术对文化产业的最大影响，就是使文化产品彻底突破了时间与空间的限制，从而创造出巨大的利润，“文化产业”也因此而成为“朝阳产业”“黄金产业”，或“最后一块暴利蛋糕”。但是，这也同时提醒我们，不能笼统地把“文化产业”认定为“朝阳产业”，只有数字技术所催生的“当代文化产业”才是“朝阳产业”。从这一意义上说，以“三屏产品”（电视屏、网络屏、手机屏）为代表的数字文化产业，应该成为当代文化产业发展的主要方向。

第二，关于文化产业的公众认知和理论导向，我们的共识有四点：

1. 认为“文化、创意、财富”是文化产业三个最为本质的表达元素，也是“文化产业”最通俗、最平实的诠释。

2. 认为“文化”经过“创意”而产生“财富”，这之间并不存在“阿里巴巴”式的神话，存在的永远是《资本论》中所描述的从商品到货币的“惊险一跃”。而且，与工业、农业相比，文化产业的市场需求是“弹性”而非“刚性”的，这也就意味着这一产业更大的风险性。因而在宣传文化产业是“黄金产业”“最后一块暴利蛋糕”的同时，更应突出“文化产业的高风险性”这一往往被忽视的观点。

3. 认为文化产业的发展对“文化”始终是一把双刃剑，既有普及、提升文化的功能，又始终包含着强烈的“反文化性”。

4. 高度认同“历史文化资源的丰富是中国文化产业的最大特点和最大的优势所在”。2002 年的中国共产党第十六次全国代表大会，首次在大会报告中提出发展文化产业的战略部署。2003 年 1 月，时任中共中央政治局委员、中国社科院院长的李铁映撰文指出：“中华民族有着五千年悠久的历史和灿烂的文化，其文化累积之丰厚、文化形态之多样和文化哲学之深刻，是世界上其他国家少有的。这是一笔怎么估价也不过分的宝贵的文化资源，是我们得天独厚的优势。对于中国新兴的文化产业来说，启动并整合、包装这些文化资源，就有可能形成具有中国特色的文化产业，并在全球市场的激烈竞争中占有可观的优势。”这些关于中国文化产业优势与特征的科学认识，至今仍然有着强烈的导向意义，当下中国文化产业最现实、最积极的发展策略就是如何将“历史文化资源大国”变为“文化产业强国”。这其中，历史文化资源与数字技术的结合，可能是最值得关注的方向。

第三，关于近 30 年中国文化产业理论研究的“学理架构”和当下的学科建设，我们的共识有三点：

1. 认为“文化产业”这一概念在近 30 年的中国出现，并不是对法兰克福学派“文化工业”概念的简单转译，它的生成，可以直接追溯到改革开放之初对知识分子地位的认定：由于当时知识分子已从“臭老九”跃升为工人阶级的一部分，于是各个“知识部门”，如教育、文化部门等，也就与“农业”“工业”一样，成为“一种生产部门，一种产业部门”。正是在这种理论思维的推动下，“第三产业”的概念在 1980 年前后即为中国学术界所关注。“第三产业”作为一个包含着“知识生产”在内的术语，又直接导致了“文化产业”这一概念的生成。因而早在 1981 年就出现了“文化的产业化”的说法，出现了“第四产业”与“精神经济学”之间的讨论，至 1987 年就出现了“文化产业”的概念。尽管当时尚无学者对这一概念进行定义，但是这一概念所具有的“望文生义”的优势十分明显，与中国传统思维的路数亦十分吻合——无需定义和解说，即可粗知内涵。正因如此，“文化产业”这一概念才能超越“第四产业”“精神经济学”，以及后来的“文化工业”“创意产业”“内容产业”“版权产业”等外来概念，被中国学术界和社会普遍接受。“文化产业”这一概念在中国首度出现的时间是 1987 年，远早于 20 世纪 90 年代末才为学界所引介的“文化工业”，因而“文化产业概念的内生性”，是近 30 年来中国文化产业理论最重要的“学理性起点”。

2. 认为作为国家战略层面上的文化产业发展起始于近十年，但关于文化产业的学术研究则贯彻于近 30 年。其中重要的节点是：1979 年以来经济学界关于“精神产品”和“知识价值”的讨论；20 世纪 80 年代学术界关于“第三产业”“第四产业”“精神经济学”“文化市场”“文化个体户与经纪人”“文化搭台与经济唱戏”“大众消费文化与精英文化”的讨论；20 世纪 80 年代中期“文化产业”概念的首度出现，以及 20 世纪 90 年代有关“文化产业”“创意产业”“版权产业”“文化经济学”“文化管理学”的诸多讨论；2000 年以来关于“文化事业与文化产业”的讨论，以及党的十六大以后国家战略层面上的文化产业研究等等。对这些节点进行整合性梳理，可以为当下中国文化产业学科奠定坚实的基石，也是创立有中国气派、中国风格的文化产业理论体系的必由之路。

3. 认为文化产业管理专业作为教育部新设的一个十分年轻的应用型专业，就其人才培养目标而言，可以简单表述为：既要有纵贯古今的文化视野，也要有策划经营的文化理念，以及现代产业意识和经营思路的复合型人才。但就课程的设置和教学的重心而言，文化产业管理专业显然应该与具体的工艺美术设计、图书编辑出版、游戏创意、景区规划，以及演艺产业、广告产业、体育产业、旅游产业等有所区别。所以，在文化产业的教学、科研和学科建设中，应该突出“通识意识”“学问意识”和“经典意识”，要从学术史的梳理中奠定这一应用学科的学理基础；要引导学生关注工业革命以来有关“文化工业”“文化产业”的经典文献，关注近 30 年来中国学术界在文化与文化产业问题上的深度思考，从而保持大学教育应有的内在思想的活力、反省能力、质疑能力和价值动力。换言之，“文化产业”这一学科所面对的问题可能非常现实、非常政治和非常经济，但大学教育和学科建设仍应该与“现实”“政治”“经济”拉开距离，要努力建立并坚持大学自身的学术话语，并依据大学应有的治学逻辑设计学科建设的路径。

以上理念和观点主要体现在《山东大学关于增设“文化产业管理”本科专业的建议报告》（2003 年）、《山东大学关于建立山东省文化产业研究基地的论证报告》（2003 年）、《培养文化产业管理专业的合格人才》（2004 年）、《文化产业：学术阐释的原则与目的》（2006 年）、《加强文化产业的基础理论研究》（2006 年）、《文化·创意·财富：三论“文博会”主题词》（2006 年）、《论文化、创意、财富三者之间的关系》（2006 年）、《关于文化创意产业的几点认识》（2006年）、《也谈文化与文化产业的关系》（2006年）、《1987：中国文化产业的重要节点》（2009年）、《中国文化产业学术年鉴2003—2008年卷出版说明》（2009年）、《中国文化产业学术年鉴1979—2002年卷特别说明》（2009年）、《文化产业学科建设要有四大意识》（北京大学第七届文化产业新年论坛主题发言）（2010年）、《济南历史文化资源与文化产业》（济南市政策研究室委托课题结项报告；文化部基层文化干部培训班讲义）（2012年）、《数字技术与当代文化产业》（济南市第三届青年科学家论坛主题发言）（2012年）等相关文献和著述中。山东大学的各位同仁在教学和研究中对这些方面的问题思考和讨论也较多，所形成的共识也都以这样或那样的方式渗透、沉淀在这套教材的相关章节之中。这也使得这套教材有了一些区别于其他著述的显著特色。

这套“高等院校文化产业基础教材”的出版，得益于福建人民出版社的全力支持和赖炳伟先生的促成，从选题调研、审定编写提纲、编稿到今天的付梓，时间已过去了一年多，这期间，赖炳伟先生以及责任编辑们的工作热忱和辛劳，感动了我们每一位作者。可以说，没有他们的努力，这套教材可能还会以内部讲稿的形式存在若干年。

《中国文化产业学术年鉴1979—2008年卷》的编纂和这套教材的出版，大致夯实了山东大学文化产业学科建设的基础，但能否在这一基础上更筑层楼，显然还有待更多的努力。

是为序。

王育济

2012年8月23日

目　　录

第一章　项目与项目管理概述

现代项目管理是管理学中的一个基本概念。管理学体系庞大，内容繁杂，按照不同标准可以进行各种各样的分类。其中一种最为重要的分类方法就是按照管理对象进行分类，可以分为日常运营管理和项目管理。人类有组织的活动通常划分为两种类型：一类是连续不断、周而复始的活动，如企业的日常活动，对这类活动的管理就是日常运营管理；另一类是临时性的、一次性的活动，如穿越英吉利海峡、开发新一代 Windows 系统、筹备下一届在北京举行的奥运会等等，对这些活动的管理就是项目管理，它是在一定时间内，满足一系列特定目标的多项相关工作的总称。

第一节　什么是项目

一、项目的定义

作为一种实践活动，项目由来已久，古代著名的项目有中国的都江堰、长城和埃及金字塔、巴比伦的空中花园等，现代社会项目更是数不胜数，小到一次聚会、一次庆典，中到一场文化演出、一项建筑工程，大到阿波罗登月计划、三峡工程、“神舟九号”等，人类数千年来各种有组织的工作和活动都可视为项目。

人们对于项目的定义有很多，具有代表性的有以下几种：

美国项目管理协会（Project Management Institute，PMI）的定义：项目是为提供某种独特产品、服务或成果所做的临时性努力。

国际标准组织（ISO9000）：项目是由一系列具有开始和结束日期、相互协调和控制的活动组成的，通过实施活动而达到满足时间、费用和资源等约束条件和实现项目目标的独特过程。

《中国项目管理知识体系纲要》中的定义：项目是为完成一个唯一的

产品或服务而进行的一种一次性努力。

德国 DIN69901 对项目的定义：项目是指在总体上符合如下条件的唯一性任务：①具有预定的目标；②具有时间、财务、人力和其他限制条件；③具有专门的组织。

美国项目管理大师哈罗德·科兹纳（Harold Kerzner）的定义：项目是具有以下条件的任何活动和任务的序列：①有一个将根据某种技术规格完成的特定的目标；②有确定的开始和结束日期；③有经费限制；④消耗资源（如资金、人员、设备等）。

现代项目管理理论认为：项目是一个组织为实现自己既定的目标，在一定的时间、人员和其他资源的约束条件下，所开展的一种有一定独特性、一次性的工作。

从各种各样的项目定义中可以看出，现代项目管理所定义的项目包括各种组织所开展的各式各样的一次性、独特性和有创新性的任务或活动。根据这一定义，一些典型的项目例子如：

· 新产品或新服务的开发项目
· 技术改造与技术革新项目
· 组织结构、人员配备或组织模式的变革项目
· 新型交通工具的设计项目
· 科学技术研究与开发项目
· 信息系统的集成与开发项目
· 应用软件的开发项目
· 建筑物、设施或民宅的建设项目
· 政治或社会团体组织和推行一项新行动
· 大型体育比赛项目或文娱演出项目
· 开展一项新经营活动的项目
· 各种服务作业项目

二、项目的特征

人们要认识项目的本质，除了要知道项目的定义，还必须知道项目所具有的各种特性。不同组织或不同专业领域的项目具有各自独有的特性，但从本质上说，不同项目还具有共同的特性，这些共同特性主要包括以下几个方面：

（一）目的性，或者说目标的明确性。任何项目都是为实现特定的组

织目标服务的。目标，即可交付成果（deliverable），是项目一切工作的核心，定义了项目和项目团队的特点。实施项目是为了产生有形的结果，比如新产品或者服务。不论是修建一座桥，实施一项新的操作系统，还是赢得一次总统选举，目标必须是明确的，而项目工作必须是围绕这个既定目标而开展的。项目的目标如果发生了较大或实质上的变动，就成为另一个项目，而不再是原来的项目。

（二）独特性或创新性，即项目的独一无二性，项目是人们用来改变世界的一种主要方式，项目在此之前从来没有发生过，将来也不会在完全相同的条件下再发生，每个项目都不同于其他项目。任何一个项目的目标、可交付成果和项目的具体工作在某些方面总是与其他项目不同，因为每个项目都会在某些方面是全新的和独特的。比如，每个人的婚礼都是一个项目，因为每个人的婚礼和别人的婚礼相比总有许多独特的地方，即使有些婚礼发生在相同区域，有着一些相同风俗，但在婚礼的具体内容和形式上，以及时间、地点、人物等各个方面仍然存在各自的特性。项目的独特性是项目相互区别的根本特性。

（三）一次性，也被称作项目的时限性，是指每个项目都有自己明确的起点和终点，都是有始有终的。项目的起点就是项目开始的时间，项目的终点就是项目终止的时间。项目终止既可以是因为项目目标得以实现而终止，也可以是项目目标无法实现而被迫终止。应特别注意的是，项目的一次性与项目持续时间长短无关，不管项目持续多长时间都是有始有终的，许多项目要持续数年甚至数十年，也有许多项目持续几天甚至几个小时。项目的一次性是项目区别于日常运营的关键特征。

（四）制约性。每个项目都会在一定程度上受客观条件和资源的制约。项目条件的制约包括时间限制、预算限制、人员限制、技术限制、信息限制、设备条件限制等方面；项目资源的制约包括人力资源、物力资源、时间资源、技术资源、信息资源等。项目的制约性是决定一个项目成败的关键特征之一，也是项目管理必须关注的项目基本特征之一。

（五）风险性。每个项目都有一定的风险性，这种风险性是由于项目环境和条件的不确定性以及人们决策的失误等因素引发的。由于项目的各种条件和环境具有不确定性，当项目条件向有利方向发展时，项目就可能获得额外收益，而当项目条件向不利的方向发展时，项目就有可能遭受额外的损失。项目的风险性是项目区别于日常活动的最重要特征之一，项目风险管理是现代项目管理的重要内容之一。

（六）过程性。项目是由一系列的项目阶段、项目工作或项目活动所构成的一个完整的过程。在项目过程中，项目团队不断地开展计划、组织、实施、控制和决策，最终生成项目可交付成果和实现项目目标。项目的过程性使得人们在进行项目管理时，通常先要将项目划分为阶段，再将项目阶段划分形成项目工作包，最终将项目工作包进一步划分为一系列的项目活动，然后再根据项目的过程性管理好一个项目的各个阶段、工作包和活动所构成的项目全过程。

项目除了上述特性外还有其他一些特性，包括项目后果的不可挽回性和项目组织的临时性与开放性等等。

项目的这些特性相互关联、相互影响并共同作用，继而决定项目的成败。比如，项目的独特性要求项目必须有不同程度的创新，而只要有创新就包含着各种不确定性，从而引发项目的风险性。再如，项目组织的临时性和开放性是跟项目的一次性密切相关的，因为项目的一次性意味着项目一旦结束，项目团队的相关成员就要离去或遣散。同时，由于项目是一次性而不是重复性的，所以项目的阶段成果或项目的最终可交付成果一旦形成后基本是无法改变的，这就造成了项目后果的不可挽回性。

三、项目的分类

为了更好地认识项目，揭示项目的内涵和特征，按照不同的标准对项目进行分类非常必要。综合现代项目管理的理论，人们对项目的分类主要有如下几种：

（一）按项目所属规模划分

按项目规模大小，可以将项目划分为特大、中等、微小三类。按照规模大小划分项目的目的是提醒项目团队注意项目涉及的范围和影响层次，从而有效地分析影响项目的具体因素。例如，三峡工程作为一个特大项目，它涉及旅游、移民、气候、国家安全等诸多问题；而某一城市的博物馆建设可以看作是中等项目，它需要考虑的是对当地经济、社会的影响。一家婚庆公司的婚礼策划项目可以看作是微小项目，它需要考虑的是公司内外部的竞争环境问题。

近年来随着项目概念的拓展，衍生出另一种按项目规模大小分类的方法，即把项目划分为项目组合（project portfolio）、项目群（program）、项目（project）和子项目（subproject），它们之间存在一定的层次关系，项目组合包含一系列的项目群和项目，项目群包含有一系列的项目，项目又包含有多个子项目。

（二）按项目所属主体划分

按照项目所属主体，可以把项目划分为私人项目和公共项目。私人项目主要包括各种营利性组织或个人以增加收入、获得利润为目的开展的各种项目活动，如新产品研发、影视剧策划、旅游项目规划等；公共项目主要包括由政府或者其他非营利组织以增加社会福利或公益目的而开展的各种项目活动，如城市基础设施建设项目、博物馆展览项目、各种义演活动项目等。

（三）按项目所含风险大小划分

按风险大小可以把项目划分为高风险项目、中度风险项目和低风险项目。从某种意义上说，任何项目都存在风险，但风险大小的确存在差异。项目团队的主要任务之一就是要甄别风险大小，采取相应措施，降低风险发生的可能，将项目风险控制在可接受范围之内。

（四）按项目周期划分

按照项目周期差异，项目可划分为长周期项目和短周期项目。短周期项目可以短到一天或数天之内，长周期项目可以长到数年或数十年。一般说，大型项目、复杂项目都有较长周期。如当今世界最大的水力发电工程——三峡大坝项目，始于 1994 年，结束于 2006 年，历时 12 年。项目周期越长，意味着项目所蕴含的风险越高，而后续管理也越难。

（五）按项目成果划分

按照项目成果划分，项目可以划分为有形产品项目和无形产品项目两种。有形产品项目的可交付成果是看得见、摸得着的，包括各种建设工程、仪器设备开发等等；无形产品项目的可交付成果表现为服务或创意，如技术服务、营销创意、产品创意等等。应注意的是，因为产品的有形性和无形性是相互包容的，所以任何项目都不可能绝对地划分为有形或无形。例如，建设工程项目直接提供有形产品，但同时也提供无形产品，如服务、知识、信息、商业模式、品牌等，以此来烘托有形产品的成功；而产品创意也必须依附于一定的有形产品形式才能呈现出来，使之具象化。

四、项目与日常运营的关系

在相对封闭和确定的环境中所开展的具有重复性、持续性、周而复始的活动，通常被称作日常运营或常规工作（operation 或 routine），像企业定型产品的生产与销售、铁路和公路客运系统的经营和运行、政府的日常办公等都属于这一范畴；在相对开放和不确定的环境下所开展的独特性、一次性的活动，通常被称为项目（project），像建筑物的建设、奥运会的组织、新产品的研发等都属于这一范畴。这两种不同的社会活动既有关联，又有许多本质的不同。

项目是创新的手段，项目的根本目的是为创造具有某种独特性的新成果，所以有人又将项目称为“独特性任务”①。而日常运营的根本目的是使用相关项目所生成的成果去开展周而复始的工作从而获得相应的回报，既包括对于日常运营活动的回报，也包括对于相应项目工作投入的回报。实际上，在人类社会中通常都是先有项目的投入，后有日常运营的开展和对于前期投入的回收，换句话说，人类社会的活动总是先有项目，然后才有对于项目成果的运营。例如，人们只有先修好了都江堰才能用它开始日常的浇灌，人们只有建成运动场馆才能使用和运营，只有完成新产品的开发项目才能投入新产品的生产和经营。实际上人类社会中没有哪种日常运营活动是不需要先行完成项目工作并取得成果就能开展的，但是却有只有项目而没有日常运营的情况存在。例如，奥林匹克运动会对于任何一个主办城市来说都是一个伟大的项目，但是没有哪个主办城市专门做奥林匹克运动会的日常运营。

一般在日常运营中存在着大量的确定性、程序性、常规性和不断重复的活动，而项目是离散的活动，与重复性相悖，是运作于正式渠道之外的一次性活动，它将具有不同职能专业知识的成员集中起来，并在不确定的情况下运作，有时还会对企业日常运营活动造成冲击。由于项目具有一次性，所以它并不遵循操作的常规标准，它以不同的方式处理事务，因此有时也会展现一些更好更新的处理事务的方式。

项目和日常运营还具有不同的组织方式。一般开展日常运营的组织是相对不变化的，因此日常运营的组织多数是基于分工的直线职能制组织；由于项目是一次性的和相对不确定的，所以项目组织都是相对变化的和临时性的，因此项目的组织形式多数是基于合作的团队。在商业全球化的新环境中，很多企业的项目活动已经跨越了组织边界，他们为了获得更多的机遇而与其他企业保持长期的合作关系，因此，项目是促进合作的最普遍方法之一，既跨越职能部门又跨越组织。

---

① ［英］格特（Gert Wijnen）、鲁迪（Rudy Kor）著，戚安邦等译：《独特性任务的项目和项目群管理方法》，天津，南开大学出版社，2005。

五、项目成功的标志

一个项目是否成功，必须考察限定项目的本质因素，也就是时间、预算、绩效和客户接受度。

（一）时间。项目受到特定时间的约束，项目必须在规定的时间内完成。项目不能无限期进行下去，因此项目管理的第一个约束所涉及的基本要求是：项目必须在规定的进度计划内完成或者提前完成。

（二）成本。任何项目的第二个关键约束是有限的预算。项目必须在预算允许的范围内，尽可能有效地利用资源。因此，项目的第二个约束引起的问题是：项目是否在规定的预算内完成？

（三）绩效。所有的项目开发都必须遵循既定的技术规范。项目开始前要知道项目预期是怎样的，最终产品应该是怎样的。项目客户都希望项目按照他们期望的要求开发出来，绩效标准的应用常常是指对项目产出物进行“质量”检查。

（四）客户接受度。项目是为客户开发的，项目的目标也是为满足客户的需求。客户对所完成项目的满意度也是项目的重要约束因素之一。

第二节　什么是项目管理

项目是企业创新的手段。随着知识经济和信息时代的到来，项目开发与实施日益成为社会获取物质和精神财富的手段，任何项目要想取得预期成果就需要进行管理，项目管理成为最受组织欢迎的工具之一，也成为发展最快、使用最为广泛的管理领域之一。

一、项目管理的定义

国内外学者、项目组织从不同的角度对项目管理做出不同的定义。

哈罗德·科兹纳博士在他的代表作《项目管理》中是这样定义项目管理的：为了实现特定的目的与目标，我们制定了相对短期的目标。项目管理就是对公司的资源进行规划、组织、指示和控制，从而实现这样的短期目标。进一步说，项目管理通过将具体项目（水平层面）分派给职能部门（垂直层面），利用系统方法进行管理。①

① ［美］哈罗德·科兹纳（Harold Kerzner）著，杨爱华译：《项目管理》，北京，电子工业出版社，2010。

美国项目管理协会（Project Management Institute，PMI）对项目管理的定义是：项目管理是通过应用和综合诸如起始、计划、实施、控制和结束的项目管理过程。[①]

国际标准化组织（ISO）对项目管理给出这样的定义：项目管理包括在一个连续的过程中为达到项目目标而对项目各方面所进行的规划、组织、监测和控制。[②]

现代项目管理理论一般认为项目管理是运用各种相关的知识、技能、方法和工具，为满足或超越项目有关各方对项目的要求与期望，所开展的项目起始、计划、组织、控制和结束的管理活动。这个定义揭示了项目管理的手段、根本目的和根本任务，项目管理的手段是运用各种相关的知识、技能、方法和工具，去开展各种各样的管理活动，这些相关的知识、技能、方法和工具既包括各种管理方面的相关知识、技能、方法和工具，也包括项目所属专业领域的各种相关知识、技能、方法和工具；项目管理的根本目的是满足或超越项目有关各方对项目的要求与期望，因为一个好的项目管理活动应该不仅能够满足项目各方的要求和期望，甚至应该达到使得项目各方“大喜过望”或“喜出望外”的结果；项目管理的根本任务是开展项目的起始、计划、组织、控制和结束的管理活动，这些管理活动构成了项目管理的过程，这种管理过程不仅贯穿整个项目过程，而且贯穿于项目实施的不同阶段。

二、项目管理的基本特征

为了更好地理解项目管理的概念，我们有必要进一步探讨一下项目管理的特征。现代项目管理理论认为项目管理具有以下特征：

（一）项目管理的普遍性

项目管理的普遍性是由项目的普遍性决定的，项目作为人类创新的活动方式普遍存在于人类社会活动中，甚至可以说人类现有各种物质文化成果最初都是通过项目方式开始的，为了满足人们更高程度的物质文化需求，就需要不断创新地开发项目，也需要通过项目管理去实现组织既定的项目目标。

---

① ［美］项目管理协会著，卢有杰、王勇译：《项目管理知识体系指南》第三版，87页，北京，电子工业出版社，2005。

② 国际标准化组织：ISO10006《项目质量管理指南》，56页，北京，标准出版社，1997。

（二）项目管理的创新性

项目管理的创新性，一方面是指由于项目管理对象（项目）本身具有的创新性而要求项目管理也必须具有创新性；另一方面是指即使是对同类项目的管理，也没有一成不变的管理模式和管理方法，人们必须通过管理创新去实现具体项目的有效管理。创新是项目管理的核心内容之一。

（三）项目管理的目的性

一切项目管理活动都是为实现“满足或超越项目各方对项目的要求与期望”这一根本目的。其中，项目各方对于项目的要求是明确规定的项目目标或指标，而项目各方对于项目的期望是一种人们潜在的愿望和追求，也是项目组织必须重视和必须努力实现的。例如，一个艺术馆建设项目，项目业主会提出项目的具体要求和指标，但在这些要求和指标之上，他们还希望艺术馆在某些方面能够建造得更好一点，超出他们的期望，带来意外惊喜，项目管理者应该努力运用自己的项目知识和技能去发现潜在的要求和期望，并设法满足这些要求和期望。

（四）项目管理的独特性

项目管理既不同于一般企业的日常运营管理，也不同于常规的政府行政管理，而是一种为完成独特的任务而设计的一套完整的管理体系，有自己独特的管理方法、体系和工具。虽然在项目管理中也使用某些一般管理的原理和方法，但每个具体项目的管理都会有许多自己独特的要求、内容和方法。

（五）项目管理的过程性

项目是由一系列的阶段所构成的一个完整过程，所以项目管理也必须分阶段开展且贯彻于项目的全过程。项目管理的过程性要求人们在项目管理中不但要分阶段对不同性质的项目工作进行管理，而且要不断地根据项目的发展变化开展项目的管理。所以实际上项目管理的过程就是一个学习和变更的过程，一个不断获得信息、做出决策并根据项目实际情况进行变更的过程。

另外，项目管理还有许多其他特性，如团队性、集成性、复杂性等等。这些项目管理特性决定着项目的具体实施过程，对项目成败有重要作用。

三、项目管理与日常运营管理的不同

项目与日常运营之间存在很多不同，决定了项目管理与日常运营管理之间也有很大不同。认识这些不同，对于我们更好地认识项目管理的内涵、更好地实施项目管理有重要意义。

（一）两者的管理对象不同

项目管理的对象是具体的项目，是一次性的、独特的项目活动，所以项目管理的主要内容是关于项目的定义和决策、设计和计划、实施和控制、完成和交付等不同阶段的管理，具体内容包括项目质量、范围、时间、成本、集成、采购、沟通、人力资源和风险等方面的管理。日常运营管理的对象是企业或组织的日常运营，是重复性的、经常性的日常运营活动，是关于日常运营的计划、组织、领导和控制，具体内容包括供应、生产或服务、销售、人事、财务、物资、信息等方面。

（二）两者的管理原理不同

项目管理是一种基于活动和过程的管理，而日常运营管理是一种基于分工和职能的管理。所以项目管理是按照基于活动和过程的非程序化和非结构化的管理原理展开的，它更加强调集成管理和团队合作，而日常运营管理是按照基于分工和职能的程序化和结构化的管理原理展开的，它更加强调专项管理和职能管理。由于项目管理比日常运营管理在原理上更加非程序化和非结构化，从而更具有独特性和创新性。

（三）两者的管理目标不同

项目管理的目标关注的是一次性和独特性的项目本身的成败，其根本目标是如何使用最小的成本按时生成项目的产出物，去满足或超越项目各方的要求和期望，而日常运营管理的根本目标是日常运营本身的正常与否和能否持续日常运营并盈利，保证重复性和持续性日常运营的正常开展。

（四）两者的管理方法不同

项目管理的方法是针对项目的一次性和独特性以及项目管理的集成性和创新性等特性生成的，日常运营管理的方法是针对日常运营的重复性和经常性以及日常运营管理的职能性和程序性而生成的。例如，在项目人力资源管理中使用的是高效快捷的人员激励和开发方法，而在日常运营的人力资源管理中使用的是长效持续的人员激励与开发方法。

（五）两者的管理周期不同

项目管理的周期是一个项目的生命周期，即整个项目从定义、决策一直到项目完工交付，相对比较短暂，而日常运营管理的周期是相对长远的，企业都希望能够永续经营，期望自己的企业能够通过科学的管理一直经营下去。

尽管项目管理和日常运营管理有很多不同，但也有联系，比如，项目管理通常也需要传统的管理职能，如计划、组织、激励、指挥和控制等；项目管理和日常运营管理都具有科学性和艺术性这两种特性；项目管理和日常运营管理都需要考虑组织活动的经济效益和社会效益等。

四、项目管理的意义

美国项目管理专业资质认证委员会主席保罗·格雷斯（Pual Grace）曾经断言："当今社会，一切都是项目，一切也将成为项目。"实践表明，项目与项目管理已经成为社会进步与组织发展的关键，它所带来的利益要远大于常规经营，项目管理是面对变化与挑战，推动社会进步与组织发展的有力武器。

项目管理不能简单地理解为对项目实施管理，而是特指一种有别于传统管理的一种管理方法、手段和思维模式。哈罗德·科兹纳认为，在传统的管理模式中，各管理层次之间总是存在着"等级和威望"的鸿沟，在组织的工作单元之间，也存在许多职能的鸿沟。因为管理鸿沟和职能鸿沟的叠加，公司及其所属业务的管理就被分割成为许多孤立的业务组织（操作岛）。并且，各相对独立的业务组织因为害怕泄露信息增强对手实力，往往拒绝彼此之间的沟通和联系。项目管理则充分地使用了组织内的现有资源，通过使工作在水平和垂直两个职能方向上顺畅地进行而将工作做得更好。

哈罗德·科兹纳认为，项目管理并非是要打破垂直的、科层的工作流程，而只是要求直线组织彼此间平等交流，以使整个组织的工作协调完成。垂直工作仍然是直线经理的职责，水平工作流程则是项目经理的职责，他们的主要工作便是沟通和协调水平与直线组织的各项活动。因此，项目化管理继承了传统管理的优点，并为适应需求的多样性和快速变化，吸取了系统方法的精髓，更加适合一些特殊企业的经营管理。

延伸阅读

项目为什么很重要？

有很多原因可以解释为什么项目和项目管理对组织取得战略上的目标有重要作用。著名的项目管理研究者大卫·克利兰（David Cleland）认为这些原因都来自于组织发现自己所面临的压力。

1. 缩短产品生命周期。公司提供一种新产品并依靠它取得多年竞争优势的生存方式已经一去不复返了。新产品的生命周期越来越多地以月甚至是周来计算，而不再是年。人们只能从电子或计算机软硬件的新产品中看到这一趋势，但有趣的是，从传统的服务性企业也可以看到相同的征兆，因为这些服务性企业也认识到必须快速地提供新服务并对其不断更新。

2. 新产品投放市场的时机。另一个与时间相关的问题是时机。企业已经意识到失去投放新产品最佳时机会带来的损失，因此必须对新产品投放的时间有提前的预计。例如，从产品A的成功销售中获利的同时，明智的公司已经为产品B计划好了最佳的投放时机，产品B可能是产品A的更新产品，也可能是全新的产品。激烈的市场竞争使得产品的最佳投放时机只能以月来衡量，如果错过了这个时间，即使只是错过了几周，企业也可能面临被市场淘汰的风险。

3. 产品的复杂性和技术性越来越强。当今世界是复杂的，产品的构造也相当复杂，技术上更加精细，因此很难高效地生产。公众对“下一个更好的产品”的要求只会越来越高，任何人都希望新的商品模型要比旧的更好、更大（或更小）、更快、更复杂，为了满足这种需求，企业就要经常更新产品和服务线，于是在不断探索如何克服技术瓶颈的同时，也导致在设计和生产过程中出现许多问题。此外，很多公司在预计未来需求时，在研发项目中投入大量的人力和物力，以弄清客户的偏好，然而结果可能只是错误地实施了昂贵的、技术复杂的，并且只是它们所认为的顾客会需要的项目。如芬兰劳马公司（Rauma Corporation of Finland）开发了一种用于伐木业的先进装卸设备，劳马公司的工程师在产品上使用了最新的计算机配件和技术，使产品看起来非常先进。但不幸的是，产品的主要客户在遥远的印度尼西亚工作，物流问题使得装卸机的服务和维修变得不切实际，即使是拆掉机器，也要空运千里之外才能到服务中心。因为是投放初期，该装卸机的销售业绩平平。劳马公司的失败揭示了一个重要的道理：除非公司能够找到控制流程的方法，否则这种为了“工程而工程”的情况马上就会变得无法控制。

4. 全球市场的发展。在过去的十年中，几乎每种产品或服务都出现了新的市场，从前封闭的国家，如俄罗斯、印度等也已经有了大量的消费者和竞争者参与到全球商业竞争领域中。经济全球化的加剧，伴随着消费者与供应商之间相互联系方式的改进，已经为商业带来了一系列新的挑战，这些挑战也为那些快速适应新形势的企业带来了独特的机遇。在全球环境中，项目管理技术使得公司将不同的商业伙伴联系起来，快速响应市场和供应商的需求，同时又能非常灵活地预测消费者偏好的快速变化，并对此做出响应。通过项目管理，未来的成功组织将会认识并学会迅速利用全球商业环境所提供的机遇。

5. 低通货膨胀的市场经济周期。经济健康发展的一个关键指标是通货膨胀处于控制范围内。特别是在美国，过去十年低通货膨胀应有助于保持持续的经济增长和股市繁荣。然而，由于成本持续增加，低通货膨胀也会限制商业盈利，公司不能仅通过提高产品或服务的价格来继续提高利润率。未来的成功企业将是那些通过内部流程流线化来提高盈利的企业，这些企业通过做得比竞争者更好来节约成本。项目管理是实现多种目标的工具，包括提高企业内部效率，同时它也是一种支持盈利的手段。

以上只是当今企业所面临的一些比较明显的挑战。关键是这些挑战所带来的影响力在近期内不会减轻，为了应对这些挑战，很多大公司，如通用电气、3M、诺基亚、索尼、Bechtel 和微软等已经将项目管理作为其运作体系的重要一环。

资料来源：［美］杰弗里·K. 宾图（Jeffrey K. Pinto）著，鲁耀斌、董园园、赵玲等译：《项目管理》，7—8 页，北京，机械工业出版社，2008。

第三节　项目管理的发展历程和知识体系

项目和项目管理的实践从人类开始组成社会并分工合作开展各种社会活动之日起就已经开始了，但直到近代人们才将其发展为管理学中的一门单独的学问，才有了项目管理学科。项目管理的发展历程可以划分为三个阶段，即古典项目管理阶段、近代项目管理阶段和现代项目管理阶段。

一、西方项目管理发展历程

（一）古典项目管理阶段

人类工业革命之前的项目管理阶段属于古典项目管理阶段。在这个阶段，人们使用直觉和经验去开展各种项目的管理工作。中国的长城、古埃及的金字塔和古巴比伦的空中花园等都是人类在古典项目管理阶段创造的伟大成就，证明人类在几千年前就已经开始认识和掌握项目管理的规律、理论和方法了，这些为人类认识近现代项目管理理论和方法奠定了基础，只是这些古典的项目仅仅局限于一些狭小的领域（主要是工程建设领域），项目管理知识也主要集中在对于项目成本、质量和工期的管理方面。

（二）近代项目管理阶段

工业革命之后到 20 世纪 80 年代新技术革命开展之前的项目管理阶段

是近代项目管理阶段。近代项目管理理论和方法创建可以追溯到工业革命之初，但到20世纪才开始获得快速发展。例如，美国人亨利·甘特（Henry Laurence Gantt）发明的“甘特图”（Gantt Chart）就是20世纪初出现的项目管理工具，一直沿用至今。从20世纪40年代到60年代，项目管理的理论、方法和工具都获得了大发展，现在所用的多数项目管理方法和技术都是那个时期开发的。如，项目计划评审技术、关键路径法，甚至项目工作分解结构技术、项目挣值管理技术以及项目生命周期管理方法等都是那个年代创立的。

20世纪60年代前后，各国先后成立了项目管理协会，最重要的是两大国际性项目管理协会的成立。一是由欧洲国家为主而成立的国际项目管理协会（International Project Management Associate，IPMA），二是以美洲国家为主而成立的美国项目管理协会（Project Management Institute，PMI）。这些协会为推动项目管理专业化和职业化的发展而开始研究和提出项目管理者所需的知识体系，对于现代项目管理知识体系的形成和全面推广做出了卓越贡献。在这一过程中，发达国家的政府部门在项目管理的理论和方法方面的研究和开发中占据着主导性的地位，创造和推广了许多新的项目管理方法和工具。20世纪60年代，美国在三军和航空航天局范围内全面推广以关键路径法和计划评审技术为核心的网络计划技术，并很快在世界范围内得到重视。美国“阿波罗登月计划”虽然耗资300亿美元，2万多家企业参加，40多万人参与，动用了700万个零部件，但由于使用了网络计划技术，使各项工作进行得有条不紊，取得了很大成功。20世纪70年代后，项目管理的理论、方法和技术进入了不断细化、完善和提高的阶段，应用领域也不断扩展。

（三）现代项目管理阶段

随着全球性的新技术革命和知识经济时代的到来，20世纪80年代后项目管理进入现代阶段，即创建全新知识体系和方法的阶段。在这一阶段中，全世界开始从工业经济时代进入到知识和信息经济时代，全球性竞争加剧，创新成为人们获得竞争优势的主要手段，项目和项目管理以其灵活、动态、适应性强的管理手段，成为全社会创造物质财富和精神财富以及社会福利的主要方式和途径，所以社会中各种项目的数量、规模和复杂程度急剧增加，迫使人们努力去寻找更为科学有效的项目管理原理和方法，项目管理逐步发展成为独立的学科和现代管理学的重要分支，并成为当今发展最快的管理学科领域之一。在全球范围内，项目管理不仅普遍应用于建筑、航天、国防等专门领域，而且在电子、通信、计算机、软件开发、制造业、金融业、保险业等领域得以应用。在知识体系方面，有关项目集成管理、项目范围管理、项目风险管理和项目沟通管理等全新的项目专项管理的理论和方法开始出现并不断完善，最终全面整合成了包括9个项目专项管理知识的现代项目管理体系。

（四）项目管理产生和应用的社会背景

纵观项目管理的发展历程，项目管理作为一门科学，在20世纪得以产生和应用的社会背景主要有：

1. 项目管理是现代生产力发展的产物

20世纪特别是第二次世界大战以来，不仅发达国家经济持续增长，而且发展中国家生产力也得到迅速发展，整个世界都处于经济快速增长之中，由工业时代进入到信息时代、知识时代。其发展趋势是：一方面职能分工越来越细；另一方面是生产的社会性越来越强。一部汽车上万个零件的设计、制造都由不同专业来完成，不同工厂来生产，一家工厂来组装。固定资产投资也不例外，一个大型工程项目从投资前咨询、前期准备、实施到试运行、后评价，不仅需要数万人来完成，而且内外部环境极为复杂。这种两极分化的趋势要求高度的协调、控制和系统安排，才能保证工程项目整体的统一性与高效率。项目管理作为一门科学正是为了解决这一问题而产生、形成和应用的。

2. 项目管理是发达的市场经济的产物

20世纪后半期，世界发展的最重要标志是全球化，而全球化最重要的标志又是经济一体化。各国和各地区的市场正在变成全球市场，生产要素的流动在国与国之间不断加速。特别是贸易、金融和投资自由化，不仅冲破了发展中国家的经济壁垒，而且形成了洲际一体化经济区，世界贸易、国际金融市场和跨国投资空前活跃。从而，一方面推动了人力、资本、技术、商品、服务等跨国流动，促进了生产要素在更大范围内的优化配置；另一方面发达国家的资金、技术、管理的转移又带动了全球性经济结构调整，促进了国际分工和合作。固定资产投资也是如此，不仅日趋国际化，而且日趋大型化，迫切需要有一种专业化、系统化的管理模式取代项目业主自行管理。于是，以系统管理、过程控制为核心的专业化承包模式诞生了。

3. 项目管理是现代文化的产物

20世纪都是以工业化价值观的世俗化和生活方式的城市化为主导的，

而且日益从技术理性上升至科学理性和人文理性。尤其是控制论、信息论和系统论的出现，不仅促进了自然科学和社会科学的相互渗透，催生了一系列交叉学科，而且使社会科学从定性分析转入定量分析，大大促进人们对社会经济现象的认识，更加注重人文精神在社会经济发展中的作用。特别是现代主义和后现代主义学说，都比较重视经济的“合理性”和人的“全面发展”的研究。这一切不仅为项目管理科学的产生奠定了直接的理论基础，而且为项目管理科学的应用准备了良好的文化环境。

二、中国项目管理发展历程

中国在现代项目管理方面与西方相比，无论在职业化发展、学科建设还是管理实践层面都相对落后，但近年来发展迅速并逐渐缩小与世界水平的差距。

（一）中国古典项目管理的成就

在古典项目管理阶段，中国在项目管理理论、方法和实践方面不但最早而且颇有建树。中国在数千年前就开始了项目和项目管理的实践，并创造了许多好的项目管理方法和实践。神农氏尝百草实际上就是最早的中药开发项目，大禹治水实际上就是最早的水利工程项目，随后的都江堰和长城的建设项目不论从工程设计还是项目施工都使用了某些系统管理的思想并建成了举世公认的伟大工程项目。早在春秋战国时期的科学技术名著《考工记》中就有人类最早的工程项目成本预算与工程项目施工管理和控制方法的文字记录，到了唐代，已经有了夯筑城台的定额“功”，北宋时期的《营造法式》一书，全面汇集了北宋以前建筑项目成本管理技术的精华。该书中的“料例”和“功限”就是现在的“材料消耗定额”和“劳动消耗定额”，是人类采用定额进行工程项目成本管理最早的方法和记载，充分体现了中华民族的伟大和聪明智慧。

（二）中国近代项目管理的滞后

中国自宋代以后在科技和管理方面开始走下坡路，没有跟上世界工业革命带来的科技和管理的变革和发展，在项目管理理论和方法方面逐渐落后于发达国家，特别是从清朝到新中国成立前这段时间，我们与世界发达国家在科学技术和现代化管理方面逐步拉开了距离，在近代项目管理理论和方法方面一直处于落后状态。20 世纪 60 年代中期，科学家钱学森推广的系统工程理论和方法，华罗庚推广的“统筹法”，国防科委引进的国外大型科技项目的管理理论和方法等拉开了中国项目管理的序幕。这时期研制第一代战略导弹武装系统时，引进了网络计划技术、规划计划预算系统、工作任务分解系统等技术，并结合我们国情建立了一套项目组织管理理论。但总的来说，这时期的项目管理理论和方法多数为计划经济服务，应用并不广泛，与国际水平差距较大。

（三）中国现代项目管理的发展

20 世纪 80 年代以后，现代项目管理方法在国内得到了推广应用。当时一些外国专家和从国外回国的中国学者在国内介绍和推行项目管理，与此同时，中国在现代项目管理实践上也取得了可喜的成果。1982 年，日本建筑企业利用项目管理方法对我国的世界银行贷款项目——鲁布革水电站引水导流工程的施工进行了有效管理，收到了很好的效果。随着项目管理影响的扩大，中国政府也开始关注项目管理科学。1987 年，原国家计委等 5 个政府有关部门联合发出通知，确定了一批试点企业和建设项目，要求采用项目管理制。1991 年，原建设部进一步提出把试点工作转变为全行业推进的综合改革，全面推广项目管理。1999 年，由国家外专局组织会同南开大学等单位共同引进和介绍美国 PMI 的现代项目管理知识体系①，同时引进其项目管理职业认证。2001 年下半年，国际项目管理协会的国际项目管理专业资质认证进入我国，并在北京、上海、西安、深圳四城市中开展了首次全国性的 IPMA 认证。项目管理专业资质认证工作进一步推动了项目管理在我国的深入发展。

之后，我国在项目管理教育、研究方面的工作相继展开。2003 年，项目管理领域的工程硕士首次在清华大学和北京航空航天大学招生，2004 年，全国范围内已经有三十多所大学开办了项目管理领域工程硕士班，这标志着国内高层次项目管理专业人才的培养有了一个新开端。同时，我国现代项目管理的研究工作也普遍开展并取得了许多成就，从国家自然科学基金资助的课题到教育部人文社科基金的课题等都给予了较多的资助，取得了很好的成果。国外项目管理经典原著被相继引进并在我国高校使用，为我国项目管理学科的理论发展起到了重要的作用。

尽管现代项目管理理论和方法近十多年来在国内受到重视并获得迅速发展，但与国际水平相比还有较大差距，并且项目管理理论和方法的实践应用主要在传统的建筑、工程等行业有较大影响，应用较为广泛。实际

① PMI Standard Committee. *A Guide to The Project Management Body of Knowledge*. USA：PMI，1996.

上，作为企业创新的手段，项目管理在现代知识经济时代可以有更广阔范围的应用，包括文化产业在内的许多行业领域都在积极探索和引进项目管理理论和方法。

延伸阅读

对项目管理认识的变迁

西方发达国家成为近代项目管理学科的最早起源地，历时多年的实践发展，目前人们已经深刻意识到项目管理往往是针对特殊任务而采取的一种特殊管理方法，其价值与作用往往是不可代替的。关于项目管理在各行业的实践性与系统化的研究方面，我国起步非常晚，与发达国家差距还很大，尤其在高素质的项目管理人才方面我国还比较缺乏。随着经济全球化程度的日益加深，国内项目管理也呈现出国际化趋势，同时21世纪又是知识经济时代，项目管理的广泛传播也将呈现必然趋势。

项目管理观点变化

过去的观点	现在的观点
项目管理会增加人员和企业常规管理费用；利润会减少； 项目管理会增加范围变动的次数； 项目管理导致组织的不稳定性，增加冲突； 项目管理只是为了客户利益的“多此一举”； 项目管理会引发新的问题； 只有大的项目才需要项目管理； 项目管理将增加质量问题； 项目管理将带来权力叠加与重复问题； 项目管理因只注意项目而使决策次优化； 项目管理是向客户交付产品； 项目管理的成本会降低我们的竞争力。	项目管理让企业用更少的人力在更短的时间内完成更多的工作，利润会增加； 项目管理对范围变化有更好的控制； 项目管理通过提升组织行为的规范化程度，提升组织效果与效率； 项目管理会让我们的工作与客户更贴近； 项目管理提供了解决问题的方法； 所有的项目都将从项目管理中受益； 项目管理会提高质量； 项目管理会降低权力纠纷的发生； 项目管理提高了公司决策的科学性； 项目管理提供解决办法； 项目管理将增加我们的业务。

资料来源：杜云峰：《长春国际广场工程项目施工进度控制研究》，1页，吉林大学硕士学位论文，2015。

三、现代项目管理知识体系

现代项目管理知识体系是指在现代项目管理中所要使用的各种知识、理论、方法和工具及其相互关系的总称。按照PMI提出的现代项目管理知识体系的划分方法，现代项目管理知识体系主要包括9个方面，即：项目范围管理、项目时间管理、项目成本管理、项目质量管理、项目集成管理、项目人力资源管理、项目沟通管理、项目风险管理、项目采购管理。

（一）项目范围管理

项目范围是指保证项目目标实现所包含的需要完成的工作内容。开展项目管理的根本目的是要在项目开始时能很好地界定项目的范围，并在项目实施中很好地控制项目范围，从而确保项目的成功。项目范围管理的主要对象有两个，一个是项目产出物范围的管理，二是项目工作范围的管理。项目范围管理的主要内容包括：项目核准、项目范围计划编制、项目范围定义、项目范围核实、项目范围变更控制。

（二）项目时间管理

项目时间管理是整个项目管理中为确保项目按既定时间完成而开展的一项专门的项目管理工作，其根本目的是要通过做好项目进度的计划和安排以及项目工期的监督与控制等管理工作，确保项目能够按时完成。项目时间管理的主要工作包括：项目活动定义、项目活动排序、活动历时估算、进度计划、进度控制。

（三）项目成本管理

项目成本管理是为了确保项目能够以较小的成本去实现较大项目价值而开展的项目专项管理工作。项目成本管理的目的是全面地控制项目总成本，力争控制在项目预算范围内，力争不超支和尽量少超支。成本管理的主要内容包括：项目资源规划编制、成本估算、成本预算和成本控制。

（四）项目质量管理

项目质量管理是为了确保项目产出物的品质和项目工作的质量而开展的一种项目专项管理的工作。项目质量管理既包括在既定成本下如何实现项目功能最大化的问题，又包括如何增加较少的项目成本而实现项目功能大大提升的问题，同时还包括如何在项目功能不变的情况下降低项目成本的问题，它包括对项目工作质量的管理和对项目产出物质量的管理两个方面，具体工作内容包括：质量计划编制、质量保障、质量控制。

（五）项目集成管理

项目集成管理是为确保各项项目工作能够很好地协调与配合而开展的一种整体性、综合性和集成性的项目管理工作，又被称作项目整体管理。项目集成管理与一般的项目系统管理有所不同，它集项目全要素管理、项目全团队管理、项目全过程管理、项目全风险管理于一身，是一种基于项目各个要素的严格配置关系基础上的一种项目系统管理，主要内容包括：项目集成计划的编制、项目集成计划的实施和项目总体变更的控制。

（六）项目人力资源管理

项目人力资源管理是为确保有效利用项目所涉及的人力资源而开展的一种项目专项管理工作。开展这一专项管理的根本目的是要对项目所需人力资源进行全面计划、有效获得、科学配置和积极开发，以充分发挥他们的能力和创造性，实现项目目标。项目人力资源管理的主要内容包括：人力资源组织计划编制、人员招募、项目团队组织建设和开发。

（七）项目沟通管理

项目沟通管理是为确保及时有效地生成、收集、储存、处理和使用项目信息和合理地进行项目相关利益主体之间的信息沟通而开展的项目专项管理工作。开展项目沟通管理的目的有两个：一是为更好地获得和使用项目各种决策所需的信息以便人们能够做出正确的决策；二是为了更好地实现项目利益相关者之间的沟通以消除冲突、确保项目成功。项目沟通管理的主要内容包括：沟通计划编制、信息的加工和传输、绩效报告和沟通管理收尾报告。

（八）项目风险管理

项目风险管理是对于项目的不确定性以及由此而可能造成的项目损失或机遇的一种项目专项管理。开展项目风险管理的目的是对项目所面临的各种风险进行规避，减少风险造成的损失，并能够从风险中看到机遇、抓住机遇，以确保项目目标的实现。项目风险管理的主要内容包括：项目风险管理规划、项目风险识别、项目风险应对等。

（九）项目采购管理

项目采购管理是为确保能够从项目组织外部寻求和获得项目所需的各种商品和劳务而开展的项目专项管理工作。项目采购管理的目的是经济、合理、可靠地获得项目所需的外部资源并对其使用进行有效的管理，保证项目顺利实施。项目采购管理的主要内容包括：采购计划编制、询价计划编制、供应商选择、采购合同的订立、合同管理、合同收尾。

本章案例：

项目制使美泰公司业绩好转

美泰公司总部位于美国加州EI Segundo，是全球最大的玩具公司，在儿童产品的设计、生产、销售方面处于领导地位。美泰的主要品牌包括最流行最畅销的时尚娃娃Barbie和Hot Wheels，Matchbox，American Girl，Radica，Tyco R/C以及Fisher—Price品牌，包括Little People，Power

Wheels 和一系列的益智类玩具。

在中国大陆，美泰共有五家分公司，分别在深圳、东莞和佛山。美泰玩具技术咨询（深圳）有限公司成立于 2000 年，位于深圳市横岗镇。

美泰公司在 2000 年曾出现了很多问题，在公众心目中的形象开始下降，新产品线的销售也开始下滑；而当时收购的 Leaning 公司也没有达到预期的目标；产品网站过时已久，不再吸引客户；公司的财务状况也十分不好。鉴于公司在 2000 年中期的困境，公司宣布了一个重组计划，该重组计划包括的内容相当广泛，涉及出售一些不盈利的企业资产，对包括工厂部门在内的一系列运作流程进行重组，以及削减股东分红等。到改组计划宣布的时候，投资者已经对公司的前景做出了评价，自 1999 年以来，公司股票价格从每股 40 多美元降到了每股 10 美元。

当时玩具行业的发展面临着艰难的环境，市场要求很苛刻。很多因素给企业的发展带来了挑战，这些因素包括：持续生产新玩具线所需的创造力、现有产品线的转换难度、销售和需求的季节性以及对儿童这类重要客户挑剔口味的依赖等。除了公司的内部问题，国内经济也开始呈现不景气的趋势，这些因素都会影响企业快速复苏的可能性。简而言之，在这种动荡不定的市场环境中，美泰公司在财务和经营上恢复竞争地位面临着重重困难。

作为美泰公司改组计划实施的一部分，公司雇用了新的主管乔·艾克诺斯（Joe Eckroth）负责 IT 部门。艾克诺斯认识到公司不能继续用以前的方式来经营业务，他在获得了 CEO 的认同后，实施了一系列措施来改变公司的经营方式。他采用了基于项目的方式来重组拥有 600 名员工的 IT 部门，与品牌经理合作更新网站，引入新的员工评价系统，并采取多种措施削减成本减少损耗。所有这些措施都有利于美泰公司的经营和整合，同时对公司财务的健康发展也有着显著影响。

公司开始盈利是艾克诺斯率先给公司业绩带来好转的迹象之一，而反映在股票市场上，则是公司股价在两年中稳定增长至其最低点的两倍多。截至 2004 年，美泰公司在继续致力于巩固其旗舰品牌销售的同时，逐渐扩大了进入国际市场的规模。新产品开发项目和市场渗透项目逐渐成为公司竞争策略的基础。

资料来源：综合百度百科关于“美泰公司”相关资料和［美］杰弗里·K. 宾图著，鲁耀斌等译《项目管理》相关资料整理而成。

第二章　文化产业项目管理概述

第一节　文化产业概述

一、文化产业的基本概念

（一）文化产业的内涵

文化产业（cultural industy）是商品生产已经渗透到精神与意识领域的时代的产物。作为一个概念，它起源于法兰克福学派对借助于资本和复制传播工具兴起的“大众文化”这种文化经济形态进行的批判，但之后，文化产业实践在批判中迅速崛起，在世界范围内成为一种不断自我更新和优化的、不可遏制的时代潮流。

尽管世界各国对文化产业从不同角度进行了描述和解读，但文化产业的基本内涵包括三个方面：首先，文化产业是从事具有精神性、娱乐性的文化产品的生产、流通和提供文化服务的经营性活动的行业总称；其次，文化产业以文化资源为原料，以产业为手段进行文化产品生产和文化服务的供给；最后，发展文化产业的目的是为了满足人民群众日益增长的精神文化生活需求。

（二）文化产业的特性

在文化产业迅猛发展的今天，正确认识其产业特性，辨析文化产业与其他产业的差异性，是明确发展方向，廓清发展思路的关键环节，对于文化产业的有效经营管理至关重要。

1. 文化产业是内容产业

文化产业是内容为王的产业，内容创意是其最主要的价值源泉。内容对文化产品的重要性在于，第一，内容决定文化产品的经济效益，内容对路，产品就有销路。第二，内容决定文化产品的社会效益。这个社会效益可以是正面的，也可能是负面的，内容不能吸引人的文化产品，既没有经济效益，也没有社会效益。

因此，从事文化产业要视内容为产品生命，在内容上下大功夫，忽视内容而单纯重视形式是本末倒置；要努力实现社会效益和经济效益的圆满结合，这是文化产品的成功标志，也是发展文化产业的目标所在。

2. 文化产业是大众产业

文化产业的文化不是指自然地、历史地形成的历史文化，而是指针对消费需求的创意文化和娱乐内容；它也不是指具有专业文化创造和欣赏能力的精英群体所欣赏的高雅文化，而是特指满足大众文化需求的通俗娱乐文化。所以，文化产业是为了满足大众消费需求的产业，因而也是一个高度依赖大众消费的产业。

大众文化的消费是多层次、多元化的，从事文化产业要充分研究了解这些需求，大众文化消费需求是随着经济社会发展而不断变化的，从事文化产业就要跟踪把握这些需求。大众文化消费需求是需要引导和激发的，从事文化产业就要引导消费，发掘需求。

3. 文化产业是创新产业

文化产业的发展，主要依靠的是新颖的文化创意和知识产权的价值实现，而不是依靠历史文化底蕴或者文化继承的直接呈现，不是依靠历史文化积淀，也不是仅仅去继承文化遗产。我们应该做的，是应当利用现代文化产业的生产方式，从历史文化中挖掘某些元素或吸收某些养分，通过创意进行再创造、再加工和再生产。

近年来，文化产业发展进程中频频出现的跟风、克隆现象就是轻视创意的突出表现。这种跟风、克隆现象，出现在图书出版、电影电视剧、影视娱乐节目、旅游演艺、动漫制作、主题公园等等各个文化产业领域，这种做法确实使经营者在初期尝到一些甜头，但从长远和根本来看，却影响了整个文化产业行业的发展潜力，也降低了消费者的消费意愿。

文化产业需要创意，但并不是有好的创意就有文化产业。创意需要产业孵化，需要对市场的准确把握和高超的市场营销技巧。

4. 文化产业是市场产业

毫无疑问，政府对于文化产业的重视是十分明显的。政府的文化产业政策直接影响企业的发展方向和目标。但是，文化产业的本质是产业经济的活动，是以工业方式复制内容产品，是标准化、可复制化、规模化的批量生产，是以企业为主体的市场经济行为。虽然文化产业需要个性化的创意，但它并不是把艺术家和创意者以及文化人的理念强加给消费者，而是要从消费需求出发进行反向思考，为消费者进行策划和生产。

因此，从事文化产业，一定要牢固确立文化产业是市场产业的理念，紧盯市场，紧盯大众的文化消费需求，谁不研究市场，谁的文化产品就没有市场；谁忽视市场，谁就会被市场抛弃。

5. 文化产业是知识、技术、人才密集型产业

当今社会，很多文化产品都是文化创意与高新科技双驱动的产物，因而文化产业是一种知识密集型、技术密集型、人才密集型的产业，创意人才、科技人才、经纪人才、经营管理人才等人力资源在文化产业中占据重要位置。文化产业强调创意、强调技术的驱动，而创意和技术都是经由人来实现的。人力资源在文化企业竞争力形成中比一般企业起着更为突出的作用，甚至直接体现为核心竞争力。从竞争的角度看，未来将是个人才竞争的时代，文化企业唯有重视投资人力资源，才能创造价值，让创意在企业内部生根发芽，形成强大的竞争力。

6. 文化产业是高度敏感型产业

与其他产业相比，文化产业“生产什么和怎样生产”对环境的宽容度和制度的稳定性要求更高。宽容的态度、宽松的环境和宽阔的领域对于文化产业的大发展至关重要。文化产业的创意主体——创意工作者一般都表现出强烈的个性化与自我表达的价值倾向，喜欢特立独行，不喜欢传统的集体性规范。另外，文化创意来源于独立的思想，而独立思想来源于人的头脑，人只有在多样性和包容性强的环境中才更有生机和活力，才能有创新。文化创意所需要的宽松和包容的环境，包括宽容失败、包容异见、尊重个性与多样性等。

制度的稳定性对文化产业的发展也至关重要。稳定的政策、制度意味着稳定的心理预期，可以赋予创意者创造新的文化产品的持久动力。比如对知识产权的有效保护，对于促进以内容为王的文化产业的持续健康发展意义重大。文化产品初始创造成本高，而复制、传播成本极低（如盗版），知识产权保护是对文化产品创作者对产品创意的所有权的保护，知识产权保护缺失，会严重损害原创文化产品的价值实现，打击创意工作者的积极性。

以上对文化产业特征的分析可以看出，在文化产业的六个重要特性之中，内容起决定性作用，市场决定产品的命运，文化消费依赖大众，创意创新是产业之魂，人才是核心，制度是保障。

二、中国文化产业发展历程

（一）国家文化产业政策的演进

20 世纪 80 年代，改革开放政策带来了人们物质生活的丰富和对精神文化生活的强烈需求，中国文化产业悄然起步。20 世纪 90 年代，社会主义市场经济体制的确立为文化产业的健康发展奠定了基础。1992 年，党中央、国务院发布了《关于加快发展第三产业的决定》，正式把文化产业列入第三产业。1998 年，国务院进行机构改革，为更好地推进我国文化产业的发展，增设了文化产业司。2000 年 10 月，《中共中央关于制定国民经济和社会发展第十个五年计划的建议》中，第一次在中央正式文件中提到要发展相关文化产业，形成了对文化产业的权威共识，我国文化产业开始进入国家宏观发展战略的视野。

2002 年，党的十六大报告首次在全国代表大会的文件中明确提出要大力发展文化产业，把对文化事业的扶持和对文化产业的经营明确区分开来。2003 年，十六届三中全会进一步提出了经营性文化企业的改革目标、文化体制改革的目标和文化产业政策的方向，使文化产业的国家战略计划落实到各个具体层面。2007 年，党的十七大明确提出要积极发展公益性文化事业，大力发展文化产业。2009 年 7 月，国务院常务会议审议通过《文化产业振兴规划》，标志着国家已经把发展文化产业提升为一项国家战略。2010 年 10 月，《中共中央关于制定国民经济和社会发展第十二个五年规划的建议》明确提出，未来五年要“推动文化产业成为国民经济支柱性产业”，表明文化产业已经形成初步积累，迈入全新的发展阶段。2012 年 2 月，文化部发布了《文化部“十二五”时期文化产业倍增计划》，提出了“十二五”时期文化部门管理的文化产业增加值至少翻一番的目标，努力推动文化产业成为国民经济支柱性产业，满足人们日益增长的多样化文化需求。

2013 年的《政府工作报告》明确提出，把文化改革发展纳入经济社会发展总体规划，列入各级政府效能和领导干部政绩考核体系，推动文化事业全面繁荣、文化产业快速发展。

2014 年被称作文化产业“政策年”，党中央、国务院以及相关部委密集出台各项文化产业政策，为文化产业发展扫除更多障碍，这些政策包括：（1）《深化文化体制改革实施方案》，新一轮文化体制改革开始进入全面实施阶段。（2）《国务院关于推进文化创意和设计服务与相关产业融合发展的若干意见》，提出培养一批高素质人才，培育一批具有核心竞争力的企业，形成一批拥有自主知识产权的产品，打造一批具有国际影响力的品牌，建设一批特色鲜明的融合发展城市、集聚区和新型城镇。文化创意和设计服务增加值占文化产业增加值的比重明显提高，相关产业产品和服务的附加值明显提高，为推动文化产业成为国民经济支柱性产业和促进经济持续健康发展发挥重要作用。（3）《关于加快发展对外文化贸易的意见》，对加快发展对外文化贸易、推动文化产品和服务出口做出全面部署，从四个方面提出了扶持对外文化贸易发展的政策措施。（4）由文化部、中宣部、中央编办、中央文明办、国家发展改革委、教育部、科技部、财政部、国家新闻出版广电总局等 20 家成员单位组成的国家公共文化服务体系建设协调组正式成立，协调组本着“资源共享、优势互补、互惠互利、共同发展”的原则，统筹整合各部门力量，密切合作，共同推进公共文化服务科学发展。（5）《关于金融支持文化产业振兴和发展繁荣的指导意见》，提出建立文化金融合作部际会商机制、完善文化金融中介服务体系、加大财政对文化金融的扶持力度、重视金融支持小微文化企业发展等政策措施。（6）《关于印发文化体制改革中经营性文化事业单位转制为企业和进一步支持文化企业发展两个规定的通知》，其中《文化体制改革中经营性文化事业单位转制为企业的规定》和《进一步支持文化企业发展的规定》两个文件，对文化企业出台了财政税收、投资融资、资产管理、土地处置、收入分配、社会保障、人员安置、工商管理等多方面支持政策。（7）《关于支持电影发展若干经济政策的通知》，此政策覆盖了电影行业从制片到发行、影院投资等各个层面，同时指出了电影产业与科技、金融产业融合发展的未来路径。（8）《关于大力支持小微文化企业发展的实施意见》，提出增强创新发展能力、打造良好的发展环境、健全金融服务体系、完善财税支持政策、提高公共服务水平等支持小微文化企业发展政策。

2015 年，文化部明确指出“十三五规划”要以文化产业转型升级为突破口，推动文化产业成为国民经济支柱性产业。力争到“十三五”末，形成一批文化产业发展新的增长点和增长极，全面提升文化产业发展的质量和效益。

（二）中国文化产业发展趋势

在国民经济持续快速增长和国民对文化产品消费需求不断增长的背景下，在国家一系列文化产业政策、法规和战略规划的刺激下，国家文化行政部门不断简政放权，市场在资源配置中发挥着越来越重要的作用。中国文化产业在近三十年中获得迅猛发展，逐步从粗放型、简约型、低层次的中下端产业链状态，朝着产业链的上游、较高的产业层级方向发展，文化产业占 GDP 的比重从 2010 年的 2.75%升至 2014 年的 3.76%，在成为国民经济支柱性产业道路上迈出坚实的步伐。2015 年在中国经济面临较大下行压力、寻求经济转型新动力的关键时刻，文化产业不仅保持了较快的增长速度，而且发展质量也在逐步提升，表现出以下趋势：

1. 跨界融合趋势

2015 年，不管博物馆衍生品，还是旅游商品设计开发，都在积极探索“文化创意和设计服务与相关产业融合”，把文化的基因植入其他产品中，将“高大上”的文化转化为“接地气”的文创产品，可谓“一举两得”：既让传统文化在产品中得到开发和传播，也让制造业有了新的内容和品牌，以实际行动助力“中国制造”向“中国智造”转型。除了制造业，建筑业、信息业、旅游业、农业和体育产业等领域都开始重视“文化＋”的跨界融合。

2. 内容生产回归趋势

一个好故事或好形象，就是一个好的 IP（知识产权），就能实现图书、电影、电视、游戏、主题公园等全方位的互动娱乐运营，打造出全产业链的优质产品，实现丰厚的产业回报，越来越多的成功案例让更多人开始重视创意和版权的价值，也让更多人潜下心来专注于内容生产。通过内容上的精耕细作，创造产业价值，走文化产业良性发展之道，只有让文化产品更好地讲述中国故事、诠释中国精神、展示中国力量，同时又在供给侧增加有效供给，才能满足消费者多层次的精神文化需求，实现社会效益和经济效益的统一。

3. 创新驱动趋势

2016 中国文化产业新年论坛关注文化创新，以“中国精神与文化创新”为主题，标志着创新在文化产业领域进一步受到广泛关注。早在 2006 年，国家“十一五”时期的文化发展纲要就指出要加快科技创新，推动文化与科技的融合，创新文化传播方式和手段。2009 年《文化部关于加快文化产业发展的指导意见》规定，要运用高新科技促进文化产业升级。2012 年，为更好推动文化与科技的融合，科技部组织编制了《国家文化科技创新工程纲要》。2014 年，国务院印发《关于推进文化创意和设计服务与相关产业融合发展的若干意见》，为科技创新和文化产业的融合拓展了更大的空间。面对中国经济新常态的大背景，文化产业如何找寻和明确其内生性增长动力机制显然是个关键。因此，通过创新驱动，实现文化企业和文化产品转型升级，提高投资收益率，不仅是文化产业自身发展的内在需要，也是创造有效需求、引导文化消费、满足人民群众多样化文化需求的必然选择。

4. 金融资本追捧趋势

自2013年起，文化部联合财政部实施中央财政文化产业发展专项资金重大项目——文化金融扶持计划，通过贷款贴息、债券贴息、保费补贴等方式支持了超过400个文化产业融资项目，累计资金超23亿元，极大地调动了社会资本、金融资本进入文化产业的积极性。有数据显示，截至2015年11月，文化产业从不同渠道获得的资金规模约达2000亿元，社会资本、产业资本对文化产业的支持比重超过了70%。2015年，文化企业挂牌企业已达86家，移动新媒体、"互联网+文化"等板块一直是投资热点，受到产业资本追捧。此外，文化产业并购相当活跃，既有行业内龙头通过并购拓展产业链，又有传统行业通过跨界并购实现向文化产业的转型。仅2015年上半年，文化产业市场投融资及并购事件共有83起，除去未披露资金的27起，涉及金额约244.24亿元。并购进一步完善了文化产业的供血能力。①

5. 全球市场合作趋势

一方面，中国文化企业频频布局海外，如2015年复星集团15亿美元收购太阳马戏团；万达集团6.5亿美元收购世界铁人公司；万达院线控股澳大利亚第二大电影院线运营商Hoyts等等；另一方面，从好莱坞大片中的中国元素，到国外主题公园登陆中国城市，中国人的消费升级吸引着全球文化产业巨头前来寻找商机。他们通过多种与国内资本和企业的合作进入中国市场，如华人文化基金与国际娱乐巨头合作，拟建立多个合资项目，包括与美国梦工厂合资成立东方梦工厂，与TVB合资翡翠东方，与美国华纳公司合资设立旗舰影业，与英国默林集团合资，将乐高乐园带到上海等等。② 文化产业领域国内国际共振，让中国文化企业与全球文化巨头共舞。

6. 互联网影响加速趋势

"互联网+"概念在文化产业领域得到广泛应用。通过互联网在生产

---

① 《文化产业：如何与社会资本"共舞"》，中国政府网，2015年11月12日。参见http：//news.sina.com.cn/c/2015—11—12/doc—ifxksqku2858805.shtml。

② 综合新华网、中新网、网易新闻、前瞻网等网站资料而成。

要素资源配置中的优化和集成作用，文化产业的创新力、生产力不断增强，并不断变革着文化产品的生产和消费模式，带来文化产业提质升级的新业态。国内著名互联网企业纷纷在文化产业领域“跑马圈地”，如腾讯3亿元砸向动漫；百度的爱奇艺斩获1000余万VIP会员；阿里系已在文化领域投资超过200亿元，完成文化产业的闭环整合，这些大手笔，不只争夺个别产品而是比拼产业生态，不只立足当下更是抢占未来，“互联网+”理念倒逼文化企业改革升级。[①]

中国文化消费的爆发式增长态势，中国文化产业各领域出现的发展新趋势，要求中国文化产业管理水平的升级和提高，也要求文化企业抓住机会、顺势而为，找准自己的优势和定位，通过提高管理的规范性、产品的创新性和项目运作的成熟度为消费者提供适销对路的文化产品，力争把文化产业培育成国民经济新的增长点，使其真正成为国民经济的支柱性产业。

第二节　文化产业项目管理概述

如前章所述，项目管理是企业创新的手段，在信息社会和知识经济时代，它已经成为企业和组织创新活动的主导性管理模式和管理方法。文化产业，作为当今最具活力的行业领域之一，必须不断创造和提升自身的价值，才能立于不败之地。项目管理给出了一套可以创造和提升文化产业价值的实用方法与技术。文化产业项目既具有一般项目的特征，又有自己独特的规律和特点。文化产业项目管理既要尊重项目管理的基本原理和基本要求，又要体现文化产业项目自身的独特性，以达到文化产业项目的最终目标和追求文化产业项目管理的最优效果。

一、文化产业项目的概念和特征

(一) 文化产业项目的概念和类型

1. 文化产业项目的定义

文化产业项目是指特定组织为实现其既定目标，在一定时间、人员和其他资源的约束条件下，所开展的独特的、一次性的文化产业活动或活动

① 参见光明网 http：//news. gmw. cn/2015—12/29/content _ 18278392. htm. 2015. 12. 29.

集合，其基本目标是通过提供某种文化产品或文化服务尽可能地满足人们的精神需求。如奥运会、世博会这样的大型综合性项目，或是一次演唱会、一场体育比赛、拍摄一部电影等项目。文化产业项目普遍存在于人们的生产生活中，甚至遍布于各行各业的企事业单位、政府机构和社会团体。

2. 文化产业项目的类型

比较典型的文化产业项目主要包括以下类型：

影视产业项目。包括影视的创作、拍摄以及相关产业运作等项目，其核心是电影、电视剧的拍摄或一档电视节目的开办。

游戏、动漫等新兴文化产业业态开发项目。包括现代各类以数字化和网络化为手段的内容开发及运作项目。

图书出版发行项目。包括畅销书或长销书的策划、创作、出版以及数字出版发行、相应产业运营等项目。

演艺产业项目。包括开发原创演艺项目和引进经典演艺项目及相关产业运作。

文化会展项目。包括各种以创意活动为主要形式的会议和展览。

创意设计项目。包括绘画、雕刻、平面设计等视觉艺术设计及产业运作项目和生活审美设计、广告创意设计项目等。

体育产业项目。包括各种以体育赛事为核心元素的项目。

创意孵化项目。包括以创新创意为核心资源的创业项目、具有地方特色的文化产业研发项目等。

文化产业园区项目。包括以文化产业为主要业态的园区或基地建设、以创意活动为核心的新兴旅游项目、产业公共服务平台建设项目等。

文化地产或文化旅游地产项目。包括各种文化休闲购物中心、主题公园、城市文化消费综合体等。

其他产业文化化的改造或提升项目。包括以文化产业的理念和方法对传统农业、制造业、服务业等进行改造或提升的项目等。

（二）文化产业项目的特征

文化产业项目是项目的一种，但又不同于一般的项目，它属于一类特殊的项目，除了具有项目的共同特点、一般特征之外，还具有自身的特点，具有与其他项目差异明显的独有属性。

1. 文化产业项目的项目化特征

（1）有明确的目标。文化产业项目具有明确的最终目标，即通过提供给人们满意的文化产品和文化服务，来满足特定的文化需求和其他特定的目的，比如资本增值、促进文化发展等。这个目标的实现必须以顾客需求为导向，以顾客满意为旨归。

（2）有确定的范围。虽然文化产业项目内容丰富、涉及部门广泛，但它不可能无所不包，它受一定的范围限制。每个文化产业项目都是在一定的范围内，为完成某一独特的文化产品和文化服务所进行的相互关联的任务和活动，都有独特的实施范围、质量要求等。

（3）受资源约束。文化活动一般都有特定的资源条件和环境约束，这些资源包括时间、费用、人员、技术、市场、信息、利益相关者等内外因素。这些具有现实和潜在价值的内部资源和外部资源，对文化产业项目的成败具有极大的制约和影响作用。一个成功的文化产业项目要求项目团队成员在一个有限的时间进度期限内，在有限的、可获得的资源约束条件下来完成每项工作。

（4）具有独特性和一次性。与其他项目相同，文化产业项目也是一种临时的、独特的、非重复性的、一次性的文化产业活动。每个文化产业项目都有一个明确的时间起点和终点，是有始有终、有确定生命周期的一次性努力。虽然相似的文化活动可以重复好多次，但每次都会有所不同——不同的参与者、不同的规模、不同的资源约束等。

（5）具有过程性。文化产业项目的运作程序跟其他项目的运作程序相同，都包括启动、计划、执行、控制和结尾几个阶段。任何一个文化产业项目都是由一系列项目工作和文化活动所构成的完整的、渐进性的过程。在实施文化产业项目过程中，人们通过项目立项与决策、项目策划与计划、项目组织、项目实施和控制、项目收尾等活动过程和阶段性工作内容，最终生成文化产业项目产出物并实现文化产业项目目标。

2. 文化产业项目的特有属性

（1）文化产业项目的高创新性

文化产业是一个以创造性为主体的知识密集型产业。文化产业项目所开发、创作与生产的是以精神内容要素为核心的文化产品和文化服务，其开发过程一般要经历从文化创意到内容、从内容到产品化生产两个过程，前一个过程是对项目产品中所包含的精神内容的创作、策划与组合，后者是将相应的精神内容要素固化到相应的物质载体中去，成为产品形态。在这两个过程中，创意是核心，是文化产业项目的生命线。只有那些有好创意、高创新、内生收益递增性强的文化产业项目，才能够取得好的经济收益和社会效益。

（2）文化产业项目价值的隐性

文化产业项目所开发、创作与生产的文化产品和文化服务，其价值往往是隐性的。有的文化产品，如以书面、屏幕、画面、衍生品、表演、音效等形式表现出来的文化产品是既“可感知”又“可触摸”的；而有的文化产品是“可感知”但“不可触摸”的，对其价值的认同更多地表现出一种感觉、情感、心理体验和回应等非实物性感受，而且更多是一种因人而异的思想意识反映。但是，即使是“可感知”和“可触摸”的文化产品，其本质也是无形的，一是因为任何文化产品都是以精神内容要素为核心，凝聚着大量的创意、版权和人力资本等无形要素；二是因为文化产品本质上是一种消费体验，是某种参与性、互动性、娱乐性和时尚性的感受，而不是具体某件“产品”。

（3）文化产业项目过程的复杂性

一个文化产业项目，从精神内容的创作、策划与组合，到相应的精神内容要素固化到相应的物质载体中去，然后转化为具体的产品形态和服务形态，即实现从纯精神活动到准精神产品再到一系列文化产品的价值转化，是一个复杂的系统工程。一个文化产业项目的产生，从简单创意到立项审批再到项目实施和执行，涉及多方面的知识和内容，如广告宣传、活动营销、寻求赞助、活动演出、信息管理、版权管理与开发、国家的法律法规及导向等等。

（4）文化产业项目具有双重属性

文化产业项目具有精神内容和商品的双重属性，存在社会效益和经济效益两个方面的目标。一方面，文化产业项目活动是文化活动，能够满足人们的文化需求，对文化交流和发展起到促进作用，具有很强的精神属性；另一方面，文化产业项目活动又是经济活动，具有很强的外溢效应、文化消费网络效应、需求规模经济性强。对现代文化产业项目而言，商品属性更为根本。正确把握两种属性之间的关系，既不能以追求其商品属性和经济功能为唯一目的，而忽视或否认其意识形态属性和精神价值，也不能以其意识形态属性而抹杀其商品属性，两者共同统一于文化产业项目的统一体中。

（5）文化产业项目的高风险性

项目都有风险，但文化产业项目的风险性相对更高，因为文化产业项目是以知识创新与高新科技为支持体系，具有可能的高收益和高增长潜力，但这种高收益往往也伴随着高风险。文化产业项目在高度不确定的环境中运行，其生产或服务过程依赖项目团队成员创造力的发挥水平，产品或服务推广依靠消费者的回应，再加上提供的产品或服务又属非生活必需品。另外，一般说来，文化产业项目具有失败的不可挽回性，结果的不可修改性，特别是一些大型的活动，不可能有预演，只能一次成功，一个疏忽可能就会造成不可弥补的损失。

文化产业项目的项目化特征决定了可以采用项目管理的理论和方法提高文化产业活动的规范性，减少成本，提高成功率和活动效果；而文化产业项目的特有属性又要求我们能够更有针对性地开发最适合文化产业活动的管理规范和程序。

作为当今社会的黄金产业，文化产业的发展前途光明，但由于长期以来受旧体制和旧思想的束缚，我国很多文化企业的发展活力明显不足，存在管理的规范性不高，文化资源开发和文化产品创新不足，市场开发和运作能力不高，项目运作的“成熟度”较低，风险管理能力较差等等问题，采用项目管理的理论和方法去运作文化企业和文化活动，能够转变文化企业的经营思想和管理模式，提高文化产品和服务的创新能力和市场运作能力，增强文化产品和服务的国内外竞争力。文化产业项目管理模式和流程已成为文化产业升级的关键因素之一。

二、文化产业项目管理的概念和特征

（一）文化产业项目管理的概念

文化产业项目管理是指项目管理者根据文化产业项目运营客观规律的要求，系统运用相关理论和方法，对执行中的文化产业项目生命周期的各个阶段工作进行计划、组织、控制、沟通与激励，以满足或超越项目各方对项目的要求和期望的各项管理活动的总称。文化产业项目管理有时也会是文化产业项目利益相关者们在特定的环境条件下，通过参与、合作，运用各种资源来实现项目目标的管理过程。透过文化产业项目管理的定义，我们可以进一步从以下几个方面理解其内涵。

1. 文化产业项目管理的根本手段是系统运用相关的理论和方法，这些相关的理论和方法，既包括项目管理、文化产业管理以及相关专业领域的专业知识，也包括一般管理知识、技能、方法和工具，还包括如项目时间管理、质量管理、成本管理、风险管理等具体专业领域的专门知识、方法和工具。只有全面掌握这些知识、方法、技能和工具，才能更为科学地开展项目管理的各项工作。

2. 文化产业项目管理的内容包括对文化产业项目进行计划、组织、控制、沟通与激励等多方面的活动，通过一个个连续的项目管理环节和过程来最终达成项目目标。

3. 文化产业项目管理的根本目标在于满足或超越项目各方对项目的要求和期望，这一目标既包括明确的任务要求和期望，也包括项目团队、项目投资人、项目客户群等项目利益相关者以及社会公众所隐含的期望和要求。项目利益相关者会对项目的范围、时间、成本、质量等方面提出一致性的要求和期望，同时也会从不同的利益角度提出不同的要求和期望。文化产业项目管理者必须努力使这些要求和期望都得到均衡实现，并使项目最终成果能最大限度地满足和超越这些要求和期望。

4. 文化产业项目管理对项目管理人员提出了更高的要求。文化产业项目管理融合了文化创意、项目管理、技术和行为的多亘挑战：在技术方面，要求项目管理者和经理人能够熟练进行项目选择、预算、资源管理、计划和进度的指定、项目跟踪和监控等项目技术工作；在人力资源管理方面，要求项目经理必须将跨部门、跨组织的成员集中起来，迅速组成高效的团队，并协调冲突、进行领导、参与协商等。

5. 文化产业项目管理不同于文化企业的项目化管理。文化产业项目管理是一次性的管理方式，相同和相似项目重复较少，每个项目都有不同的创意、特点和侧重点，很难指定或设计出详细的、通用的项目管理程序。文化产业项目管理的主体是项目经理或项目负责人，其管理的目标是满足和超越项目客户对项目的要求和期望；而文化企业的项目化管理则是一种重复性的管理方式，企业内部的项目无论从项目人员构成的稳定性，还是从项目相似性上看，制定、设计详细的项目化管理程序都会提高项目人员的工作效率、项目小组的成熟度，节省资源并提高企业效率。文化企业的项目化管理的主体仍然是企业的高层管理者，其管理目标在于贯彻企业经营思想和管理模式，提高企业管理效率。

6. 文化产业项目管理不同于文化企业的运营管理。文化产业项目管理是在相对开放和不确定的环境下针对具体项目开展的独特性、一次性、集成性、创新性的管理活动或工作，是基于项目活动过程的管理，关注的是项目本身的成败，管理的内容是关于项目的质量、范围、时间、成本、风险等；而文化企业的运营管理是在相对封闭和确定的环境下，针对组织的运营所开展的重复性、经常性、持续性的管理活动，是基于分工和职能的管理，关注的是组织正常的运营和盈利情况，管理的内容主要是供应、生产、服务、营销、人事、财务等。

（二）文化产业项目管理的特征

由于文化产业项目具有与其他行业项目不同的特有属性，文化产业项目管理也有与其他行业项目显著不同的特征。这些不同特征源于文化和文化产品的特殊性。

1. 文化产业项目管理对人力资源管理有更高的要求

文化产业项目所开发与生产的是以精神内容要素为核心的文化产品，其投入的资源，除了资金和实物资本之外，更重要的是大量的创意、版权和人力资本等无形的要素。每一件文化产品都具有不可重复性、不可替代性和不可再生性。精神内容要素的雷同无法吸引消费者的兴趣，文化产业项目的生产必须具有相当的创新度，才能在市场中立足。应当说，其他产业的生产也具有原创性，但是没有一个像文化产业这样是依赖原创而生存的。

文化产业的知识性在于向社会提供各类知识产品和知识服务，满足人们对文化消费资料的需要。文化产业是创意产业、内容产业，文化人才是文化产业的主体，创意是文化产业的灵魂。原创性和知识性决定了文化产业的核心竞争力在于人才。因此，文化产业项目管理对创意型、技术密集型团队的人力资源管理、沟通管理等工作都提出了非常高的要求。管理好一个充满创意、创新活力的项目团队是文化产业项目成功的关键因素之一。

2. 文化产业项目发起的复杂性与综合性

精神内容生产分为内容的创新以及从创新到产品化生产的两个过程。前一个是对项目产品中所包含的精神内容的创作、策划与组合，后者是将相应的精神内容要素固化到相应的物质载体中去，成为产品形态。一个文化产业项目要实现从纯精神产品到准精神产品的价值转化，是一个复杂的过程。不但要对项目运行过程中的资金、成本、进度和风险进行管理，同时还要建立起完善的内容信息管理、版权管理与开发系统。一个文化产业项目要想获得成功，不但要在相应的领域具有较高的艺术水准，而且需要考虑到目标受众的需求、赞助企业的需求、国家的法规政策及导向，以及本企业的优劣势等。它不像建筑项目、工业制造项目，需求明显，较易识别，一个文化活动项目的项目目标确定可能要经过几个回合才能最终确定下来，需要经过一定的调研，经过各个利益相关方的目标整合才可以明确。特别在我国，人民群众对文化的需求在与日俱增，瞬息万变，而当前我国的相当部分的文化产业又缺乏市场运作经验的积累，相关的数据和统计信息比较匮乏，文化产业项目发起的难度就相应增加。同时在文化活动走向市场化运作的同时，需要考虑更多的市场因素，比起别的行业产品来说，对产品的独特性要求更高。因此，对文化产业项目管理来说，项目的选择都是非常重要的环节。

3. 文化产业项目策划的艺术性和技术性

一般而言，文化项目的策划从项目发起就开始了，在国外，很多艺术类项目的发起是艺术总监负责制，他们同时负责项目的具体策划。对于综合性的文化活动，比如演出、展览等大型活动，其策划人员和项目的发起人可能不同，但一般要求项目发起人要具备一定的项目策划能力。相对于其他行业项目，其技术性多半包含在设计中，文化项目的技术性就体现在策划中。例如，一名奥运会开幕式的总负责人（国外称总制片人）应该懂得与策划内容相关的技术支持，如现有的影像设备水平、物流管理技术等。在策划项目的同时，就要考虑到市场结合点，做到艺术和市场的结合。

4. 文化产业项目管理必须重视政府审批程序

由于文化产业项目所开发的是具有精神和物质双重形态的产品和服务，文化产业项目的实施有具有社会效益和经济效益等多方面的重要影响，因此，文化产业项目的审批是非常重要的工作，越是重大的文化产业项目越会经历严格的审批程序。不但文化产业活动的名称、场所、渠道等需要审批，其具体的内容都要进行相关的审批或备案。很多项目由于还需要交通、消防、公安、环卫等多个社会部门的协助，甚至会有一些涉外项目，因此审批的部门和程序也会更为复杂和严格。

5. 文化产业项目管理对项目团队的风险控制能力有更高要求

文化产业项目具有投资大、风险高的特点，存在较多的项目不确定因素。文化产业项目经过前期的策划和设计，确定了项目计划和进度安排之后，一旦进入项目实施、举办或者开展阶段，其结果就具有了不可修改性和高风险性，每一个细小的疏忽都有可能造成不可弥补的损失。这就要求项目团队成员，包括项目经理和项目成员必须具有很强的项目风险控制能力。

延伸阅读

项目管理方法在影视制作过程中的应用

美国学者 David Cleland 曾指出："在应对全球金融市场的变化，战略管理和项目管理将起到关键的作用"。影视的生产过程是选择题材，然后找编剧写剧本，拍摄制作和筛选阶段，再到发行放映阶段，有明显的阶段和突出的临时管理特征，明显带有项目管理的思想。还有人曾经说，影视生产和管理绩效产生了现代项目管理的思想。

1996 年 7 月 1 日，中国政府推出的《影视管理条例》，在条例的第一章将影视定义为一项事业；2004 年 1 月 8 日，广电总局发布《关于加快发展影视产业的若干意见》指出：影视是文化的一种形式，是广为人们喜欢的一种文化形态，是一种商业性质的、高技术、高投入、高产出的行业。在文化产业里，影视是相当有生机和活力的部分，发挥着重要的作用。目前的影视摄制组和项目管理论已经成为管理模式中很受欢迎的模式，被称为影视拍摄模式，这是说，很多工作团队不是根据这一原则而运行的，而是以项目为重点工作方式的组织。由于生产的具体目的而建立这个团队，所以项目完成后，它可能崩溃。由此可见，项目管理也是在寻求确定性与不确定性、（有限）创新资源与创造性实践之间的冲突的解决方案。

有越来越多的影视人对项目管理产生浓厚的兴趣，这不仅是因为影视制作策略和项目管理系统有直接的关系，也因为更多的项目管理方法可以使影视管理规范。

20 世纪 90 年代以来，运营商环境变得更加复杂，经济全球化的发展使得文化产业、影视产业快速发展。这就要求影视和影视节目的生产和管理必须与国际惯例一致，遵循项目运作规律。

要想使我国的影视产业更好地生存和发展，就需要项目管理这种先进的管理模式，把影视制作过程中的人、财、物、信息等资源有效整合，以高质量和低成本的方式快速及时地将影视作品变成影视市场需要的产品。因为影视收入是基于质量、成本和时间的，这三要素是影视市场生存和发展之道，所以影视没有好的质量，不能得到消费者的认可，产品和提供的服务也无法立足于市场；没有低成本，就无法获得有实力的竞争价格，无法得到可持续的影视需求的资金；影视和影视制作，以适应不断发展的消费需求为前提，必须能够在最短的时间内为消费者提供他们需要的产品和服务，缩短影视制作的生产周期，因此生产周期就形成了能否适应影视制作发展需求的关键。

项目管理是以“项目”为主线的企业管理，按照人、财、物和产、供、销的“一次性”项目和“连续性”日常业务一起进行的模式，解决了影视和影视制作“信息孤岛”问题，通过项目、资源、成本、质量和进度的管理，以实现影视制作项目的全过程控制。影视制作项目管理作为一门学科是伴随着影视制作的发展需要而产生的，它主要通过科学的运筹和管理方法来达到项目的既定目标。项目管理在影视制作过程中显示出越来越明显的优越性，它改善了影视项目开发和实施的工作效率，其应用范围已扩展到影视产业的各个方面。国际上很多著名影视的制作过程都是采用项目管理的方式对企业进行运作管理，并通过项目经理实现影视制作的组织和指挥能力。

资料来源：程岩：《项目管理方法在影视制作过程中的应用》，第12—13页，北京化工大学硕士学位论文，2014。

三、文化产业项目管理的知识体系

运用项目管理理论和方法管理文化产业项目需要根据文化产业项目的特点架构具体的知识体系。文化产业项目管理是一个复杂的系统工程，项目管理过程中要使用到一般性的管理知识、文化产业的专业知识以及现代项目管理的知识等。其知识体系包括以下几个方面：

（一）文化产业项目的过程管理

项目管理的根本方法是基于过程和活动的管理方法，我们把项目的整个生命周期划分为概念、计划、实施和收尾四个阶段，按照这四个阶段对项目进行管理。文化产业项目管理也要根据项目的生命周期对文化产业项目进行全过程的管理。

（二）文化产业项目的决策管理

项目决策管理即对项目所涉及的各种决策的管理，包括项目的初始决策和项目的跟踪决策管理。其中，项目初始决策的管理是对于项目备选方案及其分析评估等项目决策支持工作的管理；项目跟踪决策的管理是对于制定项目决策和行使项目决策权力、做出项目变更等项目决策工作的管理。

（三）文化产业项目的组织管理

文化产业项目组织管理，是指在项目管理过程中为确保科学、合理、有序地开展项目工作而提供的组织保障，其内容主要包括：项目组织的规划、对项目所有利益相关者的组织管理，以及对项目实施团队和项目直接责任人的组织管理工作，其中对项目经理和项目团队的组织管理是项目实施的直接组织保障。

（四）文化产业项目的人力资源管理

文化产业项目人力资源管理，是在项目管理过程中为确保更有效地利用项目所涉及的人力资源而开展的项目管理工作。文化产业项目人力资源管理的根本目的，是要对项目所需的人力资源进行科学的确定和有效的管理，以确保项目的成功，其主要内容包括：项目人力资源规划、项目人力资源的获得与配备、项目人力资源开发等。

（五）文化产业项目的信息管理

文化产业项目信息管理是在项目管理过程中为确保及时有效地生成、收集、储存、处理和使用项目信息以及合理地进行项目相关利益主体之间的信息沟通而开展的管理工作，其根本目的是要对项目所需的信息和项目相关利益者之间的信息、情感、思想的沟通进行有效的管理，其主要内容包括：项目信息需求的确定、项目信息沟通的规划、项目信息的传送和加工与处理、项目信息的使用等。

（六）文化产业项目的费用管理

文化产业项目费用管理是在项目管理过程中为确保项目在成本和价值方面的成功而开展的管理工作，其目的是为了科学正确地确定项目成本和价值，及时有效地控制项目的成本和价值，确保项目的成功，其主要内容包括：项目费用估算、项目费用预算和项目费用监控以及项目费用变更与索赔等。

（七）文化产业项目的范围管理

文化产业项目范围管理是在项目管理过程中所开展的计划和界定一个项目或项目阶段所需完成的工作，以及不断维护和更新项目范围的管理工作，其根本目的是要通过成功地界定和控制项目的工作范围和工作内容，来确保项目的成功，其主要内容包括：项目起始的确定和控制、项目范围的规划、项目范围的界定、项目范围的确认、项目范围变更的控制与项目范围实施的监督和控制等。

（八）文化产业项目的进度管理

文化产业项目进度管理是在项目管理过程中为确保项目按既定的时间成功完成而开展的项目管理工作，其根本目的是做好对项目时点性指标的管理（即项目进度计划与安排的管理）和项目时期性指标的管理（即项目工期的监督与控制管理）工作，以确保项目在进度方面的成功，其主要内容包括：项目活动的分解与界定，项目活动的排序，项目活动的时间估算，项目时间计划的编排、执行监督与控制以及项目时间变更管理等。

（九）文化产业项目的风险管理

文化产业项目风险管理是在项目管理过程中为确保成功地识别项目风险、度量项目风险和应对项目风险所开展的对项目过程中的不确定性以及由此可能造成的损失与机遇的管理工作，其根本目的是要对项目所面临的风险进行有效识别、控制和管理，努力降低项目损失，抓住项目机遇，其主要内容包括：项目风险管理规划、项目风险识别、项目风险的定性与定量分析、项目风险的对策设计和项目风险的应对和控制等。

（十）文化产业项目的质量管理

文化产业项目质量管理是在项目管理过程中为确保项目产出物的功能和品质以及项目的质量所开展的管理工作。文化产业项目质量管理既包括在既定项目成本下如何实现项目功能最大化的问题，也包括如何通过少量增加项目成本而实现项目功能大大增加的问题以及如何在项目功能不变的情况下降低项目成本的问题，其主要内容包括：项目产出物质量和项目工作质量规划、项目质量保障、项目质量控制以及有关项目质量变更的管理和控制等。

（十一）文化产业项目的收尾管理

文化产业项目收尾管理是指当文化产业项目的各阶段性目标已经完成或项目最终目标已经实现，又或项目目标已经不可能实现时，对项目已完成的工作成果或项目活动结果进行审查、整理并写出总结、评估报告的管理过程，主要包括文化产业项目合同收尾和管理收尾两大方面。

本章案例：

《中国好声音》项目运作成功原因

在发达国家，影视制作项目早已采用项目管理的模式进行运作，并且已经积累了一套行之有效的管理方法，如好莱坞所有的电影都是按照项目管理的模式进行生产；再比如在国内创下收视狂潮的《中国好声音》，其原创节目是《荷兰好声音》，该节目组就是完全按照项目管理的程序进行市场运作，从节目的前期策划、人员组织、具体实施到节目版权推广都制定了完善的风险管理体系，该节目目前已在世界多国播出，取得了很好的经济效益与社会效益，在全球范围取得了极大的成功。

即使对选手背景、导师评判、广告插播、决赛结果等不乏争议，但作为“收视王牌”，《中国好声音》至少“把一些高层次观众拉回电视机前”。而在国内电视界争相引进国外节目版权之时，《中国好声音》所选择的制播分离、协议分成、捆绑合作、资源整合、产业开发等运作方式，也创造了原版节目“本土化改造”的一个“高产样本”。

落幕与开始：不甘心只做节目，要做音乐产业链“发动机”

“节目的成功只是第一步。”这是《中国好声音》对自己的定位。“我们一开始就没想着只做一档节目，而把节目当成巨大音乐产业链的一个发动机。”“好声音”幕后团队、星空华文传媒旗下的灿星制作公司总裁田明说。

如此说来，灿星公司在下一盘更大的棋。有业内人士对媒体表示，中国文化产业具有自己的特点和运作规律，内容策划、制作、播出、广告经营、后续开发等环节需要无缝对接。而拥有制作《中国达人秀》经验的灿星公司，显然深谙此道。据介绍，《中国好声音》自2012年8月21日起节目广告就已达每15秒50万元，勇夺国内电视节目之冠。决赛之夜的广告位拍卖更创造了中国广告单条价格之最——每15秒116万。经初步统计，这档节目仅其所获的广告收入即达2.5亿元左右，还不包括被认为潜力巨大的彩铃、演唱会等众多衍生产品收益。

而在节目之外，签约学员能否通过经纪公司的运作获得良好发展，目前而言尚无答案。但至少，田明强调，“我们不会做很多过去司空见惯的短视行为”。还有艺人总监宣称，“好声音”学员最终所签的合同，是他所见过“最为宽松的”。该公司宣传总监陆伟更是坦言，“我们与导师的合作模式，并不局限于这几期节目，而是整个后续产业链的共同打造。”这种长期投入的模式，无疑将明星效应更大程度地释放。

偶然与必然：敢于签对赌协议，源自“紧密捆绑式”合作模式

客观地看，一档电视节目是否成功，迄今可量化的标准仍然只有收视率。《中国好声音》的收视率自开播以来一路飙升，到决赛之夜更是达到了惊人的6.1%，同比超越曾创造收视顶峰的《中国达人秀》。

如此奇迹，恐怕连主创者自己也未曾料想。毕竟在节目开播前，既无播出“婆家”，也无冠名赞助。抱着“裸奔也要上”的决心，灿星公司与浙江卫视签下了中国电视史上第一份对赌协议。

这份对赌协议，将2%收视率定为“生死线”。这意味着，如果《中国好声音》的收视率超过2%，则灿星公司参与浙江卫视的利益分成，将获得七成广告收益。否则，广告商的损失由灿星公司单方负担。

地方卫视中收视率能破2%的娱乐节目屈指可数。但《中国好声音》的总导演金磊却表示，允诺2%的收视率高位，是分析后的结果，而现实也印证了他的信心。节目播出后，通过大量的微博营销、口口相传等传播手段，收视率很快冲破2.8%、3.09%，甚至连续突破4%。

作为“舶来品”，《中国好声音》源自荷兰的一档节目——《The Voice》。近两年来，购买原版节目版权，已成为中国电视业界的一种风尚。虽然从客观上带来电视制作理念的提升，但失败的先例同样存在。

“国外电视制作已经进入工业化、标准化阶段，而中国的文化创意产业很容易丧失标准，跟着感觉走，类似于作坊式。”田明认为，“好声音”在国内首度真正实践了制播分离模式，从根本上确保了节目质量。

以往，中国电视台通行的制播分离，即电视台根据节目样片估价后一次性购买，制作单位会为了获得收益尽量压低制作成本，节目难免粗制滥造。按陆伟的说法，《中国好声音》“紧密捆绑式”合作模式，“优势在于上不封顶，节目收视率越高，双方获取的利润越大。为了更高的收视率，就必须提高节目的品质，制作成本上不会吝啬”。

当然，这种模式也意味着，节目一旦不成功，亏钱的风险就很大。金磊宣称，《中国好声音》3年版权费仅占投资的零头，“投入近亿元，在目前体制下这是任何一家电视台不可想象的”。浙江卫视节目中心主任陈伟如此介绍：光是一套音响就花了2000万左右，比电视台做一场跨年演唱会的经费还要多……

所幸，高投入换来了大收益。不少广告商心甘情愿捧着巨款，等待着在片头由主持人用越来越快的语速带来一瞬而过的报幕……有专家表示，随着电视产业链的成熟和市场的逐步开放，《中国好声音》这种“高投入高产出”的方式，将带动未来电视节目市场的洗牌。

外壳与内核：国际模式非万能，有人文价值的娱乐才有市场

从之前的模仿“欧美日”到主动购买版权，从“山寨”形式到引进模式，以“好声音”为代表的“本土化改造”，展现着中国电视团队的前行。

但田明强调，最重要的是“能够消化吸收理解国际模式”。在他眼中，“国际模式是给你一个‘套’，是一个渠道、工具，关键是怎么用。再好的东西都要落地，必须要和自己结合起来。”

选秀节目在中国发展至今，各种煽情、毒舌等手段的重复令观众厌倦；同样，流行音乐在中国也长期处于低谷，也需要《中国好声音》导师口中“正本清源”的节目。“这些都是市场机遇。”田明分析。

而金磊认为，所有有力量的、有价值的娱乐，都应该是人文的。“这是一种文化自信的回归，把对人的尊重放大，契合这个国家、这个时代老百姓的特质。”

有专家分析，改革开放三十多年来，中国社会发生了翻天覆地的变化，其中最深层的是人的变化。“人”的意识的苏醒，独立人格的发展，一代比一代更明显。这也是“真人秀”类节目在国内接连成功的重要原因。

“让我们兴奋的不是收视率，而是看到这个巨大的音乐市场。我们要颠覆以往音乐公司运营模式，做出不一样的东西出来。”田明说。

资料来源：《“好声音”如何唱成好产业？》，http：//business. sohu. com/20121024/n355608506. shtml 原载于《人民日报》2012－10－24，有删改。

第三章　文化产业项目的过程管理

项目的根本属性之一是它的过程性，项目是由一系列项目活动所构成的一个完整的过程，所以项目管理的根本方法是基于过程和活动的管理方法。

第一节　项目生命周期概述

一、项目生命周期的概念

（一）项目生命周期的定义

现代项目管理理论认为任何项目都有自己的生命周期，因为任何一个项目都可以划分成一系列不同的项目阶段，这些项目阶段构成了项目的全过程，而这种项目的全过程就是项目的生命周期。对于项目生命周期的定义和界定有许多种，但基本上是大同小异的。因为项目生命周期的内涵是既定的，这些不同的定义只是从不同的角度对项目生命周期所做的解释而已。

在对于项目生命周期的多种定义中，PMI 的定义最具代表性：项目生命周期就是由项目各个阶段按照一定顺序所构成的整体，项目生命周期有多少个阶段和各阶段的名称取决于组织开展项目管理的需要。这一定义是从项目管理和控制的角度出发的，强调项目过程的阶段性和项目生命周期的管理作用。

项目生命周期确定了项目的开端和结束。例如，学生撰写学期论文的过程就有一个明确的开始时间和结束时间，反映了一个完整的项目生命周期。写作论文的第一步是理解作业的要求——老师要我们做什么，论文要多长，要求多少文献，格式上有什么要求等等。一旦弄清楚了作业的要求，下一步就可以开始拟定一个计划，即如何在规定的时间内完成这个项目。可以大致估计一下做这篇论文需要多长时间，完成初稿、校对到完成终稿要花多长时间，并利用这些信息开始创建论文各部分的初步里程碑。下一步就可以执行计划，到图书馆或互联网上查找资料、拟出论文的大纲、完成初稿等等，尽自己最大努力按时完成论文。最后，交完报告，将参考资料存档或者丢弃，归还图书馆和其他地方租借的书籍，等待成绩。这个例子虽然简单，但却是项目生命周期的一个有效的例证。在这个例子中，项目的目标是在规定的时间内按规定的要求完成学期论文的写作并提交给老师。

项目生命周期表现了项目管理的逻辑性，有助于制定执行项目的计划，还能帮助决定何时投入资源以及如何评价项目的进展等等，因此非常重要。在商业市场上，当一个组织看到了一次机遇，它通常会做一次可行性研究，以便决定是否应该就此设立一个项目。对项目生命周期的设定会明确这次可行性研究是否应该作为项目的第一个阶段，还是作为一个独立的项目。项目生命周期的设定也决定了在项目结束时应该包括或不包括哪些过渡措施。通过这种方式，我们可以利用项目生命周期设定来将项目和执行组织的连续性操作链接起来。项目的整个生命周期由项目的各个阶段构成，每个项目阶段都以一个或一个以上的工作成果的完成为标志。

（二）项目生命周期与项目全生命周期

项目生命周期与项目全生命周期是两个不同的概念，其差异主要表现在对项目周期长短的认识不同。

项目全生命周期的概念最早是由英国皇家特许测量师协会给出的。他们的定义是："项目全生命周期是包括整个项目的建造、使用和最终清理的全过程。项目全生命周期一般可划分成项目建造阶段、运营阶段和清理阶段。项目建造、运营和清理阶段还可以进一步划分为更详细的阶段，这些阶段构成了一个项目的全生命周期。"

从这个定义可以看出，项目全生命周期包括一般意义上的项目生命周期（即项目的建造周期）和项目产出物的生命周期（即项目产出物从投入运营到最终清除的生命周期）两个部分。但是，一般意义上的项目生命周期只是项目全生命周期中的项目建造或开发阶段。

二、项目生命周期相关的重要概念

项目生命周期中有三个与时间相关的重要概念：检查点（Check Point）、里程碑（Mile Stone）和基线（Base Line），描述了在什么时候对项目进行什么样控制。

（一）检查点

检查点是指在规定的时间间隔内对项目进行检查，比较实际与计划之间的差异，并根据差异进行调整。可将检查点看作是一个固定的“采样”时点，而时间间隔根据项目周期长短不同而不同，频度过小会失去意义，频度过大会增加管理成本。常见的间隔是每周一次，项目经理需要召开例会并上交周报。

（二）里程碑

里程碑是阶段性工作完成的标志，不同类型的项目里程碑不同。里程碑在项目管理中具有重要意义，我们用一个例子说明：

情况一：你让一个程序员一周内编写一个模块，前 3 天你们可能都挺悠闲，可后 2 天就得拼命加班编程序了，而到周末时又发现系统有错误和遗漏，必须修改和返工，于是周末又得加班了。

情况二：实际上你有另一种选择，即周一与程序员一起列出所有需求，并请业务人员评审，这时就可能发现遗漏并及时修改；周二要求程序员完成模块设计并由你确认，如果没有大问题，周三、周四就可让程序员编程。同时自己准备测试方案，周五完成测试；一般经过需求、设计确认，如果程序员合格则不会有太大问题，周末可以休息了。

第二种方式增加了“需求”和“设计”两个里程碑，这看似增加了额外工作，但其实有很大意义：首先，对一些复杂的项目，需要逐步逼近目标，里程碑产出的中间“交付物”是每一步逼近的结果，也是控制的对象。如果没有里程碑，中间想知道“他们做得怎么样了”是很困难的。其次，可以降低项目风险。通过早期评审可以提前发现需求和设计中的问题，降低后期修改和返工的可能性。另外，还可根据每个阶段的产出结果分期确认收入，避免血本无归。

第三，一般人在工作时都有“前松后紧”的习惯，而里程碑强制规定在某段时间做什么，从而合理分配工作，细化管理“粒度”。

（三）基线

基线指一个（或一组）配置项在项目生命周期的不同时间点上通过正式评审而进入正式受控的一种状态。基线其实是一些重要的里程碑，但相关交付物要通过正式评审并作为后续工作的基准和出发点。基线一旦建立，变化需要受控制。

三、项目生命周期方法

人们根据项目生命周期及其中各个项目阶段的目标、任务和里程碑去做好项目的管理，这种方法就是项目生命周期法。项目生命周期法既是一种对项目的描述方法，也是一种对于项目进行过程管理的方法。实际上，人们为开展项目管理才会将项目划分成一系列的项目阶段，从而产生了分阶段的全过程项目管理方法，即项目生命周期管理方法。这种方法是现代项目管理的方法之一，这种方法要求人们根据具体项目所属的专业领域的独特性和项目过程中的具体情况和限制条件做好项目阶段的划分，然后分阶段管理好项目的成果和目标。

四、项目生命周期的阶段

不同的项目按照其所属专业领域的特殊性和具体的工作内容等因素可以划分为不同的工作阶段。如一个建筑工程项目的生命周期可以分为发起和可行性研究、计划编制和详细设计、建设和施工、移交和正式运行；一个医药产品开发项目的生命周期可以分为基础和应用研究、发现与筛选药物来源、动物实验、临床试验、投产登记与审批；软件开发项目划分为需求分析、系统设计、系统开发、系统测试、运行维护几个阶段。

项目的每一个阶段都以具体可交付成果的完成为标志。例如，建设项目的可行性研究阶段要交付可行性研究报告，医药产品开发项目的选定药物来源阶段要做出新药样品制剂等。前一阶段的可交付成果通常经过批准后才能开始下一阶段的工作。例如，可行性研究报告批准后才可以进行具体的计划编制和详细设计，动物实验结果经过鉴定后才可以进入临床试验。认真完成各阶段的可交付成果很重要。这一方面是为了确保前一阶段成果的正确、完整，避免返工；另一方面，由于项目组织是一个临时性组织，人员经常流动，前阶段的参与者离去时，后阶段的参与者可顺利地衔接。当风险不大，较有把握时，前后阶段的工作可以相互搭接以加快项目进展，甚至可以简化某些环节，这种经过精心安排的项目互相搭接的做法通常称为“快速跟进”(Fast track)。但是这种快速跟进不能成为盲目做法的科学借口，不能打着快速跟进的幌子，没有计划性地发起和操作项目。

尽管项目阶段的名称、内容和划分各不相同，项目生命周期一般可以依次归纳为论证阶段、计划阶段、实施阶段和收尾阶段四个部分。（如图3—1）

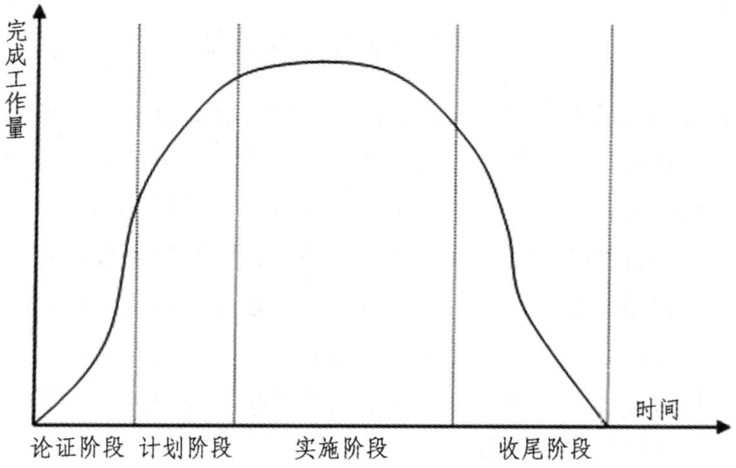

图 3—1　项目生命期的四个阶段

（一）论证阶段是项目的第一阶段，也是项目的定义和决策阶段。人们首先提出一个项目的设想，并对此设想进行必要的机遇与需求的分析和识别，然后提出具体的项目建议书，包括调查研究、收集数据、明确需求、策划项目并确立目标。在项目建议书获得通过之后，需要进一步开展不同程度的项目可行性研究。在项目可行性研究中，首先要分析和找出项目的各种备选方案，然后分析和评价这些备选方案的损益和风险情况，明确应有的合作方式，拟定战略方案，进行资源测算，提出组建项目组方案，最终做出项目方案的选择和项目的决策。这一阶段的主要任务是提出项目、定义项目和做出项目决策。这一阶段的输出是有关项目的初步界定和具体的立项决策，明确项目目标，输出的主要形式有项目建议书和项目可行性报告，如果获准则进入下一阶段。

（二）计划阶段是项目的第二阶段。在项目的可行性研究被审批通过以后，就进入项目的第二阶段——计划阶段，也就是项目的规划和设计阶段。在这一阶段，人们要为已经决策实施的项目编制各种各样的计划（针对整个项目的工期进度计划、资源及费用计划、质量计划等），制定相关的项目政策与程序，对整个实施方案进行研究。在这些计划工作的同时，一般还需要进行必要的项目设计工作，全面设计和界定项目以及各阶段所需开展的工作，进行项目最终产品范围的确定、项目质量标准的确定、项目所需要的资源及环境保证、项目经费及现金流量的预算、项目的风险评估等。实际上这一阶段的主要工作是对项目的产出物和项目工作作出全面的设计和规定，而这一阶段的输出是有关项目交付品和项目工作的计划和规定，输出的主要成果是项目的设计文件和计划文件，如典型的工作分解结构（WBS）。

（三）实施阶段是项目的第三阶段。在这一阶段，人们可以开始项目的实施了。在项目实施的过程中，首先要建立合适的项目组织，规定与完善项目联络渠道，建立项目信息控制系统，实施项目激励机制，开展各种各样的控制工作，以保证项目实施的结果与项目设计和规划的要求、目标相一致。其中项目的实施工作还可以进一步分解，建立项目工作包，细化各项技术需求，在执行 WBS 的各项工作中，对于范围、质量、进度、成本要进行指导、监督、预测和控制，解决实施中的问题，并通过变更程序完成相应的改变。这一项目工作阶段是整个项目产出物的形成阶段，所以这一阶段逐渐输出生成项目的交付品，不管是实物形态还是知识或技术形态。这一阶段的成果为项目交付品的中间成果和最终成果，以及相应的各种报告文件。

（四）收尾阶段是项目的最后一个阶段。项目实施阶段结束之后，项目还需要经过一个完成与交付的工作阶段才能够真正结束。在这一阶段，人们要对照项目定义和决策阶段提出的项目目标，以及项目规划与设计阶段所提出的各种项目要求，首先由项目团队或者项目组织全面检验项目的整个工作和项目的交付品，然后由项目团队向项目的业主或用户进行验收和移交工作，直至项目的业主或者用户最终接受了项目的整个工作和工作结果，项目才算最终结束。此外，在收尾阶段还需要清算最后账务、项目评估和总结、资源清理等，最后解散项目团队。这一阶段输出的内容包括有关的验收与交付文件。

我们把项目的整个生命周期划分为论证、计划、实施和收尾四个阶段，按照这四个阶段对项目进行管理，而每个阶段又可分为启动、计划、实施和控制以及结束过程。启动过程是确认一个项目或者一个阶段应当开始并付诸行动，它接受上一阶段交付的成果，提出下一阶段的要求，并确认下一阶段可否开始。计划过程是根据启动过程提出的要求，制定计划文件作为实施过程的依据。实施和控制过程是按照计划实施所需执行的各项工作，包括对人员和其他资源进行组织和协调，要定期编制实施进展报告，监控、测量项目的进程，指出实施结果与计划的偏差，并在必要时采取纠正措施，以确保启动过程提出的目标得以实现。结束过程是通过对项目或项目阶段成果的正式接收，以使从启动过程开始的这一周期有条不紊地结束。

项目的每个阶段都要经历以上几个基本管理过程，这些并非独立的一次性实践，它们是按照一定的顺序发生、工作强度有所变化、互有重叠的活动。项目阶段和过程之间有相互联系，前个阶段结束过程的可交付品将成为下一阶段启动过程的根据，两个过程的交接同样要有可交付品。每个过程的可交付品都应准确、完整，包括一切必要的信息。特别重要的是，这些管理过程必要时可以反复和循环，这是项目过程与阶段的一个主要区别。

延伸阅读

影视制作中的过程管理

影视制作项目包含三个阶段：

1. 前期筹备阶段

在早期，主要是影视项目的开发和完善项目规划编制具体行动，通过示范项目评估操作，形成影视脚本之后，向相关主管提交申请报告，等获得批准后，对剧本需要的各项资源进行整合达到拍摄需要的条件。首先与客户真诚沟通，了解企业（项目）影视的制作要求和待宣传客户的需求；其次，根据客户的需求对影视剧本进行生产、加工，写影视广告（特殊）、影视剧本、分镜头故事版，制定生产预算；第三，让客户确定脚本和创意，核实预算费用，双方签合同委托制作；第四，在客户确认影视产品的创意主题后，剧组创作人员举行会议，确定演职人员、需要的拍摄设备、场景等。

2. 现场拍摄阶段

剧本确定后，筹集足够的资金就要开始现场拍摄。首先，根据影视的主题和成本估计来确定影片生产制作规模，组建影视制作拍摄团队；接着就是现场拍摄环节的具体工作。具体的现场阶段运作程序如下：①导演负责影视全片创作和剧组人员的工作；②客户现场监督，并与团队工作协调，一旦发现问题，及时与导演沟通，双方妥善处理问题；③确定工作人员和设备，进行拍摄和彩排。

3. 后期制作阶段

在拍摄过程后，剧组成员完成了剧本的拍摄画面，然后在编辑器上根据影视脚本记录各项要编辑的图像和声音。在剪辑工作后，最后形成完整的影视作品。上映前还需要上交相关部门进行审核，然后再修改剪辑，最后进入市场。在后期制作过程中应注意的工作重点主要包括六点如下：①将搜集到的素材放入编辑器系统中进行处理和加工，完成拍摄素材的整理和成品编辑；②制作方导演和剪辑师对拍摄脚本进行初步的剪辑；③根据影视特效场面创作影视剧本、动画、影视特效等的制作，再由动画师进行视觉艺术包装；④客户预览演示录音和配音，制作完整的背景音乐和音效合成；⑤对所生产的影视产品进行整体包装，向有关部门送交审核；⑥客户根据确认审查的影视产品的创意脚本提出具体的修改；根据客户提出的意见和送审意见，进一步修改，经客户同意后输出成品。

以上是影视剧制作的三个阶段，是广义的影视剧制作的各个环节。在实际的影视剧运作流程中，这三个阶段并不是相互独立依次进行的，而是相互联系，有时候甚至有交叉重叠的部分，例如在剧本的创作过程中还必须进行前期的调查工作，按照市场调查结果写剧本，而且还要与后期的发行公司联系，共同协商剧本内容，然后开始适当的宣传工作，还有可能会与发行商或电视台签订购销合同。总之影视项目的运作和其他项目运作周期是一样的，都有启动、计划、实施、收尾的过程，且各个环节相互渗透、相关交叉。制片人在整个过程中，要仔细分析，充分考虑影视剧产品的特点，在整个运作过程中将项目管理的思想和方法贯彻落实到影视项目的运作中。

影视剧的制作基本上都是制片人负责整个运作流程，从前期计划阶段到场景布置和现场拍摄阶段，再到后期的制作和放映阶段，在这整个运作过程中采取的都是“制片人制”，以制片人为中心。整个影视制作的阶段都是和项目管理各阶段工作内容相对应的。影视制作的前期计划阶段就是项目管理工作中的项目可行性研究和项目计划制定环节，该过程包括影视剧主题的选材和确定，对人财物进行安排和计划；布置排演就是项目管理中的组建团队的过程，包括摄制组的建立、拍摄设备的准备、场景的布置、外景的拍摄和排演等；现场拍摄和后期的制作就是项目管理的实施阶段，包括拍摄影片并对影片进行编辑剪辑的后期制作等工作；最后影片的上映播放过程就是项目管理的收尾工作，是成果的交付阶段，需要将拍摄好的影片包装好送交电视台上映，还需要进行相应的宣传，提高影片影响力，提高收视率；播放完成后还要进行观众调查，了解观众对节目的感受和反馈，总结经验，提高能力。

资料来源：程岩：《项目管理方法在影视制作工程中的应用》，第19页，北京化工大学硕士学位论文，2014。

五、项目生命周期的其他要素

除了以项目阶段划分对项目生命周期进行描述外，还可以从项目时限、项目任务、项目成果等方面进行要素描述。

（一）项目时限

每个项目的生命周期都有具体的项目各阶段的时间限制，即项目时限。项目时限既包括一个项目的起点和终点，也包括项目各阶段的起点和终点。这些项目或项目阶段的起点和终点，既有时点性的要求（项目或项目阶段开始和结束的时点），也有时期性要求（项目或项目阶段持续的时间长度），从而可以清晰地界定出每个项目的具体时限。

（二）项目任务

项目任务，即明确项目生命周期各阶段的主要任务和主要工作，从而使项目生命周期各阶段的工作范围有严格的界定。例如，一个会展项目的项目定义和决策阶段的主要任务包括：项目建议书编制、立项审查批准、项目可行性研究、项目的初步设计和项目可行性报告的评审与批准等项目任务。

（三）项目成果

项目成果，是指项目生命周期各阶段的可交付成果或产出物，即项目各个阶段和项目各阶段主要活动成果。例如，一个文化主题公园建设项目的设计、计划阶段的成果包括：项目的设计图纸、设计说明书、项目预算、项目计划任务书、项目的招标和承包合同等。通常，项目的阶段性成果是在下一个项目阶段开始之前提交的，但是也有一些项目的后序阶段是在项目前序阶段的工作成果尚未交付之前就开始的，这种“快速跟进”的做法只有当项目风险不大，较有把握时才能采纳，但仍面临着项目阶段性成果最终无法通过验收的风险。

第二节　文化产业项目生命周期与过程管理内容

文化产业项目与其他项目一样，有自己的生命周期，每一个文化产业项目的全部工作过程，都可以划分为一系列不同的项目阶段或项目工作过程，这些项目阶段构成了一个文化产业项目完整的生命周期。人们可以根据文化产业项目生命周期及其各个阶段的目标、任务做好文化产业项目管理。

一、文化产业项目生命周期的概念

文化产业项目作为一种创造独特文化产品与文化服务的一次性文化活动，是有始有终的。文化产业项目从始至终的整个过程中，由一系列项目阶段按照一定的顺序所构成的整体就是一个完整的项目生命周期（project life cycle）。一个文化产业项目生命周期具体有多少个阶段，以及各阶段的划分和称呼，取决于具体开展的文化产业项目管理的需要。文化产业项目生命周期既是对文化产业项目过程的一种描述，也是一种开展文化产业项目管理的方法和工具。人们可以根据文化产业项目具体所属领域的独特性、项目的具体情况和限制条件做好项目阶段划分，然后按照过程管理的办法分阶段地做好项目管理，为保障项目目标的实现和项目产出物的生成服务。

二、文化产业项目的过程管理

（一）文化产业项目生命周期的阶段划分

文化产业项目生命周期一般可划分为四个阶段：项目需求识别与立项决策阶段、项目策划与计划阶段、项目实施与控制阶段、项目收尾和评估阶段。文化产业项目的过程管理就是对这四个阶段工作的管理。

与大多数项目一样，文化产业项目在其生命周期内，与项目相关的各种要素会发生一些动态变化，表现出以下共同的特点：

1. 在文化产业项目生命周期的初始阶段，项目对资源、成本和工作人员等方面的需求较低；而进入制定计划方案阶段以后，项目对于资源的需求就开始升高，越到后来就越高；而到了项目收尾阶段这种需求又会急剧减少。一般情况下，文化产业项目在资金、人力等各方面投入最大的阶段是项目的实施阶段，而从项目投资额来说，项目的周期越长，项目投资就会越大。

2. 项目在文化产业项目生命周期的初期阶段，项目的创新性、不确定性和风险性很高，而项目的成功概率较低；随着项目的进展，项目成功的概率在逐步升高，而风险和不确定性会逐渐降低；但是项目的创造性和创新力一直到项目完全进入实施阶段的中后期才会有所减弱。

3. 在文化产业项目起始阶段，项目利益相关者（特别是项目客户）对项目产出物的最终特征和最终成本的影响力是最大的，有较强的能力改变项目产出物和项目工作；随着项目的不断进行，这种影响力逐渐削弱了，项目的可变性降低，到最后项目就会无法变更和修订了。但需要注意的是，项目客户对项目的兴趣和关注度在项目的初始阶段和收尾阶段都较高。

（二）文化产业项目的过程管理内容

如上所述，文化产业项目生命周期可划分为项目需求识别与立项决策、项目策划与计划、项目实施与控制、项目收尾和评估四个阶段，在每一个阶段都有不同的管理任务，在不同的项目阶段负责人的领导下，生成不同的管理成果（见表3—1）。文化产业项目的过程管理就是对各个阶段任务、成果及人员的动态管理。

表3—1　文化产业项目过程管理阶段划分及阶段性管理工作

项目管理阶段	项目阶段管理任务	项目阶段成果	项目阶段负责人
项目立项与决策阶段	市场调研(需求识别) 项目构思与发起 项目可行性研究 项目决策与立项	项目市场调研报告 项目可行性分析报告 项目立项申请书 项目合同	项目发起人 项目经理 项目决策者
项目策划与计划阶段	项目策划与规划(包括项目目标、项目定位、项目规模、项目时限、项目成果、项目团队与人力资源等的规划与策划) 项目计划(包括:进度计划、成本计划、质量计划、资源计划和集成计划等)	项目规划与说明 项目策划书 项目组织结构说明 项目人力资源计划 项目任务分解说明 项目计划书 项目预算报告	项目经理 项目团队 项目策划人员 项目规划人员 项目计划人员 项目开发人员 技术支持人员
项目实施与控制阶段	项目财务管理与成本控制 项目进度管理与控制 项目风险管理与控制 项目变更与调整控制	项目财务管理报告 项目进度管理报告 项目风险管理报告 项目变更与调整说明	项目经理 系统管理人员 项目团队 业务人员与操作人员
项目收尾与评估阶段	项目收尾与交付 项目成果评估 项目信息反馈	项目总结报告 项目验收报告 项目评价与反馈报告 项目团队成员绩效评估报告	项目经理 项目用户组和项目团队 测试人员 数据管理人员

参考金青梅主编：《文化产业项目管理》，51页，西安，西安交通大学出版社，2011。（文字有调整、改动）

1. 文化产业项目立项与决策阶段的管理

文化产业项目过程管理第一阶段的主要工作任务是：提出项目、定义项目和做出项目决策。在这一管理阶段中，人们首先提出一个文化产业项目提案，并对项目提案进行必要的机遇与需求分析和识别，然后提出具体的项目建议书。在项目建议书或项目提案获得批准之后，需要进一步开展不同详细程度的项目可行性分析，通过项目可行性分析找出项目的各种备选方案，然后分析和评价这些备选方案的损益和风险情况，最终做出项目方案的抉择和项目的决策。

文化项目提案可以由策划人员、市场人员发起，通常依据客户的直接需求或者分析得到的间接需求发起项目。对于项目团队来说，一个项目从接到合同开始，到完成规定工作结束，但如果从客户角度看，项目是从确认有需求开始，到使用项目的成果实现商务目标结束，生命周期的跨度要比前者大。因为项目的根本目标是满足客户的需求，从分析客户需求开始项目的生命周期比较有益，一方面可了解客户真正需要什么；另一方面早期的交流可建立良好的客户关系，为后续的投标和合同奠定基础。

对项目建议书进行可行性研究，要通过分析国内外市场大环境、项目的艺术要求、拥有的资源平台，初步明确项目战略目标，形成多种备选方案，并对多种项目方案的损益进行概算或者估算，选定最终方案。做出决策之后，申请立项，同时申请专有的项目启动资金。

2. 文化产业项目策划与计划阶段的管理

项目审批获得通过后，就需要为已经做出的决策开展必要的项目策划与设计管理工作，全面策划和设计整个项目、项目各阶段所需开展的工作、有关项目产出物的全面要求和规定（包括技术、质量、数量、经济等方面的规定和要求）。具体工作内容包括：项目概念设计（如项目的核心理念、定位和模式，明确项目起源和宗旨、项目设计风格、内容以及形式，项目市场调查和预测活动设计等）；编制针对项目实施部门的相关计划（如项目的进度计划、成本计划、质量计划、资源计划和集成计划等），将创意具体转化为项目目标，并对项目目标进行分解，形成项目计划书。在项目策划和计划管理过程中，要考虑市场结合点，做到艺术与市场的结合，不但要保证活动项目的文化艺术性，还要考虑目标市场营销、媒体推广、项目赞助等商业运作内容，使文化活动项目真正从市场中来，到市场中去。

3. 文化产业项目实施与控制阶段的管理

文化产业项目实施与控制阶段的管理，就是要按照项目规划，一步步把项目设计的内容变为现实。这一阶段的工作主要包括项目团队的组建、项目资金筹措、成本控制、进度控制和项目风险控制等。项目实施和控制工作可进一步划分为一系列具体的项目进度、成本、质量管理控制等工作。项目经理是项目团队的领导，是整个项目实施与控制管理的核心。项目经理需要制订详细的工作计划，进行项目小组资源计划与协调，建立有效的沟通渠道，依据项目计划控制项目的实施，并根据需要对项目计划作适当调整。

4. 文化产业项目收尾与评估阶段的管理

项目收尾阶段是整个文化产业项目管理过程中很重要的一个阶段，即项目按计划实施完工直至所有善后工作的完成和项目的交接以及项目后评估。它对于资源的积累和经验的积累都具有非常重要的意义。在文化产业项目收尾与评估阶段，要对照项目立项和决策阶段所提出的项目目标，项目计划与设计阶段所提出的各种项目计划和要求，先由项目团队（或项目组织）全面检验项目工作和项目产出物，然后由项目团队向项目的业主（项目产出物的所有者）或用户（项目产出物的使用者）进行验收和移交工作，直至项目的业主最终接受了项目的整个工作和工作结果（项目产出物），一个项目才算最终完成。

本章案例：

“邓紫棋2014澳门演唱会”项目过程分析

“邓紫棋2014澳门演唱会”于2014年5月1日（星期五）及2日（星期六）晚上8—11点在澳门威尼斯人金光综艺馆举行。本场演唱会主办方为棋人娱乐制作有限公司，赞助商为A.G.亚游集团。另外艺人邓紫棋所属经纪公司为香港蜂鸟音乐有限公司（以下简称“蜂鸟”）。在商业演唱会项目里，主办方和经纪公司是项目管理的核心。经纪公司即艺人合约所属公司，负责艺人“产品”的设计、市场定位和包装形式；主办方则根据经纪公司对艺人的定位，对演唱会进行各渠道的宣传推广，同时负责安排演出场所及协调所需器材。通俗地说，经纪公司着重负责的是“人”，而主办方则在承揽商演项目后，对以“人”为核心的演唱会项目进行筹备、推广。

整个演唱会项目的开展过程如下：

1. 项目启动过程

2012年尾，香港蜂鸟音乐有限公司找到澳门棋人娱乐影视制作公司，告知其举办旗下艺人“邓紫棋2014澳门演唱会”的合作意向（“放盘”）。“棋人”项目经理了解到具体细节，包括举办标准、制作要求、带队人数、接待规格、相关费用等情况后，便制作了大致的预算及利润报表，最终决定“接盘”，进入更深入的洽谈阶段。

2. 项目计划过程

确定了合作意向后，“蜂鸟”的项目经理便带队上门就该商演项目进行深入洽谈。在这一阶段，双方主要就演出主题、场所时间、场次规模、宣传定位、筹备费用、双方分工、收益分成等达成共识，并在其后签署合约。在本次演唱会项目中，“棋人”与“蜂鸟”对演唱会按比例共同投资。在双方对演唱会成本预算表及运作时间表确认后，演唱会即告开始运作。

3. 项目执行过程

“棋人”在2013年5月取得合约后，便整合项目团队，分工完成。首先宣传团队着手进行演唱会的前期宣传工作，这一时期的宣传工作主要在邓紫棋的澳门和大陆歌迷中小范围展开，包括在Facebook、新浪微博邓紫棋歌迷会官方账号、CCTV—Cyber（澳门最具人气的网络小区）邓紫棋歌迷讨论吧、百度贴吧投放软广告（即不确定演出时间地点、只放出消息的广告）。由于当时邓紫棋在大陆的知名度不高，故前期的主要宣传攻势集中在澳门本地的网络歌迷小范围投放。同时开始演唱会相关海报及影视宣传片的设计与制作。其次是办会团队，办会团队联系威尼斯人金光综艺馆馆务，洽谈演出场所、器材租赁细节及费用，由于过往业务交往熟络，很快便与金光方面签署了相关合作协议。

2014年1月，邓紫棋参加湖南卫视《我是歌手》第二季，获得大量人气，在大陆地区迅速蹿红，这让主办方和经纪公司始料未及。在双方对其重新定位后，决定调整部分演唱会表演曲目，并增加针对大陆歌迷的宣传攻势。在继续上述网络宣传推广方式外，主办方召开新闻发布会，并在娱乐杂志、电台投放演唱会广告，在澳门公交车、的士外漆上喷涂演唱会海报。演出场所金光综艺馆所属澳门金沙集团同时在赌场“发财巴”、广州往返珠海城轨“威尼斯人号”的车内电视中滚动播放演唱会宣传短片。

2014年4月，澳门方面通过金光综艺票务开始网络、电话和实体售票，大陆方面通过大麦网进行网络及电话售票。由于邓紫棋当时在大陆人气高涨，而且恰逢“五一”黄金周，短短一周之内所有演唱会门票便告售罄。“棋人”与“蜂鸟”商议后决定在5月2日加开一场。4月中旬，主办方对演出场所金光综艺馆及所需器材进行安保及消防检查；同期演出团队及所有音响、道具入驻金光综艺馆进行彩排。

4. 项目控制过程

主办方主要从进度、成本和质量方面对该演唱会进行项目控制管理。在进度控制管理方面，主办方经过与经纪公司商议，编制运作时间表，并确定各个环节的优先级、耗时估量以及资源供应。根据访谈记录，大概整理出该演唱会的时间进度甘特图。如表 3—2 所示：

表 3—2　演唱会时间进度甘特图

项目执行过程	5 月	6 月	7 月	8 月	9 月	10 月	11 月	12 月	1 月	2 月	3 月	4 月	5 月
小范围软广告投放	—	—	—	—	—	—	—	—	→				
场馆、器材确定与租赁		→											
新闻发布										→			
硬广告制作与投放								—	—	—	—	→	
座次分布											→		
票务安排												→	
安检与彩排												→	
布场赫荧光棒采购												→	

在项目执行小组之外，由公司副总、项目经理等组成的项目控制小组对项目进度实施监控。小组根据上述时间计划表，在每个环节的末尾评估项目实施情况，确定完成进度与计划差距等内容。实际上，由于“棋人”规模较小，公司副总、项目经理与执行人员的角色往往重叠，进度实施情况也不会出现与计划较大的偏离。

在成本控制管理方面，主办方与经纪公司共同按比例出资投入，并敲定成本预算，在此基础上才签订合作合同，假如某环节超出预算，主办方要向经纪公司做出详细说明，经过经纪公司同意后才能实际投入。实际上，经纪公司在“放盘”之前，会对该市场投入成本做初步的市场调查。

在各环节的质量控制管理方面，“棋人”与“蜂鸟”相互合作，重视项目经理间的沟通，譬如在硬广告的制作方面，“蜂鸟”提出艺人邓紫棋的风格和定位是年轻、动感、朋克，“棋人”制作的海报便是以灰黑的色彩体现后现代风格，以“Get Everyone Moving”为演唱会标语；在舞台安排上，搭建营造维多利亚风格的蒸汽朋克主题场景等等，而这些都是经纪公司认可的。

5. 项目结束过程

“邓紫棋 2014 澳门演唱会”获得了票房的巨大成功，在项目结束过程中，主办方、经纪公司交割清楚财务单据，进行财务决算，按合约分配收益。其后，通过第三方评估公司进行项目总体评估。

资料来源：王忠主编：《文化产业项目管理案例分析》，25—28 页，武汉，华中师范大学出版社，2016。

第四章　文化产业项目的立项管理

文化产业项目的立项管理是项目前期准备阶段的决策行为，其目标是“做正确的事情”（do right things），而立项之后的项目计划、实施、收尾等管理活动的目标是“正确地做事情”（do things right）。只有“正确的决策”加上“正确地执行”才可能产生优秀的产品。因此，文化产业项目的立项管理阶段是项目的发起和确认阶段，是整个项目管理过程中的关键步骤之一，直接关系到一个文化产业项目的发展前景和市场成败。

文化产业项目的立项管理流程可以分为立项准备阶段、立项分析阶段和立项决策阶段。立项准备阶段的工作任务是根据项目需求分析进行项目选择并撰写项目建议书，立项分析阶段的工作任务是对项目进行深入的可行性研究并向相应行政部门提出立项申请，而立项决策阶段的任务是依据立项申请书对项目进行评审并做出决策。立项阶段以项目建议书、项目可行性报告、项目立项申请书等为主要产出物。

第一节　文化产业项目的立项准备

对文化产业项目进行立项管理的目的是发现和采纳符合文化产业项目投资者（或项目客户）最大利益的项目建议，通过立项管理使该建议成为正式的项目，使其合法化。换言之，就是要杜绝不符合文化产业项目投资者（或项目客户）最大利益的项目建议被采纳，有效避免人力资源、资金、时间等的浪费。进行项目需求分析、项目选择和撰写项目建议书是文化产业立项准备阶段的主要工作。

一、文化产业项目需求分析

（一）文化产业项目需求分析的必要性

文化产业项目需求分析是指文化产业项目投资者或项目发起人通过对

项目产品或服务的市场需求、社会需求、公众需求以及投资者本身发展需求的综合分析，确定项目的方向以及项目投资的必要性，为项目立项和投资决策提供依据和必要的准备工作。

随着文化产业作为新的经济增长点越来越受到重视，全国各地各种文化产业项目越来越多，在取得了相当成绩的同时也出现了很多问题。其中比较突出的问题是不以需求来定位，推行自上而下的发展模式，重大项目决策过度依赖领导层经验，没有考虑到是否有足够的市场需求来支撑。文化产业是为满足大众精神文化需求而产生并不断发展的，文化产业项目的产生如果不是来自于市场、社会和大众不断变化的各种需求，它就没有成功的可能。西方的 FaceBook、“愤怒的小鸟”的成功都是因为满足了人们的需求；电影《失恋 33 天》的成功，也正是因为契合了存在大量“剩女”的社会现实，契合了现代年轻人抚慰心灵的需求。需求是项目的内在驱动力，在以消费者为中心的市场经济环境下，文化产业项目的开发同其他产业的产品开发一样，必须以需求为导向。正是因为大众精神文化需求的存在，才引发了整个项目管理过程，因此，文化产业项目需求分析是文化产业项目管理的基础和出发点。

具体来说，对文化产业项目进行需求分析的必要性体现在：

1. 避免项目发起的盲目性

文化产业项目需求分析综合研究市场需求、社会需求、大众需求、项目发起人或项目投资者的需求，运用科学的方法明确项目的方向和目标，可以帮助文化产业项目投资者在资源有限的条件下，确定最具有迫切市场需求的项目，确定各种不同项目的优先发展次序，从而有效地避免项目发起和实施的盲目性。

2. 增强项目竞争力

文化产业项目需求分析是在准确识别市场需求基础上，综合考虑现有的各种无形资源和有形资源，据此提出项目选择方案，这就使项目具有了市场针对性，提高了项目的市场竞争能力。

3. 保障项目经济效益

文化产业项目需求分析紧紧围绕市场进行全面调研，进行目标人群的定位和细分，通盘考虑相关的市场营销战略、媒体配合战略以及项目投资、融资和赞助的结合点，充分整合文化艺术和市场资源，因此，经过项目需求分析选择出来的项目，通常都能获得好的经济效益。

4. 提升项目服务水平

随着中国文化产业体制改革的不断深化，文化企业及其项目越来越多地与市场接轨，不能满足市场需求的项目成功率越来越低。项目需求分析充分考虑政府的需求、大众的需求、赞助投资者的需求以及企业自身追求经济利益的需求等，使得文化产业项目在满足大众艺术和文化享受的同时，能整合各方目标，提高整个行业的服务水平，激发人们更高的潜在文化需求，推动文化产业健康发展。

（二）文化产业项目需求分析的内容

文化产业项目需求分析的内容，至少应该包括以下几个方面。

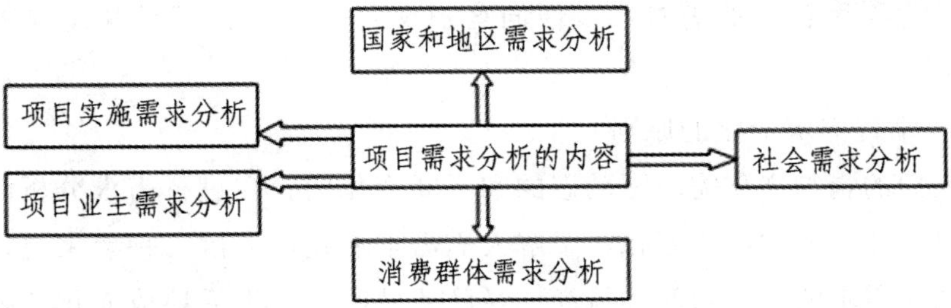

1. 国家和地区需求分析

通过对一个国家或地区的地理位置、自然特征、人口状况、经济结构、经济发展水平等方面的了解和研究，进而对文化产业项目的供需格局及趋势进行分析。这个分析是项目需求分析中最重要的一项，它直接关系到项目的发展前途。

2. 社会需求分析

通过对社会和经济发展水平、产业结构、人文环境、自然生态环境、大众需求以及文化产业行业投资的了解和研究，进而对文化产业项目的社会需求进行分析。这一分析决定了项目的社会价值和意义。

3. 消费群体需求分析

通过对消费人群的年龄、经济收入、消费水平、职业状况、知识水平等方面的了解和研究，区别消费结构群，进而对文化产业项目的消费需求进行分析。这一需求分析关系到项目的市场前景。

4. 项目业主需求分析

通过对文化产业项目业主的投资期望和心态的了解和研究，进而对项目业主的需求进行分析。这一分析决定了项目的取舍。

5. 项目实施需求分析

通过对文化产业项目所使用的原材料、技术、设备、资金、人力需求以及环境等内容的了解和研究，进而对项目的实施需求进行分析。这一需求分析有利于提高项目的实施质量，保证项目顺利实施。

（三）文化产业项目需求分析的基本原则

1. 明确需求的原则

文化产业项目是为了满足人们的精神文化需要而产生的，明确的需求是项目需求分析的基础。阐明需求就要对需求进行全面、系统、明确的描述，以形成文化产业项目的功能要求。

2. 客观真实的原则

为了避免发生需求误解，进行文化产业项目需求分析时，应全面、准确地描述项目客户的需求，以便向客户交付一个真正满足其需要的项目产品。

3. 掌握需求变化的原则

人们的精神文化需求是动态的和不断变化的，在进行需求分析时，必须时时关注人们的需求变化，了解人们需求变化的原因。一般来说，人们精神文化需求的变化与时代风尚、经济条件改变、生活环境变化、国家文化政策等因素有关。

4. 正确对待需求的原则

人们往往容易狭隘地根据自己的独特经历、价值观和专业知识来推测客户的需求，这样容易造成对超出自己经验和知识范围的客户的真正需求视而不见。因此，在进行文化产业项目需求分析时，一定要正确对待客户的需求。

（四）文化产业项目需求分析的过程

1. 发现问题并提出项目设想

文化产业项目需求分析首先要找出是为解决什么样的问题而开展一个具体项目的。通常，这类问题都是限制文化产业发展的关键性问题或瓶颈性问题。这些问题的存在是开展一个项目的基本前提和必要条件。因此，文化产业项目管理可以将“发现问题”作为一个项目需求分析的起点。当然，在发现问题的基础上，还需要进一步分析问题并找出解决问题的办法，即提出项目的基本设想。

2. 分析项目机遇和条件

在发现问题和提出项目基本设想的基础上，还需要进一步分析和识别是否存在能够解决问题、实现设想，从而使文化产业项目获得发展的机遇和条件。这一分析既包括了对文化企业或组织自身内部条件的分析，更重要的是包括了对外部环境和机遇的分析与研究。

3. 分析需求提出项目提案

在分析机遇和条件等项目环境的基础上，还需要进一步分析项目设想在满足文化产业发展、文化企业或组织需求方面的情况，即项目设想能够在多大程度上解决文化产业或文化组织所面临的问题。如果项目设想有利于文化产业发展并能够满足文化企业或组织的基本需要，能够解决组织存在的问题，就可着手提出项目提案或项目建议书了。

（五）文化产业项目需求分析的方法

文化产业涉及领域比较广泛，不同领域的项目需求分析具体方法有所不同，但总的来说，项目需求调查和项目需求预测是需求分析必然要使用的方法。

1. 项目需求调查

文化产业项目需求调查，是通过收集和调查数据的分析，找出项目发展可能出现的制约因素，以及可能出现的问题和现有潜力。一般项目需求调查的内容包括三个方面：有效需求、潜在需求和需求的增长速度。项目发起人可采用多种调查方法进行需求调查，如抽样调查法、观察法、访问法、实验法等等。调查工作必须有计划、有步骤地进行，以防止调查的盲目性。一般情况下，文化产业项目需求调查可以划分为三个阶段：调查准备阶段、调查实施阶段和调查分析总结阶段。

调查准备阶段的主要任务包括：研究确定项目调查的目的和要求、调查的范围和规模、调查力量的组织、制订切实可行的调查工作计划。

调查实施阶段的主要任务是组织调查人员深入实际，系统地收集各种可靠的资料和数据。首先是现有各种信息资料和统计数据的收集，这是需求调查的基础资料，也是市场调查工作的基础，这些资料可以从各级文化产业统计机构、经济管理部门、文化部、厅、局等文化管理机构以及各文化企业那里获取，也可以从各种公开发表的信息资料中取得；其次是通过调查获取的一手资料和数据。在项目需求调查中，通过实地调查、问卷调查以及访谈等方法获取有关市场需求的原始资料，这是项目需求调查的最重要成果。

调查分析总结阶段是得出调查结果的阶段，在这一阶段，要通过对调查资料的整理、加工，使之系统化、条理化，以揭示项目需求各种因素之间的内在联系，真实反映市场的客观规律。首先进行资料的分析整理。调查获得的资料大多是分散、零星的，某些资料甚至是片面的、不准确的，需要对资料进行比较分析，删除错误信息，剔出没有价值的资料，进行各种统计分析，并制成统计图表；其次是进行综合分析，这是需求调查的核心。通过综合分析，可全面掌握资料反映的情况和问题，探索事物之间的内在联系，从而得出合乎实际的结论；最后是编写需求调查报告。需求调查报告是市场调查成果的最终体现，需要按照调查的要求和格式来编写。

2. 项目需求预测

文化产业项目需求预测就是在项目需求调查的基础上，运用已有的知识、经验和科学方法对市场未来的发展状态、行为、趋势进行分析并做出推测和判断的过程。

文化产业项目需求预测的内容主要包括以下几个方面：一是关于项目方向的预测，分析项目是否符合社会需求、目标市场是否明确等问题；二是关于项目方案的预测，考察方案是否具有现实可行性，面临的问题有哪些，如何解决等等；三是关于项目投资计划的预测，分析投资规模是否合理，投资是否可以及时到位，投资方的预期收益是否可以达到等等。

二、文化产业项目的选择

文化产业项目需求分析通过对接市场需求和客户需求，力图明确项目的方向和目标，而文化产业项目选择则是在需求分析和环境条件分析基础上，进一步确定项目方案的决策过程，它需要遵循特定的原则、运用一定的方法，从备选的文化产业项目中慎重选择出符合项目发起或投资目标、符合内外环境和自身条件的项目。

项目选择是项目管理的重要内容，成功的项目管理离不开正确的项目选择。从某种意义上说，正确地选择项目比正确的规划、实施项目更具有战略意义，项目选择关系到企业组织的生死存亡，很多企业的兴盛源于正确的项目选择，亦有不少企业的破产或陷入困境是由于项目选择错误所导致的，文化产业企业和组织也是如此。文化产业项目发起人或项目投资者需要对各个项目机会做出比较与选择，将有限的资源以最低的代价投入到收益最高的项目中，以确保项目相关各方利益的实现，确保经济效益和社会效益双重价值的实现。

（一）文化产业项目选择的原则

为了正确地选择项目，避免失误，在文化产业项目选择过程中一般应遵循下列基本原则：

1. 符合文化企业或组织发展战略原则。战略是通过项目来实施的，每一个项目都应该和企业、组织的发展战略有明确的联系，项目的选择必须围绕企业发展战略展开，每个项目都应对企业的发展战略做出贡献。一般来说，符合文化企业或组织战略的项目都是能带来效益的项目。这里的“效益”是综合性的概念，既是经济效益、社会效益、文化效益、生态效益的统一，也是微观效益与宏观效益的统一，还是近期效益与远期效益的统一。

2. 考虑资源约束原则。能够满足人们精神文化需求的项目很多，但文化企业或组织的资源，包括人力资源、财力资源、时间资源以及其他物质资源条件不同，进行项目选择时必须考虑可利用资源的数量、质量和有效性，充分论证项目的竞争能力、发展潜力及其影响力，以及项目的投入产出比、项目周期长短等，避免因为资源短缺或条件不具备导致项目流产或失败。

3. 优化项目组合原则。文化产业项目选择是对一个复杂的系统进行综合分析与判断的决策过程，其影响因素很多，在选择文化产业项目时，应综合考虑各个项目的收益与风险、项目间的联系、组织的战略目标和可利用资源等多种因素，选择最适合的项目组合，使项目组合的整体绩效和价值最大化。

4. 项目方案灵活性原则。环境是影响文化产业项目顺利进行的重要因素。无论是内部环境还是外部环境都会对文化产业项目活动产生不可预知的影响。因此，文化产业项目选择应确保所选择项目的灵活性，即项目应能够根据实际情况随时调整方案，以确保项目的实施效果。

（二）文化产业项目选择的基本标准

进行文化产业项目的选择，为了更好地实现项目的社会和经济价值，实现项目目标，除了遵循一定的原则外，还必须遵循一些基本的标准，主要包括：

1. 较高的艺术性

实施文化产业项目和生产文化产品的最终目标是为了满足人们的精神文化需求，这就要求文化产业项目必须具有较高的艺术性，体现社会精神文明的发展程度和发展动向。低俗媚俗的、没有较高艺术水准的文化产业项目是不会受到人们欢迎、不会成功的。

值得注意的是，这里所说的“艺术性”不是艺术家理解的纯粹“艺术性”，而是由“艺术家＋评论人＋大众”共同认可的“艺术性”，通过艺术家、评论人和大众的互动在消费市场中形成受大众欢迎的项目和产品。

2. 符合目标受众的需求

目标受众又称目标顾客、目标群体和目标客户群，是指传播活动中特定媒介渠道或媒介内容的诉求对象。任何一个文化产业项目都具有特定的目标受众，进行项目选择时需要考虑目标受众的需求，从而可以用尽可能少的投入达到尽可能大的效果。选择符合目标受众需求的项目，可以有效促进文化产业项目的顺利实施和目标的达成。

目标受众的需求是随着社会变迁、生活方式的变化处于不断变化之中的。彼得·德鲁克在谈到“什么是好的项目”时，认为必须要考虑以下问题：首先，人口结构的变化、市场潜力和市场趋势如何？其次，经济发展、流行趋势和品位的变化，或竞争对手的动作，分别会导致市场结构发生什么样的改变？再次，哪些创新将改变顾客需求、创造新需求、淘汰旧需求、创造满足顾客需求的新方式、改变顾客对价值的看法，或带给顾客更高的价值满足感？最后，今天还有哪些顾客需求无法从现有的产品和服务中获得充分满足？①。可见，对目标受众需求的分析，必须研究社会及行业发展的趋势，重视前瞻性分析和趋势分析，顺势而为。

3. 满足赞助企业的投资诉求

一方面，赞助相对于传统媒体营销来说，是企业的一种新的营销手段，能够提升企业形象及品牌知名度，增加产品销售，增进与其他方面的沟通；另一方面，文化赞助对文化产业项目的成功非常重要，不仅能够快速解决文化企业资金短缺难题，还能够有效分摊风险。文化产业项目方需要分析赞助方的投资诉求，满足他们的诉求，才能达成双方共赢局面。

4. 符合国家的政策法规和导向

2009年国家《文化产业振兴规划》指出，发展文化产业，必须实施重大项目带动战略。以文化企业为主体，加大政策扶持力度，充分调动社会各方面的力量，加快建设一批具有重大示范效应和产业拉动作用的重大文化产业项目。在这样的大背景下，文化产业项目的选择应首选那些符合政策要求、有较大增长空间的产业门类、有利于培养有较强竞争力的企业集团、有利于增强国家文化软实力的项目。

延伸阅读

项目选择的程序——来自多个行业的项目选择实例

项目选择既是科学也是艺术，需要企业认真对待。来自不同行业的企业开发了相当复杂的项目选择方法，以保证所投资的项目能够成功。在这

① ［美］彼得·德鲁克：《管理的实践》，47页，北京，机械工业出版社，2006。

个选择的过程中，组织通常会使用各种独特的方法，而这些方法都是以技术问题、可获得数据、共同文化和偏好为基础的。下面通过一些实例大致了解什么是项目选择方法：

●德国赫斯特制药公司（Hoechst AG）在对项目机会进行评价的时候，采用了一种由五个主要类别共19个问题构成的评分组合模型。这五个主要类别包括：技术成功的可能性、商业成功的可能性、给公司所带来的回报、是否符合商业战略以及战略层次（使用和提升企业资源与技能的项目能力）。在每一类下又提出了一些有针对性的问题，这些问题采用十分制，由管理人员进行打分。

●加拿大皇家银行（The Royal Bank of Canada）开发了一种用来评价项目机会的评分模型。其组合评分的标准包括项目重要性（战略重要性、影响的大小以及经济利益）和操作的简易性（开发成本、项目复杂度以及资源是否可获得）。每年预期的花费以及整个项目的支出也是对项目进行优先级排序的标准。此外，其他的一些评判准则也被采纳进来，如将重要性很低同时又难以实施的项目划分到不执行的等级中。

●维尔豪泽公司（The Weyerhaeuser）为研发项目的选定和排序过程设计了共同的流程。这个流程包括三个类型的活动：技术评估（外部环境的变化以及对企业的影响）、研究（建立知识数据库以及在核心技术领域的资质）、开发（利用特殊的商业机会）。在进行优先级排序时有四个关键的输入因素需要考虑：外界环境的显著变化、主要客户未来的长期需求、商业战略、优先顺序、技术要求以及共同的战略方向。

●美孚化工公司（Mobil Chemical）使用六种项目类型来对项目群中的项目进行排序，这六种类型包括：①成本减少和流程改进项目；②产品改进、产品修改和提高客户满意度项目；③新产品研发项目；④新平台项目和基础/突破研究项目；⑤设施支持项目；⑥客户技术支持项目。高级管理层对所有提议的项目进行审核后，就根据这六种类型来进行资金分配。其中一个很重要的决策变量是“实际是什么”和“应该是什么”的比较。

●在美国3M公司的交通控制物料部门（Traffic Control Materials Division），管理层在进行项目选择的时候，使用一份项目生存能力图来对所选择的项目进行打分。作为制图和打分过程的一部分，个人必须说明项目如何达到项目战略目标，同时还要解释影响项目市场中指定人群的关键商业问题。一般来说，提议项目的投资回报要弥补选择项目的风险。

●埃克森化工公司（Exxon Chemical）的管理层根据事业部战略和战略次序来对新项目提议进行评估，全面考虑所有的项目，以决定需要的支出。每年所有的项目会用评分模型进行重新排序，对于那些计划支出和实际支出有显著区别的项目，高级管理层则会做出一些调整以便于第二年的管理。

资料来源：［美］杰弗里·K. 宾图（Jeffrey K. Pinto）著，鲁耀斌、董园园、赵玲等译：《项目管理》，64—65页，北京，机械工业出版社，2008。

三、文化产业项目建议书

文化产业项目建议书，也被称为项目提案，是在完成文化产业项目需求分析和项目选择工作的基础上，项目发起人对拟建项目提出的框架性的总体设想。文化产业项目建议书主要从宏观上论述项目设立的必要性和可能性，把项目投资的设想变为概略的投资建议，它是项目发展周期初始阶段的基本情况的汇总，是下一步进行项目可行性研究的基础。

由于文化产业领域广泛，各个不同领域的项目会有各自不同的特点和规律，项目建议书的具体内容会有差别，但通常一个文化产业项目建议书包括以下内容：

（一）项目概述，包括项目名称、项目主要内容、项目发起人、计划投资人、项目周期等等基本情况。

（二）项目背景和发展概况，包括项目所属领域发展现状、项目发起的缘由、项目的必要性和可能性分析、项目的市场前景描述等。

（三）项目预期目标，首先包括项目产出物预期达到的目标要求，如产出物的数量、质量等，其次还包括有关项目工作的目标要求，如项目周期要求、成本要求等。

（四）项目任务和范围，包括阐明和界定项目要解决的具体问题、要满足的具体需求、项目的主要任务、项目最终成果的形式和内容以及实现项目目标所需开展的主要活动等内容。

（五）项目工作和项目产出物的具体指标，既包括度量项目工作任务、绩效、质量、经济效益等方面的具体指标，如项目周期、成本和工作质量的度量指标等，又包括度量项目产出物的数量、质量、科技水平、经济技术效果等方面的具体指标。

（六）项目投资估算和资金来源，包括投资人实力、投资方式、固定资金和流动资金比率等。

（七）项目效益估算，包括经济收益、社会效益以及其他特定方面的效益。

（八）结论和建议，总结项目建议书内容，提出最终结论性建议。

第二节　文化产业项目的立项分析

文化产业项目立项分析阶段的主要任务是对文化产业项目的可行性进行研究，并在此基础上向相应行政管理部门提出立项申请。

一、文化产业项目的可行性研究

一个文化产业项目，从需求分析出发，经过初步的选择研究，基本上形成了完整的项目方案，它的阶段性成果就是项目建议书。总体来说，项目建议书是一种定性式的分析，是关于项目可行性研究开始的基础。可行性研究阶段重在定量分析，对项目相关方面进行更深入具体的分析，它的内容与项目建议书有所重复，但是研究的深度和广度都有所加强。

（一）文化产业项目可行性研究的含义与阶段

1. 文化产业项目可行性研究的含义

文化产业项目可行性研究又称做可行性分析，是在项目决策之前对项目进行充分分析、研究、讨论、评价的过程，是对拟实施的项目在技术、经济、财务、社会、环境、法律及组织上的可行性进行全面的综合论证，并最终以可行性报告的形式发布。它既包括了对项目的市场需求和潜力的调查及对未来发展前景的预测，也从经济、技术角度对项目的可行性做出论证，提出项目可行或不可行的结论，从而回答项目是否要进行的问题，为决策者的最终判断提供科学的依据。

文化产业项目可行性研究通常以组织专家进行讨论、分析、测评、认定的形式进行，但也会有其他形式。研究的关键是要对项目建议书作尽可能详细的分析、论证，对项目建议书中的不妥之处作适当的修改。

2. 文化产业项目可行性研究的阶段

文化产业项目可行性研究是一个由粗到细、由浅入深的循序进行的过程，这个过程一般包括机会研究、初步可行性研究、详细可行性研究三个阶段。

（1）项目机会研究。项目机会研究是可行性研究的初始阶段，是鉴定投资机会，寻求投资应该用于那些可能会有发展的活动项目，这种投资能给企业带来盈利，能给国民经济带来多方面的好处。事实上，可行性研究中的机会研究早在进行项目构思或项目选择之时就已经开始了，这种分析和研究的轮廓比较粗略，对投资等的估算还不是很准确，其成果体现在项目建议书中。

机会研究一般包括地区研究、行业研究和资源研究三部分内容。地区研究主要是通过对地理位置、自然特征、民族特性、人文习俗、地区经济结构、经济发展状况、教育文化程度、消费特色等方面的分析来选择项目。行业研究主要是通过分析行业的特征、企业或合作投资者在行业中所处的地位和作用、增长状况等进行项目的方向性选择。资源研究是通过资源分布情况、可利用程度、利用条件及企业或合作者的资源占有情况，寻找项目机会。

（2）项目初步可行性研究。项目的初步可行性研究是在机会研究的基础上，对项目进行的更为详细的研究，以更清楚地阐述项目设想，它是介于项目机会研究和详细项目论证之间的一个中间阶段。初步可行性研究的主要目的是判断投资项目的前景如何，是否有必要进行进一步的调查和研究；投资机会是否有前途，值不值得进一步作详细项目论证；确定的项目概念是否正确，有无必要通过项目论证进一步详细分析；项目中有哪些关键性问题，是否需要通过市场调查、专业咨询设计等做进一步的深入研究；是否有充分的资料足以说明该项目的设想可行，同时对某一具体投资者有无足够的吸引力等等。

需要指出的是，不是所有的项目都需要进行初步可行性研究，对一些小型的文化产业项目来说，如果投资机会非常明确，可以直接进行项目的详细可行性研究。

（3）项目详细可行性研究。详细可行性研究是在初步可行性研究的基础上，在文化产业项目决策前对与项目有关的文化资源、工程、技术、经济等各方面条件和情况进行详尽、系统、全面的调查、研究、分析，对各种可能的建设方案和技术方案进行详细的比较论证，并对文化产业项目建成后的经济效益、社会效益进行预测和评价的一种科学分析过程和方法，是对项目进行评估和决策的依据。

（二）文化产业项目可行性研究的作用

文化产业项目可行性研究是整个文化产业项目决策的基础，如果项目本身不可行，仍然要实施，就会直接导致经济效益和社会效益不佳，失败的可能性大大增加。具体来说，文化产业项目可行性研究的作用可以归纳为：

1. 为文化产业项目进行科学决策提供依据。任何一个项目的成功与否和效益如何，都要受到技术、经济、社会、自然环境等多方面的影响和制约，存在许多不确定因素。个人很难凭经验把一个复杂项目分析得很清楚、完善，对项目进行可行性研究，有利于利用各种专项方法有层次地全面分析和识别相关因素，从而依据分析论证的结果采取有效措施，修改项目策划方案，提高项目的经济效益和社会效益，实现项目决策的科学化。

2. 是文化产业项目筹集资金的依据。银行是否给一个项目贷款融资，客户是否为项目提供赞助，市场和招商工作能否进展顺利，其判断依据是这个项目是否能够顺利进行，包括财务、经济效益、贷款清偿能力和社会效益等，这些都需要对项目建议书进行详细的可行性研究才可以决策。

3. 是文化产业项目规划的基础。在文化产业项目流程中，所有的项目规划文件都在项目可行性研究之后，从前到后一步步细化，前者是后者的基础。因此，项目规划应该严格按照批准的可行性研究报告的内容进行，不得随意改变前者规定的规模、标准、项目目标、战略等指标和内容。如果有具体情况需要改变，则要再次进行可行性分析，通过规定的程序进行。

4. 是文化产业项目寻找合作单位，签订有关合同、协议的依据。项目可行性研究报告是项目发起人和项目投资者与其他单位进行合作谈判、制定合作意向书、签订各种合同的重要依据。

5. 是文化产业项目评估和项目后评估的依据。可行性研究报告具体分析了项目的必要性和可行性，得出了最优的方案。项目评估是在可行性研究的基础上进行的，是领导决策的重要依据。在项目实施完毕，对项目进行全过程的后评估时，应该以项目可行性研究为标准作为项目后评估的参考。特别是文化活动项目关于社会效益和经济效益的分析指标，更是项目后评估的重要依据。

6. 是政府相关部门审查、审批文化产业项目的依据。在项目可行性研究报告中，不但对于项目的经济效益进行分析，而且会阐明项目宗旨、目标、主要内容及对社会效益的影响，甚至包括对于社会环境造成的影响程度分析，是政府相关部门审批项目的重要依据。

7. 是文化产业项目组织管理、机构设置和劳动定员的依据。在文化产业项目可行性研究报告中，一般都要对各项目利益相关者进行分析，在考虑已有资源时也要考虑人力因素，许多专业人士的合作问题有时直接影响项目能否进行，这些因素同时也影响项目组织管理和具体的机构组成，因此文化产业项目可行性研究也是项目组织管理、机构设置和劳动定员的依据。

（三）文化产业项目可行性研究报告

文化产业项目建议书的批复是可行性研究报告的重要依据之一，而可行性研究报告是项目建议书的后续文件之一。

1. 项目可行性研究报告的要求

项目可行性研究报告是对项目的全面深入的论证，主要任务是为投资决策提供科学的依据，它是决定项目是否立项的关键性文件。项目可行性研究报告应达到以下要求：

（1）可行性研究报告应内容全面、客观、翔实，数据准确，论据充分，结论明确，能够满足项目决策者确定项目方案的需要；

（2）可行性研究报告中的项目重大技术、财务方案，应该有两个以上的方案的备选；

（3）可行性研究报告中对项目投资和成本估算的准确度应达到规定的要求，一般需采用分项详细估算法；

（4）可行性研究报告中确定的融资方案应能满足项目对投资数额、时间和币种的要求，并能够满足银行等金融机构信贷决策的需要；

（5）可行性研究报告应反映出在可行性研究过程中出现的对某些方案的重大分歧及未被采纳的理由，以供决策者权衡利弊进行决策；

（6）可行性研究报告中应附有供项目评估、决策审批所必需的合同、协议、意向书、政府批件等。

2. 可行性研究报告的主要内容

（1）项目实施的必要性。项目实施的必要性主要从企业和社会两个层面进行分析。首先是企业层面，分析拟建项目在实现企业自身可持续发展重要目标、重要战略和竞争能力方面的必要性；第二从社会发展和国民经济层面分析拟建项目是否符合合理配置和有效利用资源的要求，是否符合国家产业政策和技术政策的要求，是否符合保护环境、可持续发展的要求等。

（2）项目市场分析。项目市场分析的主要内容包括：分析和预测拟建项目或项目产品在国际国内市场的供需状况和价格以及进入国际市场的前景；确定项目的目标市场、项目的产品定位、营销策略；分析国内外同类或相关产品的特色，预测本项目的市场竞争力；分析项目消费群体的特征、消费方式以及影响市场的因素；分析项目商业模式的合理性，包括核心文化资源、赢利模式、收入来源、现金流量、整体价值最大化等方面的预测和判断。

（3）项目技术分析。项目的技术分析是对项目实施中可能遇到的各种技术问题能否解决进行论证，包括安全技术、展示技术、配套设施建设技术等。一般而言，项目技术分析首先经过市场调查，列出实现策划内容的技术手段，然后分析其技术成熟度和实现可能性。项目技术分析需要重点明晰的事项主要有：从技术角度分析拟建项目或拟开发的文化产品是否能够做得出、做得好；按照正常的运作方式，开发本项目或产品并投放市场是否还来得及；预算中的软件、硬件能否及时到位；已经存在的某些版权和专利是否将妨碍本项目或产品的开发和推广；本项目或产品是否能够创造新的知识产权并获得相应的知识产权保护。

（4）项目财务和经济分析。项目财务分析的主要目的是评估项目对本公司的财务贡献。如项目的支出组成与数额、项目的收入构成与数额、项目的资本结构、本公司承担项目的财务能力和融资能力、项目的投资回报率等，应编制现金流量表等项目财务报表，计算相关指标。

如果财务现金流量不能够全面、真实地反映文化产业项目的经济价值，应进行项目的经济分析，即从社会经济资源有效配置的角度，识别项目产生的直接和间接的经济费用和效益，编制经济费用效益流量表，计算有关评价指标，分析项目建设对经济发展所能做出的贡献以及项目所耗费的社会资源，评价项目的经济合理性。

（5）项目社会效益分析。社会效益分析是要评估项目产生的社会影响，譬如项目是否利于公司形象的宣传，是否利于维护公司与政府有关部门、合作单位的关系；项目与法律、环境保护、社会公众的关系等。

在社会文化环境方面，首先需要考虑的是与相关的政策法规有无抵触。其次要考虑文化项目举办地的社会习俗等。现在人们越来越注重环保，许多文化项目如果没有考虑社会和环保因素，可能会造成成本的大量超支。第三要注意社会效益的获取，现在企业的无形资产不但有着财务上的意义，而且对于公司的持续良好发展有着不可忽视的作用，因此一定要根据公司的目标，从社会、国家的角度出发，做一个长远规划，对于许多文化公司而言，其发展历程甚至可以说是由一连串的项目运作构成的。对社会影响较大、公众关注度高的文化产业项目，必须站在社会和公众的角度，对项目的合理性进行评价，预测项目对社会主流价值观的影响、公众可能的反应、对社会环境的影响等。

(6) 项目人力资源和组织机构分析。项目人力资源和组织机构分析的内容包括项目实施的组织结构、运作团队、机构设置、人员招募与培训等能否及时到位，项目主要利益相关方的合作形式，合作单位、政府委托变更的可能性等等。

(7) 项目不确定性和风险分析。任何项目的决策，都是建立在对未来预测和判断的基础上的，决策过程中的不确定性，会使原本认为合理的项目变得不再合理或可行，使项目的运行遭受巨大的风险。对项目不确定性的分析，常用的方法有盈亏平衡分析、敏感性分析、风险分析、计算机模拟分析以及其他经验方法。项目风险分析主要包括风险预测、解决的方案和备选的方案，需要对市场风险、政策风险、财务风险、项目自身组织过程的风险等进行全面分析和预测，提出相应的对策性思路。

(8) 结论和建议。结论和建议是项目可行性分析的归宿点。在完成以上项目分析内容之后，应做出项目可行性分析的归纳和总结，说明所推荐项目方案的优点，指出可能存在的主要问题和可能遇到的主要风险，做出项目是否可行的明确结论，并对项目下一步工作和项目实施过程中所需解决的问题提出建议。

二、文化产业项目立项申请

一个项目首先必须先有项目建议书，项目建议书通过筛选通过后，再进行项目的可行性研究，可行性研究报告经专家论证后，才进入立项审批阶段，最终获得政府相关主管部门批准。

1. 文化产业项目立项的概念

文化产业项目立项，是指文化产业项目发起人，以书面报告的形式向相关行政主管部门进行项目申请，并最终获得相关行政主管部门批准或承认的过程。

2. 文化产业项目立项申请书的主要内容

文化产业项目立项申请书又称文化产业项目申请报告，不同的组织机构对立项报告的撰写格式要求不同，但其主要内容不外乎包括以下几部分：

(1) 项目名称、项目由来及背景等项目概述性内容。项目可行性研究确定了项目的选题和方向，在撰写项目立项申请书时，需要仔细斟酌用词，以确定一个能够高度概括而又能准确表明项目内容的名称。项目由来和项目立项背景主要是描述项目的历史、发展和现状以及项目未来发展前景的预测，包括社会效益和经济效益等方面。

（2）项目内容、进程、预算、难点等项目核心性内容。项目立项申请书最核心的内容包括项目目标、项目内容以及如何达成项目目标的具体措施和选择的项目运作方式的说明；项目与地方政府、其他组织合作的计划等。项目进程是指详细的日程安排，其作用是将工作安排反映到日历上，它不仅规定了整个项目以及各阶段的起止日期，还具体规定了所有项目活动的开始和结束日期。项目预算过程可以分为估算和预算两大部分。项目估算的目的是估计项目的总成本和误差范围，而预算则是将项目的总成本分配到各工作项中去。项目估算的内容包括人工成本、费用、设备、原材料、劳务和外包成本等。

（3）项目参与人员、项目合作者等项目实施主体。项目主持人、项目执行人、项目参与人员和项目合作者等项目实施主体的详细资料，包括具体的学历、职业经历、项目运作经验、该领域的主要研究经历等。有些项目要求不同类型的合作者，包括国际合作者、政府部门合作者和其他非营利组织等。撰写项目立项申请书时应列出合作者的基本数据、合作形式和合作内容，以及项目合作者开具的有关合作的承诺书等。

（4）项目预期成果等目标性内容。项目的预期成果即该项目期望获得的成果，如果需要的话，还要包括项目的中期成果等说明。除此之外，也包括对项目实施过程中可能出现的项目风险及项目风险管理的内容以及必要的项目辅助说明性、支撑性、证明性附件。

3. 项目立项申请书与项目可行性报告的区别

（1）目的不同

项目立项申请书不是对企业项目从自身角度是否可行所进行的研究，而是在企业认为从企业自身发展的角度看项目已经可行的情况下，回答政府关注的涉及公共利益的有关问题，目的是为了获得政府投资管理部门的行政许可。

可行性研究报告的目的是要论证企业投资项目的可行性，包括市场前景可行性、技术方案可行性、财务可行性、融资方案可行性等，也包括对是否满足国家产业准入条件、环保法规要求等方面的论述。

（2）角度不同

项目立项申请书是从公共利益的代言人——政府的角度进行论证，因此侧重于从宏观的角度、外部性的角度进行经济、社会、资源、环境等综合论证。

企业投资项目可行性研究报告是从企业角度进行研究，因此侧重于从企业内部的角度进行技术经济论证。

（3）内容不同

项目立项申请书是对维护国家经济和安全、合理开发利用资源、保护生态环境、优化重大项目布局、保障公共利益、防止垄断等方面进行论证，回答政府所关心的问题。

企业投资项目可行性研究报告主要对市场预测、厂址选择、工程技术方案、设备选型、投资估算、财务分析、企业投资风险分析，以及是否符合国家有关政策法规要求等进行研究论证，回答企业所关心的各类问题。

（4）时序不同

项目获得企业内部决策机构——董事会同意后，应在此基础上编写项目立项申请书，申请政府部门的行政许可。因此，就研究的逻辑顺序而言，可行性研究报告的编写应先于项目申请报告。

可行性研究报告与项目立项申请书是两个不同性质的文件，项目立项申请书不是在可行性研究报告基础上的简单补充。对于一个理性的企业投资主体，在进行项目投资决策之前，应首先从企业自身角度进行详细的可行性研究。

（5）法律效力不同

项目立项申请书的编写和报送具有政府行政的强制约束，是企业必须履行的社会义务，受国家有关法律法规的制约，如行政许可法及国家行政主管部门有关项目投资管理约定的约束。

可行性研究报告用于企业内部的投资决策，对企业内部股东及董事会负责，遵循企业内部管理规定及法人治理结构的约束。

第三节　文化产业项目的立项决策

文化产业项目可行性研究报告和立项申请书都是为项目的决策提供依据的，在项目评估基础上对项目进行最后的立项决策是项目立项管理的最终目标。

一、文化产业项目的评估

（一）文化产业项目评估的概念

文化产业项目评估，也称文化产业项目前评估，是在文化产业项目可行性研究报告和项目立项申请书的基础上，根据有关政策、法律法规、方法和参数，由有关机构应用预测技术所进行的系统、客观的综合分析和全面、科学的评价活动，以此来分析和评价拟实施项目在技术上是否可靠、经济上是否有利、建设上是否可行。文化产业项目评估必须确保科学性、公正性和可靠性，必须坚持实事求是的原则。文化产业项目评估的目的在于确定项目是否可以立项，是文化产业项目决策科学化、规范化、程序化、民主化，避免或减少项目决策的失误，提高项目投资的效益和综合效果的重要保证。

（二）文化产业项目评估的程序

文化产业项目评估程序主要包括成立评估小组、资料审查分析、调查分析、专家论证会、编写评估报告等。具体来说可以分为三个阶段的工作，一是做好项目评估前准备。主要工作包括成立评估小组后，收集并整理项目评估所需要的相关基础材料，对项目建议书、项目可行性研究报告、项目立项申请书等与项目运作有关的文件以及项目所在地区的相关资料、组织战略规划、宗旨等相关资料做详细阅读；二是开展项目评估调查。对项目情况进行系统的调查，包括与项目直接参与人员、没有直接参与项目的人员进行座谈，召开由项目受益者、项目管理者和资助者参与的会议，一对一访谈、现场观察等工作。对于大量的重复性问题或者不方便访谈的问题，可以采取问卷方式调查；三是撰写评估报告。评估报告是项目评估小组对项目各项内容的评估结果做出的总结。项目评估报告力求格式规范、准确清晰，避免专业晦涩的词语，以便于阅读和对比。项目评估报告一般包括摘要、项目概况、评估方法、项目内外部影响因素、项目实际调查情况、项目意见和结论、参考资料等内容。项目评估报告是项目决策的直接依据，也是筹措项目资金、进行银行贷款、开展项目设计、签订项目合同、进行项目实施准备的重要依据。只有通过了项目评估并认为是可行的项目，才允许依次进入项目的设计、实施和运营阶段。

（三）文化产业项目评估的主要要素

文化产业项目评估需要充分考虑文化产业项目不同于其他产业项目的特殊性，从项目的经济效益和社会效益出发，对项目的必要性、条件、创意、市场、技术、环境、收益等进行全面评价，审查项目可行性发展报告的可靠性、真实性和客观性，为审批项目提供决策依据。文化产业项目评估体系是由若干个单项指标组成的整体，主要由以下指标组成：

1. 社会性指标

（1）法律政策。法律政策包括宪法、法律、法规以及政府的方针、政策、发展规划等方面的要求。文化产业是与价值观、意识形态密切相关的产业，经营者所从事的项目必须符合国家法律法规、文化产业政策导向和限制等。在文化产业项目评估中要重点关注法律政策，文化产业项目不能存有侥幸心理和打“擦边球”的方案设计，否则项目面临的风险可能不是一般的商业风险，许多项目被中途叫停或强制下线就是惨痛教训。

（2）社会影响。社会影响是文化产业项目生存的土壤，需要评估人员站在社会和公众的角度，对项目的合理性和社会责任进行评价。社会影响评估主要包括两方面内容，一是评估项目实施对社会主流价值观的影响、项目或项目产品消费者可能的反应以及项目的文化取向、宗教信仰、道德观念、民族文化、民俗民风及文化时尚等；二是评估项目实施能否改善地区经济结构、劳动就业结构、行业经济结构、城市规划、生产力布局，能否提高人们的物质和精神文化生活水平。

（3）普适价值。判断项目质量高低的根本标准是看其有没有普适价值作为其内涵和基础，如尊重生命的价值、促进人的自由和全面发展的价值等，并能通过个性化的形式来表达。也就是说，通过个性化的方式，来表达普遍性的人类共同情感、共同追求、共同理想。如何提炼文化产品或服务的普适价值，如何通过个性化或差异化方式来展现，如何达到无障碍传播，决定了该项目能够走多远。

2. 产业化指标

（1）市场导向。文化产业项目提供的产品或服务需要为顾客创造某种体验价值，体验价值越丰富，消费群体的认知度越高。市场导向的评估主要考察项目的目标市场是否明确、在服务现有顾客的同时，是否兼顾培养潜在顾客。

（2）产业链扩展。所谓产业链扩展，就是将创意拓展或增加更大范围的各种各样的应用空间，由创意产品延展为一套以产业链为形态的服务方案，其途径包括开发新的消费领域、开发新的服务形式、开发新的产业形态等。今天的项目竞争已经不仅仅是产品的竞争，更是一个前所未有的产业链竞争。评估文化产业项目需要看项目是否符合产业链扩展模式，是否具备规模效应、可复制性、产业延伸、盈利模式、持续发展等特征。

（3）营销推广。市场营销是文化产业项目实现生存发展的关键环节。一个文化产业项目除了具备传统的渠道推广能力之外，是否具有整合营销、事件营销、体验营销、娱乐营销、互动营销等特殊能力也是项目评估产业化指标的重要内容。

（4）规范管理。文化产业项目组织因其特性较难进行规范化、标准化管理，如人员的创意、设计等成本很难标准化，生产实践很难规范化，销售模式难以模板化，但是，产业化管理的要求则是必须最大程度实现模板化、程序化、标准化、规范化。一个文化产业项目的规范化管理程度对其产业化发展、获得资本支持等有重大影响。

3. 项目核心竞争力指标

（1）知识产权积累。核心创意内容和由此形成的持续利用的知识产权是文化产业项目的核心竞争力。在文化产业项目评估中，独特的创意、独有的文化资源、拥有或可能拥有的版权、专利技术、平台与渠道、内容与渠道的整合都是重要的评估指标。

（2）符号价值。符号价值是项目的品牌、明星、影响力等无形资产所产生的溢出价值。项目评估需要考虑项目可能拥有哪些符号价值，如明星是一种重要的符号，是项目评估的重要方面。

（3）合理的团队。与创意内容、知识产权和符号价值等相一致，作为其载体的人才和团队是文化产业项目的核心价值所在。项目团队的评估主要包括主创人员的素质、团队成员结构、创意能力、管理能力、专业能力、团队稳定性、拥有的人脉资源、历史合作等。

（4）高新技术。文化产业项目进入市场一般经历个性化创意、标准化复制、网络化传播、即时性消费等过程。规模化、批量化、流程化、标准化等是产业化的标志，这需要应用互联网、多媒体、声光电、防伪等多种应用技术。是否拥有高新技术条件也应当成为项目评估的重点。

4. 项目自身的经济性指标

（1）资金保障。文化产业项目因其培育期相对传统产业要长，风险控制困难，故而对资金保障的要求就更为迫切，因而企业注册资本、固定资产规模、知识产权获利能力、筹集资金能力、银行借贷能力是文化产业项目评估的重要依据。

（2）风险掌控。主要对市场风险、政策风险、财务风险、项目自身组织过程风险等方面以及相应对策进行全面评估、分析。

（3）经济效益。分析和评估项目的年营业收入和费用支出指标、投资额、盈亏计划、投资效益等。对投资效益的评估，基本采用静态评价指标和动态评价指标两种体系。前者包括评估项目的静态投资回收期、差额投资回收期、投资利润率、投资利税率、资本金利润率、差额投资收益率、折算费用、资产负债率、流动比率、速动比率等；后者包括动态投资回收期、借款偿还期、净现值、净现值率、净年值、费用现值、内部收益率、外部收益率、差额净现值、差额内部收益率等。

5. 时间性指标

(1) 项目时效。时间维度是文化产业项目的一个重要组成部分，需要对项目产品的推出时机、运行周期、市场反应度等进行相应评估。

(2) 项目进度。与项目时效相一致，需要对项目开发时间和进度控制、时间节约、时间安排是否合理、是否与市场机遇有效衔接等进行评估。

二、文化产业项目的决策

一个文化产业项目经过了项目可行性分析、项目立项申请书和项目前评估后，还必须经由相关决策机构的审批才能正式立项。文化产业项目的决策过程就是文化产业项目的审批过程。对于一些影响国计民生或与地区利益相关的重大项目，甚至还需要报送更高主管部门或国家机关，直至国务院审批。不论文化产业项目是否通过了审批，这一过程的终结才标志着项目立项管理的完成。项目一旦获得审批，审批文件就成了项目投资决策的依据、项目计划的依据、项目资金筹措和资源配置的依据、项目实施的依据和指导文件，以及项目实施完成并投入运营以后所做的项目后评估的依据。

在我国进一步深化行政体制改革、加快政府职能转变的大背景下，包括文化产业项目在内的项目审批程序不断简化，审批事项不断减少。2015年，《国务院关于取消非行政许可审批事项的决定》中将多项文化产业项目的审批调整为政府内部审批事项，包括孔子学院（课堂）设置及年度项目审批，国际科技展览会及其他重大国际科技活动审批，中小企业信用担保机构免征营业税审批，设立水利旅游项目审批，出口退（免）税资格认定、认定变更及认定注销，集团公司具有免抵退税资格成员企业认定，海南境外游客离境退税定点商店的认定、变更与终止的审批等与文化产业相关的非行政许可审批事项被取消；国家历史文化名城确定的审批，中国历史文化名镇、名村确定的审批，国家级风景名胜区总体规划审批，国家级风景名胜区详细规划审批，广播电台、电视台开办群众参与的广播电视直播节目审批，全国重点文物保护单位保护规划审批等。

决定还要求明确政府内部审批的权限、范围、条件、程序、时限等，严格限制自由裁量权，优化审批流程，提高审批效率。进一步深化行政审批制度改革，出台多项举措，让一大批文化企业破除发展中遇到的审批制度瓶颈，彻底松绑减负，提高行政效能。

为更有力地推动文化产业项目的发展，许多地方政府也纷纷采取措施，简化或便利文化产业项目的审批手续。比如，浙江省苍南县开辟“绿色通道”，实行重点和新兴文化产业项目化办理。凡列为县及县以上的重点文化项目，注册资本在1000万元以上的动漫、创意等企业或是国家和省市县重点扶持的文化产业项目和企业，均可纳入重大项目“绿色通道”审批程序，并实行“优先办理”原则，当日受理当日启动。

文化产业项目审批过程的完成，标志着文化产业项目立项管理工作的结束。文化产业项目的正式立项，是项目进行进一步策划、计划、实施、控制的基础和起点。

本章案例：

关于横店影视文化产业服务平台项目核准的批复

发布时间：2015年8月6日

发布机构：市发展和改革局（物价局、协作办）

文号：东发改审批〔2013〕19号

横店集团控股有限公司：

你们《关于要求核准横店影视文化产业服务平台项目的报告》及有关材料收悉。经研究，现就该项目核准事项批复如下：

一、为贯彻落实党的十八大精神，进一步落实省委、省政府《关于设立浙江省横店影视文化产业实验区提升文化产业发展水平的意见》（浙委办〔2012〕76号）文件精神，推动横店影视文化产业进一步发展，打造特色文化品牌，发挥文化产业发展的引领作用，同意建设横店影视文化产业服务平台项目。

二、项目建设地点为横店影视文化产业实验区范围内。

三、项目总用地106公顷，建筑面积1309600平方米。

四、项目主要建设内容：1. 建设横店影视文化产业总部经济集聚中心，主要为影视文化产业的办公中心、会议中心、商务接待中心、服务窗口、多功能厅等，以及配套服务；2. 建设横店影视文化产业博览传播中心，为影视文化产品的展示、交流、交易，以及配套服务；3. 建设横店影视文化产业创意创新及后期制作集聚区，主要布置影视创意创新及后期制作工作室，以及配套服务中心；4. 建设横店影视城影视旅游游客接待中心，提供旅游咨询、售票、导游服务、旅游商品销售等服务区，同时提供配套的交通、通信、住宿、餐饮的配套服务；5. 建设横店影视城年代戏拍摄基地，主要为民国时代特征的场景及配套设施。

五、项目总投资为 411633 万元，资金自筹解决。

六、核准项目的相关文件已通过东阳市国土资源局、环保局、规划局、经信局审批。

七、如需对本项目核准文件所规定的有关内容进行调整，请及时以书面形式向我局报告，并按照有关规定办理。

八、请业主单位根据本核准文件，办理相关城乡规划、土地使用、资源利用、安全生产等相关手续。

九、本核准文件有效期为 2 年，自发布之日起计算。在核准文件有效期内未开工建设项目的，应在核准文件有效期届满 30 日前向我局申请延期。项目在核准文件有效期内未开工建设也未申请延期的，或虽提出延期申请但未获批准的，本核准文件自动失效。如需对本核准文件所规定的有关内容进行调整，请及时以书面形式向我局报告，并按照有关规定办理。

十、根据《浙江省人民政府办公厅转发省发改委关于做好全省投资项目管理信息系统运行工作意见的通知》（浙政办发〔2009〕172 号）要求，请相关职能部门在完成该项目审批事项后及时录入相关审批信息，请投资主管部门和项目单位在项目符合《国务院办公厅关于加强和规范新开工项目管理的通知》（国办发〔2007〕64 号）要求的八项开工条件后，及时录入实施进展信息。

东阳市发展和改革局

2013 年 2 月 4 日

资料来源：http：//www.dongyang.gov.cn/dy_zfxxgk/szfbmzzgk/sfzggj/gkml/bmwj/117014.shtml。2016/2/10.

第五章　文化产业项目的策划和计划

文化产业项目立项获得审批通过后，就需要为已经做出的决策开展必要的项目策划和计划管理工作，全面策划和设计整个项目、项目各阶段所需开展的工作、有关项目产出物的全面要求和规定。其中，文化产业项目策划是对项目的创意过程，确定项目的主题和核心理念、项目的定位和项目经营模式；而文化产业项目计划是将创意具体转化为项目的目标，对文化产业项目的各项活动进行事前性和全局性的筹划和设计。文化产业项目策划和计划阶段是文化产业项目管理过程中的重要一环，在整个文化产业项目管理过程中处于指导地位，贯穿于文化产业项目管理的各个阶段。这一阶段的主要任务是对项目工作和项目产出物进行全面的策划、设计和规定，并以项目策划书和各种计划性文件为主要阶段成果。

第一节　文化产业项目策划

文化产业项目立项之后，要进一步对项目进行概念设计，包括项目的核心理念、定位和模式，项目的设计风格、内容以及形式，项目市场营销活动设计等，这是项目策划的重要内容。实际上，在文化产业项目立项之前，文化产业项目策划就开始了，它贯穿从提出项目设想、对项目进行需求分析到选择项目、进行项目可行性研究再到形成项目立项申请书、项目立项的整个过程，因此，项目策划是项目计划、实施之前的核心和关键，最能体现文化产业项目的本质特征和产业特点，它体现了项目实施前的创造性活动过程。

文化产业项目策划既包含一般策划的基本要素，又具有自身的独有属性，既体现一般策划的基本原则，又具有自身的特点和性质。

一、策划的概念

（一）策划的定义

策划是一项立足现实、面向未来的活动，是人们为了达成某种特定的目标，根据现实情况和信息，借助一定的科学方法和艺术，为某一决策或计划而构思、设计解决方案的一种思维方式或过程。

（二）策划的特点

任何策划都具有以下特点：

1. 策划具有目的性。不论什么策划方案，都是指向一定目标的，不然策划就没意义了。策划工作一定要通过创意和构想，按照既定目标和方针，努力把各项工作从无序化为有序。

2. 策划是一种思维智慧的结晶，策划的灵魂就是创意。

3. 策划具有科学性、前瞻性。策划不是一种突然的想法，而是人们通过深入调查，掌握客观数据，并进行严格的分析论证后进行的科学的预测，因此具有一定的科学性和前瞻性。

4. 策划具有一定的不确定性、风险性。策划是建立在对事物发展趋势或潜在可能性进行深入思考和分析的基础上做出的对“未来之物”的设计和筹划，存在一定的未来不确定性以及实施过程的风险性。

5. 策划具有可操作性。这是策划方案的前提，如果一个策划连最基本的可操作性都没有，那么这个策划方案再有创意也是一个失败的策划方案。

二、项目策划的概念

（一）项目策划的定义

从项目管理的角度而言，项目策划是项目发掘、论证、包装、推介、开发、运营全过程的一揽子计划，是通过创新、创意，实现项目目标和促进项目增值的动态过程。具体来说，项目策划是策划者针对项目决策目标进行分析和论证，通过周密的市场调查和系统的分析，在充分掌握信息的基础上，利用已经掌握的知识、信息和技术手段，借助系统方法和创造性思维，合理而有效地布局项目活动的内容和进程，创意、设计并制定计划与行动方案的过程。从本质上讲，项目策划产出的不是物质产品，而是一种知识成果。

项目策划是项目运作和项目实施成功与否的关键，通过策划，可以使项目目标更加明确，有效避免项目活动的盲目性和随意性，增加项目的经济效益，增强项目及企业的竞争力。

（二）项目策划的特点

1. 项目策划具有功利性

任何项目都有明确的目标，都面临着收益最大化的现实诉求。功利性是项目策划要实现的目标，这种功利性既可能是经济利益，也可能是社会效益。功利性是项目策划活动的一个立足点、出发点，又是评价一项策划活动成功与否及项目成果佳否的基本标准，所以，在进行策划创意、制定策划方案时，要权衡考虑项目各方面的收益，要注意策划投入与策划之利的比例是否协调，策划创意再完美，如果策划之利低于策划投入，那么这个策划也不能称之为好的策划。

2. 项目策划具有创新性

项目策划是一个通过创新、创意，不断寻求增值的过程，项目的生命力是创意和创新，真正的项目策划应具备创造性，“鹦鹉学舌、照葫芦画瓢”，照搬、模仿、抄袭别人固有的模式都不是真正的策划。项目策划应随具体情况变化而发生改变，需要创造性的思维，不能抱残守缺，因循守旧，要想不断地取胜，必须不断地创造新的方法。即使成功的项目模式，我们也不要生搬硬套，要善于依据客观变化了的条件来努力创新。

3. 项目策划具有动态性

项目策划是一个以“未来之物”设计为核心的反复论证、反复调整、不断优化的过程。项目策划发生在项目具体实施之前，由于市场各种因素处在不断地变化过程中，有些因素无法完全预测或出现一些预测偏差，因此，从整个项目管理角度说，项目策划阶段的结束并不意味着项目策划的结束，还必须要关注现实环境和市场条件的变化，加强策划与环境、资源等条件的动态匹配，控制并调整策划中存在问题的环节。

4. 项目策划具有高知识性

项目策划涉及的环节很多，包括市场调研、项目论证、可行性分析、组织策划、管理策划、合同策划、技术策划、风险策划、营销策划、赞助策划等多项内容，因此，需要对项目策划涉及的不同知识进行管理，同时，成功的项目策划也为下次类似的策划提供了知识储备。

5. 项目策划具有现实可行性

项目策划立足市场和环境、资源分析，针对项目自身特点与特色，通过市场定位和亮点卖点的设计，进行项目决策或满足项目实施环节中的现实需求。无视现有人力、物力、财力及技术条件的资源限制，盲目策划，是不可能达到项目目标的。

（三）项目策划的要点

1. 项目策划要立足市场和消费者需求

市场是任何项目策划的出发点和归宿，因此，项目策划要建立以市场为导向的策划理念，充分研究顾客需求，以满足市场需求为基准。

2. 项目策划要与营销策略相匹配

项目策划在反映市场需求的同时，还要以不同于对手的营销策略来体现自己项目的独特性和创新性，要以为顾客提供比竞争对手更多的让渡价值来赢得顾客的青睐和信任。项目营销策划本身也是项目策划的一个重要组成部分，项目策划与营销的匹配，要从顾客价值认知的角度，考虑项目特色的产生和形成过程，以便让顾客切实感受到项目的特色，而不是从策划人员自身出发去臆想顾客的感受和需求。

3. 项目策划要与企业战略相匹配

项目策划必须与企业的能力、资源和发展战略相匹配，为了保证项目能够对企业战略的实现做出贡献，项目策划人员应该懂得取舍的道理，懂得权衡利弊做出项目开发、实施的决策。首先，在面临多种项目可以选择时，策划人员应综合考虑企业发展目标、企业的资源、能力和时间，做出最合乎企业战略发展方向的项目选择；其次，企业在进行项目的选择和开发时，应该强调项目的特色。具有特色的项目不仅可以做到与竞争对手的严格区分，而且也使竞争对手无法模仿，即使能模仿也要付出较大代价；再次，在企业战略使命的指导下，明确项目目标，从而为项目管理提供准确的依据，确保项目按期高质的完成。

4. 项目策划要与项目管理相对接

项目策划不仅包含了项目管理的很多层面，而且在项目决策和项目商业目标的实现上，又突破了项目管理的自身局限性。项目策划与项目管理的对接体现在：首先，项目策划为项目管理提供严密而系统的知识体系，为项目管理的成功打下了坚实的知识基础；其次，项目策划为项目管理提供了科学的管理体系，为项目管理提供了必要的管理制度、恰当的人力资源管理、组织架构以及合理的资金和时间预算；再次，项目策划为项目商业目标的实现提供了一整套的营销体系，从而确保项目符合顾客需求，实现项目投资的保值增值的目标；最后，项目策划为项目管理人员提供了一整套的符合企业价值观的管理理念，为构建和谐的项目管理文化、环境、氛围提供了保障，从而有力地促进项目管理的各个环节相互配合，创造出更多的协同效应。

三、文化产业项目策划的基本概念和原理

（一）文化产业项目策划的定义

文化产业项目策划既具有一般项目策划之共性，又具有某些自身的特殊性。具体来说，文化产业项目策划是以内容创意为核心，把一种点子或一种文化资源提炼为一组创意，设计成一个文化产品，或者整合为一个产品系列或者产业链，有时甚至集合为一个产业集群的过程。

作为一种创造性的思维活动，文化产业项目策划贯穿于项目需求分析、项目选择以及项目可行性论证的过程中。另外，在对文化产业项目进行规划和正式实施之前，对项目的营销渠道和融资方式也都需要进行策划。

文化产业项目领域广泛，文化产业项目策划的种类也多种多样，可以划分为影视产业项目策划、动漫游戏等网络文化产业项目策划、图书出版发行项目策划、演艺项目策划、体育赛事项目策划、文化会展项目策划、节庆活动项目策划、文化产业园区策划、文化旅游项目策划、创意农业项目策划以及某一文化产品开发项目策划等。

（二）文化产业项目策划的原则

文化产业项目策划是一种创造性的活动，没有固定程式和方法，也没有现成套路，但是从文化产业实践活动中的成功案例和前人的经验中，我们可以总结出一些可供参考的基本原则。

1. 创新性原则

创新是策划的根本，能否打破成规、标新立异、出奇制胜，直接决定一个策划的好坏和成败。创新以创意为前提，要在文化产业项目中体现“人无我有、人有我优、人优我特”的优势，就必须依靠创意制胜，依靠创意、创新使项目显示出独特性、差异性，只有这样，才能满足文化消费者的心理需求，并使项目得到他们的认可。“任何一个项目要提升出它的特异性出来，然后强化它与众不同的地方，就是排他性，从而赋予它一个权威的说法，才能在市场中处于引导地位。”①

文化产业项目的创意和创新，往往会决定其产品的市场命运和文化企

① 王志纲：《策划旋风》，315页，广州，广东经济出版社，1998。

业的生存和发展，特别是对那些精神含量高的文化产品，如电影电视、文学作品、艺术表演等，还有那些技术含量高的产品如网络游戏、数字产业、软件研发等，它们的创意性效果不仅决定其内容，而且决定其价值，决定其市场竞争力。文化产业策划者不仅要具有广博的知识，还必须具有创造性思维模式。

2. 整体价值最大化原则

文化产业项目策划要致力于实现项目乃至文化企业整体价值最大化。文化产品具有社会性和经济性双重属性，因此，整体价值的最大化既包括经济价值，也包括社会价值。文化产业项目策划要实现整体价值的最大化，关键在于整合各方要素和各种资源，使系统内部各子系统之间通过相互作用产生协同效应，从混沌状态、无序状态向明晰状态、有序状态转化。协同的各方既存在竞争又存在互利，竞争是实际存在的，真正的协同不是掩盖竞争，不是回避竞争，策划的目的在于找到超越竞争的协同机制，通过协同机制创造良性的竞争，将双方的竞争引向更大的竞争系统，并转化为联合对外的合力。项目策划还要使各种资源协同作用，通过协同为合作的双方或多方带来优化的效果，最终实现项目利益相关者的“双赢”或“多赢”。

3. 系统性原则

一个完整有效的策划一般由观念层、操作层和现实层三要素组成，各要素之间存在密不可分的有机联系。系统性原则要求在策划中必须兼顾到观念层所要求的独到眼光和创意、操作层所必需的执行能力和现实层的实施，以保证策划的每一个环节都得以顺利实施，保证整个策划最终成功。文化产业项目策划必须遵循系统运行规律，做全局性整体性安排。这就要求在策划中重点分析考虑以下问题：策划方案是否在先进理念指导下，在进行了实际调查、研究、预测的基础上，严格按照策划程序进行创造性思维和想象而形成的；策划方案中各方面关系是否能够协同一致，是否能够高效率地实施策划方案；策划方案可能产生的利益、效果、危害情况的风险程度，综合考虑、全面衡量利害得失；策划方案是否符合以最低的代价取得最优效果的标准，力求以最小经济投入实现策划目标；策划方案是否经过一定的合法程序和审批手续，其内容及实施结果是否符合现行法规规定和政策要求等。

比如，一场成功的演出活动，从演出前准备到演出后评估，包括了演出场地的选择、演出人员的邀请和食宿安排、演出票的销售、演出期间的安保措施等等都是演出的组成部分，在策划时都要考虑到，都要进行统筹规划，以保证演出的成功举办。

4. 可行性原则

项目策划不是臆想，而是要具体实施。项目策划是项目实施的依据，一个成功的策划方案，必须具有可行性。要实现文化产业项目的可行性，可以从这样几个方面着手：一是方案选择。任何一个文化产业项目都有明确的目标，但达到这一目标的途径可以多种多样，存在多种策划方案，策划人员要从众多方案中选择最具有现实可行性的方案，即最符合企业的战略、资源要求，并与市场需求相匹配的方案，这样才能保证项目实施的成功；二是技术分析。一个文化产业项目的实施、创意的实现需要很多技术支持，一个策划方案能否实现还要看项目所需的技术能否达到，因此，策划人员要对方案中提出的技术问题进行可行性分析，以确保所选择方案中的技术要求在项目实施中能够实现；三是效率分析。项目效率是指项目在实施中能以最小的投入实现最佳的收益，即投入和产出比的问题。在文化产业项目中，投入和产出比不仅仅指产出的经济效益，还要考虑它的社会影响力。

为了准确弄清策划方案是否具有可行性，必要时可对策划方案进行局部的可行性试验，以检查策划方案是否真正符合现实需求和现实条件，方案的整体结构和运作机制是否合理，实施结果是否有效等。

5. 灵活性原则

灵活性原则强调的是策划活动因时、因地、因人而行。文化产业项目策划要随市场和消费者的变化而变化。如果客观情况发生了变化，项目策划的内容和形式必须能够适应这种变化，以增强对项目的动态管理。因此，在策划文化产业项目时需要注意留有余地，在人力资源、物力资源使用、时间、空间设计上留有适当的弹性。

6. 时机性原则

对文化产业项目进行策划有三种把握时机的选择：一是借势和顺势而为，所谓“好风凭借力，送我上青云”；二是平行进入做优，创造竞争优势；三是首先进入，占领先机，创造先发优势。不管是哪种选择，都体现出项目策划的时机性原则。

时机性原则强调在项目策划时要善于抓住时机，处理好时机与效果之间的关系。在日新月异的现代社会，各种情况变化频繁、迅速，利益竞争更为激烈，时机往往稍纵即逝，而时机与效果又具有紧密联系，机不可失，时不我待，失去时机往往意味着没有效果。因此，时机性原则关键要善于把握机会，顺应趋势，以便使项目策划方案能够“水到渠成”，取得最好的项目实施效果。在文化产业项目策划过程中，要尽可能缩短策划到项目实施的周期，力图使策划发挥效用更快一些，长远效果更好一些。当然，重视时机也不意味着策划活动从策划到实施越快越好，一方面，策划的周密性与时间长短有关，另一方面，策划方案的实际效果还与客观条件是否成熟有关。只有当客观条件和主观条件成熟时，策划方案的实施才能取得预期的效果。

四、影响文化产业项目策划的环境因素

文化企业在进行文化产业项目策划时，面对多样复杂的环境条件，既包括社会、政治、经济、文化、技术等宏观环境，也包括产业结构、竞争者、经销商、供应商和客户等微观环境，文化企业必须意识到这些环境因素及其相互作用对文化产业项目策划的影响，做好随时应对环境变化的心理准备。

（一）影响文化产业项目策划的宏观环境因素

1. 政治环境对文化产业项目策划的影响

政治环境是指一个国家的外部政治形势和状况以及国家的方针政策，通常包括国家的政治制度、政局稳定性以及政策的连续性。由于文化产业和文化产品所具有的意识形态属性，使文化产业项目和文化企业的经营活动比其他产业更容易受到政治环境的影响。策划文化产业项目时，必须确保所策划的项目符合国家的方针政策要求，符合国家关系准则的要求，按照国家的有关规定，生产和经营国家允许的产品。

国家产业政策是政治环境因素中对文化产业项目策划影响最大、最直接的因素。产业政策一旦确定扶植某一产业，属于该产业范围内的项目将得到立项审批优先以及税收、贷款和其他相关条件的优惠，依靠这些优惠条件，企业可以在很短的时间内进入该产业，缩短项目论证时间、报批时间以及其他项目立项程序的时间，使项目产品更快进入市场。

2. 法律环境对文化产业项目策划的影响

法律是评判企业市场行为的准则，只有依法进行的各种经营活动，才能受到国家法律的有效保护。因此，文化企业的文化产业项目选择、策划，必须了解并遵守国家或政府颁布的有关经营、贸易、投资等方面的法律、法规。如果文化产业项目属于国际性项目，或其项目产品营销对象为

国际市场，就既要遵守本国的法律制度，还要了解和遵守市场国的法律制度和有关的国家法规、国际惯例和准则。

在我国，与文化产业项目相关的法律既包括规范市场经营活动方面的法律法规，如《广告法》《商标法》《专利法》《著作权法》《反不正当竞争法》《文物法》等，也包括一系列的文化类法规，如《出版管理条例》《音像制品管理条例》《营业性演出管理条例》《电影管理条例》《娱乐场所管理条例》以及互联网、艺术品经营等涵盖文化产业众多领域的法律法规。

3. 社会文化环境对文化产业项目策划的影响

社会文化环境是指一个国家或地区的民族特征、文化传统、价值观、宗教信仰、教育水平、社会结构和风俗习惯等情况。社会文化环境具有相当稳定性，但当社会政治法律环境发生变化时，社会文化环境也会随之变化，这些变化一方面会淘汰人们对一些产品的需求，另一方面将引发许多新的需求，这些需求是策划文化产业新项目的源泉之一。

教育水平是与文化产业项目策划最密切的文化因素。教育水平的高低影响着消费者的心理、消费结构，不同的文化修养使消费者购买文化产品和文化服务时的选择原则和方式不同。

一般来讲，教育水平高的地区，消费者对精神生活的要求较高，容易接受更多的文化产品和文化服务，对文化产品和服务的购买热情高。教育水平高低还影响企业项目的选取和项目推广的方式方法。在教育水平低的地区，应选择适合大众化的、通俗易懂的、价格相对较为低廉的文化产品和服务；而教育水平高的地区，则需要高品位的、高质量的文化产品和服务。

价值观念和审美观念对文化产业项目策划的影响很大。价值观念是人们对社会生活中事物的态度、评价和看法，不同的文化背景下，人们的价值观念差别很大。消费者对文化消费品的需求和购买行为深受其价值观念的影响。如在发达国家，人们注重精神生活的享受，文化产品的消费水平比较高。因审美观的不同而形成的消费差异更是多种多样，不同国家、民族、宗教、阶层和个人，往往会因社会文化背景不同，而形成不同的审美标准。文化企业应针对不同的价值观念和审美观念所引起的不同的消费需求，进行文化产业项目的策划，以适应不同文化背景下的消费者价值观念和审美观念的变化趋势，适应市场变化的需求。

宗教信仰对文化产业项目策划的影响也不可低估。不同的宗教信仰有不同的文化倾向和戒律，影响着人们认识事物的方式、价值观念和行为准则，影响着人们的消费行为。文化企业应充分了解不同地区、不同民族、不同消费者的宗教信仰，推广适合其要求的产品。

风俗习惯和语言文字也是影响文化产业项目策划的重要因素。风俗习惯是人们在一定的自然环境和社会生产生活方式、条件下长期形成，并世代相袭而成的风尚和习惯等的总称，表现为生活方式、生活习惯、信仰、节日、人际关系等方面。不同的国家、民族有不同的风俗习惯，它对消费者的消费嗜好、消费模式、消费行为等具有重要影响。另外，不同国家和地区语言文字及其含义不同，也会导致在一个国家受欢迎的文化产品在另一个国家受到冷落。因此，文化企业在策划文化产业项目时，应尽量了解各个国家、地区和民族之间风俗习惯、文化背景和语言文字等方面的差异，根据不同的环境情况选择和策划文化产业项目。

4. 经济环境对文化产业项目策划的影响

经济环境是指企业经营过程中所面临的各种经济条件、经济特征和经济联系等客观因素。文化产业项目都是在一定的经济环境中运作的，经济环境直接影响项目实施的可行性和经济效益。消费者的购买力是经济环境因素中最大的制约因素。

消费者的收入水平、消费者支出模式和消费结构的变化都会对文化产业项目的选择和策划产生影响。对消费者收入具有最直接影响的是个人可支配收入、个人可任意支配收入和家庭收入三个因素，其中，个人可任意支配收入是在个人可支配收入中减去用于维持个人和家庭生存不可缺少的费用（如房租、水电、食物、燃料、衣着等开支）后剩余的部分，这部分收入是主要用于满足人们基本生活需要之外的开支，一般用于购买高档耐用消费品或用于文化娱乐消费等，是消费需求变化中最活跃的因素，也是文化企业经营时要考虑的主要因素。另外，很多产品是以家庭为基本消费单位的，一般来讲，家庭收入越高，对文化消费品需求越大，购买力也越大。

随着消费者收入的变化，消费者支出模式会发生相应的变化，继而使一个国家或地区的消费结构也发生变化。恩格尔系数是用来反映这种变化常用的指标，恩格尔系数越小，生活水平越高，反之就低。消费支出模式不仅与消费者收入有关，还受到家庭生命周期阶段和家庭所处地理位置的影响。据调查，有孩子的家庭在孩子的文化娱乐、教育等文化消费品上支出较多，当孩子长大独立生活后，家庭开支预算用于保健、旅游的部分就会增加。而住在农村与住在城市的消费者在文化消费上的支出差异也较大。文化经营者要重视消费者消费支出和消费结构的变化，尤其是应掌握拟进入的目标市场中支出模式和消费结构的情况，输送适销对路的产品和服务，以满足消费者不断变化的需求。

文化消费者的购买力还受储蓄和信贷的影响。中国消费者历来有储蓄的习惯，这不利于文化产业项目产品的销售，但如果文化企业能够调动消费者的潜在需求，就可开发新的目标市场，也可以通过促进消费者的消费信贷行为来激发其购买潜力。

上述消费者购买力、消费者支出模式和消费结构以及储蓄和信贷直接影响文化企业的经营活动，除此之外，经济发展水平、经济体制、地区与行业发展状况和城市化程度等因素都对文化企业的项目选择产生或多或少的影响。

5. 技术环境对文化产业项目策划的影响

技术环境是指一个国家或地区的技术水平、技术政策、新产品开发能力以及技术发展的动向等。科学技术的每一步发展都对项目策划产生巨大影响。科学研究成果、科学新发现以及新技术、新能源、新材料的应用都会引发新的项目构思，比如现代科学观念引发对返璞归真的休闲项目需求的增加；航空航天科技的发展，引发新的航空航天科技文化项目；互联网和数字技术的发展，引发数字文化产品的不断涌现和广泛传播。

（二）影响文化产业项目策划的微观环境因素

企业微观环境包括产业结构、竞争者、经销商、供应商和客户等直接影响企业的经营环境。企业微观环境的变化往往可以促使企业开发新的项目。

1. 产业结构对文化产业项目策划的影响

文化产业相对其他产业来说是新兴产业，经过30年的探索发展，人们对文化产业的认识不断深化，被确定为国家战略支柱产业，文化产业实践也已经从最初的无序状态以及产业发展方向不明，发展为目标明确、产品丰富、参与群体不断扩大的朝阳产业。并且，随着国家各项文化产业政策的完善，文化产业发展的规范性和成熟度不断提高，产业结构不断优化，这就为文化产业项目的策划提供了有力的产业环境，包括项目策划的不确定性越来越小、与其他产业的融合发展越来越广泛、文化产业项目专有知识的扩散越来越便利、项目产品创新越来越频繁，这都有利于文化产业新项目的策划。

2. 竞争者状况对文化产业项目策划的影响

一个产业的竞争者可以分为潜在竞争者和现有竞争者，对竞争者的分析可以帮助项目找到具体的赢利点或市场入口。

对于一个文化企业来说，潜在竞争者或新进入者会带来新的生产能力，从而对现有市场格局产生重要影响。因此，从产业吸引力的角度看，项目想要进入的产业市场的门槛高低直接影响了项目的市场收益。对市场潜在竞争者或新进入者的分析，须考虑以下几个方面的问题：（1）潜在竞争者资金实力状况如何？进入市场后遇到现有企业的激烈竞争，是否具备足够的资本实力承担风险？（2）潜在竞争者的项目产品与现有产品的差异化程度如何？能否吸引现有企业的客户选择新项目产品？（3）潜在竞争者的新项目、新产品能否获取有效的分销渠道？（4）潜在竞争者有没有不受规模支配的成本优势？如专有的产品工艺、取得原料的有效途径、政府的优惠补贴以及知识曲线或经验曲线等。（5）潜在竞争者欲进入的项目领域有没有政府政策的支持？（6）如果项目不成功，潜在竞争者有没有顺畅的退出机制？

对现有竞争者的分析，主要包括产业内势均力敌的竞争者的数量、产品差异、生产能力、品牌资产、竞争战略、产业风险等等方面，策划人员要尽可能多地了解竞争者的情况，应从以下几个方面入手：（1）识别竞争者。只有在相同产业集群里的企业才是真正意义上的竞争者；（2）分析竞争者。主要弄清楚竞争对手的战略、市场追求、优劣势、竞争者对自己的行动会采取的对策等；（3）制定相应的竞争战略。面对竞争，项目采取什么样的战略，取决于企业的自身优势。如果企业拥有丰富的资金储备，或者具备丰富的融资经验和良好的融资渠道，而且能在研发、生产、销售、服务、广告等领域把成本降到最低，成为行业内的成本领先者，就可采取成本领先战略；如果项目能够满足顾客特殊需求，提供与众不同的文化产品，就可采取差异化战略；如果项目能为某个目标市场提供专门服务，则可采用目标基准战略。

3. 客户需求的变化对文化产业项目策划的影响

文化产业项目客户需求是项目成功的基础，客户的需求变化又会引发许多新项目的开发，它往往是文化产业项目策划最重要的源泉之一。客户需求的变化，或是由收入增加引起，或是受消费观念变化影响，或是被新产品的魅力所吸引。客户需求的变化一旦成为趋势，就意味着旧的项目或产品生命周期的终结。抓住客户需求变化趋势并成功开发出满足新趋势的项目，就能取得巨大的商业成功。

4. 经销商和供应商对文化产业项目策划的影响

项目经销商和供应商作为客户和项目主办方、策划者的中间人，更了解客户的需求，特别是一些具有商业头脑的经销商和供应商，能够及时把握市场的变化情况，经常提出开发新项目或产品的建议，这些建议是项目策划的重要来源之一。

延伸阅读

洛杉矶娱乐产业：成功的主要因素

洛杉矶文化经济总体上代表了全世界文化产品产业最大、最有活力的集合之一。尤其是它从多边的组织—制度基础以及已经赢得了声誉的城市区位中获得了巨大力量，在这个地方——越来越强有力地——锻造了当代大部分的全球资本主义文化，它的传播手段也达到了高度完美的境界。

在洛杉矶所有较有活力的文化产品产业中，无疑都是娱乐综合体将组织协同效应、商业成就和创新的新领域最大限度地向外扩展的结果。

娱乐商业一般倾向于垂直非一体化，因此电影、电视节目、音乐唱片和多媒体产品的制作被分解成大量由专业企业和转包商所从事的具体任务。这些专业生产商被集合到各种交易、项目和搭售构成的复杂网络之中，并被以不断变化的合作商讨和合资方式连在了一起。大电影制片公司、广播电视公司和唱片公司通常在这个协调融资、制作和最终产品销售的过程中占有重要位置，而且即使是大公司也会将大部分实际制作工作转包给独立公司。这些大公司在过去的几十年里，通过将产品推广和销售到世界各地，然后将资金回收到当地生产体系，它们大大地促进了好莱坞的发展和成长。从商业的角度看，大公司已经非常有效地将好莱坞文化产品投放到了全球市场。尽管电影产业出现了从地理上分散到其他地区的现象，在洛杉矶它仍然是成长最快速的部门之一，同时它与南加州地区的内在联系在可预知的将来似乎是确定的。

与此同时，大量重要的组织也有助于娱乐产业保持经济上和文化上的力量。它们从那些协调大部分政治和公共关系活动的职业协会中获取了巨大的力量。有三个最重要的协会位于洛杉矶，它们是电影艺术与科学协会(Academy of Motion Picture Arts and Science)、美国唱片艺术与科学协会和美国电视艺术与科学协会（National Academy of Television Arts and Sciences)。这些组织分别负责颁发每年的奥斯卡奖、格莱美奖和艾美奖。另还有其他两个组织是美国电影协会（洛杉矶有其重要的办公设施）和美国唱片产业协会，它们代表华盛顿的文化产品产业，并作为其会员的代表游说联邦政府和外国代表团。

许多报纸和杂志的出版、发行进一步增强了娱乐综合体的生存能力，例如本地区的《公告牌》《现场新闻》《*Drama-Logue* 选角新闻》《好莱坞通讯》和《综艺》。这些出版物被广泛地阅读，因为它们提供了大量的有用信息，这些信息包括新的制作和投资机会、工作岗位、新兴技术以及有关地方、全国和国际娱乐商业活动的新闻。

有影响力的专业行业协会和工会的存在也有助于产业保护从业者在极端不可预知的工作环境下的利益并维持它们的职责。其中比较有名的是美国编剧协会（Writers' Guild of America）、美国银幕演员协会（Screen Actors' Guild）、美国导演协会（Directors' Guild）、美国电视广播演员协会（American Federation of Television & Radio Artists）、国际戏剧舞台工作者联盟（International Alliance of Theatrical & Stage Employees）。工会和产业协会有助于协调管理和劳动之间的复杂关系，以各种方式保护有序的地方劳动力市场。也许它们最积极的成果就是阻止了大部分娱乐产业实施珠宝和家具产业所采取的廉价劳动力策略，有助于维持娱乐产业的专门技能和产品质量。

最后，遍及南加州地区的许多大学、学院和学校保证了产业熟练劳动力的稳定供应。其中有加州大学洛杉矶分校艺术与建筑学院和戏剧、电影与电视学院，南加州大学电影电视学院、欧特斯艺术与设计学院、加州艺术学院瓦伦西亚分校、洛杉矶艺术高中。

资料来源：艾伦·J·斯科特（Allen J Scott）著，董树宝、张宁译：《城市文化经济学》，214—216页，北京，中国人民大学出版社，2010年。（有删改）

五、文化产业项目策划的基本要求

文化产业项目策划的目的是通过对现有可利用资源的整合，创造项目的竞争优势，实现项目价值最大化。一个成功的文化产业项目策划，应该符合以下各方面要求：

（一）准确定位目标群体

文化产业项目的产业价值需要通过充分满足顾客的体验价值获得其根基，也就是说，文化产业项目策划是研究市场的结果，应该充分考虑满足顾客的审美、娱乐、教育、超越等价值体验。为此，就必须先要找到自己的目标顾客，研究他们的体验需求。要确定目标顾客，需要弄清楚“我们的顾客是谁？谁是我们真正的顾客？谁又是我们潜在的顾客？这些顾客在哪里？他们如何购买？如何才能接触到这些顾客？以及顾客购买的是什么？”[①] 要回答这些问题，需要建立以顾客为导向的理念。

顾客导向首先需要明确顾客是谁，需要对顾客进行细分。顾客是一个复合概念，它包括购买文化产品或服务的发起者、购买者、实际消费者或者使用者等多种角色。一个好的文化产业项目或产品，必须能够取悦顾客的各种角色。在准确定位目标顾客基础上，需要进一步考虑实现以功能为导向到以情感为导向再到以体验为导向的过渡，不断提高文化产业项目或产品的情感乃至体验价值，并能够站在顾客角度，反向思考，探寻顾客的真实需求，最终使顾客获得超值的精神享受。

顾客导向还要求做到能够超越现有顾客群及其需求。为使项目实现价值最大化，策划者不应该仅把视线集中在现有顾客身上，还需要关注“非顾客”；不应过分追求市场细分，仅关注顾客的差别，而应基于顾客强烈关注的共同点来建立自己项目的业务结构。这会使项目将来的发展能够超越现有需求，开启以往并不存在的新的大众顾客群。

（二）以创意提升项目附加价值

文化创意、创新是文化产业项目策划的灵魂。策划者需要对项目进行文化内涵挖掘和情境设计，即以可感知、可触摸为原则，通过听觉、视觉、味觉、感觉、触觉进行立体化的体验设计，才能赋予项目某种灵魂。创意源于建立在充分发挥想象力基础上的创造性思维能力，这种能力有多种多样的表现形式，如发散思维、逆向思维以及另类思维等。创意不仅可以造就项目的差异化，而且也可以为项目提供一套连续性的运作思路，最终创造可持续的附加价值。也就是说，有效创意的本质就是在功能价值之外提供更高的由文化内涵衍生出来的附加价值，从而大大提升项目的整体价值。

在创意要求下，文化企业需要做的，不是比照现有的产业最佳实践，而是改变产业格局，重新设定游戏规则；不是瞄准现有市场中的“高端”或“低端”的顾客，而是面向代表着潜在需求的买方大众；不是一味地通过细分市场满足顾客的偏好，而是通过合并细分市场来整合需求。

文化产业项目的创意程度如何，可以从三个纬度进行考察：其一是看

① ［美］彼得·德鲁克：《管理的实践》，43页，北京，机械工业出版社，2006。

项目模式是否有创新之处，是否能满足大众的新鲜感；其二是看它的顾客体验如何，它的顾客愿不愿意再介绍给他的朋友；其三是品牌，一个项目能否形成品牌影响力，代表着它的生命力能否持续延续下去。

（三）以无摄有，整合项目资源

对项目来说，资源永远是稀缺的，如何实现资源合理配置始终是项目策划的重要课题。实际上，策划文化产业项目，关键不在于占有多少资源，而在于如何有效地整合资源，如何通过项目把人、财、物、信息、关系等在特定的时间和空间进行合理配置，使人尽其才、物尽其用、货畅其流、各得其所。整合是把一些零散的东西通过某种方式彼此衔接起来，从而实现项目系统的资源共享和协同，其精髓在于通过创意、知识产权、品牌等无形资产将零散的要素组合在一起，并最终形成一个有价值、有效率的整体。

要实现资源的整合，首先要对可利用的资源进行分类和评估。从具体形式上来说，资源可以分为自然资源、历史人文资源、概念资源、品牌资源、人力资源、物力资源、资金资源、土地资源、信息资源、关系资源等；从形态上划分，资源可以分为物质类的显形资源和品牌、知识产权、人力资源、关系资源等隐形资源。策划者需要明确各类资源的性质以及对实现项目的重要程度，对各类资源进行组合使用，实现资源之间的协同效应。其次，要围绕项目主题进行资源的整合，实现稀缺资源的有效利用和价值实现的最大化。第三，资源整合还要充分挖掘隐形资源。在大多数项目中，创意、独到的主题、关系资源、品牌等大都是隐性的，需要策划者去挖掘、提炼和创造。

（四）把握项目整体，系统制胜

任何项目都是一个系统，都是由各种相互关联的要素构成的不可分割的整体。这些要素不能脱离整体而单独存在，如果将要素从系统整体中割离出来，它将失去要素的作用。项目策划本身是一个系统工程，强调活动的系统性，因此，在策划中要注重发挥每一个要素的作用并分析每一个要素在整体中与其他要素的动态关系，使项目整体目标得以优化。

项目系统还是有层次的。对不同层次的系统，有不同层次的策划，而不同层次之间也要体现整体性。在考虑制定下一个层次的策划时，就应该同上一个层次的战略要求相符合，而不能相背离或割裂。项目策划体现项目自身的系统性，应做到：其一，注意研究宏观发展趋势，由此确定项目的整体定位，局部服从整体，以整体带动局部；其二，立足眼前，放眼未来，合理处理项目愿景、中期目标和近期目标的关系，充分考虑项目近期效益和长远利益之间的平衡。

现代文化产业项目的影响因素越来越多，项目策划的整体系统性显得越发重要。现代文化产业项目策划需要吸取系统论的基本思想，把项目作为一个系统工程，强调整个项目策划的有机性、组织性、有序性和反馈特征等。

（五）实现项目文化、科技的融合

在现代社会，文化产业项目要靠科技创新和文化创新“双轮驱动”，文化内容的传播离不开科技的支撑，每一次科技革命都会引起文化生产方式的深刻变革、文化生产力的空前发展。文化和科技的融合，大大增强文化内容的表现力、感染力和传播力，大大促进文化产业新业态和新项目的发展。

当今时代，与文化创意内容相匹配的数字技术、网络技术以及新媒体技术，已经被广泛应用到文化内容的传播中，变成了实实在在的项目，比如依托数字技术的发展，2010 年上海世博会被成功地“复刻”到网络上，实现了世博历史上首创的“网上世博会”。通过文化和科技融合发展，增强文化产业项目的竞争力，已成为国家政策、企业战略规划的重要依托点。各地纷纷成立文化和科技融合示范区，对文化和科技融合项目进行扶持。如 2013 年，北京市海淀区共支持文化和科技融合专项项目 66 项，支持资金 4860 万元；引导社会资本投入，推进形成了两支基金，总额达 3.5 亿元；发布实施了《海淀区文化科技园区及孵化器认定和管理办法》，认定了首批 12 家文化科技园区及孵化器；打造创意经济孵化转化平台，形成虚拟科技园区“1 园 N 平台”建设方案；推动建立互联网电视、工业创意设计、网络教育等产业联盟。①

（六）形成项目的核心竞争力

成功的文化产业项目策划应该能使项目获得一个非常明显的竞争优势。要获得项目的竞争优势，项目策划就要着眼于项目核心竞争力的考量。项目核心竞争力，即项目相较于竞争者而言所具备的能够长期获得竞争优势的能力，这种能力能够经得起时间考验、具有延展性，并且是竞争对手难以模仿的。现代项目的核心竞争力是以顾客体验价值为导向的文化

① 海淀文化创意收入超 4000 亿元，参见 http：// www.zgsxzs.com/a/20140224/593594.html。2016/7/6.

创意能力、产业链扩展能力和战略整合能力共同作用所形成的合力。

文化产业项目核心竞争力最重要的就是为顾客创造体验价值。一个文化产业项目竞争力的强弱，关键取决于项目运作主体是否有能力不断开发出适合顾客需求的体验产品和服务，是否不断为顾客创造体验价值。

以顾客体验价值为导向的独特文化创意，形成文化产业项目的创意能力，这种创意能力的强弱直接决定了文化产业项目竞争力的强弱。在文化产业项目竞争力评估中，独特的文化创意、独有的文化资源、版权资源、专利技术、授权资源、渠道资源等都是重要的评估指标。

项目是否具备产业链扩展能力是考评文化产业项目核心竞争力的最基础要素之一。文化产业初始研发投入成本高，但复制、生产、传播、衍生开发等后续的价值延伸增值的成本却非常低，因此，产业链条越长，文化创意的无形价值的开发和利用越充分，项目的利润就越大，回馈反哺内容创意研发的力度越大，积极性越高，项目的核心竞争力就越强。产业链扩展能力可以通过反复地利用和共享某些文化创意，并通过生产过程的专业化、标准化和有效管理来降低生产成本，使特定的文化产品和服务的供给具有稳定性和营利性。

战略整合能力的高低也是文化产业项目核心竞争力强弱的考核要素之一。战略整合能力，既包括纵向的内容＋渠道＋衍生品的整合、文化与科技的融合，也包括横向的人力资源整合、资本整合、品牌整合、业务整合；既包括在文化产业内部各行业间的跨界整合，也包括对其他产业的渗透和延展。战略整合要着眼于文化产业项目的未来成长性，同时也要着眼于企业或组织整体价值的稳定提升。

第二节　文化产业项目计划

一、文化产业项目计划的概念

（一）文化产业项目计划的定义

文化产业项目计划，是指项目管理者根据项目策划方案和项目目标的要求，在项目预算范围内全面规划和设计整个项目，确定项目任务、安排项目进度、编制项目完成任务所需要的资源等。文化产业项目计划作为项目管理的重要阶段，在文化产业项目管理中起承上启下的作用，计划文件经批准后作为项目的工作指南，对整个项目的具体实施起指导作用。

文化产业项目的计划过程是一个系统工程，涉及文化产业项目实施的各个方面，既要把握各个阶段的主要任务和阶段衔接，又要细化到具体的活动任务。它不是一蹴而就的，而是一个由宏观到微观、由粗到细逐渐分解和细化的过程。比如，就文化产业项目的工作任务来说，一个文化产业项目计划一开始可能只告诉你要做哪几项工作（里程碑），后来逐渐告诉你每项工作有哪些活动（目标分解），然后再告诉你每项活动应该怎样去做（具体工作流程）。

（二）文化产业项目策划与计划的关系

文化产业项目策划是回答“为什么”和“做什么”的问题，而文化产业项目计划是在项目策划的基础上，对“怎么做”进行相对精心的设计和筹划，为项目实施和执行提供更为具体化的蓝本，因此，文化产业项目计划是项目策划的具体化。

文化产业项目计划是在文化产业项目策划的基础上，具体确定解决问题的有效方案、措施和手段的过程。项目计划必须从现实出发思考、谋划，进而确定和安排实现项目目标所必需的各种活动和工作成果。因此，文化产业项目策划和计划的侧重点不一样。策划重点在于预测未来，提出创意，无中生有，确定欲达到的目标，估计会碰到的问题，运用现代科学方法，寻求实现一定目标的最佳方案的创造性的思维活动，更多地表现为战略决策；而计划重点在于在已有策划的基础上，在目标、条件、战略和任务等都已明确的情况下，为即将进行的活动提供一种可具体操作的指导性方案。

虽然文化产业项目策划和计划工作各有侧重，任务有别，但它们又是一脉相承、思路统一的贯通体，计划以策划为基础，计划很大程度上只是策划的最终结果。

二、文化产业项目计划的特点

（一）目的性。任何文化产业项目都有一个或几个确定的目标，以实现特定的功能、作用和任务，而任何项目计划的制定正是围绕项目目标的实现展开的。在制定计划时，首先必须分析目标，弄清任务，因此文化产业项目计划具有目的性。

（二）系统性。文化产业项目计划本身是一个系统，由一系列子计划组成，各个子计划不是孤立存在的，彼此之间相对独立又紧密相关. 从而使制定出的项目计划也具有系统的目的性、相关性、层次性、适应性、整体性等基本特征，使项目计划形成有机协调的整体。

（三）经济性。文化产业项目计划的目标不仅要求项目有较高的效率，而且要有较高的效益。所以在计划中必须提出多种方案进行优化分析。

（四）动态性。这是由文化产业项目的寿命周期所决定的。一个项目的寿命周期短则数月，长则数年，在这期间，项目环境常处于变化之中，使计划的实施会偏离项目基准计划，因此项目计划要随着环境和条件的变化而不断调整和修改，以保证完成项目目标，这就要求项目计划要有动态性，以适应不断变化的环境。

（五）相关性。文化产业项目计划是一个系统的整体，构成项目计划的任何子计划的变化都会影响到其他子计划的制定和执行，进而最终影响到项目计划的正常实施。制定项目计划要充分考虑各子计划间的相关性。

（六）职能性。文化产业项目计划的制定和实施不是以某个组织或部门内的机构设置为依据，也不是以自身的利益及要求为出发点，而是以文化产业项目和项目管理的总体及职能为出发点，涉及项目管理的各个部门和机构。

三、文化产业项目计划的内容

文化产业项目计划主要回答六个基本问题（4W+2H），即项目做什么（what），如何（how），谁去做（who）、何时做（when）、花费多少（how much）、在哪儿做（where），对这些问题的回答构成了一个完整的文化产业项目计划的内容，其中既包括宏观的战略性规划，如项目的意图、构想和使命、项目的环境分析等，也包括微观的、具体操作性的计划，这些计划主要包括以下几个方面的内容：

（一）项目范围计划

项目范围计划就是确定项目范围并编写项目说明书的过程。文化产业项目范围计划是在明确一个项目的制约因素和前提假设条件的基础上，确定一个文化产业项目所有必要的工作和活动的范围，并进一步明确该项目的项目目标和项目主要产出物或项目的可支付成果。

（二）项目工作计划

项目工作计划也叫项目实施计划，是围绕项目目标的最终实现而制定的实施方案，主要用来说明一个文化产业项目应如何进行组织实施，怎样用尽可能少的项目资源获得最佳的项目效益。项目工作计划具体包括项目工作细则、项目工作内容以及相应的措施等。项目工作计划最重要的工作就是项目工作的分解和排序，包括设计制定出项目分解结构图，并分析出项目各个工作单元之间的相互依赖关系等。

（三）项目资源计划

项目资源计划要明确的是一个文化产业项目的实施所需要的各种技术、信息、设备、材料的供应和采购安排等资源的来源、质量、数量、规格等具体的计划内容。在明确了项目所需资源后，要分析项目实施组织已有的资源，识别项目的缺少资源，制定从项目实施组织外部采购的产品和设备的计划，以满足项目实施所需的各种资源。

（四）项目人力资源计划

项目人力资源计划说明一个文化产业项目团队的构成以及项目组成成员应该承担的各项工作任务，包括项目人员的分阶段投入计划，以及投入人员必须具备的技能要求等，并制定出项目成员工作绩效的考核目标，构建起项目人员激励机制。

（五）项目进度计划

项目进度计划确定了一个文化产业项目各项工作内容的开展顺序、项目开始及完成的时间，以及项目各项工作直接的相互关系等。项目进度计划是进度控制和管理的依据。通过进度计划的编制，使项目实施形成一个有机整体。按照进度计划所包含的内容不同，可以分为总体进度计划和分进度计划、月进度计划和年度进度计划等，这些不同的进度计划构成了项目的进度计划系统。

（六）项目财务计划

项目费用计划确定完成一个文化产业项目所需要的成本和费用，并结合项目工作内容、人力、资源、进度等计划安排，给出描绘成本与时间关系的项目费用基准，同时，将项目费用基准作为度量和监控项目执行过程中项目费用支出的主要依据和标准，从而确保以最低的项目费用达成目标。文化产业项目中无形的文化资源要素成本，人力资源的创意成本等等，都应在费用计划中得以体现。

（七）项目质量计划

项目质量计划是为了达到并超过项目客户满意的期望而确定的一个文化产业项目的质量目标、质量标准，以及为实现该目标而编制的对设计、采购、项目实施和检验等质量环节的质量控制方案。

（八）项目变更计划

在项目实施过程中，计划与实际不符的情况时有发生，项目变更计划规定当一个文化产业项目实施中发生偏差时，处理项目变更的步骤、程序以及实施变更的具体准则等内容。

（九）项目风险计划

项目风险计划主要对一个文化产业项目实施过程中可能发生的各种不确定因素进行充分的估计，确定出项目风险管理所需要使用的相关工具和方法，包括项目风险的识别、项目风险的分析、项目风险的监控和项目风险的应对方法等，并为项目可能出现的某些意外情况制订出相应的项目应急行动方案等。

（十）项目支持计划

项目支持计划是对文化产业项目管理的支持性手段，包括了项目市场营销与传播推广计划、项目软件支持计划、项目培训支持计划、项目行政支持计划以及项目的文件管理和维护支持计划等内容。

以上计划的内容体现在文化产业项目市场营销、文化产业项目范围管理、文化产业项目组织与团队管理、文化产业项目进度管理、文化产业项目质量管理、文化产业项目财务管理、文化产业项目风险管理、文化产业项目收尾管理等各章节中，本章只是加以简单列举。

四、文化产业项目计划的意义

文化产业项目计划是文化产业项目所有活动的行动指南，使项目工作有了明确的项目目标和具体的项目步骤，可以协调项目组成员的行动，使项目工作有条不紊地进行。同时，文化产业项目计划又是项目工作进度和项目质量的考核标准，对项目组成员具有较强的约束和督促作用。

文化产业项目计划对于整个项目的意义体现在：

（一）文化产业项目计划有利于明确项目组成员的工作内容、责任范围和地位以及相应的职权，以便按照项目计划要求去指导和控制项目的各项工作，减少项目风险。

（二）文化产业项目计划可有效促进项目组成员之间，以及项目组成员与项目委托人和项目管理部门之间的交流与沟通，使项目各项工作协调一致，并通过协调、沟通，了解项目关键因素、解决项目关键问题，提高项目相关利益主体的满意度。

（三）文化产业项目计划使项目组成员明确了自己的奋斗目标、实现目标的方法和途径以及项目的期限，有利于确保项目以最短的时间、最低的成本及最少的其他资源需求，来实现项目目标。

（四）文化产业项目计划是进行项目分析、项目协商及记录项目范围变化的基础，是约定项目时间、人员和经费的基础，也为项目的跟踪控制过程提供一条基线，可用以衡量项目进度、计算各种偏差及决定项目预防或整改措施，便于对项目变化进行管理。

（五）文化产业项目计划可以把项目叙述性报告的需要减少到最低量，通过用图表的方式将计划与实际工作进行对照，使项目的实施、监控、评估等各项报告效果更好，也可以提供审计跟踪并把各种变化写入文件，提醒项目组成员及项目委托人应对这些项目变化。

五、文化产业项目计划书的编制

一般说来，文化产业项目计划书要在项目可行性研究报告、项目策划方案、项目立项建议书等报告的基础上，根据项目计划内容的编制程序进行编写。

文化产业项目计划书的编制工作会经历一系列的过程。文化产业项目计划阶段的各项核心工作之间具有进度上的程序性和内容上的关联性，如图 5—1 所示。

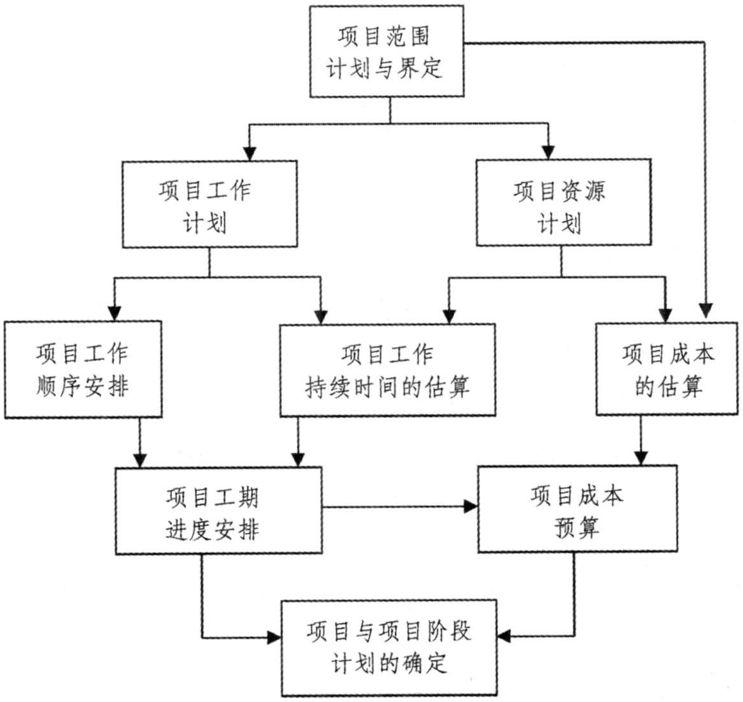

图 5—1　文化产业项目设计与计划工作程序

资料来源：金青梅主编：《文化产业项目管理》，75 页，西安交通大学出版社，2011。

如上图所示，文化产业项目计划书的编制过程遵循以下程序：

（一）项目范围的计划和界定

文化产业项目计划首先要说明和描述一个文化产业项目或项目阶段的具体工作范围，即定义项目的目标并进行项目目标分解，将一个大项目分解成为多个较小的、可实施和易管理的项目可作业部分。

（二）项目工作内容的确定和项目工作顺序的安排

在项目任务分解的基础上，文化产业项目计划应确定完成各个项目阶段所需开展的具体工作任务和活动，并明确项目各项活动间的顺序关系，安排相应的项目工作排序文件。

（三）项目各项工作持续时间的估算与计划的排定

文化产业项目计划应估算项目各项工作实施所需的时间，并在分析各项具体工作的顺序关系、持续时间和所需各种资源的基础上，计划安排好各项工作的实施计划。

（四）项目资源的安排与项目成本估算

文化产业项目计划还需确定项目各项工作实施所需的资源种类和数量，包括人员、资金、设备、技术、原材料等资源，并估算完成项目各项工作所需成本和花费等。

（五）项目成本预算和项目集成计划的确定

依据以上文化产业项目计划工作给出的各项信息，进一步确定文化产业项目或项目阶段的总预算，以及项目各项具体工作的详细预算，并制定一个项目集成计划文件。

项目集成计划是根据项目设计要求和项目专项管理的要求而制定出来的一种综合性的计划，其主要作用是：作为唯一的项目可实施计划去指导整个项目的实施和控制，作为主要依据去协调项目各方面和各专项的计划与工作，协调和促进项目利益相关者之间的沟通和管理，提供项目绩效度量和项目控制的标准和基线。项目集成计划主要包括项目质量计划、项目组织计划、项目人员配备计划、项目沟通计划、项目风险计划、项目采购计划等。

1. 项目质量计划的制定。文化产业项目质量计划可以进一步确定文化产业项目或项目阶段工作有关的各项工作质量标准，并明确采用什么方法和开展哪些工作去满足这些项目质量标准。

2. 项目组织计划的制定。文化产业项目组织计划是计划、安排和确定一个项目组织或项目各阶段的团队组成、团队成员的角色、责权关系和组织结构的组织计划管理工作。

3. 项目人员配备计划的制定。文化产业项目人员配备计划是计划、获得和配备县民工或项目各阶段所需人力资源的工作，以及安排项目各成员和各项工作任务的具体配备等方面的计划工作。

4. 项目沟通计划的制定。文化产业项目沟通计划是要确定项目各个利益相关者在信息和沟通方面的需求和权力以及沟通方式等方面的工作。例如，哪些人需要什么信息和什么时候需要、何时提供、怎样给他们提供信息，等等。

5. 项目风险计划的制定。文化产业项目风险计划是分析和确定文化产业项目或项目各阶段可能面临的各种风险，评价项目或项目各阶段各种风险的变化和发展，以及项目各种风险之间的相互影响，全面评估项目和项目产出物可能出现的变化和可能的损失等，并在项目风险识别与分析的基础上，研究并给出能利用各种机遇、方法和手段去降低文化产业项目风险的措施，以及如何采用这些应对措施减少项目损失与失败威胁等方面的计划。

6. 项目采购计划的制定。文化产业项目采购计划是确定一个文化产业项目或项目各阶段需要采购什么样的商品和劳务，什么时候采购这些商品和劳务，以及为获得各种商品和劳务所需开展的具体采购工作（如：发现供应来源，开展询价和合同谈判等）的计划安排。

7. 形成文化产业项目计划的系统文档。文化产业项目计划的最后一项工作就是汇总以上项目计划的各项成果，并编制完成文化产业项目计划的系统文档。

六、文化产业项目计划书的格式

一个完整的文化产业项目计划书大致遵循以下格式进行编写：

文化产业项目计划书（以文化产业园区项目为例）

1.0 文化产业项目概要

1.1 项目要点

1.2 项目背景

1.3 项目核心竞争力

1.4 项目内容与特点

1.5 客户基础

1.6 市场机遇

1.7 项目投资价值

1.8 发展使命

1.9 成功关键

1.10 盈利目标

2.0 文化产业项目公司介绍

2.1 发起人介绍

2.2 项目公司与关联公司

2.3 公司组织结构

2.4（历史）财务经营状况

2.5 公司地理位置

2.6 公司发展战略

2.7 公司内部控制管理

3.0 文化产业园项目（产品与服务）介绍

3.1 项目内容与目标

3.2 项目开发思路

3.3 项目创新与差异化

3.4 项目核心竞争力或特点

3.5 项目开发资源（条件）状况

3.6 项目地理位置与背景

3.7 项目设备与设施

3.8 项目建设基本方案与内容

3.9 经营模式与盈利模式

3.10 项目进展

4.0 文化产业园市场分析

4.1 行业市场分析

4.2 行业准入与政策环境分析

4.3 市场容量分析

4.4 供需现状与预测

4.5 目标市场分析

4.6 销售渠道分析

4.7 竞争对手分析

5.0 文化产业园项目综合分析

5.1 优势分析
5.2 弱势分析
5.3 机会分析
5.4 威胁分析
5.5 SWOT 综合分析
6.0 文化产业园项目发展战略与实施计划
6.1 执行战略
6.2 竞争战略
6.3 市场营销战略
6.4 经销商培训与销售网络建设
6.5 公共关系与战略联盟
6.6 售后服务策略
6.7 战略合作伙伴
7.0 文化产业园项目管理与人员计划
7.1 项目公司组织结构
7.2 项目管理团队（管理层人员介绍或团队组建）
7.3 管理团队建设与完善
7.4 人员招聘与文化产业园计划
7.5 人员管理制度与激励机制
7.6 项目质量控制系统
7.7 项目成本控制管理
7.8 项目实施进度计划
8.0 风险分析与规避对策
8.1 文化产业园项目风险分析
8.2 文化产业园项目风险规避
9.0 投入估算与资金筹措
9.1 项目融资需求与贷款方式
9.2 项目资金使用计划
9.3 融资资金使用计划
9.4 资金合作方式及资金偿还保障
9.5 退出机制
10.0 文化产业园项目投资效益分析
10.1 财务分析基本假设

本章案例：

美团“猫眼”的核心竞争力

猫眼电影是美团旗下一家集媒体内容、在线购票、用户互动社交、电影衍生品销售等服务的一站式电影互联网平台。2015 年 6 月，猫眼电影覆盖影院超过 4000 家，这些影院的票房贡献占比超过 90%。目前，猫眼占网络购票 70%的市场份额，每三张电影票就有一张出自猫眼电影，是影迷下载量较多、使用率较高的电影应用软件。同时，猫眼电影为合作影院和电影制片发行方提供覆盖海量电影消费者的精准营销方案，助力影片票房。2015 年上半年，猫眼电影交易额达 60 亿，超过 2014 年全年。

2016 年 5 月 27 日，北京光线传媒股份有限公司发布公告，光线传媒与美团点评交叉持股，光线传媒通过旗下上海光线投资控股有限公司入股猫眼电影。

“猫眼”之所以能够在短时间内实现如此辉煌的成就，是因为其具有了比对手更强的核心竞争力。

1. 把握机遇，借势美团

电影线上O2O票务可分为团购和在线选座购票两种模式。电影票团购让用户享受了低价的电影体验，但实际上团购并没有直接获取电影票，只获取了电影票价。尽管在线选座票价较团购更高，但观众能在手机上完成一站式购票，全程几乎不需要人工参与，省时省力。尽管票价稍高，但在线选座已逐渐被越来越多的观众接受，特别是在智能手机和移动互联网高速发展的当下，在线选座与LBS业务相结合，移动购票成为不可逆转的趋势。这是用户消费习惯改变的结果。

美团较早地把握住了这一趋势，实现了高市场覆盖率。美团网一直深耕于电影团购业务，无论从商家、口碑还是用户，都为后来独立的猫眼电影打下基础。2013年美团电影正式改名为猫眼电影，为用户提供在线选座的服务。利用团购领域积累下来的市场优势，美团推出了“优惠+选座”的模式，在大力推广下，这种模式得到普及，受到广泛的认可。首先，猫眼电影、院线联合投入了近5000万推广资源以及补贴费用发起了《变形金刚4》的选座预售活动，随着《变形金刚4》以近20亿的票房收入成为年度票房冠军，此役使得在线选座的概念深入人心。随后，猫眼电影继续投入数次千万计算的推广资源与补贴费用，陆续推出了9.9元选座看《老男孩猛龙过江》《京城81号》《后会无期》的选座预售等活动，拓展市场的同时培养了观众在线选座的习惯。

2. 独立创新，拓展线下

猫眼电影作为连接电影和观众的连接器，线上体验固然重要，但对比电影票的团购而言，选座、取票等功能需要更强大的线下支持。作为垂直于美团团购业务的猫眼电影，尽管母体美团网的线下能力突出，但沿用原有团队将面临体系和资源的协调问题，反而成为快速推广和创新的限制。因此，猫眼电影自立项开始便设立了一个独立团队，团队采用新的人员配比，进行破坏式的创新。

由于新团队没有电影行业经验，猫眼电影的推广之路面临着比团购业务推广更多的挑战。这些挑战包括必须与国家售票系统签协议才能推进院线、电影院的合作，需要斥资几百万在线下投入取票机，还需随时维护。电影售票看似标准化的业务，但它若更深入地与线下相连，售票系统、影院随时会出现各种问题亟待解决，而猫眼电影庞大的用户数目使每个小问题被不断放大。由此，与目前大多数在线售票网站着眼于线上、抢占用户不同，猫眼大大增加线下员工人数，更依赖美团团购体系的优势，为猫眼电影优质的线下服务提供巨大支持。

猫眼电影线下工作的复杂性与团购吃喝玩乐非标准化的服务是相似的，每类商户、每家商户、每家影院都有不同的服务诉求，都面临着巨大的销售难度。美团COO于嘉伟曾提出“地推三板斧”：在硬件上，改变组织结构，推出大区制；在软件上，确立销售管理制度；执行“狂拜访、狂上单”的业务策略。美团的线下团队帮助美团从千团大战中脱颖而出，其全国覆盖面极高的线下人员和站点，对影院取机票的维护、应急情况处理上提供便利。尽管猫眼电影的推广人员从美团内部独立，但企业的管理制度、价值观没有改变，团队工作热情与激情有增无减。美团网“消费者第一、商家第二”的价值观指导猫眼团队终破障碍，不断提升服务质量，一切以用户体验为中心。

3. 电商+媒体+数据平台

猫眼电影的竞争力还体现在成功聚合电影消费者，形成了用户资源优势。美团充分利用这一优势，在猫眼内部构建了媒体和社区平台，电影消费用户的数据沉淀更成为一笔巨大的财富。

猫眼电影根植于美团网这个电商平台，其用户都是抱着消费的心理去的，是电影的直接消费者，可谓具有“先天优势”，而最早涉足在线选座的网站豆瓣网、时光网，基于信息为连接，所聚合的都是电影爱好者、电影评论人，他们并不一定会买票进电影院看电影。

基于电影消费者，猫眼电影除了提供团购、在线选座的服务，更打造一个电影服务的一站式平台。它围绕电影提供影讯、排期表、影院信息，形成了媒体平台，满足用户便捷的信息需求；同时设立电影评分体系，标记“想看”功能、设立电影线上社区，并定期举行线上和线下的优惠活动，打造了电影O2O社区，以留住用户，培养用户黏性。

通过“先天”和“后天”的打造，“猫眼”上聚集的用户既能够获取信息，又能反馈信息，将用户的反馈和用户使用留下的数据聚合后，汇聚为一个强大的数据平台，能够影响电影产业链上端。观影数据资源已成为“猫眼”与微信、淘宝等互联网电影票产品竞争的核心竞争力，能够为影片制片人和投资人提供有效的大数据参考，为合作影院和制片发行方提供覆盖海量电影消费者的精准营销方案。

4. 引领互联网发行大潮

在数据积累基础上，猫眼电影进一步提高主动性，更深度地介入电影产业链，开展大规模的电影预售。《变形金刚 4》的预售+选座模式，使得在线选座变得热门，更让商家看到了电影票预售的市场。

而转型的真正节点为 2014 年国庆档《心花路放》的点映和预售抢票活动。作为《心花路放》唯一在线预售平台、联合出品方，猫眼电影对于电影的宣发有更大的话语权，更进一步介入电影产业链上游，参与票房分账。提前两周预售电影票，电影在上映前即创造了 1 亿元的预售票房，这在中国电影史上是前所未有的。此外，"猫眼"收集用户数据，更加精准地帮助片方分析和预测观众分布、营销效果，辅助片方节约成本，改善营销效果。《心花路放》同猫眼电影前后一共合作了 3 次点映，每一次点映结束都对数据进行分析，使片方从数据分析中获得大量信息。

猫眼电影与《心花路放》的成功合作成为电影行业的里程碑，引领了互联网发行大潮。在此之后，电影预售、抢票、选座的方式受到了越来越多制片厂的青睐，一时间格瓦拉、微信电影、淘宝电影票等同类的售票平台也纷纷与各个影片合作发起了电影预售，预售时间也越来越长。在《心花路放》之后，猫眼电影也受到更多片源深度合作的邀请，这也要求猫眼对电影进行筛选。

票房预售制的成功尝试使得猫眼电影抢占了电影发行公司和电影院售票的市场，而联合出品方的身份则使猫眼电影向电影产业链上游迈出一大步，直接参与票房分账。经此一役，猫眼电影已经具备了用户资源、数据资源，具备进一步参与电影发行和放映市场的能力。

资料来源：陈少峰、张立波、王建平主编：《中国文化企业品牌案例》，北京，清华大学出版社，2015。(据《中国文化企业品牌案例》146—148 页相关内容和百度百科相关内容汇编而成)。

第六章　文化产业项目市场营销策划

文化产业项目的市场营销策划是文化产业项目策划的主要内容之一，市场营销策划的好坏关系到文化产业项目的市场盈利和发展前景。

第一节　文化市场与市场营销

一、文化市场的概念

广义上的文化市场指的是按价值规律进行文化产品和文化服务交换的场所，是文化艺术产品生产和消费的中介。改革开放后，我国的文化市场逐渐由计划经济体制转变为市场经济体制，文化与市场经济的结合极大地推动了文化事业和文化产业的发展，文化市场的规模也越来越大。

文化产业项目直接面对的文化市场可以大致分为分销市场和消费者市场。分销市场又称为分销渠道，是文化产品从生产者向消费者移动时直接或间接转移所有权所经过的途径，具体表现为文化商品的代理商和经销商等。消费者市场即购买文化产品和文化服务的消费群体组成的市场，是文化市场的主要市场。

二、文化市场的特殊性

文化产业项目产出物最终面对的是文化市场，要做好文化产业项目的市场营销，首先要了解和认识文化市场的特殊性。不同于其他市场的是，由于文化自身的意识形态属性，文化市场仍未完全脱离事业体制，在发展中受到较大程度的政府监管和政策导向的影响。

文化市场上流通的文化产品和文化服务也具有区别于其他商品的明显特性，首先文化产品和文化服务在一定范围内属于艺术创作的产物，承担文化艺术继承和延续的责任；其次文化产品和文化服务也是在市场上进行交易的商品，需要遵循市场规律，迎合消费者需求，实现经济价值；最后文化产品和文化服务具备一定的意识形态属性，是准公共产品，还需要关注其社会效益。

三、市场营销的概念

美国学者梅纳德（Maynard）和贝克曼（Reckman）1952年在其所著《市场营销原理》中将市场营销定义为：影响商品交换或所有权转移以及为商品实体分配服务的一切必要的企业活动。

1960年，美国市场营销协会（American Marketing Association，简称AMA），将市场营销定义为：把产品和劳务从生产者引导到消费者或用户所进行的企业活动。

1985年，美国市场营销协会定义委员会重新为市场营销下的定义为：市场营销是（个人和组织）对思想、产品和服务的构思、定价、促销和分销的计划和执行过程，以创造达到个人和组织的目标的交换。[①]

菲利普·科特勒指出，营销是个人和群体通过创造产品和价值，并同他人进行交换以获得所得所需的一种社会管理过程。营销的目的在于“产生满足个人和组织目标的交换”，外在表现主要为营销者针对市场展开经营和销售行为。

从市场营销中延伸出文化产业尤其是文化产业项目市场的营销概念为：文化产业项目市场营销指的是围绕文化产品或文化服务，以文化市场需求为导向所进行的经营销售活动。

第二节　文化产业项目目标市场选择战略

目标市场选择指的是在市场细分基础上，通过评估分析，选定一个或若干个消费群体作为目标市场，并相应地制定营销策略的管理过程。

一、目标市场的选择

目标市场选择需要经过三个步骤，分别是市场细分、市场选择和市场定位。

（一）文化市场的细分

---

① 胡正明：《市场营销学》，3页，济南，山东人民出版社，2005。

市场细分指的是根据一定标准将某类产品市场划分为若干个细分市场，在细分市场内部的消费者需求差异可以忽略，不同细分市场间的消费者需求有明显差异。在文化产业项目的开发阶段，对文化市场的细分有助于了解消费者对文化产品和文化服务的需求，从而更有针对性地提供产品或服务。

根据不同的分类依据可以将文化市场进行不同的细分，常用的细分依据有地理因素、经济因素、人文因素和心理因素等。本书主要介绍两种适用于文化市场的细分方法：

1. 潜在市场等级指数

PRIZM 是指美国克拉瑞塔斯市场研究公司开发的一套基于地理、人口统计因素分析的市场细分理论和工具。该公司根据邮编制定的潜在市场等级指数（Potential Rating Index by Zip Market），把美国所有的邮政编码分为 66 类，并按收入、家庭价值观和职业排序，从最富有的“贵族阶层”到最贫穷的“公共救济”群集。不同群集的居民在产品消费上表现出显著的差异。用潜在市场等级指数进行市场细分和市场描述，消费者的群体特征比传统的人口统计方式更为丰富，描述的内容涉及消费群体的文化教育背景、思想观点、社会价值观等精神层次，对文化消费市场的细分有重要的价值。

2. AIO 变量调查法

生活形态能反应一个人的活动（Activity）、兴趣（Interest）、意见（Opinion），是人们生活和使用时间、金钱的方式，是个性特点和价值观念的体现。从市场营销的角度来看，生活形态是文化、价值观、法律、资源等力量所造成的，消费者的购买行为反映出一个社会的生活形态。生活形态可以影响一个人的需求和态度，进而影响消费行为，消费的结果则会维持和加强消费者的生活形态。通过分析生活形态可以帮助文化产品的设计、开发和销售。

通过分析生活形态即 AIO 的变量进行消费者行为调查的方法称为 AIO 变量调查法。针对不同的市场，可以做出不同的 AIO 变量调查表，将消费者进行分类，以掌握消费者动态。表 6—1 是 AIO 变量调查方法示例。

（二）细分市场的分析

在对文化市场进行细分后，需要对不同的细分市场进行分析和选择，常见的市场分析的方法主要是态势分析法和市场吸引力分析法。

表 6—1 AIO 变量调查表

活动（Activities）	兴趣（Interest）	意见（Opinion）	人口统计变量（Demographics）
工作	家庭	他们自己	年龄
嗜好	家事	社会争论点	教育
社交	工作	政治	所得
度假	社区	商业	职业
娱乐活动	娱乐	经济	家庭大小
俱乐部会员	流行	教育	寓所
社区	食物	产品	地理
购物	媒体	未来	城市大小
运动	成就	文化	家庭生命周期

资料来源：1. James F. Engel Roger D. Blackwell Paul W. Miniard，1993，Consumer Behavior，pp371～372. 2. DavidL. Loudon/AlbertJ. DellaBitta，1993. Consumer Behavior-Conceptand Aplication，p61.

1. 态势分析法

态势分析法又称为 SWOT 分析法，用来分析文化产业项目自身的竞争优势（Strength）、劣势（Weakness）、机会（Opportunity）和威胁（Threats），从而全面认识项目自身，并将项目本身与所在的市场环境有机结合，从而更好地选择目标市场。

2. 市场吸引力分析法

市场吸引力是衡量细分市场的重要指标，反映出细分市场的市场潜力及其竞争环境状况。对细分市场吸引力分析的重点在于分析市场规模、市场增长潜力和竞争形势等因素，一般可用细分市场吸引力评估表对文化产业项目的细分市场进行比较和分析，如表 6—2。

表 6—2 细分市场吸引力评估

市场要素	权重	细分市场评估（得分 1～5）				
		细分市场 1	细分市场 2	细分市场 3	细分市场 4	细分市场 N
市场规模						
市场增长潜力						
竞争形势						
市场行业利润情况						
资产回报情况						

续表

市场要素	权重	细分市场评估（得分 1～5）				
		细分市场 1	细分市场 2	细分市场 3	细分市场 4	细分市场 N
进入市场难度						
公司竞争地位						
……						
市场吸引力评估总分						

（三）市场定位方法

进行市场分析和选择之后，需要根据自己的力量和目标顾客的要求为本项目在目标市场上确定位置，也即市场定位。市场定位需要研究和调查影响项目进行定位的因素，明确项目在目标市场上的竞争优势，并制定合适的定位战略。市场定位的方法主要有以下六种：

1. 压倒优势定位法

压倒优势定位法指的是向消费者提供无可争辩的竞争优势来建立市场领导地位的定位方法，例如迪士尼。

2. 特定功能定位法

特定功能定位法指的是通过突出项目产品或服务适应消费者需求的某些特有的功能来确定其市场位置的定位方法。

3. 产品形象定位法

产品形象定位法指的是将项目品牌的特点综合起来，使其象征某类人物或事物，从而让消费者接受并树立起难以磨灭的形象的定位方法。

4. 产品种类分离定位法

产品种类分离定位法指的是文化产业项目根据产品或服务的特性，将其从相近产品或服务种类中分类出来，以满足消费者对这一类产品需求，从而确立优势地位的定位方法。

5. 特殊时机或场合定位法

特殊时机或场合定位法指的是通过创新发现并开发产品来满足消费者的新需求，运用市场空位的特殊时机和特殊场合来进行定位的方法。

6. 质量—价格比较定位法

质量—价格比较定位法指的是将质量和价格分为高低两个档次，组合后产生低质高价、高质低价、低质低价和高质高价四种市场位置，通过确定项目产品或服务的市场位置来进行定位的方法。

市场定位并不是一成不变，而是随着消费者需求喜好和市场环境的变化动态发展，项目的市场定位也应随之不断的矫正。通过消费者对项目产品或品牌形象的公众调查，了解消费者的熟悉程度和喜好程度，从而适时转变市场定位，进一步迎合市场需求。

二、目标营销策略的制定

在确定目标市场并对项目进行市场定位后，需要决定采取何种战略进入目标市场。一般来说，目标营销策略主要有以下三种类型：

（一）无差异性目标营销策略

无差异性目标营销策略指的是在市场细分后，不考虑各子市场的特点而关注于市场共性，文化产业项目只推出单一产品，组成单一的市场营销组合，在一定程度上吸引尽可能多的消费者，满足尽可能多的消费需求的策略。无差异性目标营销策略适用于标准化和大规模生产的产品，对分销渠道也有一定的要求，否则将面临激烈的市场竞争，因此对于创意生产的文化产业项目来说有一定的限制。

（二）差异性目标营销策略

差异性目标营销策略指的是在市场细分的基础上选择几个子市场，有针对性地设计产品、渠道和策略以适应和满足各子市场的消费者需求，从而占领多个细分市场为企业的目标市场的策略。采用差异性目标营销策略的项目需要有一定的资金基础进行多样化生产，并有较高的技术水平和设计能力，以及高水平的项目营销管理人才。文化产业项目一般会采用差异性目标营销策略，针对不同的细分市场提供不同的文化产品或文化服务的组合。

（三）集中性目标营销策略

集中性目标营销策略又称为密集性目标营销策略，指的是文化产业项目以一个或少数几个相似的细分市场为目标市场，提升项目在目标市场占有率的策略。采取该策略有利于集中目标市场、降低成本、实现专业化生产、提升市场占有率并培育品牌。但采取集中性目标营销策略的市场风险较大，需要对市场进行全面彻底的调查，谨慎进行市场定位。

第三节　文化产业项目的产品策略

在明确细分市场和项目的定位后，文化产业项目需要确认提供什么样的文化产品或者文化服务来迎合细分市场、满足消费者的文化消费需求。

因此首要的是制定文化产业项目的产品策略，产品策略是市场营销组合的基础。

一、文化产品的概念与生命周期

产品指的是向市场提供的，供人们获取、使用或消费，从而满足人们某种欲望或需要的一切东西，包括有形物品、服务、人员、场所、组织、主意或者它们的组合。文化产品则是向文化市场提供的，满足人们文化需求的任何东西。文化产品是文化生产的成果，是通过物质承载特定精神内容的产品。产品整体的概念包含核心产品、形式产品和附加产品，示意图如下：

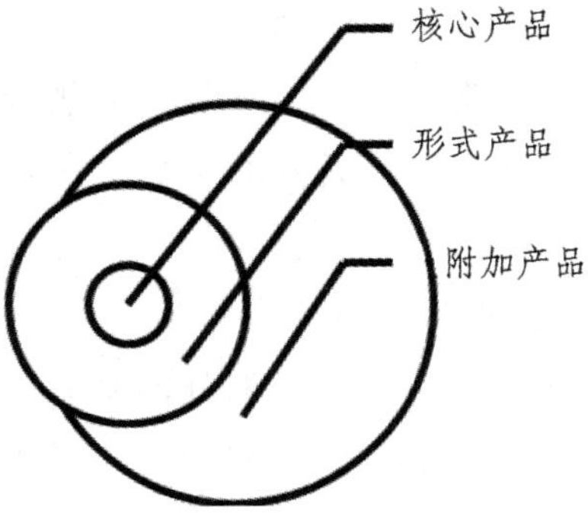

图 6—1　文化产品的概念图

1. 核心产品是文化产业项目所提供的最基本的产品，为消费者提供基本的使用价值。

2. 形式产品是核心产品借以实现的形式，即向市场提供的实体或劳务的外观，体现为质量水平、特征、式样、品牌和包装等。

3. 附加产品指的是消费者可以得到的附加服务或利益，包括信贷、免费送货和售后服务等。

一种文化产品在文化市场上的销售和盈利能力并不是固定的，而是有一定的波动和变化。这种变化称为产品生命周期（Product Life Cycle），又称为产品的市场寿命，体现了一种新产品从进入市场开始到被市场淘汰为止所经历的整个过程。一般来说，产品的生命周期可以分为四个阶段：导入期、成长期、成熟期和衰退期。以时间为横坐标，以销售额为纵坐标，则产品的生命周期表现为一条近似“S”的曲线。但文化产品具有普通产品不具备的特点，因此也会出现不规则的生命周期，一般有两种情况：一种是短期内迅速走后，但又短期价值耗尽的畅销性文化产品；另一种是生命周期长，不受时间限制，市场较为稳定的常销性文化产品。两种文化产品的生命周期分别如图 6—2 和图 6—3 所示。

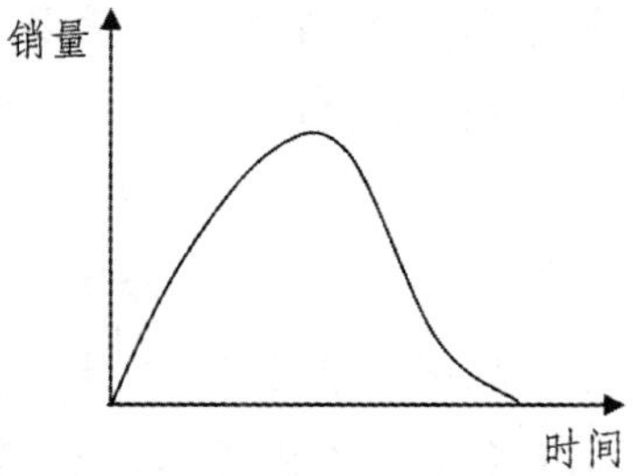

图 6—2　畅销性文化产品的生命周期

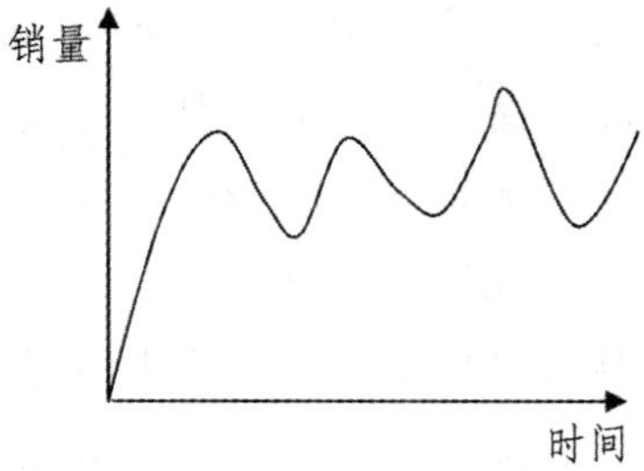

图 6—3　常销性文化产品的生命周期

对于文化产业项目来说，常销性的文化产品生命期长，销售和盈利较为稳定，通过产品生命周期管理可以将畅销性文化产品转换为常销性文化产品。延长文化产品的生命周期的策略应根据文化产品的特点进行设计，例如在产品进入成熟期后采用增加附加服务、扩大市场、推出延伸产品等策略。当文化产品不可避免的进入衰退期，项目组应根据产品的市场反应做出放弃产品或者自然淘汰的选择，及时降低风险减少损失。

二、产品质量策略

文化产品质量指的是在一定条件下能够满足市场上消费者需要的产品属性的总和，这也是文化产品在文化市场竞争中的核心。产品质量策略可以分为质量水平策略和质量管理策略两种。

（一）质量水平策略

质量水平策略指的是根据产品的市场定位和消费者需求，通过对文化产品的价值分析和成本估算对文化产品进入市场的最初质量水平进行确定。

（二）质量管理策略

质量管理策略指的是随着文化产品在市场上的发展，项目组需要决定如何管理产品质量的策略，包括提高质量策略、保持质量策略和降低质量策略。一般来说，文化产业项目需要提升文化产品的质量，但如果产品的原市场定位准确，市场需求稳定可以选择保持质量策略，而当产品的原质量定位不准确，高档次市场购买力不足或需要大幅度降低成本时可以选择降低质量策略。

三、产品品牌策略

文化产品的品牌可以分为品牌名称和品牌标志，包括构成产品识别的全部内容。良好的品牌可以促进文化产品的销售、体现项目和产品的特色。进行品牌决策时有不同的选择，可以选择不使用品牌，或者以企业、中间商的品牌为产品品牌。但对于重视知识产权的文化产业而言，文化产业项目更加重视品牌形象的树立和推广。

（一）品牌延伸策略

品牌延伸策略指的是将具有市场影响力的品牌延伸到另一类产品上，从而提升新产品的知名度，降低新产品进入市场的难度和成本，有利于消费者更好的认知和接受新产品。

（二）多重品牌策略

多重品牌策略指的是在同类产品中使用两种或两种以上的品牌的策略。首创多重品牌策略的是美国宝洁公司，例如飘柔、潘婷、海飞丝、伊卡璐、沙宣等多个洗发水品牌都是宝洁公司旗下的品牌。通过不同定位的品牌和内部竞争提升总体竞争力和市场占有率。

（三）品牌再定位策略

根据市场因素的变化和消费者的偏好对品牌进行重新定位，保持文化产品的市场吸引力。

四、产品服务策略

文化产业项目提高的不仅是文化产品，还有文化服务。产品文化服务以文化产品为基础，也有支持文化产品销售的附加服务，例如演出票务的免费快递服务等。从整体产品的概念出发，附加服务也是文化产品的一部分。这些服务可以分成售前服务、售中服务和售后服务。通过文化产品服务来提升产品市场营销效果的策略有：

（一）服务项目策略

服务项目策略指的是文化产业项目通过对消费者的调查，对消费者需要的服务项目进行排序，选择对消费者来说最重要的服务项目提供给消费者。通过提供消费者需要的服务项目，获得超越其他竞争者的优势。

（二）服务水平策略

一般来说，更高的服务水平会使消费者有更好的消费体验，从而更大程度上实现重复购买。但服务水平与文化产品的销售并不是线性关系，因此应根据消费者的需求和项目自身的条件，有选择性地着重提供部分高水平的附加服务。

五、产品组合策略

产品组合指的是文化产业项目生产或经营的全部产品线、产品项目的质的结构和量的比例。对于文化产品来说，产品组合策略即文化产业项目根据市场营销目标，对开发的文化产品在内容、形式等不同方面进行的最优组合决策。在选择产品组合时应考虑项目的资金实力、产品的发展潜力和盈利能力。常用的产品组合策略有以下几种：

（一）全线全面型组合策略

又称为全系列全面型组合策略，着眼于提供该市场上任何消费者所需要的一切产品。例如光线传媒在内容市场上提供了电视节目制作与发行，电影投资、制作、宣发，电视剧投资、发行，艺人经纪，新媒体互联网，游戏等覆盖全市场文化需求的产品。

（二）市场专业型组合策略

市场专业型组合策略是采用多种产品的组合来满足某个细分市场需求的策略。例如日本任天堂提供了包括家用游戏机和掌上游戏机等多终端的硬件开发以及多种游戏系列的设计和软件开发，全面覆盖了电子游戏市场。

（三）产品系列化策略

产品系列化策略包括产品系列专业型策略、产品系列集中型策略和特殊产品系列专业型策略。产品系列专业型策略的特点是生产某一类产品满足所有消费者的需求；产品系列集中型策略的特点是生产单一系列产品满足单一的市场需要；特殊产品系列专业型策略指的是利用项目优势生产特殊产品线上的几个产品项目来满足市场的特殊需求。

六、产业线延伸策略

产业线延伸策略就是文化产业项目把产业线延长，突破当前产品范围的策略。产业线延伸策略可以分为以下三种：

（一）向下延伸策略

文化产业项目可以通过开发延伸产品、进入市场拓展环节来向产业链下游延伸，进一步提升市场占有率。例如广东原创动力文化传播有限公司在成功创作了《喜羊羊与灰太狼》系列动画后进一步向产业链下游延伸，推出衍生玩具、少儿图书和教材等相关产品。

（二）向上延伸策略

文化产业项目通过向基础产业和基础开发环节延伸来获得产业链上游的市场，进一步掌握产品开发主动权。例如奥飞动漫于2010年收购嘉佳卡通卫视，从而从动画的制作进一步延伸到动画的发行播出渠道，逐步完成在动画产业的全产业的布局。

（三）双向延伸策略

双向延伸策略即文化产业项目通过同时向产业链的上游和下游进行延伸，掌握更多的市场资源和产品生产与销售的主动权，减少了市场环节间的阻碍，更有利于提升产品的市场竞争力，但同时对项目自身的实力和风险承担能力也有了更高的要求。

第四节　文化产业项目的竞争策略

文化产业项目的竞争策略是指导项目组开展市场竞争活动的策略，项目组需要根据市场竞争状况和项目自身的市场地位制定适合自己的竞争策略。文化产业项目可用的市场竞争策略包括价格竞争策略、产品差异化策略、优势经营策略和形象竞争策略。

一、价格竞争策略

价格竞争策略要求文化产业项目确定出符合项目发展目标，具有市场竞争力又被消费者接受的价格范围。在价格竞争中可用的策略包括以下几种：

（一）高价格竞争策略

高价格竞争策略指的是制定较高的产品价格或服务价格，以较短的时间回收成本，实现最大化利润的策略。高价格竞争策略有利于文化产业项目短期回收成本，但相对制约了市场。所以高价格竞争策略一般适用于供不应求并具有较高知名度的文化产品。

（二）低价格竞争策略

低价格竞争策略指的是制定较低的产品价格或服务价格，以较短的时间打开市场，提升销售量，提高市场占有率的策略。低价格竞争的优势在于薄利多销，有利于打开市场，但同时也有投资回收期长，利润受限的问题。低价格竞争策略虽然有效，但滋生了恶性价格竞争的现象，因此在市场经济的发展中逐步转变成低成本战略。

（三）低成本策略

低成本策略指的是通过降低产品成本来取得市场竞争优势的策略，是重要并常用的竞争策略。低成本策略有利于形成低成本—高利润的良性循环，更好地满足消费者的需求，提升企业的竞争力。但同时存在着一定的风险，例如产品滞销和成本增长的风险。实现低成本策略需要文化产业项目提升文化产品的生产效率，提高经营管理水平，开发利用先进技术。

二、产品差异化策略

产品差异化策略指的是通过创造出具有特性的文化产品，使之区别于其他同类产品来占领市场的策略。文化产品的差异性主要体现在其内容创造上，其次还可以通过不同的物质载体、创新的表现技术来与同类产品进行区分。

产品差异化策略首先可以缓和与竞争对手之间的直接冲突，也就是寻找市场中的“蓝海”；其次，具有差异化的文化产品可以吸引消费者的兴趣；再次，由于产品具有了差异化，那么对同类产品就失去了价格的可比性，由此可以提高价格增加盈利。但采用差异化策略同样具有一定的风险，例如造成成本的提高，产品的滞销和竞争者的模仿。

采用产品差异化策略对文化产业项目也有一定的要求，首先，项目组应具备一定的创新能力，具备较高水平的基础研究和技术开发的能力；其次，项目管理者应有一定的市场前瞻性和创造观念；再次，项目组需要有一定的资金基础和高技能的人才。所以在采取产品差异化策略时需要综合考虑项目的实力和差异化产品的盈利能力。

三、优势经营策略

优势经营策略指的是通过发挥文化产业项目自身的某些优势在竞争中获得一定优势的策略。文化产业项目在市场竞争中的优势可以体现在很多方面，包括资金优势、人才优势、技术优势、产品优势等项目规模优势，服务优势、信誉优势等项目管理水平优势。对于文化产业项目来说，短期内发挥项目规模优势对项目自身条件的要求较高，但可以通过提升项目管理水平优势来实施优势经营策略。

第一，发挥交货期优势，即提高市场反应的速度，及时开发新产品或更新旧产品，尽快投放市场、占领市场。在消费品市场上可以体现为春买夏用的提前趋势，在文化市场上主要体现为及时发现市场趋势，跟进社会潮流和热点，及时地开发具有热点性的文化产品。

第二，发挥服务优势，当文化产品的同质化日益明显，优质的服务变成为消费者做出消费决策的重要影响因素。文化产业项目可以通过及时解决消费者困难，提升服务水平，赢得更多消费者信赖，从而掌握市场竞争的优势。

第三，发挥信誉优势，即通过优质产品和良好服务赢得消费者的信任，从而提升市场竞争力。例如山东影视集团通过不断推出高质量、高水平的影视作品，近年来成为国产电视剧行业中“良心剧”的代表，赢得了观众的一致好评。

四、形象竞争策略

当前的市场竞争也不仅是产品的竞争和质量的竞争，更重要的是品牌和形象的竞争。形象竞争策略指的是通过塑造赢得社会公众与组织内部认同的形象来强化企业竞争力的策略。文化产业项目形象的塑造包括理念识别系统的塑造、行为识别系统的塑造和视觉识别系统的塑造三个方面。

理念识别系统（Mind Identity System，MIS）是形象竞争策略的核心，指的是项目组的精神和全体员工的共同理想，是项目的最终目标和境界，也是具有外部特征的主导思想和观念，是项目本身的“自我定位”。理念识别系统包括经营宗旨、企业文化、精神和风格、价值观念和境界等。

行为识别系统（Behavior Identity System，BIS）是项目组在其经营理念的指导下，形成的一系列经营活动，包括经营方针、目标和发展战略。

视觉识别系统（Visual Identity System，VIS）是在确立经营理念和战略目标的基础上，运用视觉传达设计的方法，根据宣传媒体的要求设计出系统的识别符号，以刻画个性、突出精神，在消费者和组织内部产生认同感。

形象竞争战略要求文化产业项目塑造规范化、标准化、统一化的三种识别系统，塑造个性的品牌形象。通过产品及服务的差别化，获得消费者的认可和接受，从而增强产品的市场竞争力。

第五节　文化产业项目的定价策略

文化产品的价格是市场营销组合的重要因素，与文化产品的市场需求量和利润相关。

一、文化产品定价的特殊性

文化产品不同于普通产品，承载一定的精神价值，因此文化产品的定价也具有一定的特殊性。

（一）文化产品的最终形态

文化产品的最终形态是由内容和载体两部分组成的，具有精神价值的内容无法独立于载体存在，而载体本身价值则低于文化产品所带有的精神消费的价值。例如一本书需要通过纸质或者电子阅读器来传递，一部电影需要通过数字影像载体和放映设备来播放。因此，文化产品的价格不仅包括内容的价值，也包括了承载内容的载体的价值。

（二）文化产业的内容价值和外部利益

文化产品的价值主要体现在精神价值和艺术价值，一方面来源于创意或作品本身体现出的思想，另一方面来自受众从文化产品中获得的精神满足。并且文化产品在一定程度上能够带来市场经济考虑不到的外部利益，对社会行为产生一定的影响，因此文化产品的价值难以进行量化。

（三）文化产品的共同消费特征

文化产品作为精神内容的生产，在开发创造的初次生产过程中消耗的成本巨大，但文化产品的复制和传播成本却相比来说非常低。一部电影的创作成本可以花费上亿元，但在互联网上进行拷贝和传播甚至是免费的。因此有研究者将文化产品的边际成本看作0。如果按照传统边际成本定价的方法来给文化产品进行定价，则无法回收文化产品创造过程的高昂成本，也无法继续再生产。

二、文化产品的定价目标

价格的制定和变化受到市场外部与组织内部的影响和制约，影响文化产品定价的因素既包括项目内部的营销目标、营销组合和成本，也包括项目外部的市场需求、竞争和其他环境因素。

文化产品的定价目标是项目制定价格策略的依据和出发点，主要有以下几种：

（一）利润目标

取得最大利润无疑是文化产业项目的最终目标，但同时也要求项目对文化产品的市场需求和边际成本有准确的预计，以及除价格之外的产品质量等变量保持不变，且微观经济市场对价格的变化不敏感。但在实际操作中，以上前提条件并不能满足，因此一般文化产业项目会选择最满意的利润目标为定价目标。满意利润目标即在项目组所能掌握的信息和最大程度准确的预测下，按照当前的成本水平所能实现的最佳利润。

（二）市场占有率目标

对于大众化的文化产品来说，利润率是随着市场占有率的提升而增加的，因此大部分文化产业项目也以提高文化产品的市场占有率为定价目标。市场占有率的提高能够排除市场竞争，提高文化产品的利润率。

（三）生存目标

如果市场对于某种文化产品的需求降低，造成成本回收困难，项目也需要根据自身生存的目标及时调整价格，使积压的文化产品能够销售出去。以生存为目标的文化产品价格的最低限就是变动成本，如果定价高于变动成本，则项目可以回收部分固定成本，继续生存下去。

三、文化产品的定价方法

文化产品的定价主要受到成本、市场需求和竞争状况的导向，根据不同的导向，定价方法也不同。对于文化产品来说，定价方法应综合不同的因素导向，采取多样的定价方法，尽可能考虑不同的影响因素。主要的定价方法有：

（一）成本导向定价法

成本导向定价法是应用最为普遍的定价方法，指的是在产品单位成本的基础上加上预期利润来作为产品销售价格。文化产品的成本主要体现为载体的成本，包括生产的固定成本、变动成本和产品的加成率。

文化产品的成本是每个单位产品上的固定成本和变动成本之和，固定成本包括文化产品的制作成本和流通成本等。而在文化产品的复制和再生产过程中，边际成本接近于零，文化产品可以通过边际成本加成定价法来进行定价，即以变动成本为基础进行定价，而不计算固定成本。通过变动成本计算定价，文化产品的价格则是单位产品的变动成本加预期的边际利润。

（二）需求导向定价法

需求导向定价法是根据消费者、消费时间、消费地点的不同而产生的消费者需求的变化和消费心理变化来进行文化产品定价的方法。主要分为以下两种：

1. 理解价值定价法

以消费者对文化产品价值的感觉和理解程度而不是产品的成本作为定

价的基础。这种定价方法的关键因素是文化消费者的价值观念，而不是文化产业项目的成本水平。

2. 需求差别定价法

又称为市场细分定价法，即根据消费者的需求强度不同给出不同的价格，以最大限度地适应消费者的需求。同样的文化产品可能在同一个市场有多个价格，因此采用需求差别定价法需要对市场进行细分，显示出不同的需求强度，并以符合法律的定价差异提供给不同程度的消费者。

需求导向定价方法的主要形式有：

1. 基于消费者的差异定价

针对不同的消费者给出不同的定价。例如一场话剧，同样的门票，成人票价要高于儿童票价；很多游乐园也针对成年人和儿童制定了不同的门票价格；面向消费需求高但消费水平低的学生群体，很多文化产品也给出了学生半价的差异定价。

2. 基于产品的差异定价

针对不同形式的文化产品给出不同的定价。对于文化产品来说，可能是文化产品的载体不同，也可能是艺术表现形式的不同。例如同样的电影，3D 版本、IMAX 版本的票价就比普通 2D 版本的价格要高。

3. 基于形象的差异定价

由于文化产品的特殊性，针对消费者对于文化产品的印象而给出不同的定价。例如同样的话剧由不同的演员来表演，话剧的门票价格也不同，知名度较高的演员来参演的话剧门票价格更高，消费者的消费需求也更高。

4. 基于地点的差异定价

针对不同的区域和地点给出不同的定价。例如同一场演唱会，内场的价格要比外场的价格更高，前排的价格也比后排的价格更高。不同消费需求和消费水平的观众则会根据自身情况选择不同位置和不同价格的门票。

5. 基于时间的差异定价

针对不同的时间给出不同的定价。例如，由于上午场观众较少，同样的电影在上午的票价比下午和晚上的票价要低。

四、文化产品的定价策略

（一）新产品定价策略

文化产品上市初期可以根据定价目标采用不同的新产品定价策略，包括：撇油定价策略、渗透定价策略和满意定价策略。

1. 撇油定价策略

撇油定价策略是一种高价格策略，以便短期内获得最大利润。适用该策略定价的文化产品缺乏市场弹性，价格对需求的影响较低。

2. 渗透定价策略

渗透定价策略是一种低价格策略，易于消费者接受并迅速提升市场占有率。适用于该策略定价的文化产品具有市场范围广、需求弹性大的特点。

3. 满意定价策略

满意定价策略是一种介于撇油定价策略与渗透定价策略的定价策略，以中间价格来扩大销售。

（二）心理定价策略

运用心理学原理，根据消费者购买心理来对文化产品进行定价，从而起到诱导消费的作用。心理定价策略包括：

1. 整数定价策略

整数定价策略即把文化产品的价格定成整数，适用于高档的文化产品。

2. 零头定价策略

零头定价策略即把文化产品的价格用零头结尾，而不是整数。这是一种准确细致的定价，给人价格较低的感觉。

3. 分级定价策略

分级定价策略即把不同等级的商品定为不同的价格，常见于演艺行业的票价。

4. 声望定价策略

声望定价策略即根据消费者对文化产品的信任心理而使用的定价策略。

（三）折扣定价策略

折扣定价策略是给予消费者部分价格优惠以吸引消费者购买。主要包括：

1. 现金折扣策略

现金折扣策略即给予提前付款和现金付款的消费者一定比例的价格优待。

2. 数量折扣策略

数量折扣策略即给予购买数量大的消费者一定的价格优待。

3. 心理折扣策略

心理折扣策略即把定价定得很高，然后宣传产品降价以促进购买。

（四）组合定价策略

组合定价策略指的是将一些相互关联、相互补充的文化产品，采取不同的定价策略，以迎合消费者的心理的定价策略。可以采用的组合定价策略包括：

1. 关联产品定价策略

关联产品定价策略即把关联产品分别给出不同的价格，价格之间的差额形成一定的阶梯。

2. 互补产品定价策略

互补产品定价策略即将组合中的基本产品定低价、配套产品定高价的定价策略。

3. 附带产品定价策略

附带产品指的是与基本产品密切关联但又可独立使用的产品，一般可以采取一高一低的定价策略来吸引消费需求不同的消费者。

第六节　文化产业项目的渠道策略

一、文化产业项目的主要渠道

销售渠道是指文化产品从生产者到消费者的流通过程中所经过的途径或通道，是连接生产与消费之间的“纽带”。通常由一系列相互依赖的组织和机构组成，如批发商、零售商、商业服务机构、交易市场等。

文化产品的主要流通渠道可以分为线上渠道和线下渠道、直接渠道和间接渠道、长渠道与短渠道、宽渠道与窄渠道等。

（一）直接渠道与间接渠道

直接渠道指的是文化产品的生产者在产品分销过程中不经过其他环节，自建销售渠道将文化产品销售给消费者的渠道。直接渠道可分为有推广和无推广两种。直接渠道的优势在于销售及时、减少成本、产生密切的产销关系，但同样也面临直面市场的矛盾和冲突。对于大型文化产业项目来说，自建销售渠道并将产销结合起来将有利于提升文化产品的市场占有率。例如湖南广播电视台改变了之前将节目的网络播放权售给其他互联网视频网站的方式，而是自己建立了芒果TV作为唯一的网络视频播放平台，独家提供湖南卫视所有栏目和电视剧的高清视频点播或直播，占据了直接渠道的优势。

间接渠道指的是文化产品的生产者通过中间商而不是自己来销售和发行产品。间接渠道的优势在于简化交易过程、促进产品销售、满足市场需求，而劣势在于增加了流通成本、削弱了生产者的控制力。间接渠道实际上是一种产销分离的组织方式，小型的文化产业项目通过间接渠道可以广泛的进行分销、促进分工和协作，节省项目资金。

（二）线上渠道和线下渠道

互联网的发展对产品分销渠道尤其是文化产品的分销渠道带来了巨大的改变。因此根据是否通过互联网渠道进行文化产品的流通，可以分为线上渠道和线下渠道两种。

线下渠道指的是非互联网渠道，是文化产品通过传统的面对面的方式进行传播、流通和交易。文化产品的传统的发行渠道都是线下渠道，尤其是出版行业，而在电影行业，曾经需要中国电影发行总公司将电影作品配送到各地的国营电影院，消费者才能看到电影。

线上渠道指的是互联网渠道，通过互联网来传播文化产品的渠道已经成为文化产品发行和流通的主要渠道。例如在电影行业，发展出网络院线特有的电影发行和收益模式，在出版行业发展出电子图书和电子杂志的传播模式以及网络图书商城。线上渠道与线下渠道的结合为文化产品的传播和交易提供了极大的便利。

（三）长渠道与短渠道

长渠道是指文化产品的分销过程中经过两个或以上的中间环节，短渠道指的是采用一个中间环节或直接销售。长渠道的优势在于有效覆盖市场，而劣势则表现为流通成本的增加和信息反馈减慢；短渠道的优势在于节约流通成本、缩短流通时间、信息反馈准确，而劣势则在于难以进行大范围的市场扩张。

（四）宽渠道与窄渠道

宽渠道是指在分销过程中使用较多同类中间商，较广分销面。窄渠道指的是在分销过程中使用较少同类中间商，分销面较窄。根据文化产业项目对中间商的选择可以有不同的类型：广泛性分销渠道，通过尽可能多的分销商来尽可能大的覆盖市场；选择性分销渠道，即有选择性和针对性地选择中间商来进行分销；专营性分销渠道，即在特定地区仅选择一家中间商销售文化产品。

不同的渠道并不是相互排斥的，文化产业项目应根据自身条件和市场目标合理地选择组合渠道，从而实现最佳分销效果。

二、文化产品的“扩窗”策略

“扩窗”来源于美国电影行业，原词为 Windowing，由好莱坞大制片厂首先在电影发行中采用，是一种序列化发行渠道策略。在电影行业，“扩窗”策略指的是突破传统的电影产品的销售和发行，跨媒介、跨行业的构建起包括电视、DVD、网络、手机等多种媒介在内的多窗口、序列化的电影发行渠道。① 目前美国电影的发行系统通过“扩窗”策略已经成为一个窗口众多、灵活多变的系统，表现为各个窗口按照从首轮影院、二轮影院、三轮影院或汽车影院、国外影院，到录像带、按次计费、付费电视、无线电视网、辛迪加电视，再到网络点播、手机点播等的顺序依次打开，每个窗口都会面向不同类型和层次的观众，综合起来，就构成电影的庞大消费群体。②

从电影产业扩展到文化产业，“扩窗”策略的应用越来越广泛，逐渐成为一种按照一定顺序依次开启各个渠道的策略。例如一本图书从纸质出版开始，再发行电子版图书，再进行版权的交易；一场演出从小范围公演到大范围公演再到巡演，最后推出网络点播。“扩窗”策略的优势在于充分利用不同渠道占据不同市场，拓展了文化产品的盈利方式。

第七节　文化产业项目的促销策略

一、文化产品促销策略的制定

促销即“促进销售”，是文化产业项目运用各种方式方法，向消费者传递产品或服务的信息，以激发消费者的消费欲望，促进消费的过程。促销的本质是与消费者之间的沟通。常用的促销策略包括人员推销、广告、

① 剑红、翁旸：《电影市场营销学》，315页，北京，中国电影出版社，2008。

② 何群：《文化产业管理学》，189页，北京，中国人民大学出版社，2016。

公共关系和营业推广四种。文化产业项目应根据文化产品的市场营销环境、产品的性质与生命周期以及促销的成本预算来选择合适的文化产品促销策略。

促销策略的制定充分考虑以上因素，并遵循一定的步骤和方法，如图6—4所示。

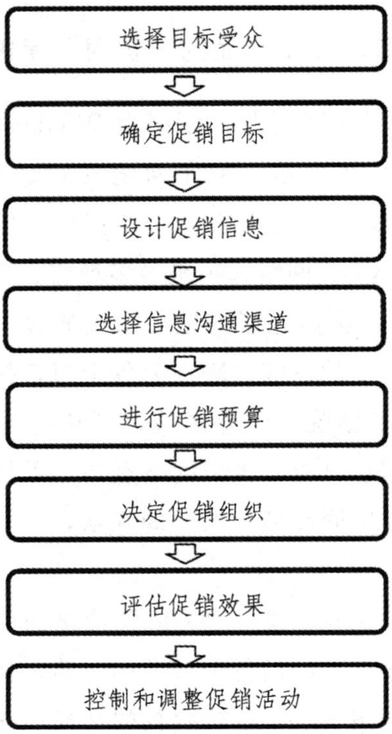

图6—4　促销策略制定流程图

二、文化产品人员促销策略

人员促销指的是通过派出推销人员以面谈的方式向目标消费者推荐产品以达到诱导购买目的的策略。人员促销的优势在于针对性强、灵活性强、实现了信息的双向传递，有助于文化产品市场的探寻和开拓，促进与消费者的信息沟通，直接提供售前服务，培养消费者的认可度。在采用人员促销策略时，需要对推销人员进行组织管理，包括推销人员的选拔、培训、使用、督导和考核。

三、文化产品广告策略

（一）广告的概念

广告即“广而告之”，广义上的广告指的是通过各种形式公开向公众传播广告主信息的宣传手段；狭义上的广告主要指的是商业广告，即以营利为目的，通过媒介向目标市场传递文化产品或服务信息的宣传活动。广告从本质上来看是一种单向的信息传播。

广告具有以下特点：传播目标对象明确、非个体传播、间接传播、传播速度快、范围广、具有可控性且受到媒介的影响。

广告的功能有：吸引消费者的注意、唤起消费者的兴趣、激发消费者的购买欲望、促成消费者的购买行为。

广告根据地点可以分为销售现场广告和非销售现场广告；根据传播时间可以分为时机性广告、短期性广告、长期性广告；根据表现形式可以分为印象性广告、说明性广告、情感诉说性广告；根据传播范围可以分为世界性广告、全国性广告、地区性广告。

广告策略的制定需要考虑广告目标、选择广告媒体、设计广告内容和安排广告时间，并在广告发布之后及时评估广告效果。

（二）文化产品硬性广告

对于文化产品来说，除了普遍的广告分类方法外，常用的广告分类方式则是硬性广告和软性广告。

硬性广告指的是直接介绍文化产业项目品牌或产品的广告。文化产业的不同行业采用的硬性广告的形式不同，主要是广告短片、海报、媒体发布等。例如在图书出版产业中，图书的硬性广告形式有书籍广告、书目宣传、媒介发布、陈列宣传、网络推广、作者签售等。而不同的广告形式有不同的投放范围，书籍广告可以投放到广播电视媒体、路牌、户外媒体等；书目宣传则是将图书目录提供给消费者查阅；媒介发布包括新闻发布会、记者招待会和新书首发会等，通过现场参与和新闻媒体传播的方式推广书籍；陈列宣传则用于实体书店中，包括橱窗和书架书台；网络推广则通过互联网多种平台来传播书籍信息，包括微信公众号、微博、门户网站等等；作者签售指的是作者在书店等公共场合为消费者签名，与消费者进行直接交流互动的活动。

硬性广告是文化产品的主要广告形式，覆盖线上和线下不同的渠道，具有针对性强、覆盖面广、传播效果明显的优势。

（三）文化产品软性广告

软性广告，又称为“软广”，是将文化产品的信息融合在一些媒体报道或文案中，达到隐性宣传的效果。软性广告是随着互联网媒体的迅速渗透逐渐发展的广告形式，主要手段有：软文、视频软广等。文化产品在促销过程中常见的软广策略有评介推荐和话题营销。

对文化产品的评价和介绍有利于文化产品的推广。一种评介是付费评论，主要介绍产品内容，突出其特点。例如名人对某一本图书的推介印在图书的腰封来吸引消费者的注意。受雇佣来为文化产品不断提供好评的互联网用户被称为“水军”，雇佣水军也是常见的软广方式。另一种评介则是自发的评论和推荐，盛行于自媒体，但根据评介的内容对文化产品促销的效果有好有坏。

话题营销是通过基于公众的话题点，通过媒介平台引爆话题的讨论，让文化产品或服务成为公众讨论的焦点，从而达到引发关注、促进销售的效果。话题营销的关键在于找到文化产品中具有传播潜力的话题点。设计好的话题可以是一种争议、一个社会热点、一个引发共鸣的经历等，以事件或明星来引发，通过各种新媒体平台，包括微信、微博、论坛等引发受众的话题讨论和积极参与，形成病毒式放射状的传播，从而极大地提高文化产品在受众面前的曝光率，促进产品的销售。

延伸阅读

《后会无期》的话题营销

用大数据分析进行电影的话题营销，就是结合热点或时事抛出可以引起广泛讨论的话题，让受众在热烈讨论的过程中，自觉或者不自觉地注意到电影，并最终促成消费行为。《后会无期》通过大数据分析，在恰当时间不断引爆话题，吸引持续关注。

最明显的一个例子就是韩寒对电影《后会无期》的主题曲《平凡之路》的发布，它的发布同时宣告了朴树的复出。这位知名歌手的一直沉寂，突然复出，这种话题营销取得了很好的效果。开展话题营销不仅能起到宣传电影的作用，还能了解其营销效果，并根据反馈，实时对营销策略进行调整。韩寒发布的这条微博成为当天讨论最多的一起网络事件，转发量最终突破 40 万，而这首歌也登上了当天虾米、腾讯网的音乐排行榜榜首。从电影立项至整个宣发期间，韩寒共发布 105 条相关微博，就话题方面，先后制造了不下 12 个新浪微博的热门话题，连续 6 周高居电影类话题第一，总曝光量达到 25 亿。

资料来源：李亢、安国山：《解读新媒体环境下基于大数据分析的电影营销——以电影〈后会无期〉为例》，《中国市场》，2014（52），20—21。有改动。

四、公共关系

（一）公共关系的概念

公共关系，又称为“公众关系”，简称“公关”。广义的公关指的是政府、企业或社会团体，为取得公众的信赖、理解与合作而采取的政策、服务和活动。狭义的公关则是对产品、形象和理念所做的系统营销，是通过传播媒介与社会公众保持良好关系，营造和谐的市场外部环境的活动。

公关的作用在于监察市场外部环境、搜集市场信息；与公众沟通，树立良好的形象；调解纠纷和矛盾，获取公众谅解。与之相对的公关有三类：例行公关、形象公关和危机公关。

（二）例行公关

例行公关指的是为文化产品及其相关产物所做的促销活动，目的在于积极主动地营造利于产品销售的外部环境，实现促销目标。主要的例行公关的工作包括：首先，与新闻媒体建立合作关系，即制定与媒体的合作计划，并将文化产品相关的具有新闻价值的信息通过媒体发布给公众；其次，进行文化产品的宣传和推广，组织或参加提高产品曝光率和关注度的活动；最后，加强项目组织内外的沟通和交流，包括与社会大众和政府相关部门建立和谐的常态化的联系，营造利于组织发展的外部环境。

（三）形象公关

形象公关指的是通过公关活动建立起良好的品牌形象，从而树立起消费者的信心。首先，必须明确品牌的形象，包括其具体内涵的形象目标；其次，确立形象标识系统；最后，最重要的则是将形象标识和内涵落实到公关活动中，采用不同的媒介方式传递品牌形象，包括建立主页、微博、公众号等多种新媒体平台，从而掌握形象传播的主动权，塑造良好的品牌形象。

（四）危机公关

危机公关指的是项目组织在遇到危机时为避免或减轻危机带来的损失，有组织有计划的制定和实施一系列管理措施和应对策略的工作。文化产品可能遇到的危机包括意识形态的危机，即触碰到与政治、宗教和民俗相关的红线；其次还可能遇到法律、法规的约束；常见的危机还有文化产品在开发或发行阶段遭遇丑闻，例如抄袭、主创人员的丑闻、口碑危机等。例如由于王学兵吸毒被捕，电影《一个勺子》因此遭到上映的延迟和票房的损失。危机公关组需要在危机发生前进行监控，在危机发生时及时反应，启动危机公关，控制损失。

（五）营业推广

营业推广指的是在特定的目标市场中，为迅速刺激需求和鼓励购买，运用短期诱因进行促销的方式。营业推广的目的在于通过有限的让利刺激潜在的消费者，改变潜在消费者的购买习惯，从而提升市场的占有率。常见的营业推广方式有：赠送样品、附送赠品、折价优惠、特价包装、以旧换新、抽奖和竞赛等等。

在推广文化产品中，由于文化产品的共同消费特征，因此营业推广的成本较低，效果也更好。例如电影院每周给出一整天半价优惠的场次；电子图书提供一定页数的免费试读；购买演唱会门票附送相关影院周边产品；戏剧演出的门票一次购买两张有一定的折扣优惠等等。可以说营业推广的方式最为灵活多变，在文化产品的促销中也是一种重要的策略。

本章案例：

解析《芈月传》的“互联网+”营销案例

在“互联网+”时代，缺乏新颖多样的营销手段会使文化产品淹没在互联网的信息洪流之中，而丰富多样的营销手段则能让文化产品锦上添花。古装剧《芈月传》就是一个典型的“互联网+”营销的成功案例。《芈月传》于2015年11月30日在北京卫视、东方卫视及乐视网全平台开播，和此前带来轰动的《甄嬛传》相比，虽然在故事背景和情节设计上有较大差异，但是在内容和形式、结构及造型上，《芈月传》延续了《甄嬛传》的大气与唯美，取得了更胜一筹的社会效果和市场效益。而投资制作和播出《芈月传》的乐视公司在其中功不可没。乐视在策划、制作、播出《芈月传》的过程中，采用了丰富多样的营销策略，结合传统的文化产品形式和新兴的互联网业态，充分利用“互联网+”的融合效应，收视率一路飘红，网络流量不断增长，也带动了相关产业的发展，让整个行业见识到了乐视生态化系统的巨大辐射力度。

一、《芈月传》的营销策略

在《芈月传》的营销过程中，乐视公司采用多阶段组合式营销宣传，根据不同阶段的特征采取与其相适应的营销手段，使得营销过程与该阶段的具体情况更加匹配，使整个营销活动的效率大幅提升。

1. 线下活动与线上活动相结合

乐视公司在策划、制作、播出《芈月传》的过程中，线上和线下众多活动密切联动，不断推热“芈月现象”。在播出之前，乐视公司于2015年10月中旬开启了“‘芈月’进校园，‘校花’‘校草’汉服大赛”的线下落地活动，借助近年来的“汉服热”，通过以汉服为代表的传统文化在校园中的渗透、覆盖，进而吸引更多人关注《芈月传》。在线上，乐视公司策划了多种相关主题大型访谈类节目，如《大师说造型》《芈月幕后》《一分钟看芈月》等。独家衍生节目有效拉近了电视剧与观众的距离，增强了观众黏合度，成为收视率的助燃剂。这些经过精心剪辑和包装的衍生内容，拥有超高的点击量和人气。例如，截至2015年12月4日，《〈芈月传〉独家幕后》的点击量就超过8000万；《极速看懂〈芈月传〉》的点击量超过1100万。同时还发布了《芈月传》片尾曲MV《伊人如梦》，借助于公众对中国风传统歌曲和MV的青睐，吸引公众眼球。

2. 多平台同步播放相关内容

在互联网和自媒体时代，乐视富有远见地建立并利用了从电视台到PC端，再到移动客户端的多层次立体式播出平台，也就是乐视网的“平台+内容+终端+应用”垂直生态体系，受众可以通过乐视网、乐视商城、乐视超级手机、乐视超级电视等多平台同步收看视频内容，并在不同客户端间随意切换。凭借这一“生态体系”的联合“发酵”，《芈月传》受到了不同层次受众的关注，极大地占有了受众市场。

同时，作为首播平台，乐视网也积极寻找合作播出平台，精心选择众多收视率极高、影响范围较广、频道定位与《芈月传》这一历史题材契合度较高的平台作为联合播出方，腾讯视频、北京卫视、东方卫视也都加入了首播阵营，扩大了《芈月传》的覆盖范围。

3. 充分利用IP运营

IP运营，即知识产权（Intellectual Property）运营，成为互联网时代商业运营的核心手段，它是根据作品的类型、特点和用户特征，有针对性地使用多种运营手段，如动画、游戏、舞台剧、网络剧、周边等多种形式，扩大核心产品影响力。当IP最终转化为影视作品时，由于已经通过前期市场的验证，投资风险就会降到非常低的水平；营销者可以充分收集并分析用户前期消费IP的所有数据和属性，并利用这些数据对目标市场进行精准的定位，同时为下一步的营销做充分的铺垫。

4. 联合众多广告赞助

乐视公司不仅利用《芈月传》的独家版权将自身的产品一炮打响，同时结合“超高的关注度”将《芈月传》的价值发挥到极致。由于乐视推动的“芈月营销”具有广泛影响力，吸引了众多的广告赞助商，例如，唯品会、加多宝、宝洁、露露、联合利华、倩碧、迪奥、怡宝、一汽大众、善存、海澜之家等数十家品牌确定了对《芈月传》的投放，总投放体量达数亿元。仅在乐视网《芈月传》95 秒的片头广告中，就包含了 SK—II、摩罗丹、飞利浦、唯品会、红星、纽崔莱、帮宝适、露露等多家品牌，这些广告收入给乐视公司带来了巨大的收益，在《芈月传》开播之前就已经收回了成本。

二、前期造势营销

《芈月传》的前期造势为其积累了超强的人气，并在开播之后迅速转化为收视率和点击率。

1. 利用“《甄嬛传》原班人马出品”对比宣传

《甄嬛传》的播出曾掀起中国电视剧收视的热潮，其精美的制作、对细节的追求以及演员优良的演技，不仅获得观众的好评如潮，更是将其一众演员捧红为一线明星，也使得该剧成为自带超高话题度的热门词汇。因此，“《芈月传》《甄嬛传》两剧由相同的班底打造”就成为一个极好的营销卖点。同样的古装题材、同样的后宫主题、相似的演出风格、大量相同的演出人员，在《芈月传》尚未播出之前，公众往往会将其与《甄嬛传》相比较，主创人员、导演、出品方也在各种场合经常拿两者作对比，主办方还多次强调“当发现有类似的情节设置时就会要求进行修改”，而这再次成为观众的另一关注点，导致公众对该剧越发期待。

2. 连续抛出话题，催热前期推广

在《芈月传》开播之前，乐视就凭借幕后花絮、预告、主题曲 MV 等众多衍生视频内容，开创多档相关节目，全方位立体式在乐视网、乐视超级手机、乐视超级电视等渠道推广，收获了近 2 亿的播放量。随后，通过盘点主演热门作品、分析网友意见、网络选秀与网友互动铺垫，使得该剧的关注量急剧上升，而《芈月传》创造的各种热点使“芈月新闻”长期占领主流的版面、广电媒体的黄金时段、网络媒体“推荐热点”的头条，以至于百度等诸多搜索引擎都为其提供主动搜索、标签置顶等服务。

同时，乐视也积极利用各种自媒体平台，在新浪微博发起多个热门话题，讨论演员、造型、情节，整整一年话题不断，引发全民参与。

3. 多次召开新闻发布会，吸引媒体报道

与传统的电视剧发布会不同，《芈月传》的发布会不仅次数多并且各具特色。第一次发布会时机选择在整个拍摄完成的时候，这次发布会不仅曝光了剧中服饰特色，发布了8分钟左右的宣传片，更为一直关注该剧的观众及广大粉丝揭开了第一层神秘的面纱。

第二轮发布会是在《芈月传》的播出前期，其深层次的效果在于为下一阶段的营销策略做好铺垫。经过一年左右的营销，《芈月传》的热度已经快要接近顶峰，但是营销内容的相似度较高又使得该剧的营销很难再上一个平台，所以在此时召开发布会并公布1小时左右的宣传片，为其之前较为“疲软”的营销状态注入了新的活力。其带来的新内容更是引发了新一轮的超高集中关注，成功使前一阶段的营销在高峰点收尾，见好就收，让观众意犹未尽，引发更多的期待，前后阶段的营销实现了完美衔接。

4. 利用主创人员的明星效应，深度参与推广

受关注度极高的明星自身所具有的宣传效应是不可忽略的重要资源，因为其一举一动不仅受到粉丝的关注，还受到各路媒体的瞩目。

5. 借力微博“大V”宣传，提升关注度

自媒体平台成为互联网营销的重要工具。《芈月传》在微博上联手科普类微博“@博物杂志”等一众具有超高关注度的微博运营大号，就“兵马俑到底是秦始皇的，还是宣太后的”这一悬疑，引入多方专家观点交锋，为《芈月传》造势。同时，《芈月传》相关的各类消息经多位微博“大V”的竞相转发之后，迅速在微博上引起广泛讨论，形成微博热议。

6. 发布超长片花，吸引观众眼球

作为大型史诗电视剧的《芈月传》，预告片作为高度浓缩的内容简介必不可少。该剧一共推出过三版长短不一的片花。三次预告片采用阶梯式的推出方法，时间由短到长，内容逐步扩展。这不仅避免了一次推出片花引发的视觉疲劳，更将整个电视剧营销分阶段地推上了一次又一次的高潮。不同长度的片花像是在观众面前逐步展开的一幅卷轴，一点点地将内容慢慢透露出来，一次又一次地点燃观众的热情，一次又一次地激发观众对于该剧的好奇心，最后一次更是该剧营销策略的点睛之笔，为之后的正片充分预热。

三、后期跟进营销

1. 主演广泛参加节目，提升关注度

在《芈月传》开播之际，各位主创人员纷纷参与到各类真人秀节目中，利用自身明星效应以及各种真人秀的娱乐性对该剧进行了广泛、有力的宣传。以该剧主演孙俪为例，为了宣传自己的新剧，孙俪先后参加了两档拥有较高收视率的真人秀：《金星秀》和《奔跑吧兄弟》。孙俪对这两档

节目的选择很有讲究。除去个人私下关系外，更重要的是这两档节目各具特色，时间选择也恰到好处。一个在该剧开播两个星期之后，另一个在该剧开播三个星期后播出。这两个时间点恰巧是一部长篇电视剧最需要对其相关内容加大宣传力度的时候，因为前期的宣传技巧和宣传方式在此时已经被过于频繁地使用，加之剧情无法快速推进到最为高潮的阶段，媒体的关注点较为缺乏，观众也对该剧容易产生“视觉疲劳”。而此时两档节目相隔一个星期播出就在两点分别造成新的媒体关注点，使得观众对该剧的疲劳感再次被新鲜感代替，从而缓解在步入整个剧的高潮阶段之前较为无聊的过程，使得该剧不至于由于缺乏相关曝光度而丧失舆论关注度。

2. 吸引媒体报道，占领媒体头条

在《芈月传》播出后，由于上一阶段大量宣传所形成的影响力，该剧在开播之初便引发了广大收视群体的超高关注，同时凭借其超高的收视率和影响力一度受到媒体广泛、频繁的报道。乐视公司更是借这股“东风”进行大量的后期宣传，不仅大篇幅对相关历史背景、剧中人物简介、主创人员从艺经历等进行全方位地宣传；同时联合大量媒体的头版头条作为新闻报道宣传的主要阵地，不断提供最新的信息，以公关软文出现，培养观众群体对于《芈月传》的习惯性关注；并且，抛出大量的话题引发网友的讨论。通过这些方式使《芈月传》受到更多新兴网络写手的主动关注，并主动以该剧为背景进行文章创作，例如《从〈芈月传〉中学习为人之道》《以〈芈月传〉为例学习职场晋升之术》《从〈芈月传〉看战国美食》……这样的网络文章无疑符合当下新一代年轻观众的阅读习惯。这样，无论是喜欢探究创作历史背景还是喜欢研究电视剧细节的观众，都可以在宣传报道中找到自己的兴趣点。至此，《芈月传》再也不仅仅是一部电视剧，更加成为一种可以加以使用的背景素材。通过这种方式不仅可以又一次将该剧推向热点行列，同时使相关报道也不再仅仅限于娱乐版面新闻，而是在各个版面都可以找到有关该剧的切入点，因此，该剧便在不同的版面被一次又一次地“顶”上头条。

3. 采用“刷屏”式营销，增强宣传力度

在宣传的第二阶段，乐视公司不再采用单一的新闻宣传模式，而是打出了一套“组合拳”，即高频度、大量地发布相关性较强的新闻。据笔者统计，某款新闻类的手机应用大约在 5 小时之内发布了 125 条“推荐热点”新闻，其中与《芈月传》直接相关的新闻大约出现了 25 条左右，每小时平均 5 条左右，也就是说，大概每 12 分钟有一条。这个数据意味着将近1/5被推送给手机客户端用户的热点新闻是可以被看出与《芈月传》有直接关系的，这个比例十分惊人。这样大批量、高频率的宣传意味着，不论该新闻手机应用客户端的用户是否关注过有关《芈月传》的新闻，在下载并使用该应用后，无论何时打开应用浏览新闻，都有机会与《芈月传》“相遇”（该新闻手机应用客户端每10分钟大约更新6条热点新闻）。有了这样大批量的新闻推送作为保障，《芈月传》的收视率与关注度必然会在同类电视剧中位居前列。

4. 采用双面传播，进行对比宣传

自《芈月传》播出后，来自各方的报道层出不穷，既有正面报道，也有一些属于负面宣传。这其中既有来自观众对于该剧的评价，也有一部分是公司特意为之。实际上，乐视公司采用的就是双面传播。双面传播是指对受教育程度较高的受众，提供所要了解事物双面乃至多面信息，以助于他们了解事件复杂性，从而对事物做出更加理性的判断。研究表明，一般来说，双面展示比单方面宣传更真实、可信，因此更具有说服力。这种宣传方式在《芈月传》的宣传上就表现为在该剧开播后，对于一些负面的宣传报道置之不理，甚至主动报道一些负面新闻，例如《〈芈月传〉历史课不及格》《〈芈月传〉服装、饰品“槽点”多多》等，这些宣传报道一方面增加了媒体对于《芈月传》的关注量，因为媒体需要对一些当下的流行热点进行报道，这取决于市场对于媒体的要求；另一方面，作为一部历史剧，做到完全还原当时历史情状是不可能的，而作为一部当下受到极大关注的热播剧，该剧已经播出必然会受到众多历史学家或相关资深人员的指正。所以，基于以上考量，借这些负面报道来推动观众对于该剧的关注正合时宜。

结语

经过乐视的多阶段、多层次、多维度的营销，《芈月传》的宣传效果显而易见，姑且不论在舆论当中引起的广泛热议及其引发的连锁反应，单从该剧及其周边视频播出量来看，《芈月传》早已是收视冠军。在《芈月传》开播之前，乐视网《芈月传》专题总点击量突破6亿人次，部分预热衍生节目在乐视各个终端上的播放总量就逼近2亿。开播之后，乐视客户端的点击播放量飘红，各类专题、衍生节目的点击量持续走高，《芈月传》最终也毫无悬念地成为年末档“剧王”。除了卫视之外，还有大量观众选择在乐视创造的“生态系统”中的各个客户端进行观看，如手机应用、平板应用、PC应用等。有数据表明，《芈月传》播出后，乐视客户端的累计点击播放量已超过11亿，如果将腾讯视频等联合播出的客户端点击播放量包含在内，《芈月传》累计播放量保守估计也逼近20亿。这应该是在《甄嬛传》之后，乐视公司创造的另一个电视剧收视传奇。

资料来源：刘晶、石婴：《解析〈芈月传〉的“互联网+”营销案例》，《媒介研究》，2016（05），有删改。

第七章 文化产业项目组织与团队管理

人总是依附于团队，团队依附于组织。对文化产业项目组织和项目团队的管理是文化产业项目管理的重要内容。现代文化产业项目已不仅仅是个体文化工作者的灵感和创作活动，而是更多地表现为一种集体的创作和互动的行为过程，是借由知识和社会文化传播所构成的产业发展形态以及社会运作方式的创新性文化活动，甚至是一种集群化、网络化的项目组织活动方式。任何一个文化产业项目的运作都是在一定的项目组织机构下进行的，这些组织机构小到个人工作室，大到企业集团或企业集群。文化产业项目组织与团队管理的根本目的就是要为文化产业项目创新活动提供组织方面的保障。文化产业项目组织结构的确定、项目团队建设和项目人力资源管理是文化产业组织和团队管理的核心问题。

第一节 文化产业项目组织管理

一、文化产业项目组织概述

（一）文化产业项目组织的概念

在现代社会生活中，组织是指人们为实现一定的目标，互相协作结合而成的集体或团体。文化产业项目组织是为完成文化产业项目而设立的组织，也被称为文化产业项目班子、文化产业项目管理班子、文化产业项目组等。文化产业项目组织的具体职责、组织结构、人员构成和人数配备等会因文化产业项目的性质、复杂程度、规模大小和持续时间长短等有所不同。文化产业项目组织可以是另外一个组织的下属单位或机构，也可以是单独的一个组织，其一般职责是文化产业项目规划、组织、指挥、协调和控制。组织的优劣和项目的成功与否关系密切，组织的一些因素，如政策、文化、结构和运作系统既能支持与促进项目管理，也可能妨碍有效的管理项目。因此，在开始一个项目之前，项目经理和团队必须对组织结构有清晰的了解，因为它与将要进行的项目和将要完成的目标息息相关。

（二）文化产业项目组织的特点

由于文化产业项目的类型和管理模式不同，所以项目的组织也存在多种形式，虽然不同的组织形式之间存在差异，但也具有一些共同的特点。

1. 文化产业项目组织具有临时性特征。因为任何项目都具有临时性或一次性，所以为完成项目目标而组建的项目组织也具有临时性。

2. 文化产业项目组织具有较强的沟通协调性。由于项目不是基于流程的活动，具有较高的不确定性和风险性，这就要求项目组织内部必须大力协作和充分沟通，发挥集体智慧，减少项目风险。

3. 文化产业项目组织具有跨职能部门的特点。文化产业项目涉及多个专业领域，项目组织内部需要多领域专业人员的协作和分工，其成员一般来自多个部门或单位，因此需要充分的横向协调。

4. 文化产业项目组织具有灵活性特征。项目组织通常没有明显的组织边界，项目组成员围绕共同的项目目标组合到一起，根据项目阶段性任务的完成情况人员构成会发生变化。另外，项目利益相关者之间的契约关系也决定了项目组织具有灵活、机动的用人机制和组织形式，以适应具有柔性生产特点的文化产业项目的需要。

（三）文化产业项目组织管理的内容

文化产业项目组织管理，就是根据文化产业项目的目标和任务，进行项目工作结构分解、确定项目组织形式、选择项目合适人员、进行项目责任和任务分配，并明确项目部门之间相互关系等的一系列管理工作。通过文化产业项目的组织管理，项目组织各部门及每位项目成员都会非常明确各自的项目任务分工、管理职能，即应该做什么、谁要对何种工作和结果负责等。

文化产业项目组织管理的具体内容包括：项目工作任务分解、项目组织规划、项目组织结构设计、项目部门划分、项目人员配备、项目责任和任务分配、项目团队建设、项目人力资源管理等。

文化产业项目组织管理工作的主要内容如图 7—1 所示。

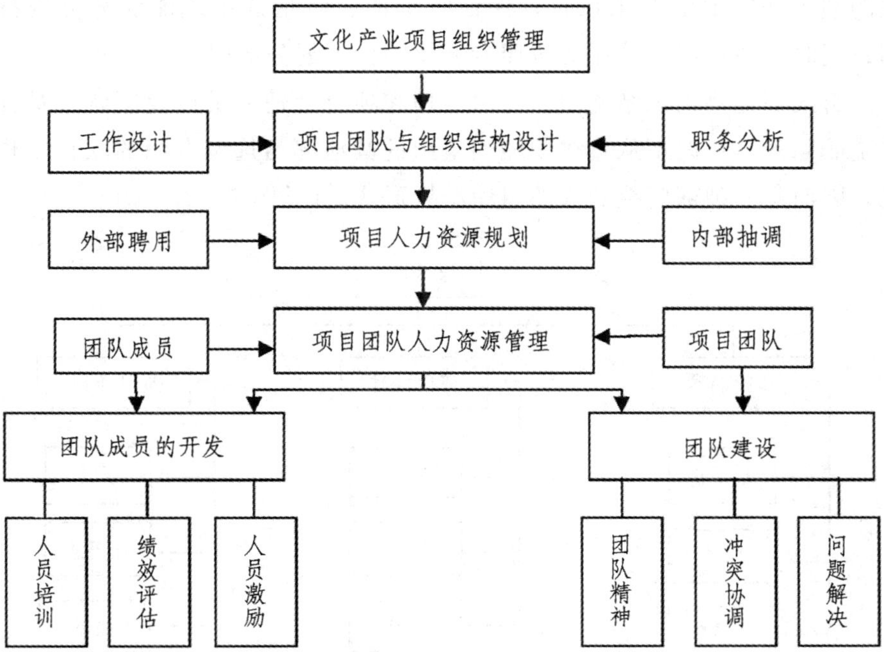

图 7—1 文化产业项目组织管理工作的主要内容

资料来源：金青梅主编：《文化产业项目管理》，94 页，西安，西安交通大学出版社，2011。

二、文化产业项目组织结构

一般而言，项目组织总是依附于企业组织内部，一些大型的项目会成立专门的项目组织并以公司的形式运作，因此，项目组织和企业组织两者之间息息相关。由于每个项目组织的使命、目标、资源条件和所处的环境不同，其组织结构也不同。文化产业项目组织，也同其他项目组织一样，其结构形式可以划分为四大类，即职能型、项目型、矩阵型和组合型，不同的项目组织结构适用于不同性质或规模的项目，有不同的职务和岗位设置，明确区分这些不同职务和岗位的责、权、利之间的相互关系是文化产业项目组织管理的主要内容之一。

（一）直线职能型组织结构

直线职能型组织结构的工作部门的设置是按专业职能和管理业务划分的，将从事相似活动的人组织在一起，形成一个个部门，如创意创作、研发设计、营销、生产、推广促销、财务等职能部门。每一部门对所管辖的专业负责，在职能范围内对直接或间接的下级部门都有指挥命令权。在这一组织结构中，每个项目组成员都有一个直接的上级，项目组成员接受上级的领导并向他汇报工作，以保证组织的直线指挥系统能够充分发挥作用；同时，项目组成员还要按照专业化的分工划分部门。

直线职能型组织结构中，项目经理和项目管理人员以及团队成员往往都是兼职的，一般不从直线职能型组织的其他部门选调专职的项目工作人员，因而是一种部门控制式的组织结构形式。（见图 7—2）

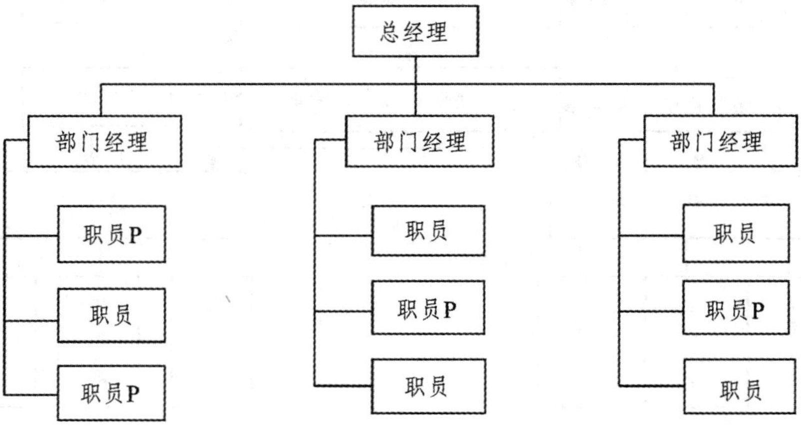

图 7—2　直线职能型组织结构示意图

注：图中带“P”的职员是被抽调到某项目组的职员（下同）。

直线职能型组织结构的优点如下：

1. 以职能部门作为承担项目任务的主体，分工明确，易于分层授权，便于统一指挥，纵向信息沟通也比较顺畅，可以充分发挥职能部门的资源集中优势，保障项目所需资源的供给和项目可交付成果的质量。

2. 职能部门内部人力资源，如创意专家和技术专家可以同时为不同项目所使用，有利于节约人力，减少人力资源的浪费。

3. 当有项目成员调离项目或离开公司，所属职能部门可以增派人员，保证项目业务和技术的连续性。

4. 项目成员可以将完成项目和完成本部门的职能工作融为一体，可以减少项目的临时性给项目成员带来的不确定性。

直线职能型组织结构的缺点也很明显，主要表现在：

1. 由于过于强化纵向信息沟通，组织的横向信息沟通不灵，当项目需要多个部门共同完成时，权利分割不利于各职能部门之间的沟通交流、团结协作。

2. 当项目需要多个职能部门共同完成，或者一个职能部门内部有多个项目需要完成时，资源的分配和平衡也会出现问题。

3. 项目成员在行政上仍隶属于各职能部门领导，项目经理的权利和权威性很小，有时头衔也只是简单地称为“项目协调人”，对项目成员没有完全的领导权。

直线职能型组织结构形式一般适用于专业性强、规模不大、不需涉及众多部门的文化产业项目和文化企业自我开发的业务性的项目，如影视文化产品开发、图书或游戏运营等，还适用于那些外部环境不确定性较低的企业，因为稳定的外部环境不需要企业快速地变革和响应。当环境状态可以预测的时候，职能型结构将运转良好，因为它强调效率。但职能型组织结构中的项目管理活动因为无法发挥优势，常常会出现很多问题，所以，尽管职能型组织结构在有些方面有利于项目管理，但从主要方面来看，如果想从项目管理中获得最大绩效，职能型组织结构并不理想。

（二）项目型组织结构

项目型组织结构是一种单目标的垂直组织方式。项目型组织结构通常是一种比较紧密和相对稳定的项目组织形式，每个项目团队都有专职的项目经理、项目管理人员、项目工作人员和少量临时抽调的项目工作人员组成，项目经理具有较大的责、权、利，可以从组织的各个部门获取项目所需的各种人力资源，项目组成员一般都具有一定的专长，他们在完成了一个项目后就会被分配到另一个项目组中。这种项目组织结构是一种能够有效开展多个一次性和独特性项目任务的组织结构形式，适用于运作周期较长的、独立性较强的中型或大型的会展、演艺、影视、园区运营等文化产业项目。（见图 7—3）

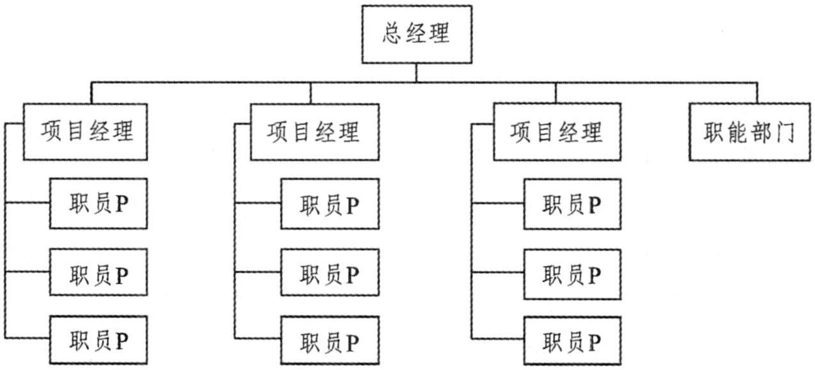

图 7—3 项目型组织结构示意图

项目型组织结构的优点有：

1. 项目型组织结构目标单一，完全以项目为中心安排工作，能够迅速、有效地对客户的要求和项目目标做出反应，有利于项目的顺利完成。

2. 项目经理对项目全权负责，可以根据项目需要调动项目组织的内部资源和外部资源。

3. 项目经理对项目成员有完全的领导权，项目成员只对项目经理负责，避免了职能型项目组织结构下项目成员处于多重领导、无所适从的局面，项目经理是项目的真正、唯一的领导。

4. 组织结构简单，项目成员直接属于同一个部门，权力被项目经理和项目团队掌握，成员彼此之间的沟通交流简捷、快速，提高了沟通效率，同时也加快了决策速度。

5. 这种组织形式促进了对项目管理骨干人员的培养，因为组织内运作的焦点是基于项目的，组织中的每个人将了解项目并为同一个目标努力，从而确保了组织拥有绝对充足的项目管理资源。

项目型组织结构的缺点表现在：

1. 不同的项目组织，资源不能共享，即使某个项目的专用资源闲置，通常也无法应用于另一个同时进行的项目，人员、设施、设备可能会重复配置，造成一定程度的资源浪费。

2. 公司里各个独立的项目型组织处于相对封闭的环境之中，公司的宏观政策、方针很难做到完全、真正的贯彻实施，有可能会影响公司的长远发展。

3. 在项目完成以后，项目型组织的使命即完成，项目成员有可能被解雇，对项目成员来说，缺乏一种事业上的连续性和安全感。

4. 公司承担的项目之间处于一种条块分割状态，项目之间缺乏信息交流。

（三）矩阵型组织结构

矩阵型组织结构内的工作部门分为两大类，一类按纵向设置，按照管理职能设立工作部门，实行专业化分工，对管理业务负责；另一类按横向设置，按照项目目标进行划分，建立对项目目标总体负责的工作部门，两者结合，形成一个矩阵。所以，矩阵型组织结构是在直线职能型组织的垂直层次上，叠加了项目型组织的水平结构，它是职能型组织和项目型组织的混合体，同时具有两者的特征。根据项目的需要，从不同的部门选择合适的人员组成一个项目组或项目团队。项目结束后，项目组或项目团队即解体，然后各个成员再回到各自原来的部门去。这种组织结构具有相对的灵活性，既可以用于规模较小、周期较短的文化产品开发项目，也可以用于规模较大、周期较长的文化产业运营项目。

矩阵型组织结构的优点表现在：1. 总体上以项目为中心，由专门的项目协调者负责整个项目。2. 公司的多个项目可以共享各个职能部门的资源。3. 既有利于项目目标的实现，也有利于公司目标方针的贯彻。4. 项目成员在事业稳定上的顾虑减少。

其缺点表现在：1. 容易引起职能经理和项目经理权力的冲突。2. 资源共享也能引起项目之间的冲突和争夺。3. 项目成员有多头领导，有时会出现无所适从的情况。

根据直线职能型组织和项目型组织的混合程度不同，矩阵型组织结构可以进一步划分为弱矩阵型组织结构、均衡矩阵型组织结构和强矩阵型组织结构。

1. 弱矩阵型组织结构

弱矩阵型组织结构与直线职能型组织结构相似，但有自己正式设立的项目团队，并且项目团队中的部分人员是专职从事项目工作的。弱矩阵型组织结构以职能部门的管理架构为主，以项目管理方式为辅，因此，职能部门是常设的、稳定的，而项目团队则根据项目特点从职能部门抽调人员临时搭建。虽然弱矩阵型组织结构的指挥序列和资源配置仍旧以职能部门为主，项目团队多数是临时的，项目经理和项目管理人员多数是兼职的，获得资源的权力和影响力也有限，但项目团队中部分人是专门从事项目工作的。（见图 7—4）

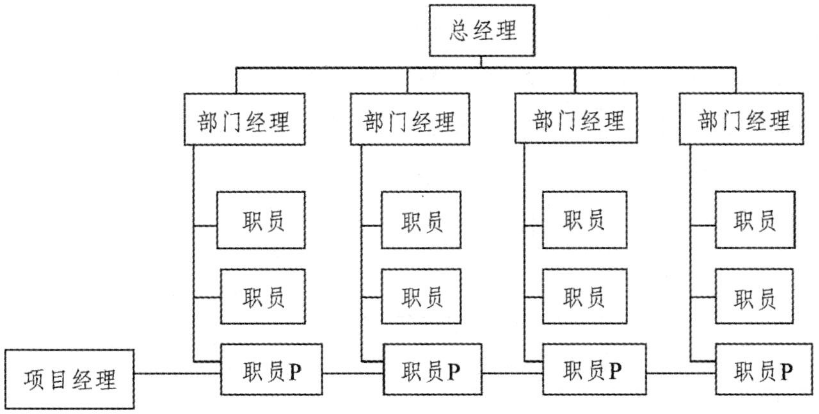

图 7—4　弱矩阵型组织结构示意图

2. 均衡矩阵型组织结构

均衡矩阵型组织结构是职能型组织结构和项目型组织结构相对均衡融合的一种组织结构形式，它兼有职能型组织结构和项目型组织结构的特性。均衡矩阵型组织结构中有正式设立的项目团队，而且项目团队中较大一部分人员是专职从事项目工作的。均衡矩阵型组织结构中的项目团队成员也有兼职的，项目经理可以是专职的，也可以是兼职的，他们的权力比直线职能型组织结构中的项目经理权力大，但是又比项目型组织结构中的项目经理权力小，获得资源的权力也是介于直线职能型和项目型组织结构之间。（见图 7—5）

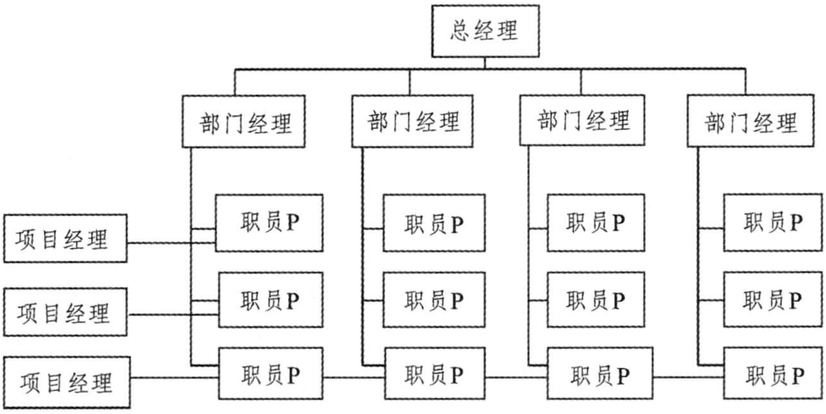

图 7—5　均衡矩阵型组织结构示意图

3. 强矩阵型组织结构

强矩阵型组织结构接近于项目型组织结构，它以项目型组织的扁平化管理架构为主体，职能部门只扮演二、三线的支持角色。强矩阵型组织结构的项目团队为常设组织，指挥序列和资源配置都以项目为中心，组织的主要资源都被投入到项目团队中。项目经理控制大多数项目活动与功能，包括任务分配和对项目资源的控制，并具有关键的决策权，尽管职能经理对从其部门抽调到项目团队的成员有一定的权力，但在大多数情况下他们都只是处于协商的地位。强矩阵型组织结构的团队成员，绝大多数是专职从事项目工作的，在一个项目结束后他们很快会被转到另一个项目。（见图 7—6）

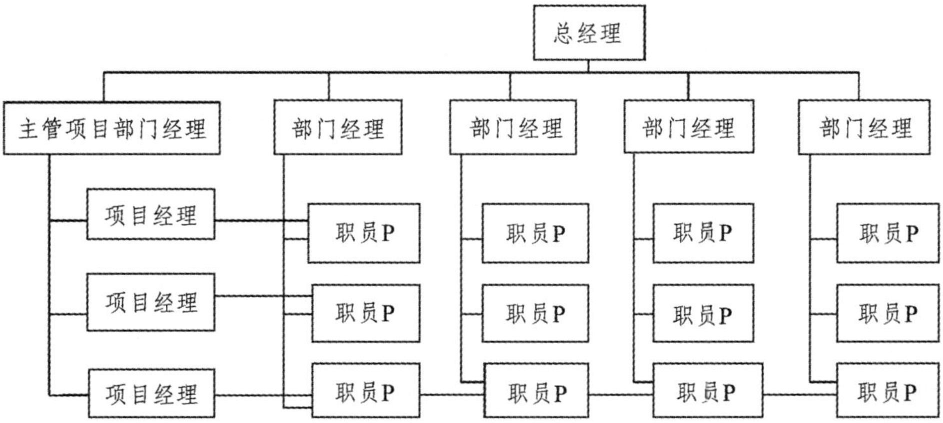

图 7—6　强矩阵型组织结构示意图

（四）组合型组织结构

组合型组织结构是一种将直线职能型组织结构、矩阵型组织结构和项目型组织结构全面组合的组织结构形式。这种组织结构既有各种直线职能部门，又有为完成各类项目而设置的矩阵型组织结构和项目型组织结构。从项目型组织结构的特性上说，这种组织结构有自己专门的项目队伍，项目队伍的设立有独立的管理规章制度，可以建立独立的报告和权力体系结构。组织的直线职能部门和项目部门与项目队伍还可以为完成一些特定的项目而按照矩阵型组织的方式去组织项目团队，在项目完成后项目团队的成员可以回到原有的职能部门或项目部门去。（见图 7—7）

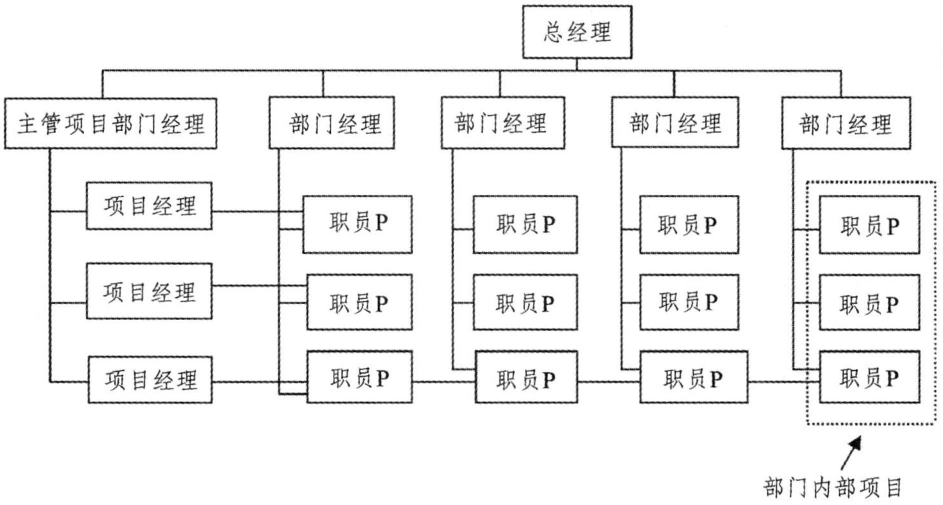

图 7—7　组合型组织结构示意图

三、文化产业项目组织结构的选择

综上所述，每种项目组织的结构都有其优缺点和适用条件（见表 7—1），不存在一种万能的、最佳的组织结构，但是，一般情况下，一个项目在某种组织结构中比在其他类型的组织结构中往往运行更平稳、更容易取得成功，因此，为项目选择最适合的项目组织结构是非常重要的工作。尤其是由于文化产业项目往往具有明显的不确定性和不可预知性，很多项目也没有历史经验可以借鉴，承担与参与文化产业项目的组织，究竟选择用什么样的组织结构来进行项目管理，是一项复杂的工作，需要综合考虑多方面的因素并根据项目的具体情况而定。具体来说，要考虑的因素主要有两大方面：一是要充分考虑组织自身的业务特点、发展规模、产权结构、人力资源素质和结构、市场环境和竞争对手、组织文化、项目管理的理念和能力等；二是充分分析组织和项目的内外因素，包括具体的项目目标、项目规模、项目专业领域、项目时限、项目资源与条件、项目的独特性等。

许多文化产业企业注重创新、注重以消费者为中心的市场开发活动，从而越来越青睐项目型组织结构，在这种组织结构中，可以更加灵活地适应消费者需求，项目经理拥有更多的权力以实现项目目标。

表 7—1 项目组织结构及其特征

项目组织结构类型	特征	优点	缺点	适用范围
直线职能型	项目成员往往来自同一职能部门	职能专一、关系简单、启动时间短	项目管理人员都是兼职的、权力小	项目规模小、专业面窄
项目型	按照项目划分部门，不存在职能部门	对客户需求反应迅速、有效，项目经理权力大	成本高	同时进行多个项目、项目类似
矩阵型	临时性的项目组织与永久性的职能部门同时存在，项目经理对项目结果负责，职能经理负责为项目提供所需资源	职能与任务结合充分利用资源促进交流和学习	双重领导、管理复杂	多项目企业、项目差别大、项目技术复杂
组合型	直线职能型、矩阵型和项目型组织的全面组合	有专门的项目队伍、管理规章制度和权力体系结构	管理工作复杂，成员间的合作要求高	大型项目、项目要求复杂

资料来源：金青梅主编：《文化产业项目管理》，98 页，西安，西安交通大学出版社，2011。

第二节 文化产业项目团队的组建与发展

现代项目管理理论认为，项目团队是由一组个体成员为实现一个具体项目的目标而组建的协同工作队伍。项目团队的根本使命是实现具体项目的目标并完成具体项目所确定的各项任务。项目团队是一种临时性的组织，一旦项目完成或者中止，项目团队的使命即告完成或终止，项目团队即告解散。高效的项目团队并不是偶然产生的，而是团队组建前后大量细致的工作的结果。文化产业项目团队具有一般项目团队的特征。

一、文化产业项目团队的概念

（一）文化产业项目团队的定义

文化产业项目团队，是由一组个体成员为实现一个具体文化产业项目目标而组建的协同工作、共同从事项目全部或部分工作的组织或群体。文化产业项目团队的根本使命，是要在项目经理的直接领导下，为实现项目目标、完成项目任务所确定的各项具体任务而共同努力、协调一致和科学高效地工作。文化产业项目团队建设需要考虑创意人才、研发人才、经纪人才、管理人才等的结构和比重，合理的团队成员组成才能保证项目目标的顺利实现。

（二）文化产业项目团队的特性

1. 目的性

组建项目团队的目的就是为了完成某个特定的项目任务，文化产业项目团队的根本使命就是要实现文化产业项目的既定目标，具有很强的目的性。它必须完成与既定项目目标相关的使命或任务，并以项目目标为导向形成项目团队具体的工作内容和工作程序。

2. 临时性

文化产业项目团队在完成特定的项目任务后，其使命即告终结，项目团队就可解散，项目成员回到原来的组织。当项目出现中止的情况时，项目团队的使命也会中止，此时项目团队或是解散，或是暂停工作，如果中止的项目获得解冻或重新开始时，项目团队也会重新开始工作。

3. 团队性

文化产业项目团队是按照团队作业的模式开展项目工作的，这种模式完全不同于日常运营组织中的作业模式，它强调团队精神和团队合作，要求项目团队以共同的价值观和共识作为项目成功的精神保障。

4. 开放性

文化产业项目团队具有开放性，团队成员并不一定同时进入或离开团队，有可能根据工作需要陆续进入或离开团队。项目团队成员的构成、数量和具体人选等也会随着项目的发展与变化而不断调整，具有一定的灵活性和开放性。

5. 双重领导性

文化产业项目团队成员往往来自于企业职能组织，既要受项目团队经理的领导，也要受原专业部门或职能部门的领导。不同的项目组织形式，职能领导和项目领导有着不同的职责权限。这种双重领导会使项目团队成员的发展受限，甚至会出现由于双重领导者的意见不同而导致团队成员无所适从。

（三）文化产业虚拟项目团队

文化产业虚拟项目团队是指一群跨越空间、跨越时区和组织边界的人们通过先进的通讯和信息技术，为了实现共同的目标而在有限的时间范围内协同工作的文化产业项目团队。

文化产业虚拟项目团队包括一个项目管理者和一定数量的团队成员。团队具有灵活的成员人数、清晰的边界、确定的消费者以及技术上必备的条件和输出。文化产业虚拟项目团队和传统项目团队具有许多相似之处。这些相似点包括一般结构、团队管理方法以及为了完成团队目标而选择的工作类型。这种虚拟项目团队具有更高的分散性特点。随着通信技术、计算机网络技术以及互联网技术的飞速发展，虚拟项目团队无处不在。在实际的运行过程中，存在着多种形式的虚拟项目组织，各个组织可以根据自身的条件和市场机遇，采取不同的虚拟项目组织形式。

二、文化产业项目团队的组建

文化产业项目团队的组建是指项目组织通过招聘或其他方式获得项目所需的人力资源，对其进行必要的培训，并根据他们的技能、素质、经验、知识等进行工作安排和配备，从而构建一个高效的项目组织或团队。

（一）项目团队成员配备计划

1. 团队成员配备计划的制定

团队成员配备计划是指按照项目目标分析和预测，在团队成员的数量上和质量上做出明确要求，说明何时和如何将项目所需人员调入或调离项目团队，项目团队成员应具备怎样的文化底蕴、文化创造力、专业素质和技能要求，该计划主要根据项目的实际工作需要进行制定，也要综合考虑项目执行组织的结构特点、任务关系、人员来源等制约性因素，其关键在于确保项目组织找到合适的人做合适的事。

2. 项目成员配备的原则

在对项目团队进行配备时，一般应遵循以下原则：

（1）为项目目标服务的原则。依照项目目标进行项目工作任务的分解，而后根据具体工作要求和职责确定项目团队成员的角色、数量、进出团队时间等等事项。为了使每项工作能够顺利进行，就必须将每项工作任务分配到具体的个人（或小组），明确不同的个人（或小组）在这项工作中的职责，而且每项工作只能有唯一的负责人。

（2）以岗定员的原则。为保证人员配备的效率，必须坚持以岗定员的原则，而不是以人定岗。根据项目工作任务确定岗位，根据岗位需求从组织各相关部门抽调人员或通过公开招聘招募项目成员。由于项目在不同阶段所需人力资源种类、数量不同，要安排较小比例的弹性工作人员，根据项目的需要加入或退出。

（3）适用原则。任何项目都受到一定的资源条件的制约，项目团队成员的配备也受到物质资源条件的限制，需要在既定投资总额的基础上确定。在现有条件下寻求较合理的团队成员组合，不可能也没必要全部追求一流人才，以实现投入产出效益的最大化。

（二）项目经理的挑选

对于一个成功的文化产业项目来说，文化产业项目经理发挥着举足轻重的作用，挑选一个合格的项目经理对文化产业项目来说至关重要。

项目经理的选择方式有：竞争招聘制、领导委任制、企业和客户协商决定。

（1）竞争招聘制。招聘范围可以面向公司内外，其程序是：由上级部门提出文化产业项目要求，征集候选人；候选人提交自荐资料以及文化产业项目的有关目标和计划文件；由上层管理者进行考核和选拔，择优选聘。这种方式的优点是可以充分发挥各方面的潜力，有利于人才的选拔和增强文化产业项目经理的竞争意识和责任心。

（2）领导委任制。由企业高层委任，范围一般限于公司内部。一般程序是：由企业高层领导提出人选或者由部门经理推荐；经企业人事部门听取各方面意见，进行资质考察；合格后经由公司领导委派。这种方式要求公司领导能够担当负责，并能知人善任。这种方式的优点是能坚持一定的客观标准和组织程序，听取各方面意见，有利于选出合格人才。

（3）企业和客户协商决定。这种方式的一般程序是：分别由企业内部和客户提出文化产业项目经理候选人，然后双方在协商的基础上加以确定。这种方式的优点是能够集中企业内外各方面的意见，可以更好地吸引客户，对文化产业项目经理也形成一定的约束机制。由于用户参与协商，一般对文化产业项目经理的要求比较高，一些企业外部文化产业项目多采用这种方式。

（三）项目团队成员的招募

项目团队成员可以根据全职与否划分为两种，一种是项目办公室成员（管理人员），另一种是项目职能成员。项目办公室成员（管理人员）一般为项目管理的全职工作人员，他们贯穿于项目进行的全过程，项目职能成员则是在项目的某些阶段进行参与，完成一些具体任务，也包括那些协调辅助人员。

在招募项目团队职能成员时，针对项目岗位职责，一般应考虑以下问题：一是人员从前的工作经验；二是成员个人的兴趣；三是招募的可能性。项目中有些人员是在项目成员配备计划前就明确下来了，但有些人员需要和原企业组织进行谈判或协商才能够获得，特别是对于一些短缺或特殊的资源，如影视明星、知名导演、著名摄影师等人员．对于影视项目来说就是稀缺资源，可能每个项目组都想得到，这就需要与组织进行谈判协商才能获得。另外，有些人员可能组织中没有或无法提供，就需要通过社会招聘来实现，通过劳务合同或外包等方式解决紧缺人才。

三、文化产业项目团队的发展阶段

根据管理学原理，一般性团队是指在兴趣、爱好、技能或工作等方面有共同目标而自愿组合并经组织授权和批准的一个群体，而项目团队是基于为实现特定的项目目标而组建的协同工作的团队，因此，文化产业项目团队可以定义为：为实现某个特定的文化产业项目目标而组合在一起的、并经组织授权、批准的一个从事文化产业生产和活动的群体。

任何一个团队都要经历一个从创建到发展壮大到成熟的过程，根据美国教授塔克曼（B. W. Tuckman）提出的团队发展四阶段模型理论以及文化产业项目团队自身的特点，我们可以把文化产业项目团队的发展过程划分为形成、震荡、规范和成熟四个阶段，这四个阶段依次展开，形成了一个文化产业项目团队成长、发展、壮大直至辉煌的过程。

（一）文化产业项目团队的形成阶段

文化产业项目团队的形成阶段是团队的初创和组建阶段。在这一阶段，来自项目实施组织内部的成员和从组织外部获得的成员共同转变为项目团队的成员，成为一个统一的团队和整体。此时，一方面，项目团队成员因为由个体而归属于一个团队，归属感的满足使他们思想上有一种积极向上的愿望以及急于开始工作和展示自己的冲动，整个项目团队会努力创建团队形象，并尝试对要完成的项目工作进行分工和制定计划；而另一方面，项目团队成员在自己和其他成员的职责、角色和关系等方面还比较茫然，每个成员都存在适应新环境和新团队成员关系的问题，心理上会有一种高度焦虑感，处于情绪不稳定的阶段，因此几乎不可能展开实质性的项目工作。在这一阶段，项目经理需要为团队明确方向、目标和任务，为每个成员确定职责和角色，积极搞好与项目团队成员之间的关系，为项目团队的后续发展做好奠基性管理工作。

（二）文化产业项目团队的震荡阶段

这是文化产业项目团队发展过程中的第二个阶段。在这一阶段，文化产业项目团队成员对项目目标基本明确并按照分工开始了初步合作。项目团队成员在着手执行分配给自己的项目任务并逐步推进工作时，会发现和遇到各种各样的问题，比如有的团队成员会觉得项目工作与原来自己设想的不一致、原有预期未能达到或者差距较大而产生挫折感，有的会发现团队成员间关系与自己期望的不同，人际关系方面存在诸多不如意，一些团队成员甚至会和项目经理和项目管理人员发生矛盾和抵触，不满意项目经理的指挥或命令，不愿意接受项目管理人员的管理。所以，在这一阶段，项目团队成员在工作和人际关系方面都处于一种剧烈动荡的状态，矛盾、冲突和抵触等情绪相继出现。在这一阶段，项目经理需要应付和解决所出现的各种问题和矛盾，容忍一些不满、解决冲突、协调关系，引导项目团队成员根据任务和自身情况，对项目角色和职责进行必要调整，对项目团队成员间的关系、行为规范等进行明确的规定和分类，使每位项目成员都明确自己的职责以及与他人的关系等，同时，邀请团队成员积极参与问题的解决和共同做出相关的项目决策。

（三）文化产业项目团队的规范阶段

项目团队在经受了震荡阶段的考验后就进入了项目团队的规范阶段。这时项目团队成员之间、团队成员与项目经理和管理人员之间的关系已经理顺并确立，绝大部分矛盾已得到解决；团队成员个人的期望得到了调适，团队成员的不满情绪大大减少；团队成员逐步接受并熟悉了工作环境；项目管理的各项规程得以改进和规范；项目经理和项目管理人员逐渐掌握了对项目团队的有效管理和控制；项目经理开始逐步向团队成员授权；项目团队的凝聚力开始形成，项目团队成员有了较强的归属感和集体感，团队文化逐步形成。信任、合作、忠诚、满意成为这一阶段团队成员的主要情绪特点，团队合作意识增强，团队成员之间开始相互大量地交流信息、观点和感情。项目经理应对项目团队成员取得的进步予以表扬，积极支持项目团队成员的合理化建议，努力地进一步规范团队和团队成员的行为，从而使项目团队不断发展和进步，为实现项目目标和完成项目团队任务而努力工作。

（四）文化产业项目团队的成熟阶段

这是项目团队不断取得成就的阶段。在这一阶段，项目团队成员的情绪特点是：开放、坦诚、依赖、强烈的团队集体感和荣誉感。此时项目团队成员之间的关系更加融洽，团队工作绩效更高，团队成员的集体感和荣誉感更强，项目团队全体成员能开放地、坦诚地、及时地交换信息和思想，项目团队也根据实际需要以团队、个人或临时小组的方式开展工作。这一阶段项目团队成员间相互依赖程度提高，项目经理给项目团队成员的授权增多，甚至在项目工作出现问题时，多数由项目团队成员自行解决，因此项目团队成员有了较高的满意度，工作积极，信心十足，努力为实现项目工作任务和项目目标做出贡献，同时，也能体会到自己在事业上的成功和发展。在这一阶段，项目经理应该积极授权从而使项目团队成员更多地进行自我管理和自我激励，及时公告项目进程、表彰先进的团队成员，努力帮助项目团队完成项目计划，实现项目目标。同时，项目经理也要管理好项目的预算、控制好项目的进度计划和项目的各项变更，指导项目团队成员改进工作方法，努力提高工作绩效和项目的质量水平，带领项目团队最大限度地创造项目业绩。

任何一个项目团队的成熟都会经历以上四个发展阶段，在实际工作中，应该尽量缩短前三个阶段的周期，尽快进入成熟阶段，努力延长成熟阶段并提高成熟阶段的水平和程度。

第三节　文化产业项目团队管理

只有对文化产业项目团队进行有效管理，才能确保项目团队绩效和项目的成功。对项目团队的管理，就是在对影响团队绩效的因素加以甄别的基础上，对项目团队成员，包括项目经理和项目管理人员以及各职能人员进行职责划分和有效管理，加强沟通，解决冲突，提高团队绩效，从而成功完成项目目标。

一、文化产业项目团队绩效的影响因素

文化产业项目目标的实现，依赖于文化产业项目团队的绩效。决定一个项目团队绩效的因素有很多，最主要的有以下几个方面：

（一）项目团队精神

项目团队精神是指项目团队成员相互依赖、彼此忠诚、齐心协力地为实现项目目标而共同努力的精神风貌，它是一个团队的思想支柱和精神力量源泉。它具体体现为：(1) 成员间高度的相互信任。每个团队成员都相信团队的其他人所做和所想的事情都是为了整个集体的利益，是为实现项目的目标和完成团队的使命而做的努力。(2) 强烈的相互依赖。项目团队成员充分理解团队中的每一个人都是不可或缺的项目成功的重要因素之一，成员之间具有良好的合作关系并相互依赖，并由此形成团队的凝聚力。(3) 一致的共同目标。项目团队所有成员具有目标的一致性，并且每一个成员都强烈地希望为实现项目目标而付出自己的努力。(4) 全面的互助合作。团队成员之间能够进行开放、坦诚而及时的沟通，相互接受批评、反馈和建议，每一个成员都希望看到其他成员的成功，都愿意在其他成员遇到困难或陷入困境时提供自己的帮助。(5) 平等与积极参与。项目团队是一个民主和分权的团队，团队成员之间的关系是平等的，每个团员都以主人翁或当事人的心态积极参与项目的工作和管理。(6) 自我激励和自我管理。项目团队成员按照自我激励和自我管理的模式去开展项目工作，使项目团队能够协调一致，更好地体现团队精神和意志。

（二）项目经理的领导力

项目经理的领导力即项目经理能否充分利用职权和个人魅力去影响团队成员，带领和指挥项目团队为实行项目目标而努力的能力，这是影响项目团队绩效的根本因素之一。因此，项目经理的选拔对于项目而言是一项非常重要的工作，对于具有高创新性和风险性的文化产业项目来说，项目经理有更高的素质要求。

（三）项目团队目标的明确性

即项目团队成员，包括项目经理、项目管理人员以及全体项目成员是否都充分了解和理解项目的各项指标和项目范围、质量、预算以及进度等方面的信息，如果团队成员项目目标不明确或认识不全面就会导致项目绩效低下。项目经理和管理人员不但自己要十分明确项目的各指标信息，还要向团队成员宣传项目的目标和计划，向团队成员描述项目的未来远景及其所能带来的好处，努力使项目团队每位成员都清楚地知道项目的整体目标。

（四）项目成员职责的清晰度

即项目团队成员对自己的角色和责任的认识是否清楚，是否存在项目团队成员的职责重复、角色冲突等问题。如果项目团队成员在职责和角色方面有冲突，则项目很难成功，所以项目经理和管理人员要在项目开始时就使所有项目团队成员认清自己的职责和角色，明确自己与其他成员之间的角色关系和职责关系，明确团队成员之间的整体构成关系。

（五）项目团队成员之间的沟通

主要指项目团队成员之间以及项目内、外部之间有无畅通的沟通渠道，对项目工作中所发生的事情能否进行充分的交流和足够的信息沟通，以及项目团队内部和外部之间的信息交流是否及时、有效。项目经理和管理人员必须采取各种信息交流手段使项目团队成员与其他相关人员进行及时的沟通，保证信息的畅通和有效的使用。

（六）团队的激励机制

团队的激励机制是否健全也是影响项目团队绩效的一个很重要的因素，激励不足就会导致项目团队成员出现消极的思想和情绪。项目经理和管理人员需要采取各种激励措施，有针对性地对每个团队成员进行激励，营造有效的团队激励机制和环境。

（七）团队的规章制度

健全的规章制度可以规范和约束项目团队及其成员的行为和工作，没有健全有效的规章制度会造成项目绩效低下。项目经理和管理人员应制定和详细说明基本的项目管理规章制度，并要求所有团队成员严格执行，加强团队约束力，不断提高项目团队的绩效水平。

二、文化产业项目经理的职责和素养

文化产业项目经理是在项目团队中起决定作用的要素，因为项目经理是项目团队管理的主要实施者和项目团队的领导者，所以项目经理的能力、素质、理念、工作直接关乎项目成败。

（一）文化产业项目经理的角色定位

文化产业项目经理是文化产业项目实施的最高领导者，在文化产业项目管理中起着决定性的作用，其扮演的角色是任何其他人不可替代的。

1. 领导者和决策人

文化产业项目经理对项目行使管理权，也对项目目标的实现承担全部责任。文化产业项目经理是项目团队的最高领导人，负责制定项目具体计划，组织和建设项目团队，全面、及时地控制项目的各项工作，负责沟通、协商、解决各种矛盾、冲突和纠纷，对下属的各种建议和意见做出反应。同时，项目经理在项目目标实现过程中还需要制定各种项目管理方面的具体决策，如确定项目及项目各阶段的具体指标、任务和资源配置等，所以项目经理也是项目管理的直接决策人。

2. 协调人和促进者

一个文化产业项目会涉及许多利益相关主体的利益，包括组织、群体和个人的利益，文化产业项目经理处于全体项目利益相关者信息沟通的中心位置。一个成功的文化产业项目经理必须协调好项目组织内部、项目团队组织与项目客户、项目客户与其他各利益相关主体之间的关系。在协调这些项目利益相关者之间关系的同时，项目经理还需要努力促进和增加项目整体利益，努力使项目利益达到最大化，努力使所有项目利益相关者都能够合理地从项目中获得利益。

3. 资源分配者

文化产业项目经理负责对项目资源进行分配，主要工作包括：制定资源分配的原则和明确标准；按目标实现的先后次序分配资源；合理细分文化市场，划分下属的业务范围和业务区域；不断预测、衡量和评价项目进度、质量、成本与预算的实际完成情况，根据具体情况决定后续资源的分配。

4. 项目的谈判者

文化产业项目经理始终处在一个谈判场里面，如制定项目目标，组成一个项目团队，与利益相关者交流，甚至争取政府有关部门的支持等，几乎每项工作都是一个谈判、讨价还价的过程。通过谈判，争取团队利益，并促进项目利益相关各方的合作和交流。需要注意的是，项目经理需要特别注意授权问题，将一些次要问题的谈判协商交给团队合适的管理人员或其他成员去做，既能使其他成员了解项目工作的艰巨和复杂，激发他们的主人意识和工作积极性，也能解决项目经理分身乏术的问题。

5. 项目危机管理者

文化产业发展历史短，受社会环境多方面因素的影响大，各种资源供给、制度条件和市场情况、政治经济形势以及一些突发性事件都不断发生变化，经常会对文化产业项目的实施带来意想不到的危机，有时危机事件直接影响到文化公司的生存状况，这就要求项目经理在危机面前保持清醒头脑，冷静决策，转危为安。

（二）文化产业项目经理的职责

鉴于文化产业项目经理的角色定位，其对项目所应负的责任主要有以下六个方面：

1. 确保文化产业项目目标的实现，保证项目客户满意。这一基本职责是检查和衡量项目经理管理成败、水平高低的基本标志。

2. 制定文化产业项目阶段性目标和文化产业项目总体控制计划。文化产业项目总目标一经确定，文化产业项目经理的职责之一就是将总目标分解，划分出主要工作内容和工作量，确保文化产业项目阶段性目标的实现。

3. 组织精干的文化产业项目管理班子。这是文化产业项目经理管好项目的基本条件，也是项目成功的组织保证。项目经理应选择合理的组织形式和组织结构，使项目团队运转顺畅；明确项目团队各成员职责和具体工作分配，使对文化产业项目的控制和管理落到实处；还应对项目团队成员实施激励措施，保证项目工作的高效率。

4. 及时决策。文化产业项目经理需亲自决策的问题包括实施方案、人事任免、奖惩、重大技术措施、设备采购方案、资源调配、进度计划安排、合同及设计变更、索赔等，要根据文化产业项目的规模、性质和特点及时做出决策。

5. 争取文化产业项目所需资源。文化产业项目经理应该根据项目的实际需要，尽量争取对项目目标实现有重要意义的人、财、物、政策等各方面的资源，并对这些资源实施控制权，然后合理分配这些资源。

6. 履行合同义务，监督合同执行，处理合同变更。文化产业项目经理需要按照与项目利益相关各方签订的合同实施项目，按照合同要求对项目范围内的各项工作做出合理的计划和安排，监督合同执行情况。遇到合同变更情况，能够及时与各方沟通，调整工作计划，确保变更后的合同能够顺利实施。

（三）文化产业项目经理的素质要求

文化产业项目成功与否很大程度上取决于项目经理是否具备保障项目成功所需的各种素质和能力。文化产业项目经理的素质可以经由实践训练和培训得以提高，也需要项目经理通过不断的自我学习和修炼得以提高。文化产业领域广泛，要求文化产业项目经理必须具备宽广的知识结构，包括专业的文化领域知识、项目管理知识和其他管理知识。除此之外，文化产业项目经理还必须具备以下素质和能力：

1. 具有积极的创新精神和适应变化的能力

文化产业项目的创新性和一次性特点，决定了项目没有现成的经验和常规的办法可以借鉴，在项目实施过程中处处需要创新和探索，因此，项目经理必须具备积极创新的精神，任何保守、教条和墨守成规的做法都会给项目的实施和实现带来麻烦。文化产业项目经理还必须是能够适应变化的人，抗拒变化的人以怀疑的目光看待工作生活中的改变，是不可能当好项目经理的，因为任何项目几乎总是会发生某些变化。文化产业项目经理需要做好随时面对项目变化的准备，一旦面临某些变化，要保持冷静，以解决问题的姿态迎接变化，不会因为变化而丧失对工作的控制。

2. 具有团队领导能力

作为一个项目团队的领导者，文化产业项目经理必须要具有团队意识。团队意识意味着项目经理要尊重团队中的所有成员，因为他们对团队的贡献是不可或缺的。团队意识还意味着要以开放的态度听取其他团队成员的观点，可以不同意但却坦诚友好地对待其他成员的观点。事实上，在绝大多数文化产业项目组中，为了以最好的方式完成项目的不同部分，项目组的某些成员或全体成员间随时会发生小的争议和讨论，项目组成员会觉得争论令人兴奋而不是令人害怕，项目经理的关键作用是发展这种文化，为团队内部营造创新环境，推动创新观念的发展，友好而富有创造性的文化氛围有利于更好地完成项目。

3. 具有项目经营管理能力

一个好的文化产业项目经理要有通盘考虑、运筹帷幄的项目经营管理能力。面对项目中要实现的很多目标，项目经理不能只见树木不见森林，还要看到森林中树木之间的关系。为此，项目经理要善于收集信息，尤其是那些不同工作环节间如何关联的信息，善于发现两种不同信息之间的逻辑关联；要善于运用和平衡项目中可用的有限资源；还要善于判断每项工作是否进展良好而保持整个项目的正常运转，不会因局部的原因使整个项目停下来。通盘考虑是文化产业项目经理在项目过程中的思维主题，尤其是面临时间和资源约束时更是如此。如果必须在有限的时间内完成任务，或者不能得到想要的预算，项目经理就不得不另辟蹊径完成项目。文化产业项目的各项工作是环环相扣的，哪些工作可以“并行”，哪些工作必须“串行”，某种工作需要多少资源，都必须认真规划，并在执行中做到任务、进度、资源三落实。

4. 具有非凡的沟通能力

有效的沟通是文化产业项目顺利进行的保证。作为一个项目经理，沟通既是一种工作方法也是一种学习方法。与项目组成员沟通是建设团队的必要手段，与管理高层沟通可以有效地获得领导的支持，与客户沟通（有时是谈判）可以获得客户的理解和支持，也是提高客户满意度的重要方法之一。

5. 具有高效的激励能力

出色的文化产业项目经理重视以激发和激励的方式对项目成员进行培养，提升员工的能力，促进员工的自我发展。项目经理要通过描绘项目愿景，阐明项目正在努力实现的目标，以此来帮助成员明晰自己的职业和技能发展方向，并分配给他们合适的工作任务，鼓励成员之间的相互学习和交流。

6. 具有扎实的专业技术能力

文化产业项目经理不仅要具有各方面的领导、管理能力，还需要具有能够处理项目所属专业领域技术问题的能力，即项目经理不但要有项目管理和一般运营管理方面的能力，还必须具备项目相关专业领域的知识和技能。在项目管理中，“外行领导内行”是非常困难的，所以多数项目经理都是由项目相关领域中的专家担任的。

7. 具有积极肯干、任劳任怨的工作态度

在文化产业项目管理过程中，项目经理一方面面临繁杂的工作任务和管理任务；另一方面，还会遇到各种各样需要解决的矛盾、冲突和问题，如果没有吃苦耐劳、任劳任怨、身先士卒、积极肯干的作风，项目经理是无法承担起管理整个项目的重担的。

延伸阅读

项目领导者特质

技术技巧、分析能力、智力等均被认为是项目经理的重要特征，而情商则被认为是衡量领导力效力的一个更有意义的标准。情商是指领导者的这样一种能力，那就是领导者要懂得有效的领导决定了如何在他们和下属之间建立感情和关系。情商包括5个要素：（1）自我了解；（2）自我规范；（3）动机；（4）移情；（5）社交技能。拥有这些特质，项目经理将能与团队成员发展一种直接的、支持性的关系，这种关系对于建立与指引一个有效的团队来说是关键的。

自我了解。自我了解意味着对个人的优点与不足、自我需求、动因和动机等有着深刻的认识。要做到自我了解，需要对自我有着清晰的视角，但这并不意味着过于以自我为中心。当对自我有清晰认识的时候，你才能更好地同其他人进行交流，因为你对自己的感觉与态度的了解恰好影响了你的行为。

自我规范。成功领导者的一个关键能力是他们对自我控制的意愿。每人实施自我控制的方法表现为行动之前思考的能力，即推迟做出判断的时机。有效的领导者是那些建立自我规范的人，即他们有这样一种能力：对事件思考，在仔细思考后才对事件进行响应，以避免冲动行为造成的错误。

动机。卓越的项目领导者是那些一直保持高昂斗志的人。为了成功，他们会发挥最大的潜能；而且他们认识到，必须与项目团队成员一起工作，使每个人产生最大绩效，只有这样才能保证项目的成功。在动机方面，一个卓越的经理有两种重要的特质：第一，他们总在寻找让项目持续发展的方法，即他们希望以具体的或清晰的里程碑来表明所取得的进步。第二，卓越的项目经理一直在面对越来越大的挑战。

移情。成功项目经理的一个重要特质是他们能够发现每个下属员工的独特之处。他们会考虑这些不同之处，以特定的方式对待每个成员，以鼓励他们发挥最大潜能。移情就是在制定决策的过程中，考虑其他成员的感受。

社交技巧。情商的最后一个特质是社交技能，即个人处理与他人关系的能力。社交技能不仅仅是友谊，它是带着目的的友谊。社交技能能够将人们引向我们所期望的方向。高超的社交技能体现为劝导、友善以及建立人际关系网。

情商反映了这样一个事实：许多重要的项目领导技能，它们与技术能力、分析能力无关，与智商也无关。相反，最重要的是自我管理技能，如通过自己的移情与社交能力体现出来，反映为自我了解、自我规范、动机与关系管理。管理项目首先并且最重要的是管理人。一旦了解了领导力在有效的项目管理中发挥的作用，就能更好识别出利用领导力来促进项目发展的方式。

针对项目领导者的特质有许多专门的调查研究。下面列举几项研究的成果。

第一项研究以 2615 名美国公司的经理为样本，他们被询问有效的领导者应具备的最重要特质是什么。调查的结果非常有趣。大多数经理认为优秀的领导者应具备的最重要特征是基本的诚实。他们寻求那些说话算话、信守承诺的领导者。此外，他们崇尚能力、智力、想象力、灵感、公正、愿景以及可靠性，从而列出了一系列最重要特征，包括信任、人格力量、成功的智力与能力。

第二项研究分析了多个来源的数据，综合成最有效的领导者应具备的因素集。这个研究发现精通项目管理的5个重要特征是：口头沟通技巧、影响技巧、智力能力、处理压力的能力、多样化的管理技巧，包括规划、委托、制定决策的技巧。这些发现也揭示了大多数项目经理并不具备施加权力的能力，这些权力来自于正式的职位权威。因此，他们不得不开发有效的影响技巧。

第三项研究也发现了作为有效的项目团队领导者应具备的5个特征，包括：(1) 值得信赖。项目经理是可信的吗？他是否得到项目团队与上级组织的一致认可？(2) 能创造性地解决问题。项目经理是否具备分析问题与识别问题的技巧？(3) 对不确定性的容忍。项目经理是否会受到复杂或不明确环境的影响？(4) 灵活的管理方式。项目经理是否能快速应对正在变化的环境？(5) 有效的沟通技巧。项目经理是否能够作为众多干系人沟通的中心？

第四项研究是一个关于有效项目经理应具备的必要能力，这个研究从58个企业中收集了关于项目经理的管理实践与技巧方面的数据。研究者发现项目经理应具备的7种能力：(1) 在冲突环境下的组织能力。项目经理需要授权给他人，管理他们的时间，处理冲突和批评。(2) 经验。具有项目管理与其他组织活动的丰富知识，有面对技术挑战的经历，有作为领导者的背景，这些方面都是非常有帮助的。(3) 制定决策的能力。项目经理需要正确判断和系统分析的能力，最终制定决策。(4) 创造性。需要表现出创造力，提出创新的观点并付诸实施，挑战已经建立的旧秩序。(5) 促进合作的能力。项目经理必须愿意营造一个积极的团队氛围，使团队成员产生学习的意愿，并主动进行人际沟通。(6) 合作领导力。这个技巧指项目经理激励他人、与他人合作以及清楚表达观点的能力。(7) 整体思考的能力，项目经理需要进行分析性的思考，在制定决策的过程中考虑其他人。

资料来源：［美］杰弗里·K. 宾图 (Jeffrey K. Pinto) 著，鲁耀斌、董园园、赵玲等译：《项目管理》，北京，机械工业出版社，2008。

三、文化产业项目团队成员的素质要求和培训

(一) 文化产业项目团队成员的素质要求

文化产业项目的运作由若干细节和目标组成，从人力资源角度来说，这些目标的实现取决于项目经理的能力和素养，也取决于其他项目团队成员的素养。文化产业项目团队中常见的岗位角色包括项目经理、艺术总监、创意专家、技术专家、数据库管理员、市场营销人员等，这些专业人员的素质对项目目标的实现也起到非常重要的作用。不同的项目团队成员，在知识结构和技能水平上会有所不同，但对项目团队成员有共同的素质要求，主要包括：

1. 应具备文化产业项目管理知识和技能

这是对一个文化产业项目团队成员来说最基本的知识要求，包括项目管理知识、文化产业领域各相关知识等。如果不具备这些基础知识，就不能正确理解项目目标、项目管理模式等，不能很好地履行自己的岗位职责。

2. 应遵守职业道德和职业规范

文化产业项目团队的组织文化和作风对项目的影响至关重要。组织文化包括共同的价值观、规范、信念、期望、工作方针和办事程序、工作道德、工作时间等。一个进取心较强或具有开拓精神的团队往往可以促进文化产业项目的良好运作；一个等级界限分明、作风官僚的组织会使文化产业项目的运作受到消极影响。项目团队组织文化的塑造有赖于全体项目团队成员的努力，有赖于成员的职业道德和职业规范水平。项目团队成员在职业道德和职业规范约束下，能够相互信任和支持，能够接受不同观点，尽职尽责，勇于分担责任，依据项目目标和项目进度、预算等约束条件高质量地完成项目任务。

3. 应理解文化产业项目背景

文化产业项目团队成员对文化产业项目背景理解得越多、越透彻，就可以更具体、更好地进行文化产业项目的运作和管理。需要综合考虑的背景情况包括：文化产业项目所处的文化、社会、国际、政治和自然环境以及这些环境之间的关系；文化与社会环境涉及的经济、人口、教育、道德、种族、宗教状况等；国际与政治环境需要熟悉相应的国际、国家、地区形势和当地的法律习惯、商务习俗，以及影响文化产业项目的政治气候等。总之，对文化产业项目背景的充分理解和研究，对文化产业项目本身的成功运作起到至关重要的作用。

4. 应掌握人际关系的沟通技能

文化产业项目团队成员需要掌握处理好人际关系的沟通技巧，具体包括：在国内、国外有效沟通、交流的能力；对相关部门施加影响以取得支持的能力；谈判与解决冲突的能力；与有关单位和个人商讨以达成协议的能力；与其他成员友好合作、和谐相处的能力等等。

（二）文化产业项目团队成员的培训

对文化产业项目团队成员的培训包括旨在提高文化产业项目团队成员技能的所有活动。通过培训，可以提高项目团队的综合素质、工作技能和技术水平，同时有助于提高项目成员的工作满意度，降低项目人员的流动比例和人力资源管理成本。

文化产业项目团队成员的培训可以是正式的（如专题培训班、岗前培训等系统性培训）或非正式的（如师傅带徒弟，在实践中学习和提高素质）。文化产业项目团队需要建立项目团队培训机制，以解决人力资源供给不足、项目发展所需人才紧缺等问题。良好的培训机制离不开科学的培训规划以及合理的控制制度。团队可以充分利用高等教育专业院校、各种社会辅助教育等形式来开展员工培训工作，既要注重培训的内容，又要注重培训的层次，同时项目组织也应根据自身的实际需要，制定多渠道、多形式的业内培训，以提高团队成员的业务技能和敬业精神。

针对文化产业项目的一次性和约束性（主要是时间和成本的约束）的特点，对于团队成员的培训主要采取短期性的、片段式的、非正式的、针对性强、见效快的培训。培训方式主要有以下两种：

1. 岗前培训。对团队成员进行一些常识性的岗位知识和专业技能的培训，以便使所有项目参与者尽快上手展开工作。如出版项目，团队岗前培训内容应涵盖图书选题策划、市场营销、宣传推广、编辑策划、出版印刷及相关法律等知识。

2. 岗上培训。主要根据文化产品创造人员的工作特点，针对操作中可能出现的实际问题，进行特别的培训，多偏重于专门技术和特殊技能的培训。

四、文化产业项目团队的沟通管理

所谓沟通，是人与人之间的思想和信息的交换，是将信息由一个人传达给另一个人，逐渐广泛传播的过程。在项目管理中，专门将沟通管理作为一知识领域。所谓项目沟通管理，就是为了实现项目目标，科学地、合理地组织和管理所有项目工作中的沟通交流。项目团队的沟通管理是项目团队管理的重要内容。良好的沟通管理是文化产业项目团队取得项目成功的管理保障之一。项目团队沟通管理的主要目标是及时收集、发送、储存和处理项目的信息。

（一）项目沟通的具体内容

项目的主要沟通对象为项目利益相关者，不同项目利益相关者需要的信息可能不同。所以在项目启动时，就要识别所有的项目利益相关者，以及不同人的不同信息需求，并以此制定沟通计划。项目沟通计划是整个项目管理计划的一个组成部分，应在项目的前期阶段完成。在项目进行过程中，要根据沟通需求随时对其进行检查和修订，以保障其持续有效性和适用性。

项目沟通计划编制的前提是必须明确谁需要什么信息，什么时候需要，怎样获得，沟通模式是怎样的，什么时候采用书面沟通和什么时候采用口头沟通等。其具体内容包括：

1. 项目团队的联系渠道，如项目团队会议安排、电子邮件地址、社交网络群等信息。

2. 工作汇报方式。如项目成员与项目经理之间、项目经理与上级以及利益相关者之间的工作汇报关系和汇报方式，明确汇报时间和汇报形式。

3. 统一项目沟通文件格式，提供统一的文件模板，并提供编写指南。

4. 明确沟通计划维护人，如果沟通计划发生变化，由计划维护人进行修订，并对相关人员发送新计划。

（二）项目沟通方式

选择适当的沟通方式是进行良好沟通的前提。按照不同的标准，可以对具体沟通方式进行不同的分类：

按传播媒介的不同，可以划分为书面沟通、口头沟通、非语言沟通和通过电子媒介沟通。

按照组织系统的不同，可划分为正式沟通和非正式沟通。

按照信息传播方向的不同，可分为上行沟通、下行沟通、平行沟通和越级沟通。

总体来说，为了提高项目团队运作效率，项目团队沟通应以集中安排为主，即把项目团队集中在同一地点，在相对固定的时间进行沟通。例如，设立一个会议室，建立晨会和定期会议制度，项目成员可在规定的时间和地点碰头进行相关信息的沟通交流。

在一些项目中，由于项目团队成员不在相同的地点办公，集中安排无法实现，这时可以安排定期的面对面或视频会议进行交流，也可以通过项目简报、电子邮件、社交网络群等形式进行沟通，使信息得以共享交流。

（三）有效沟通的实现

不管是通过什么方式进行沟通，都需要注意沟通的有效性，无效沟通不仅浪费时间精力，而且还可能造成沟通双方的误解和冲突。

1. 有效沟通的前提。有效沟通的前提主要包括共同的语言和沟通的愿望。项目成员有着共同的文化背景才会对同样的信息有趋同的理解。同时，如果没有沟通的愿望，即使有共同的语言也很难进行有效的沟通。

2. 有效沟通的要求。要获得有效的沟通，必须注意沟通的准确性、及时性、完整性和可理解性。

沟通的准确性是指在沟通过程中，必须保证所传递的信息是准确的。语言、文字的描述应明确、肯定，数据、表单应真实、充分，避免使用似是而非、模棱两可以及有歧义的语言来传递信息。

沟通的及时性是指及时传递信息，以便于接收者根据所传递的信息判断新情况，解决新问题，避免信息因滞后而失去价值。

沟通的完整性指在沟通中要保持信息的完整性，这包括两个方面的含义，即保持信息本身的完整性和保持沟通过程的完整性。保持沟通信息本身的完整性，就是要避免断章取义、以偏概全。否则，轻者所传递的信息令人难以理解，或引起信息接收者的误解；重者因所传递信息的不完全，使得急于获取信息的人们听信谣言，从而出现混乱、难以控制的局面。

沟通的可理解性是指信息发送者和信息接收者必须对信息传递过程中所使用的语言或符号有着共同的理解。信息的发送者必须表达清晰，尽量以通俗易懂的方式进行信息的传递与交流，避免使用生僻的、过于专业的语言和符号；信息的接收者必须积极倾听，正确理解和掌握表达者的真正意图，并提供反馈意见。只有这样，才能提高信息沟通的有效性，真正实现沟通的目标。

3. 沟通中信息发送的方法。沟通中信息发送时最普遍使用的沟通方法有口头沟通、书面沟通、非言语沟通和电子媒介沟通四种。

（1）口头沟通。口头沟通便于讨论问题和澄清问题，从而更准确地传递信息。在进行口头沟通时，不要用可能被误解的言辞，特别在通过会议进行群体沟通时，要谨慎措辞，以避免无意中伤害了接收者中的某些人；口头沟通应该表达明确，使接收者更容易理解所传递的信息，不要使用过多的专业术语；同时，信息发送者应注意检查对方对所传递信息的理解程度，检查对方是否理解了所传递信息的一个较好的方法是让对方表述他们对所传递信息的理解。

(2) 书面沟通。书面沟通是指运用书面文件或信函等形式传递信息，例如，项目内部组织使用报告、报表等方式进行的沟通就是书面沟通。在项目管理中，书面沟通大多用来通知、确认和记录各种项目活动，例如，当需要确认口头沟通结果并将其传递给相关需求者时，就需要采用书面沟通的形式。书面沟通的文件（报表、报告、备忘录或信函等）必须格式正确、内容清楚、叙述简洁。

(3) 非语言沟通。非语言沟通是沟通中不可缺少的一种方式。非语言沟通的形式很多，但最重要的是身体语言和语调两个方面。身体语言能够传递诸如不快、恐惧、傲慢、愉快、愤怒等情绪或性情方面的信息，也能传递对所接收信息的理解情况的信息。语调也可以传递信息，信息发送者通过对某些词汇或短语的强调和弱化可以传递各种不同的信息。

(4) 电子媒介沟通。随着信息技术的发展，E-mail 已经成为人们越来越普遍使用的联系方式，它们实际上是最为常见的电子媒介沟通方法，通过 E-mail 可以传递书面报告或报表等书面信息，而借助网络技术，通过微信可以实现低成本实时文字或语音沟通。

4. 沟通中信息接收的方法。为了提高沟通的效果，信息接收者应具备良好的倾听、阅读和观察技巧。调查表明，在今天的工作环境下，管理者需要的最重要的基本技巧是听的技巧。具有良好的倾听习惯是管理者与项目成员的基本技能。

五、项目团队的冲突及其处理

冲突就是项目中各因素在整合过程中出现了不协调的现象。解决项目团队的冲突是项目沟通管理的重要内容。冲突发生时，往往使人心焦气躁，影响项目进展，但是冲突对于项目团队也不全然是有害的。如果一个团队看不到冲突，可能意味着独裁、墨守成规和心灵的僵化，因此，冲突的存在代表着民主与多元化，但是如果冲突不能得到有效解决，必定会破坏项目团队绩效，也会诱发更大的冲突。了解冲突发生的原因，以正确的方式处理冲突是项目团队管理者的常规工作之一。

(一) 冲突发生的原因

项目工作过程中冲突发生的原因多种多样，主要包括以下几个来源：

1. 工作意见方面的冲突，如关于如何完成工作，做多少工作或工作以怎样的标准衡量等方面的不同意见所导致的冲突；

2. 资源分配方面的冲突，如由于分配给项目团队成员的资源数量和质量不同而产生的冲突；

3. 项目计划方面的冲突，如由于对计划方法和内容的不同意见而引发的冲突；

4. 项目预算或成本方面的冲突，如由于项目预算不够合理或成本核算不够明确导致的冲突；

5. 项目团队方面的冲突，如由于各种组织问题而导致的冲突；

6. 项目团队成员个体差异造成的冲突，如由于项目团队成员个人价值观或行为方面的差异以及相互缺乏理解而产生的冲突。

（二）解决冲突的方法

对项目团队冲突的处理方法主要由项目经理决定，但需要项目团队成员的积极配合。如果处理得当，冲突可能会带来有利的一面，因为问题被暴露出来并得到了解决；但如果处理不当，就会破坏项目团队的沟通、团结和合作，并降低相互信任程度。项目经理必须学会灵活处理冲突，在不同情形下采取不同的处理方式。处理团队冲突的方法主要有以下五种：

1. 调停冲突

这是一种以积极态度寻求冲突解决的方法。项目经理在冲突双方充分说明自己的意见后，尽力找出双方共同点和相异点，通过求同存异而消除冲突。这种方法使双方都可以互换角色考虑问题，找出双方的需求并达成共识。此策略可以达到双赢的结果，也是冲突解决效果较好、项目经理比较喜欢使用的方法。

2. 控制冲突

不是所有的冲突都能快速或通过调停解决。在某些情况下，对冲突有效的回应是给予双方一些时间让其冷静下来，在这段时间内，可以限制双方的交流，以避免冲突升级而形成对抗。比如，如果团队的两个成员长时间互相敌视，最好的办法是不让他们进行直接的交流，期待时间可以慢慢消除冲突。

3. 接受冲突

不是所有冲突都是便于管理的。有时两个项目团队成员的个性决定了他们不能和谐共处，他们在项目开始前就互相讨厌对方，在项目结束后也会继续讨厌对方，只要这种矛盾和冲突不直接对项目工作造成危害，可以采用接受冲突的方法。

4. 消除冲突

如果项目团队中的冲突长期存在又对项目进展造成比较大的影响，为了项目利益，就需要通过调任成员或做其他方面的改变来消除冲突存在的基础。如果一个成员犯了明显的错误，普遍的做法就是惩罚他，使其离开项目团队。如果目前的冲突有两人或多人共同承担责任的话，可以考虑调离所有犯错的人，以示项目经理尽可能公正地运作项目团队。

5. 仲裁冲突

仲裁冲突是指项目经理在听取冲突双方的情况后，项目经理做出自己的客观判断，充当仲裁者的角色。需要注意的是，项目经理在决策过程中要尽量降低个人的影响，需坚持对事不对人的原则。

六、文化产业项目团队的绩效考评和激励管理

文化产业项目团队的绩效考评和激励管理是调动团队成员积极性和创造性的最有效手段之一。

（一）项目团队的绩效考评

1. 绩效考评的定义

绩效考评是按照岗位说明书中给定的业绩要求，采用科学方法检查和评定项目团队成员对岗位所规定职责的履行程度，以确定其工作成绩的一种项目人力资源管理办法。这种考评能够反映团队成员的业绩、实际能力及其对岗位的适应程度，其主要目的是切实保证对项目团队成员的报酬、奖励、惩罚、辞退等项工作的科学性，也是项目团队编制和修订项目工作计划、员工培训计划以及制定工资报酬办法和奖励政策的主要依据。

绩效考评的关键是完善绩效考评标准，建立良性竞争机制，建立和完善以业绩为导向，以品德、知识、能力等主要要素为内容的评价考核体系，为团队成员成长和脱颖而出创造良好的环境。

2. 绩效考评的原则

（1）公开原则，即项目团队要公开绩效考评的目标、标准、方法、程序和结果，并接受来自各方面人员的参与和监督，这有利于项目人员认清问题和差距，找到目标和方向，以改进工作和提高素质。

（2）客观与公正原则，即在制定绩效考评标准时应客观和公正，以减少矛盾、维护项目团队的团结。

（3）多渠道、多层次和全方位考评的原则。因为团队成员在不同时间和不同场合往往有不同的表现，因此在绩效考评时应该多收集信息，建立多渠道、多层次和全方位考评体系。

3. 绩效考评的内容

（1）项目工作业绩考评，其结果反映团队成员对项目工作的贡献大小，包括对工作量大小、工作效果的好坏以及通过改进与提高而获得的创造性成果的考评。

（2）项目工作能力评价，其结果反映了团队成员完成项目工作的能力，主要包括对基本能力、业务能力和素质的评价。

（3）项目工作态度评价，其结果反映团队成员对项目工作的认真程度和积极性，其内容主要包括工作积极性、遵纪守法自觉性、对待本职工作的态度和对项目团队与其他成员的热情、责任感等方面。

4. 绩效考评的程序

项目团队的绩效考评大致按照以下程序：

首先要制订考评工作计划，即根据考评目的和要求，计划安排好考评的对象、考评的内容、考核的时间和考核办法等；其次要制定评价标准和评价方法；第三要进行数据资料的收集；第四要开展分析和评价；最后要公告和运用绩效考评的结果，把绩效考评结果反馈给团队成员，为人力资源决策提供依据，修订项目管理政策和进一步提高项目人员的工作效率等。

5. 绩效考评的方法

开展绩效考评需要根据项目的具体情况综合使用各种考评方法，主要的绩效考评方法主要有以下四种：

（1）评分表法。这种方法用一系列工作绩效的构成指标以及工作绩效的评价等级，在绩效考评时针对每人的工作实际情况进行打分，然后将得到的所有分数相加得到工作绩效的考评结果。

（2）工作标准法。这种方法把项目团队成员的工作与项目团队制定的工作标准相对照，从而评价并确定出员工的绩效。

（3）排序法。这种方法把一定范围内的同类员工，按照一定的标准进行评价，然后将评价结果采用由高到低，或者由低到高进行排序的方法给出项目绩效考评结果。

（4）描述法。这是一种使用简短的书面鉴定给出绩效考评结果的方法。这一方法的考评结果描述在内容、格式、篇幅、重点上都是多种多样的，绩效考评者需要根据实际情况予以确定。

（二）项目团队成员的激励管理

1. 项目团队成员激励的含义

从心理学角度看，激励就是激发人的行为动机，是一个将外部一定的刺激（诱因）转化为内部心理动力，激活人的动机，从而产生强大的推动力，驱使人们为实现目标而行动的过程。项目团队成员激励就是管理者通过采取各种满足团队成员需要的措施和手段，激发成员工作的动机，调动成员潜在的能力和创造力，从而高效地实现项目团队目标的过程。这种激励可以提高项目团队成员的工作效率，使其潜能得到最大程度的发挥，提高整个项目工作的绩效，从而有助于项目整体目标的实现；通过激励，还有助于改变项目团队成员的行为，提高成员的素质。因此，能否在项目团队中建立起良性的激励机制对于项目目标的实现具有重要意义。

2. 项目团队激励机制的建立

文化产业项目管理需要建立健全符合市场经济法则的团队激励机制。鼓励创新、知识、技术、管理和资本等生产要素参与收益分配，实现一流人才以一流业绩赢得一流报酬。逐步完善重实绩、重贡献、向优秀人才和关键岗位倾斜的分配机制，鼓励对项目做出突出贡献的创意人才、专业技术人才、经营管理人才和技能人才予以重奖。好的项目团队激励机制，既可以调动现有团队成员的主动性和创造性，还可以吸引优秀创意者和专业拔尖人才参与到项目团队，使其他行业的优秀人才也可以为文化产业项目团队所用。

要建立合理的激励机制，必须遵循激励的基本原则，首先是目标原则，激励是为鼓励团队成员实现项目目标的一种管理努力；其次是公平原则，确保贡献相同的人获得相同的报酬和奖励；第三是按需激励原则，激励的关键在于满足项目团队成员的实际需要以提高项目绩效；第四是因人而异原则，分析每个项目成员实际情况，按照其主导需要给予激励。

一套健全的激励措施应该采取多角度、多层次的激励体系以加强对团队成员的管理，要实现物质激励和精神激励相结合、正向激励和反向激励相结合、短效激励和长效激励相结合、榜样激励和感情激励相结合，从而使激励真正成为诱导团队成员努力工作的因素或手段，激发团员自我激励的实现。

本章案例：

香港迪士尼乐园项目团队评价

香港迪士尼乐园（Hong Kong Disneyland）是由美国华特迪士尼公司和香港特区政府共同合作发展的项目。从 1999 年双方开始洽谈、2003 年正式动工、2005年开幕，发展到现在，香港迪士尼乐园项目的管理经历了不同阶段，涉及方方面面，其中项目团队的管理给我们留下了宝贵的经验，也有深刻的教训。

1999年10月31日，美国华特迪士尼公司与香港特区政府合作成立了香港国际主题乐园有限公司。按照对香港迪士尼乐园项目的注资情况，香港特区政府是该项目的最大股东，在香港国际主题乐园有限公司董事局占大多数席位。另外，委任两名香港政府与美国华特迪士尼公司双方都能接纳的独立非执行董事加入董事局。在日常运作中，香港国际主题乐园有限公司负责运营、管理，董事局则担任监督角色。

乐园的设计工作由莫里斯（Tom Morris）带领华特迭士尼幻想工程师团队负责，而其他的行政、财务等工作则由香港特区政府负责。为了能顺利完成该项目，香港特区政府增设了4个首长级职位和45个非首长级职位，具体负责该项目的不同事项。其项目团队结构见图7—8。

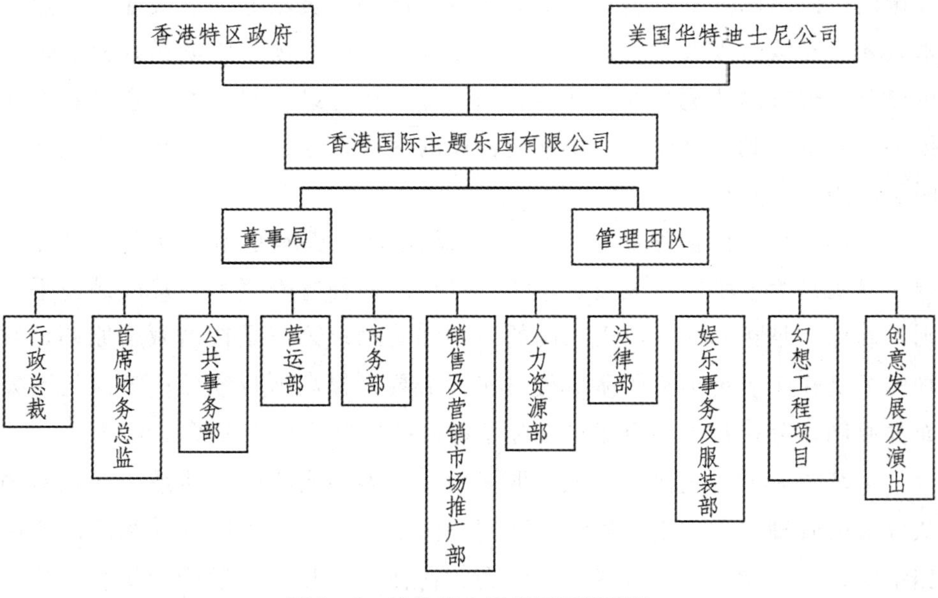

图7—8　香港迪士尼乐园项目团队

香港迪士尼乐园项目从最初的敲定，到后来的完善、改进，其实存在着许多争议和问题的。从项目管理的角度来评价，香港迪士尼乐园项目除了存在股本结构不合理、运营模式不公平等问题之外，项目团队内部的矛盾也是使项目最初进展不理想的主要原因之一。

美国华特迪士尼公司态度傲慢。米老鼠、唐老鸭这些可爱的迪士尼卡通形象给游客带来的感觉是快乐平和的，但是作为它们的创造者——美国华特迪士尼公司却是以高傲的形象进行项目合作的。根据有关媒体的报道，立法会议员叶伟明曾指责迪士尼管理层人员态度傲慢，商务及经济发展局前局长刘吴惠兰也指出在迪士尼乐园营运初期，该公司管理层的态度的确是不能接受的。美国华特迪士尼公司的傲慢，在香港迪士尼开幕之初的园内标识中也能体现出来。香港迪士尼乐园的游客多数来自中国内地，其次就是本地游客，管理层深知这点，但是他们在园内使用的标识却多数使用英文，没有考虑到大多数游客的实际需求。经历了第一年惨淡的收益后，管理层才有所改善。不仅如此，美国华特迪士尼公司的管理层一度拒绝与香港地区和中国内地的旅游界合作，令香港地区和中国内地的旅行社无法从中获利，拒绝与香港迪士尼乐园合作。

主管与员工不和谐。香港迪士尼乐园的工作人员大多数是中国人，特别是普通的员工，而乐园的主管大部分来自美国。由于中美文化的差异，美国的主管不了解当地的商业文化和环境，与员工的沟通出现了问题。当主管的决定出现错误时，就把责任归咎于中国员工，使主管与员工出现矛盾。普通的员工接受不了如此恶劣的工作环境和不公平的待遇，对迪士尼公司产生不满，相继离职。数据显示，香港迪士尼乐园开业的第一年，员工的流失率就超过了20%。

香港迪士尼乐园项目的引进，是香港特区政府的一个突破，因为以前从来没有引进类似项目的先例，所以在该项目的管理上，香港特区政府在不断地摸索、完善，而美国华特迪士尼乐园公司也在不断适应中国的管理模式去运营该项目。该项目的长久发展还是可期的。

资料来源：据《香港迪士尼乐园项目评价》整理，载于王忠主编《文化产业项目管理案例分析》，125—139页，武汉，华中师范大学出版社，2016。

第八章　文化产业项目范围管理

项目范围管理是现代项目管理知识体系中一个非常重要的专项管理知识，是在传统项目管理的理论和方法基础上新增的一个现代项目管理的新领域。实施文化产业项目范围管理能够确保项目成功完成项目所需的全部工作，而把不属于项目的工作排除在外，即确定和控制哪些工作该包括在项目之内，哪些工作不应该包括在项目之内。

第一节　文化产业项目范围管理的概念

一、文化产业项目范围管理的定义

要搞清楚文化产业项目范围管理的定义，必须首先明确项目范围的概念。

（一）项目范围

根据现代项目管理的理论，项目范围是指为确保项目目标实现而必须生成的项目产出物范围和为生成项目产出物而必须开展的项目工作范围。所以，项目范围包括两方面的含义：一是项目产出物的范围（product scope）；二是项目工作的范围（work scope）。前者是根据项目目标规定的项目产出物的模样和大小，后者是根据项目产出物的需要规定的项目工作的模样和大小，两者共同构成了一个项目的范围。项目范围的理念是要明确项目的边界，明确项目的目标和主要的项目可交付成果。确定项目范围，需要编写正式的项目范围说明书，并以此作为将来项目决策的基础。

比如，一个动画项目的范围既包括项目产出物，即最终产品动画片（动画内容产品）的范围，也包括为实现动画片这一项目目标所完成的一切工作的范围，如动画的剧本编写、造型设计、场景设计、分镜头设计、动画音乐制作等工作。

（二）文化产业项目范围管理

文化产业项目范围管理就是对一个文化产业项目所涉及的项目产出物范围和项目工作范围所做的决策、计划、管理和控制工作，因此，文化产业项目范围管理也包括两个方面：一是对项目产出物范围的管理；二是对项目工作范围的管理。文化产业项目范围管理的根本目标是要保证项目所生成的产出物能够全面达到项目目标要求，同时要保证生成项目产出物的全部项目工作能够做到充分和必要。所谓“充分”，是指为实现项目目标所需的项目产出物和项目工作一项也不能少；所谓“必要”，是指不是为实现项目目标所需的项目产出物和项目工作一项也不能有。

二、文化产业项目范围管理的作用

从文化产业项目范围管理的定义我们可以看到其作用主要表现在以下三个方面：

（一）为文化产业项目实施提供产出物和工作范围的框架

文化产业项目范围管理的重要作用之一是明确界定文化产业项目产出物和项目工作的范围，从而为人们的项目实施提供范围框架，使人们明确项目必须包括的工作和生成的产出物。这样，人们不仅能够更好地完成项目工作，而且能避免做那些项目不必要和不该做的工作。

（二）为文化产业项目实施的有效控制提供依据和标准

文化产业项目范围管理可以为项目实施的有效监督和控制提供必要的依据和标准，人们通过开展项目范围管理中规划、界定和确认等工作确定出项目范围控制的标准和度量项目实施实际情况的依据。人们根据这些依据和标准去发现实际的项目产出物和项目工作中所存在的偏差和问题，然后根据这种偏差去分析和找出造成偏差的原因以及纠偏措施，进一步决定是继续、中止，还是放弃整个项目，以及是否对项目的范围做出变更和调整，最终采取相应的纠偏措施实行项目范围的有效控制。

（三）为文化产业项目的管理终结和最终成果交付提供保障

文化产业项目范围管理可以为项目的终结和项目最终的成果交付提供保障，因为通过项目范围的规划、界定、确认和变更等方面的管理，项目范围管理会给出项目实施者应该交付的项目实际产出物和完成的项目实际工作范围。实际上，任何项目最初的范围计划与最终交付成果之间都可能存在一定的偏差，因为在项目实施过程中发生的各种主观和客观发展变化都可能会使项目范围发生变更。所以，在文化产业项目范围管理中，既要努力按照项目范围计划行事，又要积极进行必要的项目范围变更，最终项目范围计划和变更的综合结果才是项目管理终结和最终成果交付的依据。

第二节 文化产业项目范围管理的流程

文化产业项目范围管理工作大致可以分为项目范围规划、项目范围定义、制作项目工作分解结构、项目范围核实、项目范围控制五大部分。(见图8—1)

一、文化产业项目范围规划

(一)项目范围规划的依据

项目范围规划不是凭空而来的,而是在分析多种相关因素基础上制定的。制定项目范围规划的依据主要包括:

1. 项目章程

项目章程是在做出项目起始决策之后编制并获得批准和确定的一个项目管理的大政方针文件,它提供具体项目的要求、目标、规定和方向,并给出了对于项目经理的正式授权以及项目团队和其他项目相关利益主体相互关系的规定。简单地说,项目章程实际上是有关项目的要求和项目实施者的责、权、利的规定。项目章程多数由项目出资人或项目发起人制定和发布,它给出了关于批准项目和指导项目工作的主要要求,是指导项目实施和管理工作的根本大法。项目章程一般包括项目或项目相关利益者的要求和期望、项目产出物的要求说明和规定、开展项目的目的或理由以及项目其他方面的规定和要求。

2. 项目初步范围说明书

项目初步范围说明书是初步界定项目范围的一种文件,它初步描述项目、项目产出物和项目工作的特征、边界、验收标准与控制方法等内容。项目初步范围说明书是根据项目章程和项目相关利益主体的要求和期望编制的,主要包括项目产出物范围的初步规定、项目工作范围的初步规定以及项目条件和项目假设条件。

3. 项目的环境因素

项目环境因素是指项目的外部环境因素和组织环境因素,这些因素被统称为项目事业环境因素。例如,企业文化与体制、现有人力资源及其管理办法、政府或行业标准与规定、项目所需基础设施、项目工作授权系统、市场发展变化情况、项目各方面的风险承受能力、各种信息和商业数据库的情况等。项目外部环境因素和组织环境因素相比会不断地变化,所以必须不断更新。

图 8—1 项目范围管理内容框架

参考［美］项目管理协会著，卢有杰、王勇译：《项目管理知识体系指南》，90 页，北京，电子工业出版社，2005。

4. 项目所涉及的组织过程资产

每个项目组织都有自己正式或非正式的方针、政策、程序、计划和管理宗旨、体制、机制、规章、原则和经验与教训等，这些构成了组织过程资产。组织过程资产基本上可以划分为两大类。其一是组织工作过程与程序方面的资产，这主要有组织各种业务和管理过程、组织各种技术标准以及指南和规范、组织沟通的要求和方法、项目财务控制程序和做法、项目变更控制和风险控制的程序、批准与签发工作授权的程序和组织需遵守的政府与行业标准等。其二是组织自主拥有的知识库资产，主要包括：组织的过程数据库、累积的经验教训，历史项目的信息资料、问题与缺陷管理数据库、配置管理的知识库、财务数据库等。

（二）文化产业项目范围规划的成果

文化产业项目范围规划的主要目的是制定文化产业项目范围管理计划，记载如何确定、核实和控制项目范围，以及如何制定与定义工作分解结构。

文化产业项目范围管理计划是项目管理者规划、定义、确认、管理和控制项目范围的一种计划性文件，它给出了应该如何确定项目范围、应该如何制定详细的项目范围说明书（project scope statement，PSS）、如何确定和分解项目工作分解结构（work breakdown structure，WBS）以及如何确认和控制项目范围等方面的规定。具体来说，其核心内容包括：如何根据项目章程和项目初步范围说明书去编制详细项目范围说明书的过程和方法；如何根据详细范围说明书制定项目工作分解结构的过程和方法；如何去确认、验收项目产出物和项目可交付成果的过程和方法；如何控制项目范围变更的过程和方法等。

文化产业项目范围管理计划是文化产业项目范围管理的核心工作，它同文化产业项目质量管理计划、项目成本管理计划和项目时间管理计划等构成了项目管理计划的一个整体。

二、文化产业项目范围定义

（一）文化产业项目范围定义的概念

文化产业项目范围定义是指界定项目的产出物以及根据项目产出物的范围去界定项目工作范围的一项项目管理活动。文化产业项目范围定义要比文化产业项目范围管理计划的编制更进一步，它要根据项目已有的各种文件和所搜集到的信息去进一步定义项目产出物范围和项目工作范围。项目范围定义给出的项目范围是开展项目工作的依据，也是进行项目成本、项目时间和项目资源计划的基础。因此，正确合理的文化产业项目范围定义对于文化产业项目的成功是至关重要的，否则项目可能会最终失败。

（二）文化产业项目范围定义的作用

恰当的文化产业范围定义对于项目的成功来讲是十分关键的，如果项目的范围定义不明确，在项目实施的过程中，变更就会不可避免地出现。而变更的出现通常会破坏项目的节奏及进程，造成返工、延长项目工期、降低项目工作人员的生产效率和士气等，从而造成项目最后的成本大大超出预算的要求。文化产业项目范围定义要力求准确、细致，有利于资源的合理配置和使用，有利于成本和时间的正确估算，尽量避免超出预算的现象发生。

文化产业项目范围定义的作用主要表现在：

1. 提高对成本、时间以及资源估算的准确性。

2. 为绩效测量与控制定义一个基准计划。

3. 便于进行明确的职责分配。

（三）文化产业项目范围定义的方法

1. 项目产出物的定义方法

（1）项目产出物分解法

这是最基本的项目产出物范围定义方法，是一种结构化分析和分解的技术方法，主要用于对相对确定性项目的产出物或可交付物的定义工作。不同项目有不同的专业领域，人们普遍接受的项目产出物分解方法也不同。文化产业项目作为项目管理领域的新成员，其项目产出物分解方法需要更多的探讨和研究。

（2）专家法

当人们对完全不确定性的项目产出物范围进行定义时，多数时候会使用专家法。因为此时的项目产出物分解工作存在较大的信息缺口，人们很难使用项目产出物分解法去定义项目产出物，甚至此时对项目目标的定义都很困难，所以只好借助专家们的经验和判断去定义项目产出物的范围。比如，一些初次开展的文化产业项目的范围定义，需要听取专家意见，并在后续实施中逐步完善专家们做出的项目产出物定义结果。

2. 项目工作范围定义的工作方法

（1）项目工作分解法

这是最基本的项目工作范围定义方法，也同样是一种结构化的系统分析方法。在人们做出了项目产出物的定义之后，就可以根据生成项目产出物的客观需要，分解找出生成项目产出物的项目工作，从而定义清楚项目工作范围。文化产业项目工作分解有自己独特的专业特点，需要使用文化产业专业领域的项目工作分解法去定义具体项目的工作范围。

（2）项目工作分解样板法

如果一个文化产业组织曾经使用项目工作分解法做出了某个类似项目的工作分解结构，人们再次开展类似项目的范围定义时就可以使用先前的项目工作分解结构作为样板去定义新项目的工作范围，这就是项目工作范围定义中的样板法。虽然每个文化产业项目都具有一定的独特性，但大多数项目总是在某种程度上与另外一个项目类似，所以可以利用以前类似项目的工作分解结构作为样板，以减少项目分解的工作量，提高项目工作分解的准确性。例如，在一个给定的文化组织中，多数文化项目会有相同或相似的项目生命期，因而对每个项目阶段可能有同样或者是相似的可交付成果要求。

运用工作分解结构样板时，我们要注意：

（1）要根据以前做过的项目，而不是根据看起来很完善的计划来制定和修改工作分解结构样板。通常来讲，项目组织在项目刚刚开始时，会制定一个详细的工作分解结构。在项目的具体实施过程中，会根据实际情况适当地增加一些在最初计划中所忽略的工作，或减少一些不必要的准备。如果在项目开始时就根据准备好的工作分解结构更新工作分解结构样板，就不能反映出项目在实施过程中所遇到的新情况。

（2）在项目开始时而不是项目结束时使用样板。工作分解结构样板只是项目组织所要实施项目的工作分解结构的雏形，而不是最终的版本。项目的一大特点是它的独特性，每个项目和以前类似的项目相比，都有某种程度的不同，如果样板没有经过严格的验证就草率使用，那么就很可能遗漏一些以前项目没有做过但对于该项目却是非常必要的工作。

（3）为了反映从以前完成的不同项目中获得的经验，要不断更新工作分解结构样板，使其日益完善。

（三）文化产业项目范围定义的成果

1. 文化产业项目详细范围说明书

文化产业项目详细范围说明书是针对文化产业项目初步范围说明书而言的，是在项目初步范围说明书的基础上进一步细化制定而成的，用来详细说明项目产出物和项目工作的范围。文化产业项目详细范围说明书进一步明确了项目利益相关者之间能达成共识的项目范围，为制定未来的项目决策提供了一个坚实的基础。随着项目的不断实施，阐述的这个范围可能需要修改或完善，以便更好地反映项目范围的变化。

文化产业项目详细范围说明书应该包括以下几个方面的具体内容：

（1）文化产业项目目标和项目范围的指标

包括度量文化产业项目的目标和度量项目工作的具体指标，主要涉及各种项目要求、指标（如项目成本、质量、时间等方面的要求和指标）、项目产出物的技术和质量要求等。所有这些指标都应该有具体的指标值，否则会给项目带来风险。

（2）文化产业项目产出物或可交付物的范围描述

这是说明项目产出物或可交付物的特征和构成的描述，人们据此生成项目产出物或可交付物。这种描述为后续项目各种计划工作提供了依据，所以这种描述的最低限度是要能清楚地给出项目产出物的定义或项目可交付物的清单，即项目产出物或可交付物包括什么和不包括什么。

（3）文化产业项目条件和项目假定条件

文化产业项目详细范围说明书还应该给出与项目范围有关的各种项目限制条件和项目假定条件，因为这些条件限定了项目产出物和项目工作范围。同时，这些条件也是确定项目合同或承包书的依据，需要给出较为详细的说明。

（4）文化产业项目各方面的配置关系及其管理要求

这是有关文化产业项目目标、产出物、可交付物、项目工作以及项目成本、时间、质量、组织和责任等方面配置关系和配置管理的说明。

对一般项目而言，项目范围说明书的格式如表8—1所示：

表8—1 项目范围说明书

<table>
<tr><td>项目名称</td><td></td><td>项目编号</td><td></td></tr>
<tr><td>编制日期</td><td></td><td>负责人</td><td></td></tr>
<tr><td colspan="4">项目目标及成功标准：
1. 包括什么
2. 不包括什么</td></tr>
<tr><td colspan="4">项目主要约束条件：
1. 时间约束
2. 资金约束
3. 其他资源约束</td></tr>
<tr><td colspan="4">项目主要交付品：
1. 是什么
2. 不是什么</td></tr>
</table>

编写文化产业项目详细范围说明书时的重要一点是要保持清楚、准确，要将项目目标、可交付成果和要求在范围说明中加以清楚、准确地陈述，以便事后不会产生误解。编写文化产业项目详细范围说明书通常要做到以下两点：

（1）详细项目范围说明书中应该包含一个关于所有项目要求的综合列表，因为这份文档形成了项目利益相关者和项目组以后工作的共同出发点。拟定好的范围说明应该由一些关键的项目利益相关者过目，因为不同的人对同一事物的理解不同，只有阐述清楚、准确，才不会产生歧义。项目团队将用这份文档来比较项目产生的结果和相应的规定是否一致，从而确定项目是否成功完成，因此，范围说明书一定要覆盖所有必要的内容。

（2）范围说明书应该公布并且分发给项目利益相关者、关键管理人员和项目团队成员。当项目利益相关者签发并且同意了这个范围说明书后，他们也就同意了项目的可交付成果和要求。他们的同意以及对项目要求和可交付成果的签字将很可能使他们积极参加此项目并在今后的工作中予以合作。

2. 更新后的文化产业项目管理计划

根据文化产业项目详细范围说明书所得到的新信息，对此前给出的文化产业项目管理计划进行必要的修订或更新。由于此前的文化产业项目管理计划是根据初步项目范围计划书给出的，在完成详细项目范围说明书后，有了更多的关于项目的新信息，就需要对原有的项目管理计划进行更新。这既包括对于文化产业项目产出物范围管理计划和项目工作范围管理计划的全面更新，也包括对项目产出物和项目工作的配置关系进行的更新以及由此引起的项目成本、时间和质量等方面的更新等。

三、制作文化产业项目工作分解结构

（一）文化产业项目分解结构的定义

文化产业项目分解结构是文化产业项目范围定义中给出的项目工作范围的描述文件，这一项目管理文件对于项目工作范围进行全面的描述，给出生成各个项目产出物或可交付物所需的项目工作包以及它们之间的关系。

文化产业项目分解结构是面向可交付成果的对项目元素的分组，它组织并定义了整个项目范围，未列入工作分解结构的工作将排除在项目范围之外。它是文化产业项目团队在项目期间要完成或生产出的最终细目的等级树，所有这些细目的完成或产出构成了整个项目的工作范围。具体说来，文化产业项目分解结构是将文化产业项目按照其内在结构或实施过程的顺序进行逐层分解而形成的结构示意图。

（二）文化产业项目分解结构的作用

文化产业工作分解结构是项目组织管理工作的主要依据，是文化企业项目管理工作的基础。这些项目管理工作包括：定义工作范围、定义项目组织、设定项目产品的质量和规格、估算和控制费用、估算时间周期和安排进度。因此，从某种程度上讲，文化产业项目工作分解结构是文化产业项目管理的骨架，其作用在于：

1. 反映项目的目标，明确说明文化产业项目的范围。给定项目目标后，项目工作分解结构能够识别达到目标所需要进行的主要工作。

2. 反映项目的组织结构。工作分解结构跟企业组织结构具有同样的逻辑结构，列出了各组织需要关注的关键因素、各种子任务以及活动与活动之间的逻辑关系，据此可以为各独立单元分派人员，规定这些人员的相应职责。

3. 针对各独立单元，进行时间、费用和资源需要量的估算，提高时间、费用和资源估算的准确度，为文化产业项目整体预算提供基础信息和参照。

4. 为计划、预算、进度计划和费用控制奠定共同基础，确定项目预算、进度测量和控制的基准。如果项目分解得不好，在实施的过程中难免要进行修改，就会打乱项目的进程，造成返工、延误时间、增加费用等。

5. 用来提供项目的状态信息。一旦确定了要完成的任务以及每项任务的责任分配，就可以确定哪些任务是在进行中，哪些任务处于待定状态，以及谁将为这些任务的状态负责。

6. 用来改善整个项目的信息交流。工作分解结构不仅说明了如何将项目分解为小的组成部分，同时也显示了这些小的组成部分是如何相互配合来形成一个整体规划方案的。因此，团队成员开始更关注他们的工作是否与整个项目相符，谁将负责他们上游的工作以及他们将会如何影响后面的工作。在团队成员希望活动能够顺利交接的情况下，工作分解结构促进了团队内部的沟通。

（三）文化产业项目工作分解结构图的绘制

文化产业项目工作分解结构是一个以文化产品或文化服务为中心的项目组成部分的“家族树”，规定了文化产业项目的全部范围。文化产业项目工作分解结构图是将项目按其内在结构或实施过程的顺序进行逐层分解而形成的结构示意图，它可以将文化产业项目分解到相对独立、内容单一、易于成本核算与检查的工作单元（或工作包），并能把各工作单元在项目中的地位与构成直观地表示出来。如果项目工作分解结构图编制得好，则可以满足项目主管部门、项目经理和项目班子等各项目利益相关者的要求。图 8—2 是一个简单的从上到下的工作分解结构模型。

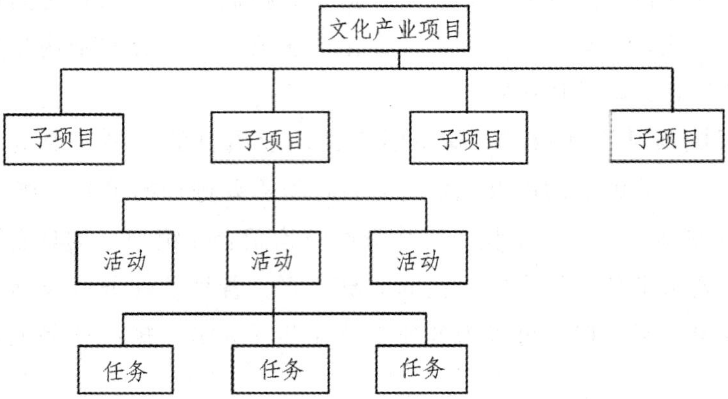

图 8—2　简单的工作分解结构

1. WBS 的层次结构。由于进行项目工作分解既可按照项目的内在结构进行，又可按照项目的实施顺序进行，并且由于项目本身的复杂程度、规模大小也各不相同，从而形成了工作分解结构图的不同层次。项目工作分解结构每细分一个层次就表示对项目元素更细致地描述。在进行项目工作分解的时候，一般按照以下几个步骤：

（1）先明确并识别出项目的各主要组成部分，即明确项目的主要产出物或可交付成果。一般来讲，项目的主要组成部分包括项目的产出物和项目管理的本身。在进行这一步时需要解答的问题是：要实现项目目标需要完成哪些主要工作。

（2）确定项目产出物或可交付成果的详细程度是否已经达到足以编制恰当的成本和时间估算。对每个项目产出物或可交付成果，如果已经足够详细，则进入到第 4 步，否则接着进入第 3 步——这意味着不同的项目产出物或可交付成果可能有不同的分解层次。

（3）确定项目产出物或可交付成果的组成元素。组成元素应当用切实、可验证的结果来描述，以便于进行绩效测量。切实、可验证的结果既可包括产品，又可包括服务。这一步要解决的问题是：要完成上述各组成部分，有哪些更具体的工作要做。对于各组成部分的更小的构成部分，应该说明需要取得哪些可以核实的结果以及完成这些更小组成部分的先后顺序。

(4) 核实分解的正确性。需要回答下列问题：①最底层项对项目分解来说是否是必需而且充分的，如果不是，则必须修改组成元素（添加、删除或重新定义）；②每一项目的定义是否清晰完整，如果不完整，描述则需要修改或扩展；③每项是否都能够恰当地编制进度和预算，是否能够分配到接受职责并能够圆满完成这项工作的具体组织单元（如部门、项目队伍或个人），如果不能，需要作必要的修改，以便于提供合适的管理控制。

需要注意的是，任何一个项目并不是只有一种正确的项目工作分解结构，一个项目可能有多种可行的项目工作分解结构。所以，需要判定的是分解得到的项目工作分解结构是否可行和令人满意，而不是得出的项目工作分解结构是否正确与唯一。

从结构上来说，WBS 结构的总体设计对于一个有效的工作系统来说是一个关键。结构应以等级状或树状来构成，使底层代表详细的信息，而且其范围很大，逐层向上。WBS 结构底层是管理项目所需的最底层次的信息，在这一层次上，能够满足用户对交流或监控的需要，这是项目经理、工程和建设人员管理项目所要求的最低水平；结构上的第二个层次将比第一层要窄，而且另一层次的用户所需的信息由本层提供，以后依次类推。WBS 的最底层的项通常被称为工作包，这些工作包还可以在子项目工作分解结构中进一步分解。如果项目经理把一个工作范围分包给另一个组织，这个组织必须制定比主项目更详细的层次计划来管理这个工作范围。在项目计划和进度中，这些工作包也可以进一步分解。结构设计的原则是必须有效和分等级，但不必在结构内构建太多的层次。对于一个较大的项目来说，4～6 个层次就足够了。在设计结构的每一层中，必须考虑信息如何向下流入下一个层次。原则是从一个层次到另一个层次的转移应当以自然状态发生。此外，还应考虑到使结构具有能够增加的灵活性，并从一开始就注意使结构被译成代码时对于用户来说是易于理解的。图 8—2 反映了一般项目的层级分解逻辑。

表 8—2　一般项目的层级分解逻辑

层　　级	工作分解结构内容	描　　述
第 1 层（最高层）	项目	当前开发的整个项目
第 2 层	可交付成果	主要的项目组成部分
第 3 层	子可交付成果	更小的项目组成部分
第 4 层（最底层）	工作包	独立的项目活动

延伸阅读

定义项目工作包

定义项目工作包时需要注意以下7个方面：

1. 工作包的典型形式就是工作分解结构的最底层。虽然有些项目会使用如子任务这样的词汇，但是大多数情况下认为工作包层的活动是工作分解结构中最基础的组成部分。

2. 工作包的产出要有可交付成果。每个工作包可以有自己的产出，工作包之间不能互相代替和修改，所有的工作包组合起来就是完成项目所需要的全部工作。

3. 一个工作包只有一个负责人，因此就需要指定项目团队成员中谁对工作包的完成承担最大的责任。当其他成员只是在需要的时候提供支持时，只有一个人直接对工作包负责。

4. 工作包应该被当作一个小项目来对待。所以工作包的历时和预算有限，同时还能产生具体的可交付成果，因而可以被看作是小型项目。

5. 工作包可能包括有多个里程碑。里程碑被定义为项目中的显著事件。基于规模和复杂程度，项目工作包可能包括有几个显著的检查点，或者是影响项目进程的里程碑。

6. 工作包应符合组织的流程和文化。支持项目的任务应该与组织的整个文化保持一致，这样，任务的执行才不会导致项目成员偏离企业的政策（显性或隐性），也就是说，活动的指派必须符合道德标准，同时也要与组织可接受的行为及流程一致。

7. 工作包的大小最好用工时、日历时间、成本、报告期以及风险来表述。所有的工作包都应该是可跟踪的，也就是说它们应该被结构化，以便于项目经理对项目进展进行监控。项目进度通常是一个可测度的概念，用成本或时间等标准来描述。

资料来源：[美] 哈罗德·科兹纳（Harold Kerzner）著，杨爱华译：《项目管理》，139页，北京，电子工业出版社，2010。

2. WBS的编码（WBS codes）设计。工作分解结构中的每一项工作或者称为单元都要编上号码，用来唯一确定项目工作分解结构每一个单元，这些号码的全体叫作编码系统。编码系统同项目工作分解结构本身一样重要，在项目规划和以后的各个阶段，项目各基本单元的查找、变更、费用计算、时间安排、资源安排、质量要求等各个方面都要参照这个编码系统。若编码系统不完整或编排得不合适，会引起很多麻烦。利用编码技术对 WBS 进行信息交换，可以简化 WBS 的信息交流过程。编码设计与结构设计是有对应关系的，结构的每一层次代表编码的某一位数，有一个分配给它的特定的代码数字。在图 8—2 中，WBS 编码是由四位数组成，第 1 位数表示处于 0 级的整个项目；第 2 位数表示处于第 1 级的子工作单元（或子项目）的编码；第 3 位数是处于第 2 级的具体工作单元的编码；第 4 位数是处于第 3 级的更细、更具体的工作单元的编码。编码的每一位数字，由左到右表示不同的级别，即第 1 位代表 0 级，第 2 位代表 1 级，依次类推。在 WBS 编码中，所有子项目的编码的第一位数字相同，而代表子项目的数字不同，紧接着的其余数字是零。再下一级的工作单元的编码依次类推。编码设计对于作为项目控制系统应用手段的 WBS 来说是个关键。不管用户是高级管理人员还是其他职员，编码对于所有的人来说都应当有共同的意义。在进行编码设计时，必须仔细考虑收集到的信息和收集信息所用到的方法，使信息能够自然地通过 WBS 编码进入应用记录系统。在进行编码设计时，如果在一个既定层次上，应该尽量将同一代码用于类似的信息，这样可以使编码更容易被理解。此外，在设计编码时还应当考虑到用户方便，使编码以用户容易理解的方式出现。例如，在有的 WBS 设计中，用代码的第一个字母简单地给出其所代表的意义，如用 M 代表人力等。

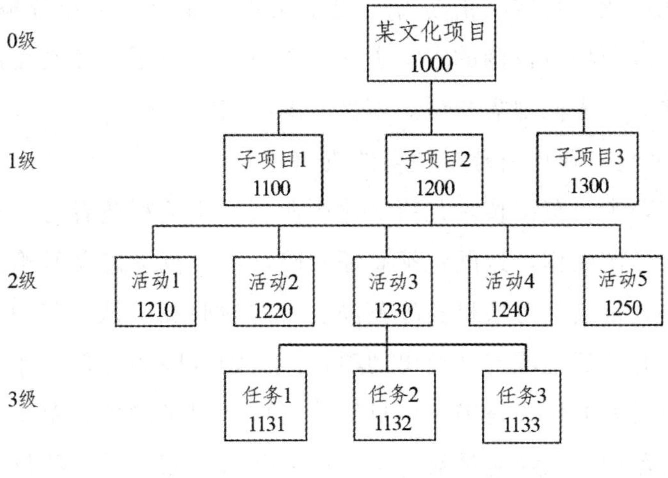

图 8—3　项目 WBS 图及编码示例

同样一个项目的 WBS，图 8—3 给出的是图的形式，还可以用列表的形式加以表示，其中的各项内容都没有变，但序号及任务项的缩进表示了该 WBS 的结构。这种方法可以更方便、有效地显示多层次的项目。它的运用也相当广泛，在合同中就经常用到。（见表 8—3）

表 8—3　项目 WBS 列表

<table>
<tr><th colspan="3">工作序号</th><th>工作名称</th></tr>
<tr><td colspan="3"></td><td>某文化项目</td></tr>
<tr><td>1</td><td colspan="2"></td><td>子项目 1</td></tr>
<tr><td rowspan="9">2</td><td colspan="2"></td><td>子项目 2</td></tr>
<tr><td colspan="2">2.1</td><td>活动 1</td></tr>
<tr><td colspan="2">2.2</td><td>活动 2</td></tr>
<tr><td rowspan="4">2.3</td><td></td><td>活动 3</td></tr>
<tr><td>2.3.1</td><td>任务 1</td></tr>
<tr><td>2.3.2</td><td>任务 2</td></tr>
<tr><td>2.3.3</td><td>任务 3</td></tr>
<tr><td colspan="2">2.4</td><td>活动 4</td></tr>
<tr><td colspan="2">2.5</td><td>活动 5</td></tr>
<tr><td>3</td><td colspan="2"></td><td>子项目 3</td></tr>
</table>

四、文化产业项目范围核实

在文化产业项目定义清楚并给出了文化产业项目工作分解结构之后，人们就可以按照项目范围的定义去开展项目的实施了。在文化产业项目实施之前和之后，人们都需要做好项目范围的核实工作。

（一）文化产业项目范围核实的概念

文化产业项目范围核实是指文化产业项目相关利益者对项目范围的正式认可和接受的工作，这既包括验证和确认项目范围定义所给出的项目范围定义结果，也包括对项目实施范围进行的检验和确认。其中，前者的作用是确保所有项目范围定义给出的项目产出物范围和项目工作范围的充分和必要，而后者的作用是确保项目实施完成了定义的项目范围，所以，文化产业项目范围核实还包括对于文化产业项目实施完成的项目产出物范围和项目工作范围所进行的验证和认可。

文化产业项目范围核实工作既包括对于整个项目范围的确认，也包括对一个项目阶段范围的确认工作。这种项目范围确认工作不同于项目质量管理的工作，因为项目质量管理所关心的是项目工作结果好坏，而项目范围确认关心的是项目工作范围的对错和完成与否。

根据文化产业项目范围核实工作的定义和内容可以看出，文化产业项目范围核实的成果包括两个方面：一是经过确认的项目范围，即由项目各利益相关者确认的项目范围文件；二是全面更新的项目工作分解结构，是指根据项目范围确认结果对项目工作分解结构所做的修订和更新。

（二）文化产业项目范围核实的依据

1. 文化产业项目的各种文件

文化产业项目核实工作需要依据项目已有的各种文件，包括项目章程、项目合同、项目集成计划、项目管理计划、详细的项目范围说明书、项目工作分解结构、项目技术设计文件和其他各种已有的项目文件。

2. 文化产业项目的各种信息

文化产业项目核实工作还需要依据各种已有的项目信息，这包括与项目有关的文化事业组织环境方面的信息、组织过程资产中包括的各种信息、项目变更请求和审批的信息、项目所属的文化专业领域信息以及其他各种相关的项目信息。

3. 文化产业项目范围定义结果

文化产业项目范围定义结果也是在核实项目范围时所使用的依据之一，这包括项目和项目阶段的产出物、可交付成果以及项目工作范围等定义结果文件。

4. 文化产业项目工作实施结果

文化产业项目工作实施结果是人们核实文化产业项目实施范围时所使用的依据之一，此时需要确认的就是是否按照项目范围的规定实施了项目。在进行这种项目范围核实时，人们需要对项目实施成果进行分析和确认，最终得出是否予以核实的结论。

（三）文化产业项目范围核实的方法

文化产业项目范围核实需要运用合适的方法。项目范围核实的审查对象包括项目范围定义和项目实施结果两个方面，前者主要是确认定义的项目范围是否合理和可行，主要使用工作的核验方法；后者主要是确认项目实施的范围是否完备和正确，主要使用项目产出物的检验方法。

1. 文化产业项目范围定义结果的核验清单法

实践证明，以下两种方法对文化产业项目范围定义结果的核验是最主要的，也是行之有效的方法，当然，除此之外，也还存在其他方法。

（1）项目范围定义文件的核验清单法

这一核验清单的主要内容包括：项目目标是否完善和准确？项目指标是否可靠和有效？项目约束条件是否真实和符合实际情况？项目假设前提条件是否合理和明确？项目范围是否能够保证项目目标的实现？项目范围带来的风险是否可以接受？完成项目范围是否有足够把握？项目范围定义给出的项目工作效益是否高于成本？项目范围定义是否需要进一步深入研究和界定？

（2）项目工作分解结构文件的核验清单

这一核验清单的主要内容包括：项目目标和要求的描述是否清楚？项目产出物的指标是否可行和有效？项目产出物及其分解是否都是为实现项目目标服务的？项目可交付物的分解是否能满足最终生成项目产出物的需要？项目工作的分解是否能够生成项目的可交付物和项目产出物？项目工作分解得到的各工作包是否都是为生成项目产出物和项目可交付物服务的？项目工作范围和项目产出物范围与项目目标之间的关系是否具有传递性和符合逻辑与要求？项目工作分解给出的工作包是否有合理的绩效度量指标和规定的指标值？项目目标与项目工作绩效度量指标是否相匹配？项目工作分解结构的各工作包的划分和相互之间的关系是否科学合理？项目工作分解结构中各工作包的划分是否有利于资源的配置？

2. 文化产业项目范围实施结果的检验单法

人们通常使用文化产业项目产出物或项目可交付物的检验单法对项目范围实施结果进行确认。

这种方法是对照文化产业项目产出物或项目可交付物的要求和规定，通过对其开展度量、检查、核对、测试等具体检查和验证工作，确认项目实施所生成的项目产出物或项目可交付物是否达到了项目要求和计划的方法。

五、文化产业项目范围控制

在文化产业项目按照项目范围计划开始实施以后，项目自身和项目各种条件和环境都会发生变化，这种变化会导致项目范围发生变动而需要对其进行必要的控制。

（一）文化产业项目范围控制的内容

导致文化产业项目范围变更的原因既有主观请求，也有客观影响，不管是什么原因的变更，都会使项目时间、成本、质量、采购和风险等各方面发生相应的改变，因此，对项目范围的控制是项目管理的必要手段之一。

文化产业项目范围控制的主要内容有两个：一是按照充分必要的原则保障项目范围的实施；二是按照价值最大化的原则去开展项目范围的变更。项目范围变更的控制又可以分成两个部分：一是对于客观影响而造成的项目范围变动的控制；二是对于人们主观提出的项目范围变更请求的控制，这主要是项目相关利益主体所提的项目范围变更请求的审批和监督实施等。项目范围控制必须同项目其他要素的控制集成进行，否则就会出现所谓的项目范围迁延。

在文化产业项目范围控制中，人们开展的主要控制工作包括事前控制和事中控制。事前控制是指分析和确定影响项目范围变动的主要因素和环境条件，管理和控制那些能够引起项目范围变更的主要因素和条件；事中控制是指分析和确认项目相关利益主体各方提出的项目变更请求的合理性和可行性；分析和确认项目范围变动是否已实际发生及其风险和影响，当项目范围变更发生时对其进行必要的控制。最终人们还要设法使项目变更朝着有利于项目相关利益主体所获价值的方向发展，并努力消除项目变更带来的不利影响。

（二）文化产业项目范围控制的方法

文化产业项目范围控制的方法同其他项目的范围控制一样有很多种，但最主要的控制方法有以下几种：

1. 项目范围控制系统的方法

建设并使用项目范围控制系统是项目范围控制的主要方法之一，这一系统主要包括：项目范围变更控制的基本程序和方法，项目范围控制的责任划分和授权，项目范围变更的文档化管理，项目范围变更的跟踪监督，项目范围变更请求的审批等。这种项目范围控制系统的规定和要求都应在项目范围管理计划中明确给出，以便在项目实施过程中能够使用这一系统去做好项目范围控制工作。这一系统实际上是整个项目控制系统的一部分，人们必须按照项目配置关系去做好项目范围控制的集成管理工作。另外，当项目是按照合同进行时，项目的范围控制必须按合同的规定进行。

2. 项目配置管理系统的方法

建设并使用项目配置管理系统也是项目范围控制的一种方法，这种系统实际上是项目集成管理系统的一个组成部分。项目配置管理系统的方法主要是按照项目目标、产出物、可交付物、工作和资源的配置关系进行控制的方法，这种方法使用有效按照配置关系匹配的方法去管理和控制项目范围。所以这种控制方法由一系列综合平衡的配置管理和文档化的控制程序构成，借助这些方法人们能实现对于项目资源、工作、产出物和项目目标的合理配置，从而实现项目范围和项目各个要素的集成控制和管理。

3. 项目实施偏差情况的分析方法

这一方法通过分析项目范围是否已经发生变动和变动的大小以及变动所造成的影响的大小，然后决定人们所应该采取的预防、纠偏和补救措施。实际上项目范围控制最重要的工作就是识别、分析和度量已发生的项目变动及其原因，然后决策是否对这项变动（或偏差）采用行动，这种方法要求在发现项目范围出现变动（或偏差）后要立即缩短项目实施绩效的度量周期，以便由此严密监视项目实施进展情况以及其中出现的偏差和问题。

4. 更新项目计划的方法

当项目范围发生变更时，人们必须对原有项目范围的各种计划文件进行必要的修改和更新。因为项目范围变化较大时会引起项目各方面的计划无法实现，如项目时间、成本和质量计划等计划均会受到严重影响。所以在项目范围变更时，人们必须针对项目范围变更情况更新项目各种计划。此时使用的方法包括追加计划法、全面更新法和重新修订法等。在使用重新修订法时，要同时重新编制项目集成计划和项目专项计划，否则会破坏项目各方面的配置关系和集成管理。

（三）文化产业项目范围控制的成果

文化产业项目范围控制的成果主要有各种更新的项目文件、项目实施成果及获取的经验教训。

1. 各种更新后的项目范围控制文件

在项目实施过程中发生的项目范围变更及其控制，必须用正式的项目文件描述，从而形成各种更新后的文件，主要包括项目范围更新批准书及其辅助文件、更新的项目工作分解结构、更新的项目范围管理计划、更新的项目集成计划以及更新的项目成本、时间和质量等专项计划。

2. 项目范围实施的成果

这方面成果主要有两个，一是按项目范围计划实施而得到的项目范围实施成果；二是按项目范围计划变更方案实施所得到的项目变更结果以及各种预防、纠偏和补救措施。这些项目范围实施成果都是一种项目集成管理的结果，所以它要符合项目范围计划和项目集成计划的要求。

3. 项目范围控制中的经验与教训

在项目范围变更及其控制中都会出现经验和教训，这些经验与教训都应该最终形成文件，以使这部分信息成为项目历史数据的一部分。这方面的成果既包括项目事业环境因素和组织过程资产的更新文件，也包括通过总结项目的经验教训，人们真正学习到的项目知识。

本章案例：

西安临潼凤凰池音乐厅项目工作分解

西安临潼度假区位于西安市临潼区城区西部，有着丰富的文化资源和旅游资源，为建设国家一流旅游度假休闲区，深度挖掘文化资源，开发建设了一批具有国际水准的旅游项目和配套设施。临潼凤凰池音乐厅项目位于临潼度假区湖滨湿地文化商业带的凤凰池畔，属于凤凰池文化艺术中心项目的一部分。

音乐厅项目是建筑业内最为复杂的观演建筑，除了一般工程项目所包含的土建设计、安装设计、室外设计、景观设计、装修设计外，还要根据项目自身的特点和要求，包括建筑声学设计、舞台音响设计、舞台灯光设计、舞台机械设计、特殊的装修设计、管风琴设计等大量的专业设计内容。在设计之初理清项目的设计范围，做好项目的工作分解是非常重要的工作。

音乐厅项目其工作范围包括：完成音乐厅所有设计内容，包括土建设计、舞台机械设计、舞台灯光设计、舞台音响设计、装修设计（含艺术照明设计）、管风琴设计（与施工工作结合）、智能化设计（和弱电系统结合）；完成音乐厅所有施工工作，包括土建及安装工程、舞台机械工程、舞台灯光工程、舞台音响工程、装修工程、管风琴安装。

工作分解结构采用树状结构形式，如图：

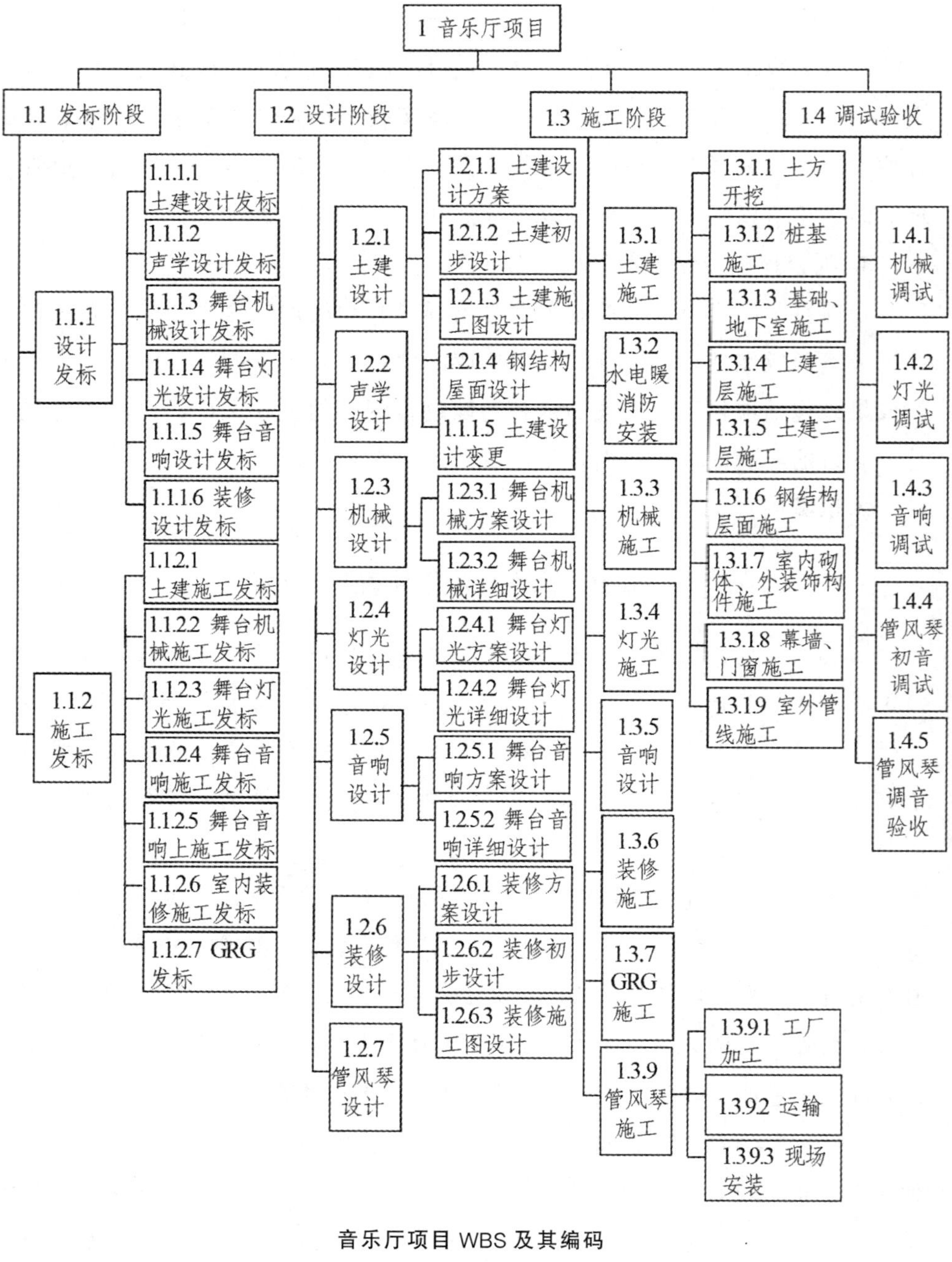

音乐厅项目 WBS 及其编码

第九章　文化产业项目进度管理

文化产业项目进度管理（project schedule management）是一种按时完成文化产业项目所开展的一项项目专项管理工作，其核心工作主要包括制订文化产业项目进度计划和对文化产业项目进度计划进行控制两大方面。

第一节　文化产业项目进度计划的制订

一、文化产业项目进度计划的概念

（一）文化产业项目进度计划的定义

文化产业项目进度计划是为保证文化产业项目各项工作及项目总工作按时完成而进行的一系列的计划工作与过程，是在明确界定项目活动内容的基础上，说明项目各项工作的开展顺序、开始与结束时间以及各项工作之间的相互衔接关系。任何一个文化产业项目，在确定了项目的开始和结束时间以及总体工作目标后，就需要进一步将总的项目目标转化为具体而有序的各项项目任务，并对每项任务的开始时间和结束时间作出安排，这种安排就构成了文化产业项目进度计划，它包括了所有的项目工作的任务、相关成本和必要的完成任务所需要的时间估计等，有时也包括每项工作所需要的人力资源安排。

（二）文化产业项目进度计划的目的

文化产业项目进度计划的根本目的是控制项目时间和节约项目时间。具体来说，制订文化产业项目进度计划的目的表现在：

1. 制订文化产业项目进度计划通过对项目资源，包括人力、物力、财力资源，做出合理的预期和假设，有利于进行有效的项目资源协调，从而有利于项目需要某些项目资源时可以随时利用。

2. 文化产业项目进度计划有利于把握严格的项目完工时间，保证项目能按时获得收益以补偿已经发生的费用支出，或者尽可能地节省开支。

3. 文化产业项目进度计划通过预测项目在不同时间上所需要的资金和资源的级别，来赋予项目以不同的优先级。

二、文化产业项目进度计划制订的前期工作

文化产业项目进度计划制订前，需要做一系列的前期工作以获取数据，生成各种文件，作为进度计划制订的依据，这些工作主要包括：文化产业项目活动界定工作、文化产业项目活动排序工作、文化产业项目活动资源估算工作和文化产业项目活动持续时间估算工作。这些工作生成的文件依次是项目活动清单及其细节说明、项目网络图、项目资源要求与供应情况、项目活动持续时间估算文件，这些文件构成了文化产业项目进度计划制订的依据。

（一）文化产业项目活动的界定

1. 文化产业项目活动界定的概念

文化产业项目活动界定是在项目工作分解基础上，进一步分解和识别出一个文化产业项目需要开展的各种项目活动的项目时间管理工作。项目工作分解结构将项目工作分解成一个个项目工作包，项目活动界定就是将每一个项目工作包进行进一步的分解和界定，确定出每一个项目工作包所包含的项目具体活动。项目活动界定所给出的项目活动必须能够生成一个完整而具体的项目可交付物，这种项目可交付物既可以是一种有形产品，也可以是一项无形的服务或管理工作的结果。

2. 文化产业项目活动界定的依据

（1）文化产业项目工作分解结构

对文化产业项目活动进行界定的最基本和最主要的依据是文化产业项目工作分解结构，项目工作分解结构给出的项目工作包是项目活动界定的出发点。

（2）详细的文化产业项目范围说明书

文化产业项目活动界定的另一个主要依据是详细的文化产业项目范围说明书，它给出了有关项目目标、项目产出物、项目可交付物和项目工作范围的相关信息和资料，没有这些信息和资料作为依据，人们根本无法科学、全面地分解和界定出项目活动。

（3）文化产业项目约束条件

文化产业项目约束条件是指在项目活动界定时人们已经认清的项目所面临的各种确定性的限制条件和因素，它也必须作为项目活动界定的依

据，以体现项目活动所具有的资源约束性。

（4）文化产业项目假设条件

文化产业项目假设条件是指人们在进行项目活动界定时，对所面临的一些不确定的条件和因素做出某种人为的假定。这种人为假定的项目条件是项目活动界定所必需的，同时，对于这些假定条件和因素所带来的风险，必须进行必要的防范。

3. 文化产业项目活动界定的方法

不同的文化产业项目所使用的项目活动界定方法不尽相同，对于具有很高不确定性的项目，可以采用“头脑风暴法”或“专家法”等通过集思广益和专家经验去界定项目活动，而对于相对确定性的项目，可采用结构化的项目活动分解法去界定项目活动。

项目活动分解法是根据项目工作分解结构，通过进一步向下分解出每个项目工作包中的各项活动，从而得到项目活动清单的一种结构化和层次化的项目活动界定方法。这种方法与项目工作分解结构一脉相承，只要将项目工作包做更细一步的分解，就可以界定和给出项目活动了。这种方法有利于全面、完整地界定出项目的所有活动，从而使整个项目的工作分解和活动分解具有一致性。所以这种项目活动分解法实际上就是项目工作分解法的延伸。

一个文化产业项目的分解包括项目阶段分解、项目工作分解和项目活动分解。人们需要将一个项目分解成一系列的项目阶段，然后再将这些项目阶段分解成项目工作包，最后进一步将项目工作包分解成项目活动。所以项目活动界定需要以项目工作分解结构文件为基础，进一步分解界定各项目工作包中所包含的项目活动。图 9—1 显示了项目阶段分解、项目工作分解与项目活动分解之间的关系。

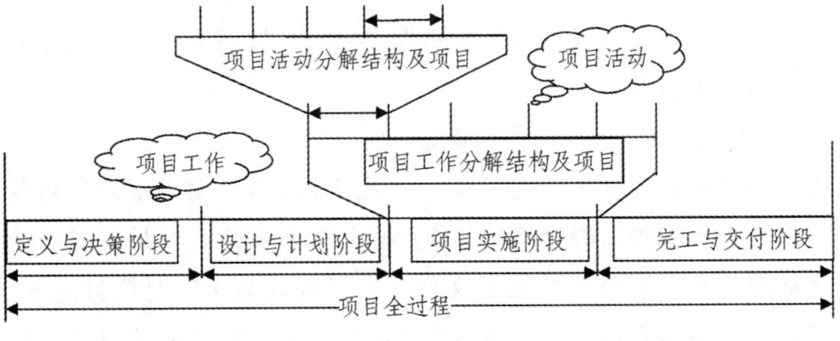

图 9—1　项目阶段、项目工作与项目活动分解的示意图

参见戚安邦、张连营主编：《项目管理》，108 页，北京，清华大学出版社，2008。

另外，与项目工作分解结构模板相一致，项目活动界定也可以利用历史项目的活动清单或标准的项目活动清单模板作为界定新项目活动的平台，然后根据新项目的具体限制条件与假定条件和要求，通过在项目活动平台上增减项目活动的方法分解和界定出项目的全部活动。借鉴模板进行项目活动界定的优点是简单快捷、简便易行且具有较高的结构化水平，但是有时可供使用的项目活动平台中的某些缺陷会对新项目活动的分解与界定带来不良影响。

4. 文化产业项目活动界定的结果

(1) 文化产业项目活动清单

文化产业项目活动界定给出的最主要文件是项目活动清单，它列出了项目的全部活动。项目活动清单给出的项目活动远比项目工作分解结构给出的项目工作包更为详细、具体和具有可操作性。项目活动清单同项目工作分解结构一样，也必须遵循充分必要的基本原则，即它既要包括项目所需的全部必要活动，又要不包含任何不必要项目的活动。在列出项目所有活动的同时，项目工作包及其相互关系也包含在清单中，以使项目团队成员清楚每一项项目活动的来龙去脉。另外，项目活动清单还包括有关项目活动属性或特性的说明和描述。

文化产业项目活动清单的支持细节用于对每项活动的具体细节做出文字性的说明和解释，这种说明和解释既包括对项目约束条件和假设条件的说明，也包括对于项目活动清单的各种解释和说明，保证项目成员准确、完整地理解该项活动。项目活动清单的支持细节通常需要单独成文，以项目活动清单的附件形式存在。

(二) 文化产业项目活动排序

对文化产业项目活动进行分解和界定之后，接下来的工作就是对分解出的项目活动进行排序。

1. 文化产业项目活动排序的概念

文化产业项目活动排序是指根据文化产业项目活动界定的项目各项活动的关系，合理安排与确定项目各项活动的先后顺序，其最主要的依据是文化产业项目活动清单及其细节文件。为了制订文化产业项目进度计划，必须准确、合理地安排项目各项活动的顺序，并依据这些项目活动的顺序确定项目的路径以及由这些项目路径所构成的项目活动网络，所有这些都属于项目活动排序工作的范畴。

2. 文化产业项目活动排序的结果

文化产业项目活动排序最重要的结果是生成项目网络图。项目网络图是项目活动之间逻辑关系的描述图，它既可以包括项目所有具体活动，也可以只包括项目主要活动。项目网络图中带有项目活动的编号和项目活动的命名，以便唯一界定每个项目活动。同时，项目网络图中也可以进一步添加各种有关项目进度和资源方面的信息，如项目活动的浮动时间、提前和滞后时间要求等信息。

为了做好文化产业项目网络图，人们必须搞清楚每一个文化产业项目活动之间的先后顺序关系，即逻辑关系，或称时序关系。用来表达项目活动之间逻辑关系的最重要、最常用的概念如下：

（1）紧前工作（Front Closely Activity）：紧排在本工作之前的工作。

（2）紧后工作（Back Closely Activity）：紧排在本工作之后的工作。

（3）平行工作（Concurrent Activity）：可与本工作同时进行的工作。

（4）先行工作（Preceding Activities）：自起点节点至本工作之前各条线路上的所有工作。

（5）后续工作（Succeeding Activities）：本工作之后至终点节点各条线路上的所有工作。

（6）虚工作：虚拟的、实际并不存在的工作，它不占用时间，也不消耗资源，是双代号网络图中为了正确表示各工作间逻辑关系的需要而人为设置的，以虚箭线表示。

（7）完成到开始关系 FTS（finish To Start）：某一工作完成后或完成一定时间后，其紧后工作才开始的顺序关系。

（8）开始到开始关系 STS（Start To Start）：某一工作开始一定时间后，其紧后工作才开始的顺序关系。

（9）完成到完成关系 FTF（Finish To Finish）：某一工作完成一定时间后，其紧后工作才完成的顺序关系。

（10）开始到完成关系 STF（Start To Finish）：某一工作开始一定时间后，其紧后工作才完成的顺序关系。

依据这些概念界定，项目活动间的主要逻辑关系可以用以下方法标示，如表 9—1。

表 9—1　项目活动逻辑关系表示方法

序号	逻辑关系	单代号表示方法	双代号表示方法
1	工作 A 完成后进行工作 B，工作 B 完成后进行工作 C	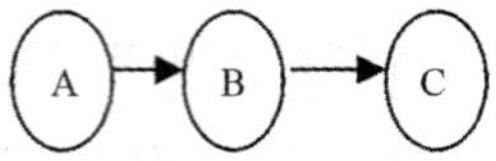	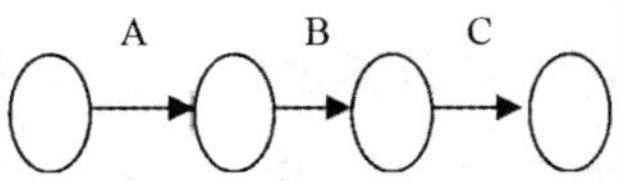
2	工作 A 完成后同时进行工作 B 和工作 C	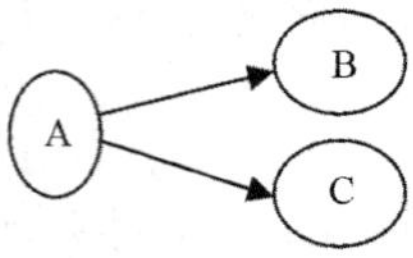	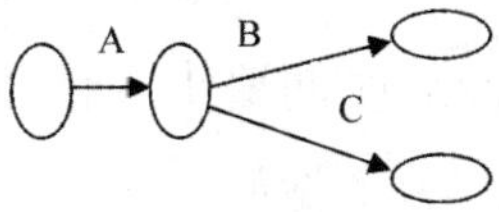
3	工作 A 和工作 B 都完成后进行工作 C	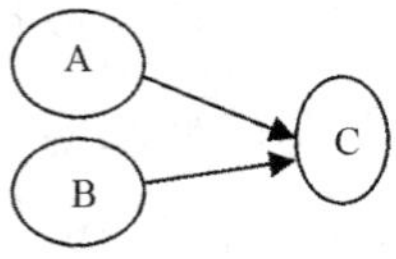	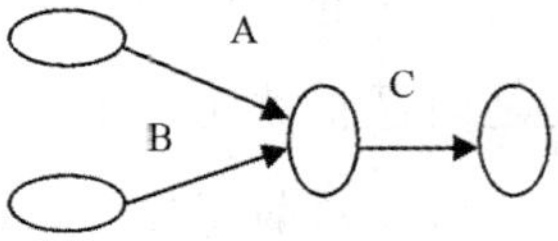
4	工作 A 和工作 B 都完成后同时进行工作 C 和工作 D	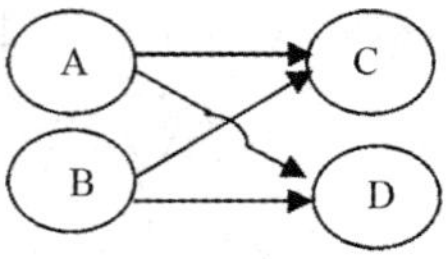	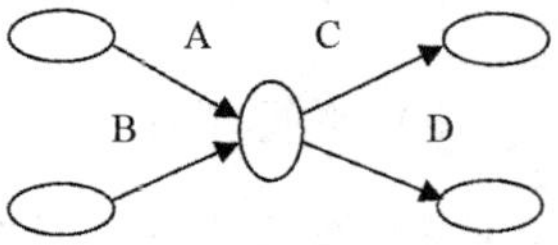
5	工作 A 完成后进行工作 C，工作 A 和工作 B 都完成后进行工作 D	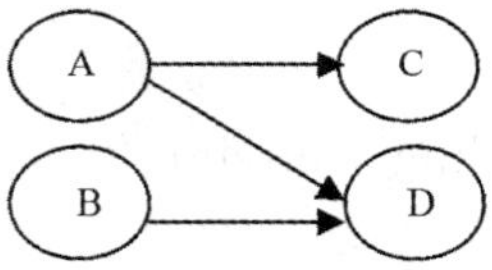	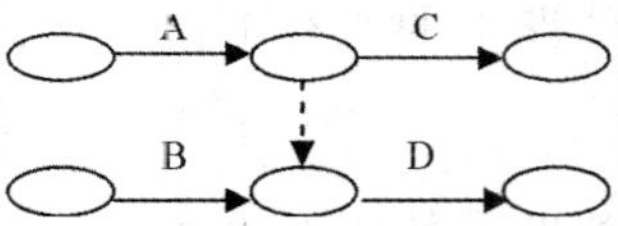

（三）文化产业项目活动资源估算

开展任何文化产业项目活动都需要消耗资源，所以，要开展项目活动工期的估算和安排项目进度计划就必须进行项目活动资源的估算和设定。

1. 文化产业项目活动资源估算的概念

文化产业项目活动资源估算是指通过分析和识别文化产业项目活动的资源要求，确定项目所需投入资源的种类（如人力、信息、技术、设备、资金等），估计资源的数量和资源投入的时间，从而做出项目资源估算的一种项目时间管理的工作。

任何项目在实施过程中，所需资源总是短缺的，项目团队不可能无限制地得到和使用项目所需的资源，所以就必须进行项目活动所需资源的估算，以便在项目实施中项目资源能够满足项目进度的计划和安排。如果一个项目的资源配置不合理或使用不当，就会使项目工期拖延或使项目成本超支。所以在项目进度管理中必须科学合理地做好项目活动资源估算，以保证项目进度和成本等目标的实现。

2. 文化产业项目活动资源估算的方法

(1) 基于整体的自上而下估算方法

当对文化产业项目活动资源的估算精确度要求相对比较粗略时，可以使用自上而下的方法去估算项目的资源要求。这种自上而下的项目活动资源估算技术因为所需信息资料较少，所以相对精确度较低。

(2) 基于活动的自下而上估算方法和步骤

当对文化产业项目活动资源的估算精确度要求相对较高时，需要使用自下而上的估算方法。这是一种将项目工作和活动逐层分解，然后估算项目工作、项目活动甚至项目活动各个步骤的资源需要，最终将这些项目活动所需资源的估算按照项目活动所需的每种资源向上汇集而估算出项目活动所需资源的方法。这是一种结构化的分解和估算的方法，其估算精确度比较高。

基于活动的自下而上估算大致遵循以下步骤：列出项目所需资源清单、确定各种资源的使用限制、确定各种资源的单价、确定资源投入量、确定项目的后勤保障体系、确定各个资源的供应方案，列出资源计划矩阵。项目资源计划矩阵见表 9—2 和表 9—3。

表 9—2 项目资源计划矩阵 1

工作	资源需求量					说明
	资源 1	资源 2	……	资源 n－1	资源 n	
工作 1						
工作 2						
……						
工作 m						

表 9—3 项目资源计划矩阵 2

资源需求种类	资源需求总量	时间安排				说明
		1	2	……	n	
资源 1						
资源 2						
……						
资源 m－1						
资源 m						

资料来源：参见张立波编著：《文化产业项目策划与管理》，327 页，北京，北京大学出版社，2013。

3. 文化产业项目活动资源估算需要关注的问题

在文化产业项目活动资源估算过程中需要特别关注的问题包括：

完成项目的特定活动有多少困难？

项目运作中影响资源的最独特要素是什么？

组织以前做过类似项目吗？有什么经验可以借鉴？由什么层次的人来做这个工作？

组织是否有人力、技术、设备和其他资源来完成这项工作？是否有可能影响资源的可用性的组织政策？

组织是否需要获得更多的资源来完成工作？将一部分工作外包是否有意义？外包是否会增加或者减少需要的资源？它们什么时候可用？

对这些问题，可以依据项目的活动清单、活动属性、项目管理计划、企业环境因素、组织过程资产和资源可用信息等文件做出回答。

（四）文化产业项目活动持续时间估算

1. 文化产业项目活动持续时间估算的概念

活动持续时间（Duration）表示完成该活动所需的工作时间。文化产业项目活动持续时间估算是对既定项目所需时间长度的估计，既包括对每项项目活动持续时间的估算，也包括对于整个项目持续时间的估算。这项工作通常以项目活动清单、项目活动所需资源估算或假设的结果为依据，由项目团队的项目进度计划人员完成，或由专家根据经验和资源情况确定给出。在一定的给定资源条件和努力水平下，某项活动可能在一定的时间内完成，当投入更多的资源，或者增加努力的情况下，完成同样活动需要的时间可能会短一些，反之则长。因此，精确地估计是不存在的，做出切合实际的估计，是项目成功所必需的。

2. 影响活动持续时间的因素

要合理估算项目活动究竟需要多长的时间，首先必须了解影响活动持续时间的因素：

（1）意外事件。在项目的实际进行过程中，总会遇到一些意想不到的突发事件，如客户要求发生了变化、小组骨干成员离开了、客观条件出现了新的情况等，这些突发事件大都会对项目的实施进度带来影响，在估算项目活动持续时间时应尽可能地考虑意外事件。

（2）项目团队成员的工作熟练程度与工作效率。工作越熟练，效率越高，活动所需的时间越少，反之，所需时间则长。

（3）资源供应情况。项目所需的资源如果应有尽有，则会省时；相反，如果实施项目所需的资源尚不具备，则费力费时。

此外，对项目活动持续时间的估算通常还要考虑项目活动所需的必要的休息时间以及项目活动的各种提前和滞后时间要求等。

3. 项目活动持续时间的估算方法

（1）专家判断法，即请本领域的专家来判断执行项目活动各工作所需时间的长短。活动持续时间的估计常常要涉及众多的因素，一般很难找到一个通用的计算方法，这个时候专家的历史经验和记录就显得尤为重要，尽管用这种方法的结果也具有不确定性和一定的风险，但仍然不失为一种行之有效的方法。

（2）类比法，又叫经验比较法，即比照以前的经验，或比较以往类似项目的档案资料，根据以前类似的实际项目的活动时间来推测当前项目活动各工作时间。如果当前的项目与类比的项目很类似时，类比估计是一种最有效的方法。

（3）资料统计法，即根据行业部门颁布的行业标准或定额，计算出项目活动的持续时间。这种办法对项目活动持续时间的估算精确度比较高，但并不是所有行业都有相关标准。

4）经验公式法，可以用经验公式来估算大概的活动持续时间（见图9—2）。经验公式如下：

工作持续时间＝(最乐观的估计＋4×最有可能的估计＋最悲观的估计)/6

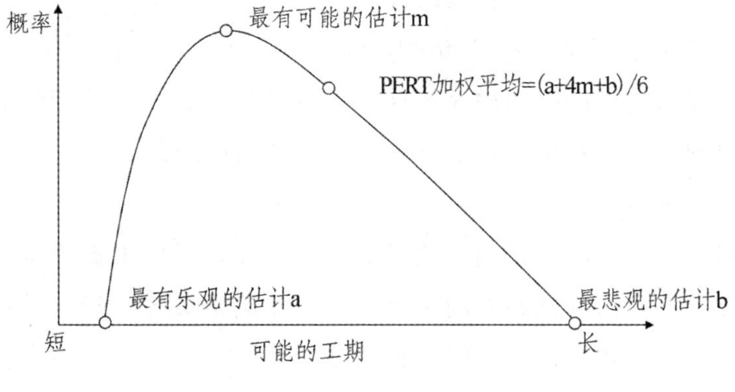

图 9—2　工作持续时间计算

应注意的是，在项目活动持续时间估算中，对于整个项目持续时间的估算，需要留有一定的时间储备作为应对各种已识别项目风险的手段和缓冲器。这种时间储备既可以是项目活动持续时间估算的一个百分比的相对数，也可以是一定数量的绝对数。另外，多数专家建议每个项目活动都需要有最长持续时间的限定，这种最长项目活动持续时间应该包括交付、评估和验收的时间在内，并且应在项目合同或项目实施组织的政策中明确给出规定。

三、编制文化产业项目进度计划的方法

文化产业项目进度计划的编制同其他项目一样，需要进行反复地试算和综合平衡，具体的编制方法主要有以下几种：

（一）关键路径法

关键路径法是项目进度管理中比较实用的一种方法，它是通过计算所有项目活动的最早开始时间、最早结束时间、最晚开始时间和最晚结束时间以及浮动的时间等参数，然后根据这些参数安排和编制项目进度计划的方法。其工作原理是：计算每个项目活动持续时间、定义其最早开始和结束时间、最迟开始和结束时间、按照活动的关系形成顺序的网络逻辑图，找出必需的最长的路径，即为关键路径。

关键路径是一系列决定项目活动持续时间的活动，关键路径上的任何活动延迟，都会导致整个项目完成时间的延迟。

关键路径法的操作步骤如下：

1. 确定关键活动

通过绘制项目活动网络图（从 WBS 到活动清单到活动排序），确定关键活动，估计每一项活动的持续时间。

2. 估算项目关键活动的开始时间和结束时间

为了在要求完工的时间内完成项目，估算每项关键活动能够开始和结束的最早时间，以及每项关键活动必须开始和结束的最迟时间。

3. 确定关键路径

关键路径法的核心就是确定项目的关键路径，需要根据确定的关键活动以及估算的项目活动开始时间和结束时间，确定关键路径。关键路径是项目各项关键活动累计持续时间最长的路径。

4. 制订项目进度计划

针对关键路径进行优化，结合成本因素、资源因素、工作时间因素、活动的可行进度因素对整个计划进行调整，直到关键路径所用的时间不能再压缩为止，得到最佳项目进度计划。

（二）资源水平法

使用关键路径法制订项目进度计划的前提是项目实施条件和资源十分充分，但是实际上多数项目的实施都存在资源约束和限制，因此有必要在编制项目进度计划时使用资源水平法。资源水平法又叫作基于资源的项目进度计划方法，在许多情况下可以与关键路径法配套使用。这种方法的基本思路是将稀缺资源优先分配给关键路径的项目活动上，由此制订出的项目进度计划通常比使用关键路径法编制的项目进度计划的总持续时间要长，但如果资源充足，通过加班加点、多班次安排和提高劳动生产率等手段可以缩短项目持续时间，因此，使用资源水平法得到的项目进度计划结果更为经济和实用。

（三）情景分析法

情景分析法就是根据给定的一些假设条件与参数，然后运用各种不同情景的分析，最终制订出项目进度计划的方法。这种方法通过分析假设的不同情景，使用项目进度逻辑网络等方法来求出不同情景下的项目进度安排。情景分析法一般用于评估在各种限制条件下的项目进度的可能结果，以便安排项目持续时间中的时间储备、不可预见费和应急措施。

四、文化产业项目进度计划的表现形式

文化产业项目进度计划可以以详细描述的形式表示，也可以表示为表格的形式，因图形描述直观易懂，因此更常用的是以多种形式的图形方式加以描述。主要的项目进度计划表示形式有：里程碑图（Milestone Chart）、横道图（Gantt Chart）、时标网络图（Time Coordinate Network）等。

（一）里程碑图

1. 里程碑法，又称重大事件法，是最简单的一种进度计划表，只列出一些关键活动和进行的日期，这种方法在项目管理层中用的最多。里程碑是指项目中关键的事件及关键的目标时间。里程碑事件是确保项目目标实现的关键点，也是项目主要领导人必须关注的重要事件。比如，在艺术展览或体育活动赛事项目中，可以将项目审批完成、筹办工作开始、开幕式、闭幕式等关键任务作为项目的里程碑。如图 9—3 所示。

重大事件	1月6日	1月20日	1月30日	5月1日	5月30日
项目审批通过	◆				
项目组成立		◆			
筹备工作开始			◆		
开幕式				◆	
闭幕式					◆

图 9—3　项目里程碑示意图

里程碑计划的编制方式主要有两种：一是编制进度计划以前，根据项目特点编制里程碑计划，并以该里程碑计划作为编制项目进度计划的依据；二是编制进度计划以后，根据项目特点及进度计划编制里程碑计划，并以此作为项目进度控制的主要依据之一。

2. 横道图，又称甘特图、条形图或棒状图，是描述项目进度计划的最常见的工具，早在 20 世纪初就开始应用和流行，主要用于项目计划和项目进度的安排。横道图是一个二维平面图，横轴表示进度或工作时间，纵轴表示项目工作内容。横道图的特点是直观、简单、容易制作、便于理解。如一本书籍的出版发行活动依次包括编辑加工、版式设计、制图、打印长条校样、印刷校样、设计封面等工作环节，由此可以制作出一个横道图。如图 9—4 所示。

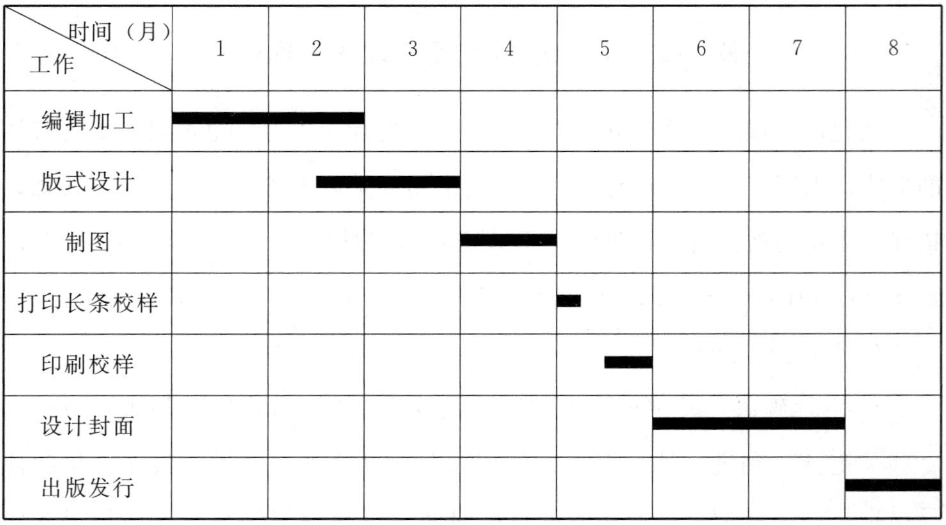

图 9—4　出版发行活动横道图

横道图的主要作用表现在两个方面：一是通过代表项目活动的条形图在时间坐标轴上的点位和跨度来直观反映项目活动各有关时间参数，通过条形图的不同图像特征（如实心条、空心条等）来反映项目活动的不同状态（如反映时差、计划或实施中的进度），通过用带箭头的线来反映项目活动与其他活动之间的逻辑关系；二是进度控制，其原理是将现场实际进展情况以条形图形式画在同一个项目的进度计划横道图中，以此来直观地对比实际进度和计划进度之间的差距，并作为控制计划制定的依据。

（二）项目进度网络图

1. 项目进度网络图的概念

项目进度网络图是展示项目各计划活动及逻辑关系（依赖关系）的图形，可以包括项目全部活动，也可以只有一项或若干项概括性活动。图9—5是项目进度网络示意图。

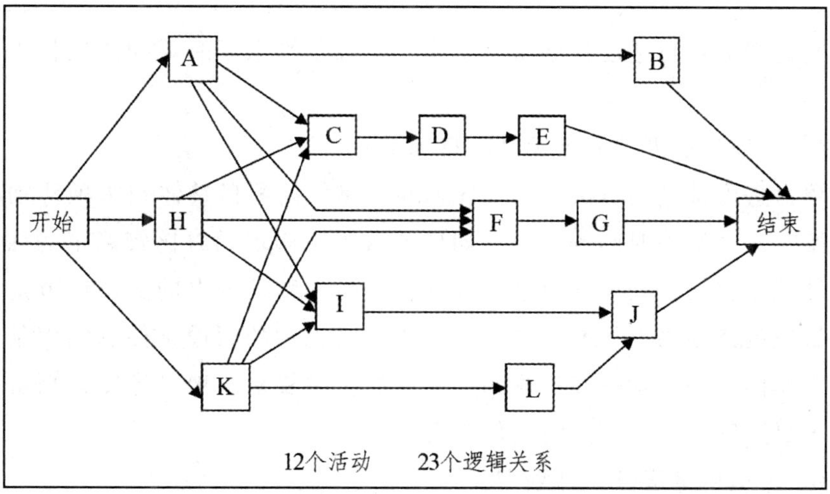

图 9—5 项目进度网络图

资料来源：参考［美］项目管理协会著，卢有杰、王勇译：《项目管理知识体系指南》第三版，113页，北京，电子工业出版社，2005。

2. 绘制项目网络图的规则

绘制项目网络图需要了解一些简单的规则，这些规则有助于更好地理解活动网络的逻辑关系。①

（1）绘制项目网络图之前，必须先确定项目活动的优先次序，即所有活动必须按照逻辑连接起来，一些是先行活动，一些是后续活动。

（2）一般而言，网络图的流向是从左到右。

① 参见［美］哈罗德·科兹纳（Harold Kerzner）著、杨爱华译：《项目管理》，243页，北京，电子工业出版社，2010。

（3）一项活动必须等到与它相连的所有先行活动结束后才能开始。

（4）网络上的箭线代表优先次序和逻辑流向。箭线可以交叉，但为了使网络图更清晰，应尽量避免交叉。

（5）每个项目活动都应有一个唯一的标识与之对应，比如用数字、字母、编码等标识。简单起见，这些标识应该按照升序排列，即每个活动的标识都应大于其紧前活动的标识。

（6）网络中不允许存在活动回路。

（7）虽然没有强制性要求，但一般用一个节点表示整个项目的开始，有时甚至可能有多个开始节点。项目结束也通常用一个节点表示。

五、文化产业项目进度计划的结果

文化产业项目进度计划编制工作的结果是给出了一系列的项目进度计划文件。

（一）项目进度计划书及其支持细节

项目进度计划书（project schedule）应包括项目整体和每项活动的计划开始时间和结束时间等信息。如果项目资源需求相对比较确定的话，这种文件就是相对正式的项目进度计划。项目进度计划书的支持细节是指有关项目进度计划书的说明文件，包括所有已识别的假设条件和约束条件的说明、具体计划实施措施的说明、项目的资源要求、项目进度计划备选方案、项目进度计划的应急时间储备等。

（二）项目进度管理计划书

项目进度管理计划书（schedule management plan）是有关如何应对项目进度计划变更和如何开展项目持续时间控制工作的计划安排。这一部分既可以整理成正式的项目进度管理计划书，也可以作为项目进度计划书的附件，或者只给出一个大体框架的说明即可。无论采用什么方式给出，这都是整个项目进度计划的一个组成部分，并且应该按照项目进度计划的编制和修订而不断对其进行更新。

（三）更新后的项目资源要求

在项目进度计划编制中可能出现对于项目资源要求的各种调整和改动，因此在项目进度计划制订中需要对项目的资源要求进行必要的调整和改动，然后整理并编制成一份更新后的项目资源要求文件。

（四）其他更新后的文件

主要包括对项目范围管理计划、项目工作分解结构、项目活动清单及其细节说明文件的更新，项目应用日历的更新等等。

第二节　文化产业项目进度的控制

项目一旦开始实施就需要严格控制整个项目的发展变化，文化产业项目进度控制是文化产业项目变更总体控制的一个组成部分，对于确保项目按照进度计划进行具有重要作用。

一、文化产业项目进度控制的概念和特点

（一）文化产业项目进度控制的概念

文化产业项目进度控制是指对文化产业项目进度计划的实施及其变更所进行的管理控制工作，具体说，是指在文化产业项目实施过程中，依照预先设定的项目进度计划和项目工作时间安排，将项目实际工作进度与预设的项目进度计划进行对比核查，发现其中的偏差或背离，寻找引起时间偏差或背离的原因，并及时采取措施加以补救，或是改变、调整原项目进度计划，防止项目出现拖延甚至中断，以确保文化产业项目按期完成的管理过程。

（二）文化产业项目进度控制的特点

1. 动态性。文化产业项目的进行是一个动态的过程，对项目进度的控制是随着项目的进展而不断进行的。因此，文化产业项目管理人员需要在项目各阶段根据进度计划，动态观测、掌握项目进展情况。

2. 系统性。文化产业项目的各实施主体和项目各阶段、各部分、各层次的项目进度计划构成了项目进度计划系统，它们之间相互联系、相互影响，因此项目每一进度计划的执行过程也是一个完整的系统，必须运用系统的理论和方法解决项目进度控制问题。

3. 封闭循环性。文化产业项目进度控制的全过程包含了实施项目进度计划、对项目实际进度进行检查、比较、分析与确定调整措施、修改计划等过程，这个过程是一个封闭的循环系统，项目进度计划控制过程就是在这一封闭循环系统中不断重复运行的过程。

4. 信息性。信息是文化产业项目进度控制的根本依据，因此必须建立完善的信息系统，及时有效地进行项目进度信息的传递和反馈。

5. 灵活性。一方面，文化产业项目实施过程的影响因素多而复杂，因此要求编制项目进度计划时必须留有余地，使项目进度计划具有一定的灵

活性。另一方面，项目进度的控制与项目控制的其他环节密切关联，因此，项目进度控制必须与项目质量控制、成本控制、范围控制等相协调，才能实现项目进度控制的目标。

二、文化产业项目进度控制的依据和步骤

（一）文化产业项目进度控制的依据

1. 项目进度计划及其支持细节

项目进度计划及其支持细节文件提供了制定项目进度基准和考核项目实施绩效以及报告项目进度计划执行情况的依据，因此，是项目进度控制最根本的依据。

2. 项目进度计划实施情况报告

项目进度计划实施情况报告提供项目进度计划实施的实际情况信息，包括哪些项目活动按期完成和哪些未按期完成以及项目进度计划总体完成情况等。通过比较项目进度计划和项目进度计划实施情况报告，人们可以发现项目进度计划实施的问题和差距。

3. 获准的项目进度变更请求

这是对项目进度计划所提出的改动，可由任何项目利益相关主体提出。项目进度变更可以是要求延长或缩短项目工期，也可以要求增加或减少项目活动，无论哪种项目工期变更请求都是项目进度控制的主要依据之一。

4. 项目进度管理计划书

项目进度管理计划书给出了如何应对项目进度计划变更的措施和管理办法，甚至包括项目资源配置方面的安排以及各种项目进度方面的应急措施安排等。这些项目进度管理计划和安排也都是项目进度控制的重要依据之一。

（二）文化产业项目进度控制的步骤

文化产业项目进度控制管理是动态的、全过程的管理，其实施过程包含四个步骤：

1. 项目进度的动态跟踪和监控

对项目进度的观测通常采取日常观测和定期观测的方法。

日常观测是指随着项目的进展，不断观测进度计划中所包含的每一项工作的实际开始时间、实际完成时间、实际持续时间、目前状况等内容，并加以记录，以此作为进度控制的依据。

定期观测是指每隔一定时间对项目进度计划实施情况进行一次较为全面、系统地观测和检查。间隔的时间因项目的类型、规模、特点和对进度计划实施要求程度的不同而不同。

2. 项目进度实际实施情况与项目进度计划进行对比，评价项目进度状况，发现项目进度的偏差，对诱发项目进度变化的因素进行分析。

3. 确定应采取哪种具体的项目进度控制措施，调整进度，预测新的进度状况。

4. 将项目进度纠正措施列入计划，形成项目进度变更报告，并预测和验证项目进度计划采取纠正措施的效果。

延伸阅读

解读洛克希德·马丁臭鼬工作室的管理模式

1943 年，洛克希德公司的天才但古怪的总工程师 33 岁的克拉伦斯·凯利·约翰逊，挑选了 23 个最好的设计师和 30 个机械工程师在一个有恶臭的塑料工厂旁边建立了今后洛克希德·马丁公司的创新灵魂——臭鼬工作室。对洛克希德·马丁公司来说，“臭鼬”不仅是一个研发分部或制造工厂的概念，它已成为百年洛克希德·马丁公司的创新灵魂。从最初 23 名设计工程师发展到现在的 45000 人，约占整个公司人数的 1/3。

臭鼬工厂的工作团队最让人眼馋的地方就在于，科研人员最大限度地拥有脱离事务性工作的自由。事务性工作缠身恰恰是高科技研发工作的最大天敌，科研工作一旦陷入数不清的繁文缛节之中就势必会牵绊有限的精力，这也是科研工作者最大的悲哀。凯利·约翰逊创立了自由、自治的“臭鼬工厂模式”，让研发人员脱离了官僚组织和条条框框。在那里，研发人员可以根据项目本身的价值和个人喜好选择研究方向，可以不用担心朝令夕改的风险，可以自由地从事自己真正喜欢的工作。从 143 天完成美国第一架实战型喷气式原型战斗机 XP-80 的研制记录，到先后放飞 U-2、SR-71、F-117A 等世界级著名军用飞机，再到成立之初就保持至今的无与伦比的创造力，创新魔力无处不在。大到整个工厂组织、结构的创新，小到某个产品、技术的创新，正是在这些创新动力的推动下，臭鼬工厂一路披荆斩棘。

臭鼬工厂是一个决策者直接领导下的独立部门，领导层可以迅速做出主要的技术决定，不需要向上级汇报。洛克希德·马丁公司的管理层也很少对这些决定说“不”。如此一来，就可以节省很多不必要的时间，整个工作过程也不会受到其他部门的打扰，流程简单而顺畅。

臭鼬工厂的基本运作规则仅仅14条，但每一条对于开发创新和高效的工作环境都是必不可少的。例如，约翰逊的一篇关于臭鼬工厂运作的文章指出：“必须用最少数量的报告来记录所有重要的工作。”臭鼬工厂的理念支持了一个企业，它鼓励快速完成项目，奖励那些能够通过简单流程提高效率、能进行创新思考而又不至于忽略重要步骤（如质量控制和客户服务）的人。臭鼬工厂自创建至今，其按时按预算完成项目的理念已经得到了广泛传播。

资料来源：综合网络资料，主要参考《解读洛克希德·马丁臭鼬工作室的管理模式》，http：//www.360doc.com/content/15/0402/17/7319139_460118050.shtml.2016/6/30.

三、加快文化产业项目进度的措施

在文化产业项目实施过程中，经常会出现项目进度拖延的现象，为了按时完成项目目标，采取一些加快项目进度的措施是必要的。

（一）文化产业项目进度拖延的原因

1. 项目进度计划不当，工作时间估算不准或安排不合理。比如，最初的进度计划过于乐观，不得不在日后实施过程中加快进度。

2. 不可控制的因素干扰，比如天气等自然灾害、项目范围变更等。

3. 项目实施过程的人力、物力、财力等资源的配置或调度安排不当等。

（二）加快文化产业项目进度的措施

1. 提高现有资源的生产率。提高现有资源的生产率是指发现更高效的方法，并利用当前可用的人力、物力在相同时间内做更多的工作。达到这个目标的方式有：改善计划和项目组织；排除影响生产率的障碍，比如过多的官僚机构手续、物质的限制等；激发项目团队成员的积极性，提高他们的工作效率。

2. 改变活动的工作方式，一般通过改变使用的技术或者是资源的类型来实现，比如计算机技术在各个计划、生产环节的应用，大大节省了工作时间。

3. 增加项目资源投入，包括物质资源、人力资源等等。一般来说，花费物资资源越多，项目将被推进得越快。人力资源方面，一方面可以延长项目团队成员的工作时间；另一方面，在保证正常工作时间的前提下，增加团队人员的数量。

4. 减少项目的工作范围，将部分项目任务转移或减少项目工作量或删减一些工作包。

5. 修改项目实施方案，将一些工作包合并，或改变项目计划中工作活动的逻辑关系等。

四、文化产业项目进度控制的结果

文化产业项目进度控制的结果主要有以下几个方面：

（一）全面更新的项目进度计划

全面更新的文化产业项目进度计划是根据项目进度计划实施中的各种变更和纠偏措施，对项目进度计划进行全面的更新，这种更新是对原有项目进度计划的全面修订和更正。必要时需要通知有关的利益相关者，并重新绘制项目进度网络图以展示得到批准的项目剩余持续时间和对项目工作计划所做的修改。

（二）控制中采取的纠偏措施

当文化产业项目进度计划与实际实施情况之间产生偏差时，需要采取一定的手段和措施及时有效地对项目实施加以控制，以保证项目的计划进度和项目的按时完工。

（三）项目资源的调整

因文化产业项目资源供应不能满足需求，如资源强度降低或中断等，影响到项目进度计划实现时，应进行项目资源调整，资源调整的前提是保证项目进度不变或使项目进度更加合理。

（四）项目中的经验总结和知识管理

在项目进度计划控制中所获得的各种经验教训和知识也是项目进度控制的结果之一。这主要包括：项目进度计划变更及其原因、项目进度控制所采取的纠偏措施、项目进度计划失控而造成的各种损失，以及从中可以吸取到的经验和教训等。需要对这些经验教训和知识进行总结，并将总结结果留存在数据库中，以正式文档的形式为后续的项目提供知识储备和经验积累。

本章案例：

电视媒体大型活动项目进度管理的特征分析

对电视媒体大型活动项目的进度实施有效的计划和控制，在合理分配资源，保证活动质量的前提下，使活动如期完成，是一项具有挑战性和独特性的工作。具体体现在以下几个方面：

首先，电视媒体大型活动的时间点固定，不能推迟，也不宜提前。现场活动的时间点需要提前确定，并通过各种渠道（广告、请柬、信函）提前发布，邀请、通知、提醒活动各参与方按时参与和收看。活动的时间一经发布，不宜进行更改，一旦更改，就会带来极大的损失和被动，对参与方的筹备工作进程产生影响；使公众对活动时间发生混淆，错过现场活动，或白跑一趟，对现场的人气、活动的效果、主办方的信誉都会造成严重的负面影响。因此，一旦出现进度延期，会严重影响项目的质量，甚至直接关系成败。另外，活动项目中的很多行动和环节的时间点，也是不能提前到，如在租用的场馆做展会或演出活动，现场布置、现场设备调试等工作，只能在开场前有限的时间内开展，而不能提前。

其次，电视媒体大型活动的工作进度紧凑，缺少时间点冗余量。活动把众多参与者组织在一起，共同交流、体验、庆祝、欢乐。过早开展活动筹备工作，参与者会缺少紧迫感和参与热情；跨度如果太大，参与者的热情就会衰减，影响活动效果，因此，大型活动执行主要工作是集中在一段有限的时间内开展的。

再次，活动项目对时间点精确度要求很高。在临近活动现场的筹备期，行动持续时间往往要精确到“半天”，有时需要精确到小时；在活动现场期，为保证现场活动和直播节目的准时和流畅，行动的进程有时需要精确到秒。表 9—4 展示的是分项活动“职业学校招生推介会现场直播”的开始时段的进程安排。可以看出各个工位、各个流程环环相扣，目的是保证直播节目和现场环节的流畅。

表 9—4　职业学校招生推介会现场直播开始时段的行动进程安排

时　间	作　业	工　位	组　别
9：56	邀请贵宾登台	接待负责人	接待组
9：56—9：58	引领贵宾由休息室至登台口（约 2 分钟）	接待人员、礼仪接待组	
9：58—9：59	引领贵宾登台，按指定位置站定	礼仪	

续表

时　间	作　业	工　位	组　别
9：59	主持人登台	现场导演	现场组
9：59：50	播出部切入转播车字幕录像	播出人员、录像	播出组、转播组
10：00：00	字幕切出，播放片头 15 秒	导播、字幕、录像	转播组
10：00：12	观众领掌	现场导演	现场组
10：00：15	切入现场画面，摇臂观众区纵移	导播、摄像	音响转播组、音响组
10：00：20	摇臂镜头约 5 秒后，切 1 号机，主持人开场	导播，摄像，音响、现场导演、主持人	转播组、音响组、现场组

第四，活动进度易受到各种外界因素的影响。电视媒体大型活动是开放的项目，社会化程度高，政治、经济、文化、天气等诸多外界因素方面，都会对项目进度造成影响。例如，在 2010 年职业教育节项目，职业学校招生推介会的“场外展位搭建”行动中，原定 2 个工作日的行动持续时间，被压缩到 1 天，原因是重要领导要经过场地一侧的公路去某地考察，为保持市容整洁，场外布置必须避过该时段。

第五，电视机构的组织结构和内部文化对进度管理产生影响。目前，国内大多数电视台采用的是职能型结构，大型活动涉及的新闻、技术、营销、财务、后勤等诸多领域，是由多名副台长分管，这给部门间的协调带来难度；作为项目经理的总制片人，职权范围有限，对职能部门没有直线权利，需要通过协调来开展工作；在内部文化方面，一方面，电视工作者往往思维活跃，不会循规蹈矩，纪律观念相对较弱；在执行中产生新的创意，为活动添彩的同时，也给进度控制带来一定困难。另一方面，电视节目的生产和播出时限，培养了电视工作者以目标为导向的工作思路，为按时完成工作主动加班，并习惯于加班的工作方式，这给进度管理带来正面的影响。

第六，参与活动的内部、外部人员人数多、范围广，增加了进度管理的难度。在电视媒体大型活动的执行中，许多行动需要外部人员的参与，以职业教育节为例，外部参与者包括各职业学校的参展人员、演出人员、学校开放日的接待人员，参观展会的观众，参与互动的学生、家长，参加开幕式、演出的贵宾、领导设备、劳务外包的单位和人员……，仅仅文艺晚会一项，就有一千多人参与其中，展会的各类参与人数近两万人。这些人员的时间观念、对活动的配合程度都不相同，大大增加了活动的进度管理的难度。作为“客户”的参展学校，在活动的进展中，不时会向主办方提出一些要求，对于合理的、有益的、通过努力可以实现，项目管理团队都会积极地实现变更。

最后，电视媒体大型活动中的晚会、展会、开幕式等现场活动，行动、任务高度集中，增加了进度管理的复杂性。现场活动是一个较短的时间过程，所有前期工作的成果，调配的资源，都要在这个指定时间阶段集中展现，以职业教育节电视文艺晚会《梦想从职校启航》为例，在录播当天，演播室内外布置（气球、彩旗、条幅、展架、花卉等）、舞美安装调试（LED背景屏、景片、背景板、舞台点缀、烟雾机、泡泡机、喷焰器等）灯光音响安装调试、观众引导、VIP接待引导，现场供电、保安，导演、主持人、演员、剧务等各工位，服装、化妆、道具与录播相关的设备安装调试，导播、摄像、录像、字幕各工位，都要在有限的时间准备好，并准时就位。活动项目现场的进度管理，就像指挥花园里的花卉在同一时间绽放，使大型活动现场的进度管理的集中而复杂。

资料来源：孙康：《电视媒体大型活动项目进度计划与控制研究——以职业教育节为例》，23—26页，山东大学硕士学位论文，2012。

第十章　文化产业项目财务管理

文化产业项目的最终目的是实现项目各方的收益最大化。要在现有资源条件下实现这一目标，必须进行严格的财务管理，把财务管理作为项目管理的重点，营造良好的财务环境。文化产业项目财务管理的主要内容包括文化产业项目财务计划、资金筹集和成本管理。

第一节　文化产业项目财务计划

财务计划是在财务预测的基础上，以财务决策的优选方案为依据，采用货币形式，反映计划期内固定资金与流动资金需要量及其来源、费用支出和成本水平以及所要达到的收入利润等方面的财务成果的管理活动。财务计划是财务目标的具体化和系统化，是文化产业项目财务管理的依据。

一、文化产业项目的财务预测与财务决策

（一）财务预测

财务预测是财务计划的基础，由财务人员以现存资料信息为依据，根据财务活动客观发展规律，采用适当方法对未来财务活动发展态势和财务状况进行推测或预计的财务活动。财务预测的对象是文化产业项目的财务状况，包括以资金为预测对象的资金预测，以成本为预测对象的成本预测，以收入及利润为预测对象的收入利润预测。财务预测应遵循以下原则：

1. 类推原则

根据已知相似财务活动中的特征和规律性，发现文化产业项目财务状况中的近似规律，从而预测财务状态发展趋势，例如利用典型资料进行由此及彼的推测。

2. 惯性原则

也称为“连贯原则”，由于事物的发展状态通常具有一定的惯性，因此根据文化产业项目财务过去的状态可以对其未来的发展趋势进行一定的预测。

3. 因果原则

也称为“相关原则”，财务状况的变化与文化产业项目自身的状态存在着密不可分的相关关系，因此可以通过项目状态和财务状态的因果关系进行预测。

另外财务预测还应该遵循系统性原则、可控性原则、反馈性原则等。

对于文化产业项目的财务预测来说有两类可用的预测方法：一类是通过经验判断的定性预测；一类是通过建立数学模型的定量预测。定性预测方法包括预兆调查法、直观预测法、判断预测法和类推法；定量预测法包括销售额百分比法、量本利分析预测法、回归预测法和时间序列预测法。

财务预测的流程如图 10—1 所示。

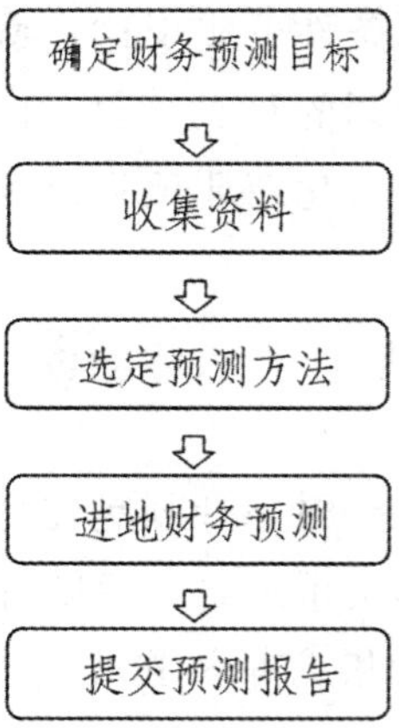

图 10—1　财务预测流程图

（二）财务决策

财务决策是制定财务计划的依据，是财务管理者为实现财务目标，以财务预测为决策依据，在众多可供选择的方案中选择作为财务管理活动的最佳执行方案的管理活动。

财务决策根据不同的标准有不同的分类方法：

1. 根据决策的持续时间，可划分为长期决策和短期决策；

2. 根据决策的领导层次，可划分为高层决策、中层决策和基层决策；

3. 根据决策的问题是否反复，可划分为重复性决策（程序化决策）和非程序化决策；

4. 根据决策的条件，可划分为确定型决策、风险型决策、对抗型决策；

5. 根据决策是否是动态的，可划分为单项决策和序贯决策；

6. 根据决策目标和影响目标的因素是否计量，可划分为定性决策和定量决策。

财务决策的工具有决策树、投资回收期、净现值、获利指数、内部收益率；财务决策的方法有创利额比较法、量本利分析法和经济批量决策法。

财务决策的一般步骤如图 10—2 所示。

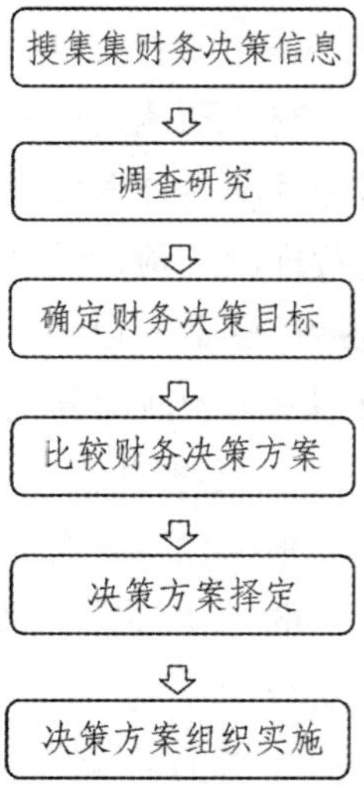

图 10—2　财务决策流程图

二、文化产业项目财务计划

（一）文化产业项目财务计划的内容

文化产业项目财务计划是文化产业项目针对固定资金与流动资金需要量及其来源、费用支出和成本水平以及所要达到的收入利润等财务成果的计划和管理，主要包括筹资计划、流动资金计划、固定资金计划、投资计划、成本计划、销售计划和利润计划。文化产业项目财务计划以财务决策提供的目标和选定的方向为主要财务目标，拟定财务具体措施，反映项目期内对成本、收入和利润的预计，协调资金占用水平、筹资规模和投资规模等各方面财务关系。

（二）文化产业项目财务计划制定的原则及流程

文化产业项目财务计划应在客观经济规律下反映出文化产业项目的具体实际和期望，在制定过程中应遵守以下原则：

1. 效益性原则

在编制文化产业项目财务计划时应以实现经济效益为目标，一方面应根据文化产业项目自身的资金运作状况对收入、成本和利润进行合理的规划和预测；另一方面应充分发掘项目开源节流的潜力，减少资金占用和低回报投资，以实现最高经济收益为目标进行计划的制定。

2. 系统性原则

文化产业项目自身是一个完整的系统，因此在制定财务计划时应考虑到与其他计划密切配合协同实施。另一方面，财务计划的制定应充分考虑项目的发展，以短期财务计划和长期财务计划相结合的方式确保财务计划的连续性和稳定性。

3. 客观性原则

文化产业项目具有高风险、高回报的特点，在财务计划制定的过程中应力图充分了解项目状况和市场环境，尽量科学客观地对项目未来的财务状况进行预期，制定符合项目发展趋势的先进、合理的计划。

第二节　文化产业项目资金筹集

一、文化产业项目资金筹集概述

（一）文化产业项目资金筹集的定义

文化产业项目资金筹集指的是项目管理者通过一定渠道，采取恰当方式获得文化产业项目运营所需资金的管理活动。文化产业项目资金筹集是项目财务运作的起点，直接决定了项目的财务规模和项目的发展程度。一般来说，资金筹集是文化产业项目启动的主要资金来源，资金筹集的成果直接影响文化产业项目是否顺利开展。

（二）文化产业项目资金筹集的原则

1. 遵循市场规律的原则

首先，文化产业项目的资金筹集应根据项目发展阶段和发展规模明确项目所需资金，根据项目财务计划需要制定资金筹集方案，避免盲目筹资。其次，文化产业项目资金筹集计划应符合项目财务计划对项目收益的预测，以尽量低的成本筹集所需资金并将其发挥到最大作用，以获得项目收益。

2. 遵守法律法规的原则

文化产业项目资金筹资首先应服从国家公布的有关法规，保证筹资活动符合国家法律法规的要求，例如禁止强制认购和硬性摊派。

3. 降低筹资风险的原则

筹资风险是指文化产业项目筹资中不能偿还到期债务的风险。一般来说文化产业项目的风险和收益是成正比，与成本成反比的。项目负债筹资的比例越高，偿还期限越短，则项目不能按期还本付息的风险就越大，项目的筹资风险也越大。

4. 优化筹资结构的原则

筹资结构是指各种筹资方式之间的比例关系。文化产业项目应根据项目实际确定合理的负债筹资和自有资金的比例，确定长期筹资和短期筹资的合理比例。通过不同的筹资方式组合选择最佳的筹资方案，构建合理的资本结构。

5. 提升投资回报的原则

投资回报指的是项目管理者将筹集所得资金投入项目后所获的经济回报。文化产业项目资金筹集的最终目标是通过资金筹集获得项目所需资金，投入项目运营以获得收益，因此项目管理者应通过降低筹资成本，优化筹资机构，提升项目盈利水平等方式提升项目投资回报率。

（三）文化产业项目资金筹集的方式

项目资金筹集主要分为自有资金筹集和负债资金筹集两种。而对于文化产业项目而言，项目赞助则是文化产业项目较为独特和常见的资金筹集方式。

1. 内部资金筹集

内部资金指的是文化产业项目管理者自行拨付的款项，可以是资金也可以是实物资产。资金是文化产业项目开发者主要的投资形式，用于项目成本；实物资产包括场地等非消耗性实物资产和设备、材料等消耗性实物资产，实物资产可以提高文化产业项目运营能力。

2. 外部资金筹集

外部资金是文化产业项目管理者通过借贷、股权、信托等融资手段所获得的项目运营资金，在当前的文化产业项目实践中，融资已经成为资金筹集的重要来源。

3. 文化产业项目赞助

文化产业项目赞助指的是赞助商为实现宣传效果和品牌增值向文化产业项目提供资金支持的投资行为。文化产业项目通常以冠名、主办、协办、鸣谢、指定等形式作为宣传方式对赞助商进行回报。对于文化产业项目来说，赞助是重要的资金筹集方式，可以决定项目是否最终获利。

二、文化产业项目融资

（一）文化产业项目融资的概念和原则

文化产业项目融资是为项目运转而进行的资金筹措行为，广义上，文化产业项目融资指的是启动一个新项目、收购一个已有项目或债务重组所进行的一切融资活动；狭义上，文化产业项目融资是文化产业项目通过一定的金融工具和筹资途径与资金供给方发生联系，在一段时间内转移资金的使用权，实现资金增值，最终偿还本金并支付利息的一系列活动。

文化产业项目融资是以知识产权、无形资产、预期收益作抵押取得的一种无追索权或有限追索权的融资活动，遵循着以下几项原则：

1. 利益最大化原则

文化产业项目融资的目标在于通过融资获得项目运营的资金，从而顺利开展项目并获取经济收益。但融资的过程本身也消耗成本，因此项目在进行融资时应充分考虑项目收益与项目成本，尽可能降低融资过程成本，实现项目利益最大化。

2. 融资规模合理原则

项目融资的规模应与项目的融资需求和融资能力相匹配，如果融资规模大于融资需求则造成资金浪费、成本过高；如果融资规模小于融资需求则影响项目进展和收益，难以回收成本。因此项目管理者应根据项目的发展阶段和发展规模确定合理的融资规模。

3. 融资期限合理原则

融资市场有短期资金为主的货币市场和长期资金的资本市场之分，文化产业项目在选择融资期限时应根据筹资成本和资金用途等因素来确定。如果筹资用于项目长期经营则应通过长期贷款、发行债券等资本市场方式来筹集资金；如果筹资用于弥补资金缺口，则可以通过短期银行贷款等方式融资。合理的融资期限可以降低融资成本，提高融资效益。

4. 融资方式合理原则

不同的融资方式对文化产业项目的要求和带来的影响也不同。以股权融资和债券融资为例，股权融资不仅会为项目筹集资金，也能起到宣传项目的作用，而且除分红外无须还本付息，但是若公开募股上市，对项目公司的资质要求高，并稀释原有股权，减弱原有股东的控制力；债券融资则相对简单，对项目公司的资质要求低且对股权结构没有影响，但债券融资有一定期限，需要还本付息。两种主要的融资方式适合于规模和实力不同的文化产业项目。在项目资金筹集过程中，应根据项目的实际情况和需求选择合适的融资方式。

5. 资本结构合理原则

文化产业项目的资本结构指的是资本的来源构成状况，企业在融资中应根据自身资本结构选择合理的融资方式，维持合理的债券资本与权益资本的比例。如果债券资本比例过低，则可以通过增加债券融资，提升项目收益；如果债券资本过低，则需要减少债券资本，防止债务危机。

（二）文化产业项目融资的必要性和影响因素

文化产业具有知识密集、资金密集和技术密集的特点，是近年来国家大力支持的产业之一。由于文化产业项目的持续发展需要充足稳定的资金支持，因此需要融资管理来完善开发过程中的资金链。首先要由一个创意延伸成为一个文化产业项目需要大量的资金进行项目策划、市场调查、产品开发、宣传推广等工作，融资可以为项目的启动提供所需资金；其次随着项目的发展和规模扩张，项目面临的风险和竞争也就越强，融资可以增添项目活力，通过兼并或者融资上市增强竞争力，从而进一步发展壮大；最后在文化产业项目发展过程中难免遇到资金缺口，在开发新的文化产品和推广新的文化服务时对资金的需求也会有短期的迅速增长，融资可以为项目提供短期迅速的资金来填补缺口，防止项目资金链断裂，保证项目的顺利进行。

而在文化产业项目融资过程中，影响融资管理的因素主要有：

1. 文化产业项目资产结构

文化产业项目的资产所有权结构体现着项目权益的法律拥有形式和项目投资者之间的法律合作关系，不同的资产结构中，融资所承担的债务责任和债务结构存在较大的差异。文化产业项目的资产结构主要分为项目公司型结构、非公司型结构和信托基金型结构。

项目公司型结构的基础是有限责任公司，项目公司型结构的文化产业项目进行融资一般以建立一个单一目的的项目公司来实现，可以分为单一项目子公司和合资项目公司两种。项目公司型的结构优势在于责任有限、融资简单、易于转让和投资，但同样也有税务灵活性低和现金流量控制力低的劣势。项目非公司型结构是一项在文化产业项目实践中被广泛接受的投资结构，通过投资者之间的契约建立起来。在非公司型结构中，投资者投入一定比例资金、拥有项目资产、责任独立并联合决定项目决策。信托基金型结构也是非公司型结构的一种，也是以契约型基金为基础，由基金经理人与代理受益人的权益的信托人之间订立信托契约，由经理人依照信托契约从事对信托资产的管理，由受托管理人作为资金资产的名义持有人保管资金资产。因此在现有的金融体系下，文化产业项目应该根据自身的资产结构确定融资策略。

2. 文化产业项目成本结构

由于文化产业的技术密集、人才密集和创意密集，文化产业项目成本结构具有开发阶段成本高，再生产阶段成本低的特点。而项目开发阶段也正是风险较高的阶段，若研发成本较高则面临更高的市场风险，项目融资难度也相应增高。因此文化产业项目的融资管理也应充分考虑项目成本结构，平衡项目不同阶段的成本比例，增强资本对文化产业项目的信心。

3. 文化产业项目产品

文化产业项目以创意和人力为要素，以文化产品和相关服务为产出，以利益最大化为目标，以知识产权为主要经营对象。由于文化产业项目的意识形态的特点，对其进行价值评估存在比一般项目更大的困难：首先是缺少科学合理的价值估算体系，因此在开发阶段难以确定收益，使项目的潜在投资者大多有所顾虑，项目的融资也有困难；其次，文化产业的产品生产和服务提供也存在着不确定性，受众和市场也存在不稳定性，这也为文化产业项目的融资带来一定的阻碍。因此文化产业项目应做好充分的市场调查，写出完善的项目可行性报告。

4. 文化产业项目周期

文化产业项目的周期存在周期长且不稳定的特点，其中的创意研发和技术开发等项目构思和创作阶段一般耗时长、比例重，但同样风险较大。文化产业项目在启动阶段就需要大量的资金支持，承担巨大的市场风险，但回收的周期长，回收过程不稳定。因此文化产业项目在融资过程中面临着风险和收益不匹配的问题，在投资回报率不确定的状态下，金融信贷等机构难以有信心进行投资，也就为文化产业项目的融资带来挑战。因此文化产业项目从项目提出到项目培养应积极与信贷机构交涉，缩短开发周期，延长成本回收期，提升预期的投资回报率。

5. 文化产业相关政策

由于文化产业项目具有一定的意识形态属性，在我国现行的文化政策下需要在进入市场前进行审查，就算进入市场也可能由于国家对于文化市场的管控遇到一定的限制，甚至面临下架的风险。另外，由于国内文化市场仍处于不断完善阶段，文化市场仍在一定程度上受到计划经济的影响，因此文化政策的变化也会对文化产业项目的实施产生影响，例如限制进口电影的数量等。文化政策的限制和不稳定性更增加了文化产业项目的融资难度。

（三）文化产业项目融资的渠道

文化产业项目融资渠道包括自筹、直接融资和间接融资等方式，项目管理者应根据项目自身需求合理选择融资方式，确定合理的债券比例，控制融资成本。一般来说，文化产业项目选择融资方式的顺序是：直接融资优于间接融资，内部融资优于股权融资，股权融资优于债券融资。

直接融资包括内部融资、股权融资、债券融资等；间接融资包括信贷融资等。主要的融资渠道有以下几种：

1. 内部融资

内部融资指的是筹集项目开发方的自有资金用于项目的开发，相当于该公司直接拨款用来进行某一文化产业项目的开发，一般用于规模较大、资金状况良好的公司。内部融资的方式不需要还本付息或稀释股份，也不会减少公司的现金流量。

2. 股权融资

股权融资指的是投资商投入一定的资金换取在文化产业项目的股份，可以分为私募股权融资和公开上市融资等类型，是直接融资的一种。私募股权融资又称为PE，是投资人对非上市企业通过私募形式进行的权益性投资，通过出售持股获利。例如2000年华谊兄弟公司进行第一次私募股权融资，太合集团以2500万元获得华谊兄弟公司50%的股份。

公开上市融资是文化产业项目的开发企业通过上市进行资金募集的融资方式，首次公开发行又称为IPO，是文化企业在证券交易所首次向公众发行股票的行为。上市是文化企业迅速募集资金扩大生产规模的首选途径，目前国内文化企业上市渠道主要有国内A股市场、中国香港和美国等海外市场。目前采用公开上市方式进行融资的文化企业有华谊兄弟、光线传媒、华策影视、橙天嘉禾等，涉及的行业包括广播电视、出版发行、影视制作、网络文化服务等。

由于文化产业特有的文化属性和意识形态属性，文化企业上市具有一定难度，一般采用借壳上市、剥离上市和整体上市几种形式。借壳上市指的是文化企业通过注资控股某一上市企业使公司资产实际上市；剥离上市指的是上市之前剥离相关政策法规所禁止的经营业务，一般用于国有文化企业；整体上市指的是在国家政策的支持和相关部门的监督下不对文化企业进行剥离而直接上市。

3. 债权融资

债权融资是指文化产业项目以其知识产权、品牌价值、盈利能力和信用条件为基础向债权人借贷进行资金筹集的方式，属于直接融资。广义上的债权融资包括银行贷款、银行短期融资、企业短期融资券、企业债券、资产支持下的中长期债券融资、金融租赁、政府贴息贷款、世界金融组织贷款和私募债权基金等等。对于相对发展不成熟的文化产业来说，银行借贷是主要的债权融资方式。但由于文化产业项目的高风险和高投资的特性，以及金融体制有重有形资产、轻无形资产的偏好，债权融资也逐渐称为文化产业项目融资的普遍方式。

企业债券融资指的是文化企业作为赤字单位向资金盈余单位发售有价债券来募得资金的方式，资金盈余单位购入有价证券，获得项目的所有权、收益权或债权。例如2004年中影集团获得1.5亿元国债资金的支持，2007年发行了5亿元企业债券。国家在2010年发布《国务院办公厅关于促进电影产业繁荣发展的指导意见》中提到："支持具备条件的电影企业通过发行企业债券、短期融资券、中期票据和利用银行贷款等多种融资手段，多方面拓宽融资渠道，扩大规模，壮大实力。”①

4. 信贷融资

信贷融资指的是文化产业项目开发者与银行或者其他信誉度高的金融机构签订协议，借入约定数额的资金并在约定期限还本付息的融资方式，属于间接融资。文化产业项目信贷融资的主要来源有商业银行、政府专项资金等。按期限可分为短期贷款、中期贷款和长期贷款；按有无担保品可分为信用贷款、担保贷款和票据贴现；按资金来源则可分为政策性银行贷款、商业银行贷款和保险公司贷款等。下面介绍文化产业项目常用的信贷融资方式：

商业银行贷款是文化产业项目常用的信贷市场之一，获取商业银行贷款一般采用担保融资的形式。担保融资需要第三方融资机构提供信用担保，从而使项目获得商业银行的授信。为了支持国家文化产业的发展，保监会与文化部联合制定了《关于保险业支持文化产业发展有关工作的通知》，保险公司可以作为一方主体参与文化企业融资，为企业与银行的合作保驾护航。但文化产业项目较难满足贷款银行的要求，信用担保机构也难以对知识产权进行评估，这给文化产业项目的融资也带了一定难度。

政策性银行贷款指的是文化产业项目通过向国家政策性银行贷款的方式获得项目经营所需资金的融资方式。国家为了支持文化产业发展，扶持文化产业项目，会制定一些专项的贷款政策，采用的主要方式包括银行贷款贴息、项目补贴、出口信贷等等，尤其是为支持文化走出国门提供相应的政策性贷款支持。

知识产权质押贷款，又称版权质押贷款，是担保贷款的一种。按照《中华人民共和国担保法》的规定，质押贷款是以借款人或第三人的动产或权利作为质押物发放的贷款。版权质押要求文化企业在约定期限还本付息，既降低了金融机构的风险，又保证了文化企业可以独占项目利润。例如 2011 年上映的《金陵十三钗》通过版权质押向民生银行贷款 1.5 亿元，最终电影的票房达到 6.2 亿。版权质押逐渐成为当前文化企业与金融机构最常用的合作模式。

5. 信托融资

信托融资指的是信托公司作为项目和金融机构的桥梁，直接面向文化

---

① 国办：《鼓励金融机构加大对电影企业支持力度》，参见 http：//3y.uu456.com/bp_63lfj1728h2nsft0jg4b_1.html.2016/7/6.

产业项目的融资活动。信托公司介入融资后，文化产业项目管理者将作品版权信托给信托公司，信托公司以其作为抵押资产来协助文化产业项目进行贷款，在发生资金问题后，信托公司对抵押资产有处置权。由于信托公司的介入，金融机构的风险降低了，增加了文化产业项目和金融资本市场的交流，也降低了文化产业项目融资的难度。

6．“众筹”融资

随着互联网金融的发展，金融业与互联网逐渐结合产生了颠覆性的创新，依托于云计算的技术基础和移动支付的普及，“众筹”也成为文化产业项目融资的常见渠道。“众筹”最早诞生于美国，用于搭建平台给有创造力的人获得实现梦想的资金，如今逐渐成为提案者与资助者沟通的平台。目前广义的“众筹”融资包括下面几种不同的类型：第一是预购买，即融资者承诺在获得项目成果时无偿为投资者提供一定的产品或服务；第二是贷款模式，即投资者暂时提供资金，融资者在项目结束后提供投资回报，一般是本金加利息，利率由竞标确定；第三是捐赠模式，投资者出于公益的目的向自己认可的文化产业项目投资，而投资者不会得到回报；第四是股权回报模式，即投资者获得与投资额相对应的股权份额，但目前该模式仍未发展成熟。

7．文化产业政策投资和专项资金

国家为了发展文化产业，增强文化企业竞争力，由政府出资设立针对文化产业项目的专项资金，一般以项目补助、贷款贴息、保费补贴、绩效奖励的方式支持文化产业项目。政策投资可分为财政补贴、贴息贷款、优惠贷款和税收优惠政策等不同类型。政府进行政策投资和设立专项资金的目的在于推进文化体制改革，培育骨干文化企业，构建现代文化产业体系，促进金融资本和文化资源对接，推进文化科技创新和文化传播体系建设和推动文化企业“走出去”。

目前在国内，由政府主导的文化产业投资基金也在逐渐发展，文化产业投资资金不仅是对未上市的文化产业项目进行股权和准股权的投资，也拥有国家财政和税收的优惠政策支持。中国文化产业投资基金是中央批准设立的首支国家级文化产业投资基金，由财政部、中银国际控股有限公司、中国国际电视总公司等联合发起，总规模达到200亿元。①

---

① 联合早报网，《新华网拟在上交所上市募资近15亿元》．[EB/OL] http：//www.zaobao.com/print/wencui/technology/story20140630-360654．2014．06．30．

8. 文化产业资产证券化融资

文化产业资产证券化指的是将缺乏流动性的知识产权和文化项目等可以产生可预见现金收益的资产作为资产池，打包并以资产支持证券的形式出售给特定发行人的融资方法。文化产业资产证券化促进了金融资本与文化资本的结合，推动运作成熟、现金流稳定的文化产业项目，以优质未来收益权为基础进一步扩大生产，发展规模。

延伸阅读

浙江信宝昌博古文化产业园债权融资1亿

项目背景

浙江信宝昌艺术品有限公司位于上山文化发源地、中国书画之乡——浙江省浦江县，是一家以弘扬中华历史文化，传承中华历史经典为目的的文博公司。

浙江信宝昌艺术品有限公司是一家专业化的艺术品收藏鉴赏、艺术投资、信息咨询机构，注册资金人民币500万元，业务范围涵盖历代中国书画（油画）、瓷器、玉器、雕塑、杂项、钱币、古家具等艺术品收藏交流、学术研讨、鉴定评估、大型展览与拍卖。信宝昌艺术品有限公司以国内外知名拍卖公司为依托，凭借其庞大的客户网络和艺术品交易平台，丰富的藏品和专业的专家人才优势，全面开拓内外市场，服务广大艺术爱好者。

项目介绍

1. 博物馆功能

瓷器展览馆——书画展览馆——家具展览馆——文化艺术品旅游购物区——中国文物鉴定评估工作委员会鉴定中心浙江站。

2. 五星级大酒店

会议——住房——餐饮——酒吧——SPA——健身房

3. 信宝昌国际会展中心

信宝昌国际会展中心是浙江信宝昌艺术品有限公司组建的专业从事会议、展览业务的经济实体。信宝昌国际会展中心以现代会展业的经管理念，一流的会展设施，优美的人文环境、专业化的人才队伍和诚信的人性化服务，为各大客户和参展商提供良好的展览环境。

项目优势

1. 经验丰富的管理团队。

2. 资深的鉴宝专家团。

3. 良好的政府和产业协会关系。

盈利模式

1. 藏品交易。

在藏品交易的过程中，交易成功后，我公司将向买家收取成交价 10%的手续费及 3.8%的税收和向卖家收取成交价 10%的手续费。

2. 酒店收入

住房收入——餐饮收入——会议会展收入——娱乐项目收入——其他项目收入。

3. 博物馆收入

门票收入——流动展览收入——文化艺术品旅游购物区收入——其他文化产业开发。

4. 文物鉴定评估收入

鉴定费：300 元/件，出具鉴定证书 3000 元/件，30 万元以上的收取 1%。

融资计划

融资金额：1 亿

融资方式：债权融资

可承受年最高利息：16%

使用年限：2—3 年

资金用途：购置展示平台的营销中心和项目办公中心、文化产业园的土地购置和前期费用。

资料来源：投融界：《浙江信宝昌博古文化产业园债权融资 1 亿》，参见 [EB/OL]. http：//www.trjcn.com/topic/index/5292.html.2015.10.21.

（四）文化产业项目融资的流程

文化产业项目融资大体流程如图 10—3 所示：

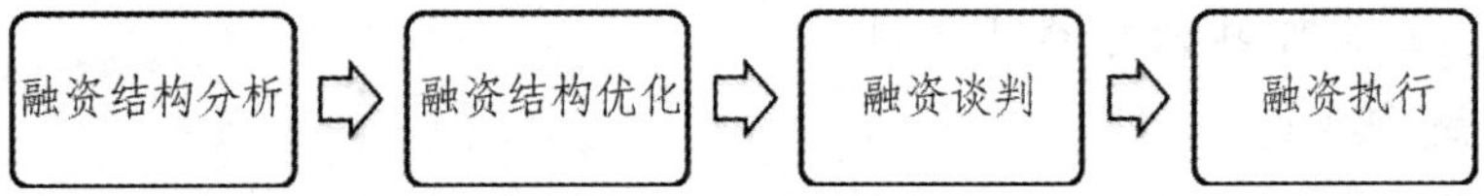

图 10—3　文化产业项目融资流程图

1. 融资结构分析

融资结构分析的基础是项目资金结构分析和项目资金成本分析，通过对项目资金结构的分析来确定最优的融资结构。

项目资金结构分析应反映出项目资金中股本资金和债务资金的比例，

具体包括资本金与负债融资的比例、资本金中投资产权的占比、债务资金中各种负债方式和期限的配比等。

项目资金成本结构分析应反映出不同的资金筹集方式所付出的成本，从而寻求风险和成本最低的融资方式组合。项目资金成本可以通过资金成本率计算：

$$资本成本率=\frac{资金占用费用}{筹集资金总额-资金筹集费用}\times 100\%$$

资金占用费用指的是使用资金过程中向投资者支付的代价，包括贷款利息、债务利息、优先股股息、权益收益等；资金筹集费用指的是资金筹集过程中产生的各项资产评估成本、公证费、律师费等。其中进行债务融资时应分析各种不同方式的利率水平、计息方式和付息方式以及借款的偿还期限，只有了解债务资金的综合利率才能得到债务融资方式的最优组合。

2. 融资结构优化

融资决策设计要明确融资的目标和具体任务，根据项目融资结构的分析优化融资方式，设计恰当的融资结构，做出融资决策。融资决策的目标是通过融资的杠杆作用实现项目资源的有效配置。进行融资结构优化首先应优化项目融资种类的结构，将股权融资与债务融资的比例控制在合理范围，确立多元化的资金筹集渠道；其次应优化项目融资的成本，通过不同的资本市场进行融资，在同一市场与多个投资方洽谈等方式，采用择优原则，降低资金占用费用和融资成本；最后优化融资期限结构，控制短期债务、将偿还期与投资回收期衔接，保持相对平衡的债务期限结构，保证清偿能力与债务相匹配。

3. 融资谈判

在项目管理者确定合理的融资结构并做出了融资决策之后，项目融资进入商务合作谈判阶段。首先根据优化的融资结构选择资本市场和合作的金融机构，其次发出项目融资建议书，起草融资文件和相关法律协议，通过谈判达成合作共识并签订合同。

4. 融资执行

在融资执行阶段，项目管理者执行融资计划，投资者向项目提供资金并在一定程度上参与项目管理，参与项目决策。

三、文化产业项目赞助

（一）文化产业项目赞助的概念

对于项目赞助，不同的研究者对赞助下过不同的定义：

第一，对可获取商业回报的体育、社会或政府活动、艺术、某种事业、个人所进行的投资。

第二，为某一所有权支付现金或实物酬金作为对与此所有权相关的可开发的商业潜力的回报。

第三，赞助是指企业为了实现自己的目标（获得宣传效果）而向某些活动（体育、艺术、社会团体）提供资金支持的一种行为。

第四，从相关的某个参赛者、某次活动或某种组织购得的潜在的可开发利益和权利，这些权利和利益通常是无形的，而最终以有形的利益回报给赞助公司，包括形象或利润的提高。

第五，赞助是指企业为了实现自己的目标（获得宣传效果或品牌增值）而向某些活动主办方提供资金支持的一种投资行为。这项投资需要为赞助者带来相应的商业回报。赞助可以采用资金，也可以采用物质资料，甚至是提供人力资源等多种形式。①

由不同的定义可以发现，赞助首先是一种投资行为，其次赞助能够以不同的形式体现，最后赞助的目标是实现赞助商与文化产业项目的双赢。可以说，赞助是项目管理者与赞助商的商业交易活动，图 10—4 体现了赞助中双方的交换关系。

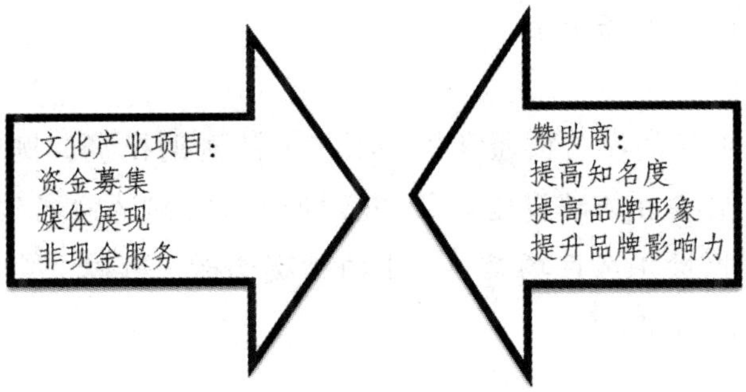

图 10—4　赞助活动的双方交换关系

（二）文化产业项目赞助的类型

根据不同的赞助形式和文化产业项目的回报方式，赞助可以分为不同类型：

1. 根据赞助内容，可以划分为现金赞助、实物赞助、现金与实物结合赞助；

① 张立波：《文化产业项目策划与管理》，144—147 页，北京，北京大学出版社，2013。

2. 根据项目类型，可以划分为体育赛事赞助、公益活动赞助、节庆活动赞助等；

3. 根据合作形式，可以划分为独家赞助和联合赞助；

4. 根据赞助资金的占比，可以划分为全额赞助、部分赞助。

赞助类型的选择将影响双方的合作关系，因此应根据双方需求恰当选择。

（三）文化产业项目赞助的方式

文化产业项目接受赞助商赞助的方式主要分为资金和实物两种，但回报赞助商的方式却有很多种。一个文化产业项目可以在不同层次、不同市场、不同地域与不同的赞助商合作，合作的方式也有很多种。下文给出常用的几种赞助方式：

1. 冠名权

赞助商向文化产业项目出资赞助，获得用自己的品牌或商标为项目活动命名的权利称为冠名权。具有一定影响力和知名度的文化产业项目通常会在项目启动时向社会征求冠名权，出资最高的企业才能获得冠名权。例如加多宝以第一季6000万、第二季2亿、第三季2.5亿的高价冠名浙江卫视《中国好声音》节目，并成功通过冠名推出了金罐加多宝的产品，提升了品牌的知名度和市场份额。

2. 命名权

文化产业项目的命名权通常是一项长期的赞助投资，例如赞助商与当地政府合作开发城市基础设施，并用赞助商的名称来命名建筑物或场馆。2010年上海世博会永久性场馆——上海梅赛德斯—奔驰文化中心，由梅赛德斯—奔驰公司命名。

3. 范畴权

赞助商作为合法代表在文化产业项目中长期享有非竞争性垄断地位的权利称为范畴权，一般以合作伙伴的形式体现。例如网易传媒成为2016年里约奥运会“中国游泳协会独家互联网媒体合作伙伴”，在2016年里约奥运会期间独家跟进报道中国跳水队和中国游泳队的信息。

4. 供应权

供应权指的是赞助商向文化产业项目提供服务、设备和产品的权利。一项文化产业项目可以同时拥有多个赞助供应商。例如平安保险北京分公司在2015世锦赛赛事保险供应商竞标中成功中标，成为2015年世锦赛独家保险供应商。

5. 植入式广告

植入式广告是将赞助商的品牌融入文化产品中，提高观众对品牌的认知度，起到品牌宣传作用的营销方式。目前在广播影视行业中，植入式广告成为项目回收成本，降低风险的重要资金筹集手段。例如 2015 年上映的电影《港囧》中就有 14 个植入式广告。

（四）文化产业项目赞助的步骤

1. 评估项目方案，确定赞助商机会

评估项目方案的主要内容是确定项目需要的赞助形式以及确定项目能为赞助商提供的回报和机会，例如是否能为赞助商提升企业形象和品牌知名度等。

2. 撰写赞助建议书

根据对项目方案的分析评估撰写项目赞助建议书，详细介绍项目中为赞助商提供的机会和赞助商的获利点，最好写明可评估的等同价值。例如项目活动期间赞助商的展露度、赞助商品牌的增值和员工参加活动的机会。

3. 定义并确定潜在的赞助商

对于一般的文化产业项目来说，考虑到文化产业项目自身的实力和知名度，难以通过赞助招商的方式来获得赞助商的关注。因此项目管理者需要定义和寻找潜在的赞助商来发现赞助合作的机会。首先应确定与项目的目标受众和规模相匹配的赞助商的类型和规模，其次应确定与项目赞助需要相匹配的赞助形式，从而列出适合作为项目赞助商的企业名单。接下来根据名单分析每个企业的经营目标、宣传预算、历史赞助记录、企业形象、行业趋势等等，从而确定与项目最能互补双赢的赞助企业。

4. 向赞助商提交赞助建议书

赞助建议书应根据不同的赞助企业有针对性地进行完善，体现赞助企业的需求和项目可提供的机会，内容应简洁，重点应给出需要的赞助资金额度和回报条件，力图让赞助商有兴趣进行下一步的会谈。

5. 进一步会谈并签订合同

在与赞助商进一步会谈中确定双方对合作的期望、双方提供的商品和服务、项目以及宣传覆盖的范围和市场、合作的起止时间和法律相关条款，并将协议的内容体现在合同中，签订赞助合同。

6. 监控赞助回报过程

在项目获得赞助的运营过程中，项目管理者应通过制定实现赞助回报的措施、制定相关预算保证实现赞助商的相关要求，在有条件的情况下及时跟踪赞助目标的实现情况，并与赞助商定期沟通、及时交流。

7. 赞助成果和回报评估

在项目收尾工作中，项目管理者应通过量化数据向赞助商提供尽可能多的信息来体现赞助商的赞助收益目标是否实现，评估赞助商的投资是否得到回报。项目方应召开有赞助商出席的评估会议，就双方的合作达成情况进行评估。

（五）文化产业项目赞助的双向选择

1. 赞助商对文化产业项目的选择

赞助商在收到某一文化产业项目提交的赞助建议书时，一般会考虑以下几个重点：该项目的受众是否是企业的目标客户群体；对该项目的赞助能否提供较好的展示企业形象和产品品牌的机会；企业的相关分销商能否从该项目中获益；赞助该项目能否为企业提供相较于竞争者的优势；赞助该项目的人力成本、时间成本和现金成本是否能得到最大回报；赞助该项目是否促进公共关系、提升与目标客户群体的交流；文化项目开发方的认知度和声誉等。

2. 文化产业项目对赞助商的选择

在定义和确定潜在赞助商以及与潜在赞助商进一步会谈以确定赞助商及赞助形式的过程中，项目管理者应该考虑的问题有：项目活动能为赞助商带来的回报有哪些；潜在赞助商倾向于赞助的项目类型和规模；项目主题是否符合赞助商的品牌形象；通过何种方式能够最大程度迎合赞助商的需求等。

第三节　文化产业项目成本管理

文化产业项目成本管理包括项目成本规划、成本估算、成本预算和成本控制的过程，成本管理与规划过程、控制过程等其他管理过程交互作用。对于小型的文化产业项目来说，成本估算和成本预算可以看作是一个过程，但由于在大型的文化产业项目中两个过程用到的技术和方法并不相同，因此下文将分开表述。

一、文化产业项目资源计划

（一）文化产业项目资源计划的概念和依据

文化产业项目资源计划指的是根据项目的资源需求和项目风险情况以及其他有关资源的项目信息，制定项目各种活动所需资源的计划的工作。

项目在进行成本估算之前首先要进行资源计划，确定项目需要资源的数量、种类和分配，可以说资源计划是成本管理的基础。

文化产业项目资源计划可以分为自主性的资源计划和合同性的资源计划两种。一般来说，文化产业项目的资源计划以自主性资源计划为主。项目资源计划工作包括分析项目资源信息和资源风险、确定项目资源风险储备、编制项目资源计划。文化产业项目资源计划依据来自于项目的各方面信息，包括进度计划、项目具体活动计划等，从资源需求和质量、资源投入时间和供给等不同方面为资源计划提供数据，其中主要依据为：

1. 项目工作分解结构

文化产业项目工作分解结构提供了项目所有组成部分与项目交付成果之间的关系，项目的不同活动需要不同的资源，项目工作分解结构提供了项目资源需求及其细节的依据，因此资源计划需要以工作分解结构为基础。

2. 项目范围说明书

项目范围说明书描述了项目的范围计划和可交付成果等内容，划定了项目的工作范围，从而为资源计划提供了资源分配的依据。

3. 项目进度计划

项目进度计划给出了项目具体活动时间的起始点、项目时间管理计划和项目活动清单，从而给出资源计划所需的资源投入和占用时间的依据。

4. 项目历史信息

记录着以往类似项目的资源需求和使用情况的历史信息，对当前文化产业项目资源计划工作有一定的指导作用，了解历史信息可以完善资源计划的编制。

（二）文化产业项目资源计划的技术和方法

1. 项目资源计划矩阵

项目资源计划矩阵是根据项目工作分解结构情况来对资源进行分析汇总得到的，可以清晰表明项目工作包的资源需求，如表 10—1 所示。

表 10—1 项目资源交换矩阵

项目工作	资源需要		
	人力	设备	
工作包 1	P		
工作包 2		S	

注：P 表示主要资源，S 表示次要资源。

2. 项目资源数据表

项目资源数据主要体现了项目进行过程中资源的使用和分配情况，见表 10—2。

表 10—2　项目资源数据表

资源需求量									
资源＼周	1	2	3	4	5	6	7	8	9
人力 1	1	1	1				2	2	2
人力 2			1.5	1.5	1.5	1.5			
设备 1		3	3	3	3	3			
设备 2							0.7	0.7	0.7

3. 项目资源甘特图

项目资源甘特图可以表现项目资源占用时间的计划，与项目进度计划相匹配，进行资源平衡和控制，如图 10—5 所示。

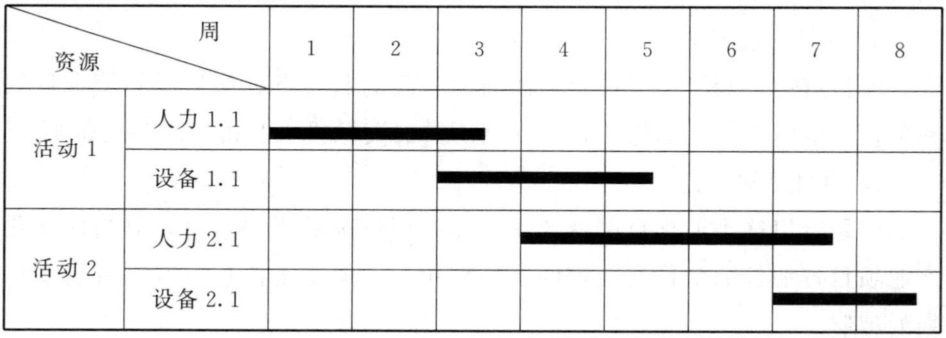

图 10—5　项目资源甘特图

4. 项目资源累计需求曲线

项目资源需求曲线用来反映项目进度与项目资源需求的关系，体现项目资源需求的累积量，如图 10—6 所示。

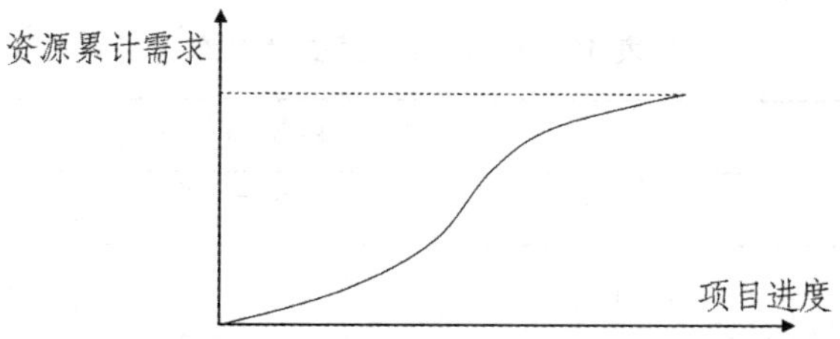

图 10—6　项目资源累计需求曲线

（三）文化产业项目资源计划的过程和成果

编制文化产业项目资源计划一般依照如下的步骤进行：

图 10—7　项目资源计划步骤

项目资源计划最主要的成果是项目资源计划书，资源计划书是对项目所需资源的计划安排。资源计划书首先应对项目活动所需资源的种类、数量、使用方式、占用时间等进行描述；其次将资源需求分配到具体的工作上，对人力资源、设备资源等进行全面说明；最后还应描述项目资源的不确定性和风险性。

二、文化产业项目成本估算

（一）文化产业项目成本估算的概念和依据

由于资源的约束性，文化产业项目在执行过程中需要对资源的消耗和资源耗费的成本进行管理，因此首先应了解项目耗费的资源的价值。文化产业项目成本估算指的是根据项目的资源计划和资源价值，对项目所需要的人力、材料、设备等资源的费用进行估计，得到项目各项工作成本和总成本的预计。项目的成本估算在项目进行的不同阶段有不同精确度的要求，是一个逐步精准的过程。在项目启动阶段，成本估算的精度在－50％～＋100％，而到了项目后期，成本估算的精度范围可缩小到－10％～＋15％。

文化产业项目成本估算的工作内容包括识别各种项目成本的构成要素，估计要素成本的数额。项目成本的分类有很多：

根据项目成本来源，可以分为人工成本、材料成本、分包成本、设备成本和差旅成本；

根据成本是否直接分配到项目生产，可以分为直接成本和间接成本；

根据成本的发生频率，可以分为经常性成本和一次性成本；

根据成本是否随使用量变化而变化，可以分为固定成本和变动成本；

根据成本是否按照计划进度发生，可以分为正常成本和加速成本。

项目成本估算会受到项目资源的规模、价格、占用时间和质量要求的影响。因此在成本估算的过程中应掌握上述信息，提高估算精度。除此之外，文化产业项目进行成本估算的依据包括：

1. 项目市场环境

首先通过分析市场环境判断在当前的市场条件下，要获得项目需要的产品、服务等资源需要以何种条件和代价，以及资源的来源；其次从商业数据库中获取资源成本的信息，包括人力成本、材料成本和设备成本的标准等。

2. 项目管理计划

项目管理计划提供了用于成本估算的成本管理计划、进度管理计划、人员配备管理计划和风险登记册等。资源的类型、数量和占用时间决定了文化产业项目的成本，进度管理计划可以提供的信息包括预计时间单位内使用的资源及其持续时间、融资费用的利息等。人员配备管理计划可以为成本估算提供项目人员的属性和人工费率的信息。风险登记册可以为成本估算提供关于风险对成本造成的消极或积极影响的信息。

3. 项目范围说明书

项目范围说明书描述了文化产业项目的商业需求、可交付成果及其验收标准、产品和服务的描述、制约因素等内容。其中文化产业项目的主要制约因素就是成本预算有限，另外还有规定的成果交付期限、可利用的熟练人员和组织方针等制约因素。在制定项目成本估算的过程中应考虑以上项目范围说明书提供的所有要素和重要信息。

4. 工作分解结构

文化产业项目工作分解结构提供了项目所有组成部分与项目交付成果之间的关系，通过将工作和可交付成果分解成最小单位的工作包，在成本估算的过程中，便于较为精确地进行工作费用和持续时间的估计。

5. 项目历史信息

在文化产业项目的历史信息中，可以为成本估算提供的信息包括成本估算方针、成本估算模版、项目文档和与项目成本估算相关的产品和服务的信息。除此之外，项目团队成员的知识积累和类似项目中吸取的经验教训也可以用来指导成本估算工作。

（二）文化产业项目成本估算的技术和方法

1. 类比估算法

类比估算法指的是将过去类似文化产业项目的实际成本作为基础来估算当前项目的成本。类比估算是一种自上而下的估算方法，也是一种专家判断法，一般用于项目初期对项目信息知之甚少的阶段。类比估算的精度较低，一般在±30%左右。

2. 参数估算法

参数估算法指的是运用历史数据和其他变量之间的统计关系来估算当前文化产业项目所需资源的成本的方法。参数估算法需要建立一定的数学模型，使用成本的参数估算关系式，例如将项目工作的计划数量与单位数量工作的历史成本相乘得到预计成本。参数估算法的精度取决于模型的复杂性及其涉及的资源数量和费用数据，一般来说精度在±20%左右。

3. 自下而上估算法

自下而上估算法指的是以项目工作分解结构为基础，估算工作包和工作细节等详细计划活动的成本，然后将各项成本汇总得出整个项目的成本。自下而上估算法一般用于项目计划阶段，其精度取决于工作包和细节的规模和复杂程度。

4. 自上而下估算法

首先收集上、中层管理人员的经验和判断，以及相关历史数据，然后上、中层管理人员估计整个项目的费用和各个分项目的费用，将此结果传送给下一层管理人员，责成其对组成项目和子项目的任务和子任务的费用进行估算，并继续向下传送其结果，直到项目组的最基层。

5. 统计资料法

统计资料法包括使用项目自身的历史信息对项目成本进行估算以及通过商业数据库的统计资料提供的成本信息进行估算。统计的资料信息应该包括当前文化产业项目资源消耗的平均水平和价值信息。统计资料法也可以算作一种自下而上的估算法，其精度相对来说取决于历史信息的准确度。

6. 项目管理软件辅助

项目管理软件的辅助可以简化成本估算的技术，便于不同方案的快速计算。文化产业项目可用于成本估算的项目管理软件包括成本估算软件、计算机工作表、模拟和统计工具等等。

（三）文化产业项目成本估算的成果

1. 项目成本估算书

项目成本估算书是对完成项目所需资源的成本的定量估计，是项目成本管理的重要部分。项目成本估算书中使用价值量指标对成本的可能值进行描述，以及对项目活动所需资源和成本进行说明，包括人工、材料、设备、服务、设施、信息技术以及例如通货膨胀等不可预见的成本。

2. 成本估算支持细节

项目成本估算支持细节是对项目成本估算书的依据和细节的完整清晰的说明，通过这些支持性细节的数量和类型可以得到成本估算的结论。内容上主要包括计划活动工作范围的描述、成本估算的依据、制约因素和假设的文字记载、估算范围的记载等。

3. 项目成本管理计划更新

项目成本管理计划是关于如何控制和管理成本的说明文件，通过成本估算的工作后，文化产业项目管理者需要根据新的估算结果合理计划和安排项目成本的控制和成本变更的工作，因此需要对项目成本管理计划进行更新。

三、文化产业项目成本预算

（一）文化产业项目成本预算的概念和依据

文化产业项目成本预算是在成本估算的基础上，将单个计划活动或工作包的估算成本进行汇总，确立衡量项目绩效的总体费用基准，并将估算成本分配到各项具体工作上的管理工作。成本预算不同于成本估算的地方在于成本预算具有权威性和约束性，首先文化产业的成本预算有正式文件的下达，其次成本预算可以作为一种比较标准来使用，是度量项目过程中资源的实际使用与计划之间的差异。

文化产业项目成本预算的依据包括：

1. 项目范围说明书

项目范围说明书为成本预算提供项目章程或合同中正式规定项目资金开支的阶段性限制。

2. 项目工作分解结构

项目工作分解结构提供了项目所有组成部分与可交付成果之间的关系。

3. 项目成本估算书

项目活动的成本估算书汇总了工作包每个计划活动的成本估算，从而为成本预算提供了每个工作包的成本估算。

4. 项目成本估算支持细节

项目成本估算支持细节为项目成本的预算提供项目成本估算书的依据和细节的完整清晰的说明。

5. 项目进度计划

项目进度计划中提供了项目计划活动的开始和结束日期、进度节点、工作包、计划包和控制账目，项目成本预算可以根据拟定发生的期限进行确定。

6. 项目管理计划

项目成本预算编制过程中需要考虑项目成本管理计划中的成本管理计划等其他从属计划。

7. 资源日历

项目资源日历记录了确定使用某种具体资源日期的工作日，或不使用某种具体资源的工作日，为项目成本预算的制定提供使用资源的时间。

8. 采购合同

项目成本预算的编制也需要了解项目采购产品、服务或成果的合同及其成本。

（二）文化产业项目成本预算的技术和方法

1. 成本汇总法

成本汇总法指的是将成本估算根据项目工作结构汇总到工作包，然后逐级汇总，最终形成整个项目的成本预算。

2. 参数估算法

参数估算法指的是通过建立数学模型来预测项目成本，参数模型应根据项目的历史信息、项目的特性以及可量化的参数来建立。

3. 资金限制平衡

对于文化产业项目来说，成本应在由项目组设定的资金支出界限内进行平衡，成本基准可以通过反复的调整来确定。对工作进度计划进行调整可以调节支出平衡，但同时也影响资源分配，因此又需要根据新规定的日期限制条件重新安排进度，在这样的反复规划过程中最终得到成本基准。

（三）文化产业项目成本预算的过程和成果

文化产业项目进行成本预算的工作内容大体如下：

1. 确定成本预算中的风险储备

2. 确定项目成本的总预算

3. 确定项目活动的预算

4. 确定项目进度计划和具体活动的预算成本

5. 确定给出项目成本预算的基准（“S”曲线）

其中成本预算的主要成果就是确定出项目成本基线，如图 10—8 所示。除此之外，文化产业项目成本预算工作的成果还包括：

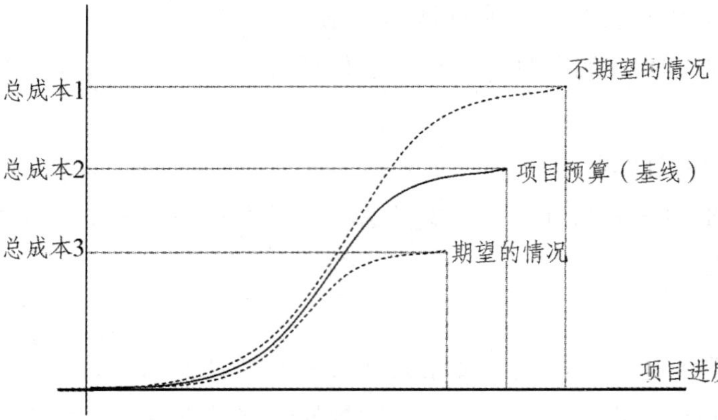

图 10—8 项目成本预算基准曲线

1. 成本预算文件

项目成本预算工作最终生成一份描述文化产业项目预算的正式文件，包括项目总成本预算、各工作包的成本预算、具体活动的成本预算、不可预见的成本预算以及成本基准。其中成本基准是成本预算的重要成果，用于度量和监控成本费用。根据成本基准可以确定文化产业项目的资金需求，包括总体资金需求和阶段性的资金需求。项目所需的总体资金等于成本基准加管理应急准备金。图 10—9 表述了资金需求、成本基准和期望成本的关系。

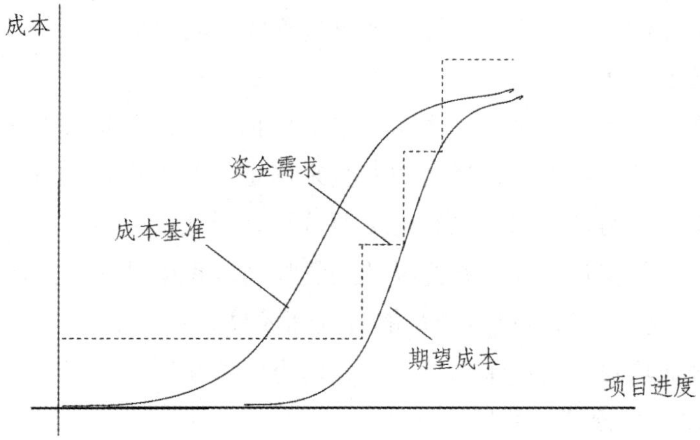

图 10—9 资金需求、成本基准和期望成本的关系图

2. 成本预算支持细节

成本预算支持细节包括编制过程中采用的集成计划、范围计划、资源计划等方面的支持文件，以及项目成本预算标准和项目成本预算分配等细节文件。

3. 项目成本管理计划

在成本预算工作完成后需要更新项目成本管理计划，制定相关的成本预算规定文件，明确规定有关项目成本预算管理的相关规定和要求。

四、文化产业项目成本控制

（一）文化产业项目成本控制的概念和依据

文化产业项目成本控制指的是在项目实施过程中，通过监督项目成本和改变成本管理方法来控制项目实际成本在项目预算范围内的项目管理工作。项目成本工作的目标是实现项目成本的最小化和项目价值的最大化。项目成本控制的主要工作内容包括：监督成本绩效，发现并记录与成本基准的偏差，对造成实际成本偏离成本基准的因素施加影响，管理计划中的变更，保证成本的超支不超过项目总体资金，采取一定措施控制预期的成本超支。要实现对项目成本的监控就要控制项目各方面的变更，以及通过事前控制、事中控制和事后控制实现对项目成本全阶段的控制。

文化产业项目成本控制工作的主要依据包括：

1. 成本基准

成本基准是成本预算过程的主要成果，用于衡量和监控项目实际成本。根据成本基准可以判断项目预算执行情况，从而发现实际成本超出预算成本的阶段或工作，发现项目预算执行过程中存在的问题。通过成本基准也可以确定项目成本的实际额和与基准的差异额，作为成本控制进一步工作的依据。

2. 项目工作绩效信息

项目工作绩效信息反映项目活动状态和成本信息，包括已完成和未完成的可交付成果、授权和发生的成本、项目规划完成量的比重以及完成项目进度的估计。通过工作绩效中关于成本和资源的绩效信息，可以判断成本利用和资源消耗的现状，从而对项目成本进行监控。

3. 项目成本管理计划

执行项目成本控制的过程中需要考虑项目管理计划及其成本管理计划，成本管理计划中给出了项目成本事前控制计划、事中控制的具体办法、成本控制应急措施及责任分配等内容。

4. 批准的变更请求

在项目进行过程中可能发生变更并经过审批同意，从而会对项目成本造成变动，因此在进行成本控制中也需要考虑经过批准的变更请求。这些变更包括合同中的条款、项目范围、成本基准或者对成本管理计划的修改等。

（二）文化产业项目成本控制的技术和方法

1. 费用变更控制系统

费用变更控制系统包括授权变更所需的表格、文件、跟踪系统和批准级别，涵盖了从提出变更请求，到变更请求获得批准，最终修订项目成本预算的全过程。文化产业项目费用变更与整体变更控制息息相关，控制变更主要有两种方法：其一是科学规避，即在制定项目成本预算过程中尽可能准确地进行设计和计划，从而规避项目变更带来的成本波动；其二是积极控制，即通过建立严格的变更控制系统进行有效的评估，从而使费用变更达到成本最小化。

2. 绩效衡量分析和审核

绩效衡量分析的目的是将已完成工作的预算成本与计划成本进行比较，从而发现偏差，确定偏差的原因和量级并确定是否施加影响。绩效审核指的是比较一定期限内的成本绩效、计划活动是否超支、应交付成果和未交付成果等，从而评估当前项目成本状态。文化产业项目成本控制中可用的方法包括：其一是偏差分析或挣值分析，即将项目实际绩效与计划绩效进行比较；其二是趋势分析，即检查一定期限内的项目绩效并判断其是否改进。

3. 项目成本预测法

项目成本预测法指的是根据当前时间点上项目信息和经验对项目的成本状况进行估算和趋势的预计。根据项目执行过程中的工作绩效信息产生、更新和重新发布预测。

4. 项目成本附加计划法

项目成本附加计划法指的是通过增加成本预算来对项目成本进行有效控制，即在项目出现紧急情况时使用提前准备的项目管理储备金和项目风险应急金等储备金的方法，从而将项目成本管理失控的局面进行有效挽回。

5. 项目管理软件

项目管理软件以及计算机工作表等工具可以用来监测计划成本与实际费用的关系，对变更和偏差进行实时测量。

（三）文化产业项目成本控制的成果

1. 成本管理相关文件的更新

经过成本控制过程，成本估算相关文件、成本预算相关文件、项目成本管理计划等文件需要进行变更和更新。其中成本基准需要在进一步审定项目范围变更的情况下进行更新。更新后的文件对项目的进一步成本管理起到重要作用。

2. 绩效衡量与预测

经过绩效衡量分析和预测，对工作包的费用偏差、进度偏差、成本绩效指数和进度绩效指标进行分析记录并传达给相关项目组成员，利于项目组成员在工作活动中进一步改善。

3. 变更请求和纠正措施

在进行成本控制过程中对项目造成一定的变更，需要通过整体变更过程进行处理和审查。成本管理的纠正措施涉及调整计划活动的成本预算等管理活动，是保证项目预期绩效和管理计划相一致的有效措施。

本章案例：

文化企业产品成本结构与核算制度创新——基于光线传媒的案例分析

光线传媒是2011年上市的民营传媒娱乐公司，其主要的经营范围包括：广播电视节目的制作、发行；经营演出及经纪业务，一般经营项目：设计、制作、代理、发布国内及外商来华广告；信息咨询（中介除外）；承办展览展示。组织文化艺术交流活动、技术开发、技术服务。

1. 电影制片业务流程

图10—10为光线传媒电影投资、制作和发行的一般流程图。

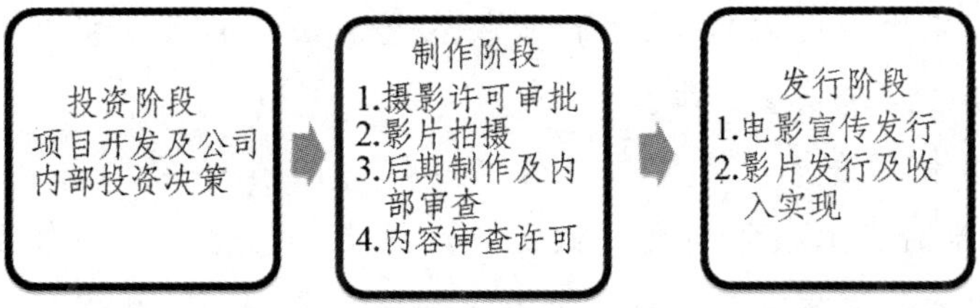

图10—10 电影投资、制作和发行流程图

（1）项目开发及公司内部投资立项

这一阶段主要工作是电影剧本的开发，剧本开发是公司电影业务的起点，剧本的好坏直接影响影片的质量。公司剧本的主要获得方式有两种，即外购剧本和委托创作剧本。外购剧本是指购买现成剧本，委托创作剧本是指公司委托编剧专业人员根据公司的要求进行个性化创作。

在项目孕育较为成熟后，公司即召开“立项及内容审查委员会”对项目进行审核。“立项及内容审查委员会”由公司的资深制片人、导演、监制、财务总监、制作部及发行部的负责人构成，委员会对项目制作及发行计划、拟聘用的主创人员（导演、主演等）、资金需求及融资安排、预计票房收入、社会影响等方面进行全面系统的论证，以确保剧本的社会价值和商业价值。

（2）影片拍摄及后期制作

影片拍摄及后期制作的成本包括：胶片、磁片及磁带等原材料；聘请演员和导演等专业人员所发生的劳务支出（计入演职员劳务费）；聘请从事制景、摄影、服装、美工等拍摄工作的专业人员所发生的劳务支出（计入制作费用）；聘请从事影视剧后期制作的专业人员所发生的劳务支出等。制作费用又主要由制景费用、摄影费用、服装费用、美工费用等组成。

（3）成本结转

影视剧成本分为一次结转和分次结转：

一次结转：以一次性卖断国内全部著作权的，在收到卖断价款时，将其全部实际成本一次性结转销售成本；采用分期收款销售方式的，按《企业会计准则》的规定执行。

分次结转：采用按票款、发行收入等分账结算方式的，在确认收入的同时结转相关成本；或采用多次、局部（特定院线或一定区域、一定时期内）将发行权、放映权转让给部分电影院线（发行公司）或电视台等，且仍可继续向其他单位发行、销售的影片，应在符合收入确认条件之日起，不超过24个月的期间内（主要提供给电视台播映的美术片、电视剧片可在不超过5年的期间内），采用计划收入比例法计算公式将其全部实际成本逐笔（期）结转销售成本。

2. 成本核算分析

《企业产品成本核算制度（试行）》规定，文化企业一般设置开发成本和制作成本等成本项目。发生的有关成本项目费用，由某一成本核算对象负担的，应当直接计入成本核算对象成本。由几个成本核算对象共同负担的，应当选择人员比例、工时比例、材料耗用比例等合理的分配标准分配计入成本核算对象成本。

根据案例资料，在项目开发阶段，对取得的项目进行审核所发生的支出应当归属于开发成本，直接计入该项目的开发成本即借记“生产成本——××电影——开发成本——职工薪酬（交通费、调研费等）”，贷记相关科目。

开发阶段，对于剧本的取得方式主要由外购剧本和委托创作剧本，根据《企业产品成本核算制度（实行）》规定，剧本费应该归属于制作成本，对于从外部取得的剧本，由某一电影承担的，应当以实际支付给外部机构的费用借记“生产成本——××电影——制作成本——剧本费”，贷记相关科目；对于由内部人员开发形成的剧本费由某一电影单独负担的，其处理方式与从外部取得的剧本费的处理方式一样。无论是外购还是自制的剧本，如果由几部电影共同负担的，应当选择人员比例、工时比例等合理的分配标准将费用分摊到相对应的电影成本中去。

在制作阶段，与影片相关的支出应该计入制作成本。对于胶片、磁片及磁带等原材料的耗用，应当直接计入成本核算对象的成本即借记“生产成本——××电影——制作成本——胶片（磁片或磁带等）”，贷记相关科目；同样的，聘请演员和导演等专业人员所发生的劳务支出作为直接人工成本直接计入成本核算对象的成本即借记“生产成本——××电影——制作成本——演职员劳务费”，贷记相关科目；对于聘请从事制景、摄影、服装、美工等拍摄工作的专业人员所发生的劳务支出以及聘请从事影视剧后期制作的专业人员所发生的劳务支出等应当计入制造费用，如果可归属于某一具体电影的，则待影片完工时转入其成本即借记“生产成本——××电影——制作成本——制景费（摄影费等）”，贷记“制造费用——××电影——制景费（摄影费等）”，如果无法区分由具体哪一部电影负担的，则应当选择人员比例、工时比例、材料耗用比例等合理的分配标准将制造费用分配计入成本核算对象成本。

根据《企业产品成本核算制度（实行）》的规定，以光线传媒为例，我们可以发现其最大的特点在于进行产品成本核算时设置了开发成本和制作成本两个二级科目，在产品完工时，将有关成本费用全部结转到具体的成本核算对象时，可以更加直观地了解到成本核算对象在各个时期的成本构成，为相关数据使用者在分析产品成本结构、考核员工绩效以及制定未来战略方面提供了依据。

3. 成本结构分析

光线传媒 2010—2012 年的成本结构分析表见 10—3。

表 10—3　光线传媒成本结构分析图

财务指标	2010	2011	2012
毛利率	39.39%	40.90%	43.62%
营业成本率	60.61%	59.1%	56.38%

续表

财务指标	2010	2011	2012
销售费用率	2.59%	1.87%	1.66%
管理费用率	6.77%	5.19%	4.79%
财务费用率	0.83%	−0.99%	−1.9%

由上表可知，近3年来，光线传媒的毛利率呈上升趋势，由2010年的39.39%增加到2012年的43.62%，远高于2012年文化行业平均水平30.95%，略高于相关行业平均水平的40.59%，同时其营业成本率由2010年的60.61%下降到2012年的56.38%，远低于2012年文化行业平均水平68.3%，比相关行业的59.23%低了3.05%，说明企业的盈利能力逐年增强，处于行业领先水平。销售费用率从2010年的2.59%下降到2011年的1.87%，再下降到2012年的1.66%，同时，管理费用率也是呈逐年下降的趋势，虽然销售费用率的下降说明其宣传力度的减弱，但是管理费用率的下降意味着其管理效率的提高，加之良好的声誉，并没有影响到其盈利能力反而起到增强的效果。然而财务费用率呈直线下降的走势，从2010年的0.83%到2011年的−0.99%，最后下降到2012年的−1.9%，说明企业对于资金的利用效率有所降低，值得关注。

整体来看，光线传媒正处于上升期，在行业中处于领先水平，发展前景较好。

资料来源：郝玉贵、万良永：《文化企业产品成本结构与核算制度创新——基于光线传媒的案例分析》，《财会学习》，2014（3）。

第十一章 文化产业项目质量管理

项目质量管理是项目管理的重要内容之一。文化产业项目质量是项目产品或服务赢得市场的关键因素之一，项目质量管理直接关系到文化产业项目的成败。进行文化产业项目质量管理的最终目标是要确保项目满足它所应该满足的要求。

第一节 文化产业项目质量管理概述

一、文化产业项目质量管理的基本概念

（一）质量的概念

国际标准化组织对质量的定义是："质量是反映实体（产品、过程或活动等）满足明确和隐含的需要能力和特性总和。"① 美国质量管理专家朱兰（J. M. Juran）则认为质量就是产品的适用性，即产品在使用时能够满足用户需要的程度。② 文化产业项目因其文化内核特性，其质量最主要体现在项目实施过程或者创造成果是否切实具备满足人们文化需求的能力。文化产业项目质量的高低则由满足人们需求的程度来决定。与此同时，项目质量的提升带来的是经济和文化效益的双重收获。位于西安曲江新区的大唐不夜城项目，重塑盛唐文化风格，融合现代文化活动，集购物、餐饮、娱乐、休闲、旅游、商务于一体，吸引着国内外游客，宾客如云。独具唐代风情的建筑风貌与细致入微的文化元素的体现，仿佛穿越时空再现当时车水马龙的盛况。大唐不夜城已然成为西安的标识性地点，创造了巨大经济收益的同时带给人们绝佳的文化体验，可谓高质量的文化产业

---

① 参见 ISO9000 标准。

② 朱兰：《质量控制手册》，47 页，上海，上海科技文献出版社，1981。

项目。

（二）文化产业项目质量管理的概念

日本质量管理专家谷津进认为质量管理是："向消费者或顾客提供高质量产品与服务的一项活动，这种产品和服务必须保证满足要求、价格便宜和供应及时"。[①] 国际标准化组织指出"质量管理是确定质量方针、目标和职责并在质量体系中通过诸如质量策划、质量控制和质量改进使质量得以实现的全部管理活动"。[②]

文化产业项目质量管理是为了保障项目产出物（文化产品或服务）能够满足项目业主或用户以及项目其他相关利益者的需要所展开的对项目产出物质量和项目工作质量的全面管理工作。[③] 文化项目既提供有形的文化产品，也提供无形的文化服务，有形文化产品的质量是指其适合于某种规定的用途，而服务质量则指服务时间、服务能力和服务态度等，有形产品和无形服务的质量共同决定着人们精神文化消费需求满足的程度。

文化产业项目产品大都属于"体验性产品"，生产和消费同时进行，消费者对其质量的感知只有消费之后才能获得。如看电影或实景演出、听音乐会、游览旅游景点等活动，都需要身临其境，感同身受，而阅读书籍之类的文化消费，也只有在拿到书阅读后才能判定书的好坏优劣。这一特点使人们对文化产业项目质量管理的要求更高。具体说来，文化产业项目的质量指标包括三个方面：一是产品或服务具有的原创性的体验或娱乐享受价值；二是文化产品和服务的内容、形式和营销中的设计思路；三是文化产品或服务获得市场看好的能力和媒体关注度。

二、文化产业项目质量管理的内容与理念

（一）文化产业项目质量管理的内容

文化产业项目质量管理贯彻项目计划、实施、评估过程的始终，包含三大内容，即质量计划制定、实施质量保障和实施质量控制。

制定质量计划——作为项目规划初始阶段的重要任务之一，在寻求项目文化价值与人们需求切合点的基础上，需要明确与项目相关的质量内容，制定出严格具体的质量标准，并作为项目策划和实施过程的依据

① 古津进著、陈立权译：《质量管理实践》，57页，北京，商务印书馆，1998。

② ISO：ISO8402：质量管理与质量保障术语，88页，ISO，1994。

③ 张立波编著：《文化产业项目策划与管理》，336页，北京，北京大学出版社，2013。

之一。

实施质量保障——从项目的规划到项目的具体实施过程，依据已有的质量计划，确保操作过程符合要求，甚至能超出质量标准的过程。

实施质量控制——检验项目成果的重要指标，判断是否符合质量标准，对于不符合质量标准的内容予以取缔。

（二）文化产业项目质量管理理念

1. 满足文化需求为首要目标

所谓质量管理是建立在满足用户需求的基础之上的。文化产业项目管理需要追求的是文化价值的提升，始终需要将满足人民的文化需求作为首要目标。质量管理过程，一方面需要在调查、了解文化内容的基础上，挖掘出符合人们文化需求的内容，并融入项目内容的方方面面；另一方面需要在项目实施过程中不断挖掘新的文化需求，不断提升项目的质量水平。

2. 建立质量管理利益共同体

文化产业项目涉及政府、开发企业、实施企业、宣传团队等多个参与者。对于质量管理而言，这些参与者出于自身的利益或者彼此沟通的不畅，有可能出现滥竽充数、质量难控的情况。纵观全国众多文化产业园区，真正成功的实属不多。大部分产业园区空有外壳，或为鱼龙混杂，或为人迹罕现。更有甚者，尚未建成便因投资、土地等种种原因成为一片废墟。所以，在文化产业项目的开发中，质量管理的重要理念便是需要集合追求高品质的利益相关者，组成“一条心”的完美团队。

3. 过程管理重于结果检测

传统的产品可以通过质量检测来予以测量。针对项目质量管理，因其往往是一次性建设等不可重复等特征，难以进行调整，更加需要关注的是其过程。现代质量管理的一个基本信条是：质量靠的是规划、设计，以及实在和不取巧，而非靠检查。在文化产业项目质量管理过程中，建立质量检测小组，定期检查项目质量，及时做出调整，确保项目的高质量。

第二节　文化产业项目质量计划

文化产业项目质量计划是文化产业项目策划、实施过程中的辅助文件，是确定该项目适用的质量要求标准并对达成质量要求做出的规划。随着项目的进行，文化产业项目质量计划需要进行阶段性调整、修改，使之与实际契合。

一、文化产业项目质量计划的制定依据

文化产业项目质量管理计划的制定最重要一点便是从实际出发，将外部组织环境、内部企业环境、项目水平、初步规划等项目管理信息内容纳入计划制定的考量。

（一）外部组织环境

对于文化产业项目来说，质量管理计划首先需要建立在中央及地方政府有关文化产业的政策、规范，项目所属领域行业相关标准、规范以及项目涉及具体内容的标准。

第一，中央及地方政府有关文化产业的政策、规范。近些年，中央对文化产业的发展高度重视，纷纷出台总领性文件、行业文件、工作方案等。地方上也根据区域发展需求制定文化产业发展政策、扶持政策等。这些均是文化产业项目质量管理计划的前提条件，需要项目规划者熟知、熟用。

第二，项目所属领域行业相关标准、规范。文化产业项目覆盖新闻、出版、影视、音乐、广告、网络、娱乐等多个领域。根据所属领域的不同，需要熟知各行业领域质量管理规定，如《出版管理条例》《电影管理条例》《广告法》《娱乐场所管理条例》等等。

第三，项目相关参与内容的标准。以文化产业园区开发项目为例，土地规划、建筑设计、建筑施工等均是项目的参与者。这些非文化产业领域的其他相关行业或者区域的标准、规范也是在质量管理中需要注意的。

（二）内部企业环境

企业标准是对企业范围内需要协调、统一的技术要求、管理要求和工作要求所制定的标准。企业标准由企业制定，由企业法人代表或法人代表授权的主管领导批准、发布。[①] 不同的企业对于自身产品或者服务的要求和标准各不相同。目前，全国性行业组织中国商业联合会启动了“企业创新评价体系”等团体标准的起草工作。与传统企业相比，文化企业除了关注文化产品的质量水平，还需关注服务质量水平，从产品质量、服务创新、技术提升等多个角度来制定企业质量标准。文化产业项目的质量计划必须符合企业的质量标准，并不断追求更高质量。

（三）项目管理信息

① 企业标准，参见 http：//baike.baidu.com/link? url=RBQo24l44ExNRQ77NqbZ_uHlu-bos2Bp5Wj55YrV6_NE8GWpHZPa—TRKgaPr4qrIe0Aih4AbA7bxYtx8wTId7kK.2016/7/6.

项目管理信息作为文化产业项目质量管理计划的实际考量因素，包含项目范围、项目水平及一些其他信息。

1. 项目范围

文化产业项目的项目范围包括了从项目策划之初到项目结束的所有内容，尤其是要做成什么样的项目内容，如何实现这些项目内容。这是详细描述项目成果或者产品生产的过程，需要考虑的因素包含项目目标、项目可交付成果、验收标准、项目工作范围和项目限制条件（费用、时间或资源限制）等。

2. 项目水平

项目水平是在一定期间内，投入产出效率的高低。文化产业项目水平影响项目质量所能达到的高度。在文化产业项目的质量计划制定过程中需要考虑市场前景、投资金额、资本预算、项目策划人员水平等影响项目水平的因素。

3. 其他管理信息

除了上述的两大因素外，文化产业项目质量管理计划的制定依据还包含着建设主体本身、项目规划理念、项目分工安排、项目进度计划等方面的信息。

二、文化产业项目质量计划制订的方法

（一）项目质量成本—收益分析法

项目质量成本—收益分析法，又称经济质量法，它要求在制订项目质量计划时必须考虑项目质量管理活动的开支成本和质量管理所能获得的收益间的取舍平衡。一个好的项目的衡量标准之一便是项目质量收益能否超过项目的质量成本。针对文化产业领域的项目质量管理，我们选择美国管理学家罗兰·拉斯特提出的在品质服务质量方面的 ROQ（Return on Quality）分析方法。对 ROQ 而言，存在着 4 个前提：①对质量活动的支出是一项投资；②对质量活动的努力，必须能够用财务数据来解释；③质量活动会引起过多的支出；④对质量活动的全部支出并不完全是正常的。如果以此为前提的话，质量、收益、成本的关系，如图 11—1 所示。当质量到达一定的水平时，提升品质获得的收益要超过成本的上升，而在超过该水平后，质量和成本两者的关系就会发生逆转。[①] 因此如何去分析质量、

① 肖康元：《质量成本收益分析》，68—70 页，《价值工程》2006（4）。

成本与收益的关系、寻找最佳质量，是项目质量成本—收益法的重点。

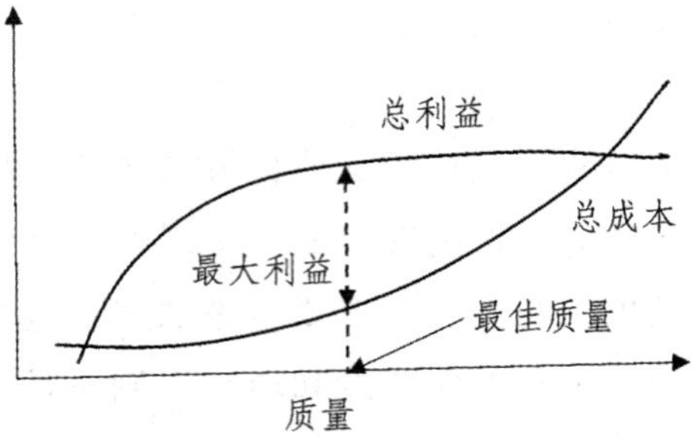

图 11—1　质量、收益、成本的关系

（二）项目质量标杆法

项目质量标杆法是指利用其他文化产业项目实际或计划质量的结果作为本项目的质量参照体系和比照目标（标杆），通过对照比较这种标杆的方法制订出本项目的质量计划，这也是文化产业项目质量计划中常用的有效方法。[①] 通常，项目质量标杆法的主要做法是以标杆项目的质量方针、质量标准与规范、质量管理计划、质量审核清单、质量工作说明文件、质量改进记录和原始质量凭证等文件为蓝本，结合新项目的特点制订出新项目的质量计划文件。在这一过程中，实事求是地对比分析参考蓝本与现有项目的异同之处，根据时事做出适当的调整是项目质量目标能否实现的重要过程。如何在已有质量计划的基础上，保持自身的独特性，创造出更佳的项目质量是项目质量管理需要重点考虑的问题。

（三）项目质量图表法

项目质量图表法广泛地运用在工程建筑项目中，是人们根据项目策划流程图、实施过程流程等分析项目运作过程中的产出过程，对照工作核验清单，从而确定项目质量管理计划的方法。在文化产业项目质量管理的操作过程中，选择项目质量图表法，借用项目工作流程图、帕累斯图法、鱼骨图等不同的图表类型来分析文化产业项目质量管理的内容，从本质出发解决质量存在的隐患。项目工作流程图，将项目策划实施过程中的各项内容按人到责进行划分，分析项目流程环节的利弊，提前排除隐藏的质量问题。帕累斯图法是一种表明“关键的少数和次要的多数”的统计图表，即二八法则：80％的结果取决于20％的原因。我们可以对项目涉及的质量问题的要素进行分类分析，分出轻重缓急，紧抓最核心的影响因素。鱼骨图是一种因果图，直指问题的核心，问题或缺陷（即后果）标在“鱼头”

① 戚安邦、张连营主编：《项目管理概论》，186页，北京，清华大学出版社，2008。

外。在鱼骨上长出鱼刺，上面按出现机会多寡列出产生问题的可能原因，有助于说明各个原因之间是如何相互影响的。① 在这一过程中，项目的质量问题被从根本源头上进行分析，有助于解决问题。

（四）文化产业项目质量计划方法评价

文化产业并不是一份单一行业，不同类型的开发项目应选择最适合自己的项目质量计划。

项目质量—成本收益分析法基于可测量效益，每一项收支都能产生具体的收益，在衡量质量水平上可信度较高。然而，并非所有的文化产业项目均适用这种方法。一方面，文化产业项目注重社会效益优先，而这一效益难以在具化的财务数据中体现出来；另一方面，文化产业项目的实际收益的预估并不是一件简单的事情，以电影文化项目来说，因预期收入过高遭遇滑铁卢的比比皆是。

项目质量标杆法讲究有据可循，在已有基础上进行判断和计划，实施力较高，但是并非所有的文化产业项目均能够找到相似的可参考项目。即便找到了，面临的环境也不同。本质上不同的项目内容，难以捉摸的消费者心理都给这种方式增加了不确定性。对于无据可考的文化产业项目，在项目开始前，有意识地从多个方面去试验找出影响项目质量的核心因素也不失为一种好办法。

项目质量图表法以形象化的展现和追根溯源的方式探寻质量计划的核心内容和注意事项，其效率较高。但是，这种方式在面对极为复杂、周期较长的文化产业项目时，若不根据具体实施操作的状况进行改变，很容易陷入核心误区，从而加大风险。

如何去选择适合自己的文化产业项目质量计划的方法？我们需要集思广益，基于项目实际，选择一种或者多种恰当的方式，排除更多的不利因素并因时因地而做出调整。

三、文化产业项目质量计划的成果

文化产业项目质量计划的成果是生成一系列项目质量计划文件。

（一）项目质量管理实施计划

项目质量管理计划是针对质量管理的全部过程的计划和安排，是项目

① 参见百度百科 http：// baike. baidu. com/link？ url = gaGdbQCulAGh—todmmxl7Ci-CkoYL0v _ d6IXnJoMjOFVclrD1Pj0CKRJN7FnXCsX66H7bIF5TLniSn7 _ —LUy5b _ 2016/7/6.

质量管理的总领性文件。项目质量计划任务由项目成立专门的质量管理小组承担，他们不参与项目策划和实施的具体操作过程，更多是监督者的角色。一般来说，项目质量管理计划包含项目质量的组织管理、工作流程、管理方法、应用资源以及各种应急措施等内容，是质量管理小组的指导性文件。

（二）项目质量管理工作说明

项目质量管理工作说明的主要内容是项目质量内容和控制的说明。作为项目质量管理实施计划的辅助性文件，项目质量管理工作说明包含质量计划的施行要求和相关规定。它需要将质量管理计划运用的各种方法、工具等理论与具体工作的细节实际结合，是项目正式开始前需要确定的重要文件。

（三）项目质量的衡量指标

项目质量的衡量指标是在综合考虑项目内外环境、管理条件等因素基础上形成的工作过程和产品服务的质量标准。它是一份非常具体的文件，每一项内容需要精确到时间、责任人、量化的验收标准、可交付成果等详细的内容。项目质量的衡量指标是项目质量保障和质量控制的重要依据。

（四）项目工作质量核验清单

如果说项目质量的衡量指标是刻度，那么项目工作质量核验清单就是可测量的标尺。项目工作质量核验清单是针对项目策划实施过程中的各项内容和产出或服务是否符合质量要求的检测过程的依据。它需要罗列出全部过程中需要测量的内容清单，并对照衡量指标来判断是否符合质量要求。

（五）项目过程的改进计划

项目过程的改进计划是着眼于项目推进过程中影响项目质量的因素，进而提出改进方法的文件。利用流程图、帕累斯图法、鱼骨法等找出过程中的影响因素，以主次关系来合理划分项目资源进而提高项目质量，是比较常见的方法。这一文件包含过程边界（即描述过程目的、起始和终止，其依据和成果、所需信息，以及本过程的负责人和利害相关者）、过程配置、过程测量指标、绩效改进目标等内容。

（六）项目计划的更新

所有的项目计划并非是一成不变的，针对项目策划事实和项目质量的新要求等，项目质量需要及时进行更新。因此，项目质量计划编制的一个重要成果是对原有各种项目计划的修订与更新。

（七）其他相关信息

在项目质量计划过程中还会产生一系列补充性或者专业性的各种信息文件。如项目质量的基线，它是对项目质量目标的描述和规定，进行项目质量管理工作的基准。相比衡量指标，它是更为基础的文件，是决定项目是否合格的决定文件。又诸如项目团队建设指导，它将增强并确保每项工作负责人的质量意识，并可作为质量计划的问责基础。

第三节　文化产业项目质量保障

文化产业项目质量保障是基于项目质量计划的具体实施过程，这并非一蹴而就的过程，需要有质量管理小组时时刻刻进行管理和调整。项目质量保障是在执行项目质量计划过程中所展开的一系列经常性的项目质量评估、质量核查与质量改进等方面的工作，这是为确保项目质量计划的完成而开展的系统性和贯穿项目全过程的质量管理工作。[①] 项目质量保障除了具有保证项目质量功能外，还具有获取项目利益相关者信任的功能，使他们相信项目实施者在项目设计、计划、实施等各个环节的质量管理都做得很好，并能够提供相应的证明。文化产业项目的质量保障需要时刻以社会利益为首位，依据项目质量管理计划的种种有效文件定期衡量项目的质量管理成果，及时提出各种预防、纠正和补救措施，确保项目质量的最终目标的实现。

一、文化产业项目质量保障的工具和手段

（一）制定项目质量计划

项目质量计划是在项目开始前便针对项目各大内容进行质量管理的书面文件。制定项目质量计划是一种事前控制手段，提前意识到可能存在的问题，从而提出相应的应付方式，规避质量风险的重要方式。

（二）项目质量审计

项目质量审计的目的在于确定项目运行活动是否符合项目组织内外部环境质量因素，找出其中的质量隐患，从而解决这些问题，提升项目质量水平。在实际运用中，项目质量审计最需要关注三个主要问题，首先是项目参与人员的工作质量水平，其次是项目实施过程中的材料质量水平，最

① 戚安邦、张连营主编：《项目管理概论》，189 页，北京，清华大学出版社，2008。

后是项目各项成果的产品或者服务。项目质量审计需要采取定期与不定期相结合的方式全方位获得质量保障。

（三）项目过程分析法

项目过程分析法是指针对项目、项目阶段或项目活动的过程，按照过程改进计划中列明的步骤和方法，从组织、管理和技术等角度识别出所需的改进，然后通过改进来保障项目质量的一种方法。文化产业项目的过程分析需要时刻将项目文化、项目理念是否贯彻作为评判依据之一。对于无价值的活动、价值偏差和影响质量的约束条件等要随时做出调整。

（四）项目质量改进方法

项目质量改进顾名思义即是为提高项目质量而采用的方法。在这一方法的使用过程中，以质量保障小组为核心，带动项目全体成员集思广益，从项目管理的方方面面来提升其质量水平。除了关注项目可能存在的质量问题，这一方法更多地关注于项目在建设目标、建设方法、资源优化、操作步骤等方面所能做出的提高项目质量的努力。

除了以上的方法，在项目质量保障的过程中，还可以运用诸多统计分析工具和先进的科技方法等来提升质量水平，如因果图、树状图、对策表等等统计方法和头脑风暴、德尔菲法等调查研究方法。

二、项目质量保障的成果

文化产业项目质量保障的成果，最直接的便是改善并提高了项目质量，具体表现在项目效率和效果的提高，避免了项目过程中的不必要变更引发的损失，项目产出物质量的提高，项目产出效益提高以及社会正面影响扩大等方面。

（一）项目变更的全面优化

文化产业项目质量保障预防项目质量问题的出现。一旦又出现不利于项目质量达成的因素，项目质量保障就要及时变更项目相关内容，提出优化的实施方案，实施符合各方利益的改进措施，由此来达成项目质量的提高和价值的实现。

（二）采取的各种改进措施

在进行质量保障活动中，当发现项目实施过程和实施方法中的问题或不足时，及时采取各种改进措施，不仅会使项目质量和价值得到提高，也会使整个项目的利益和每个利益相关者的利益都得以扩大。

（三）各种文件和信息的更新

在质量保障过程中发现的各种隐患问题，要求从质量标准、组织过程资产、项目规划、项目实施等方面做出反馈。这其中必然牵扯到各类文件的补充和更新，是项目继续开展的必要内容，也是质量保障的重要成果之一。

延伸阅读

演艺项目和影视产业项目的质量保障

为了保证演艺项目和影视产业项目的质量，项目团队一般重视进行全过程质量管理，充分发挥各方的审查和监督作用。见图 11—2 所示。

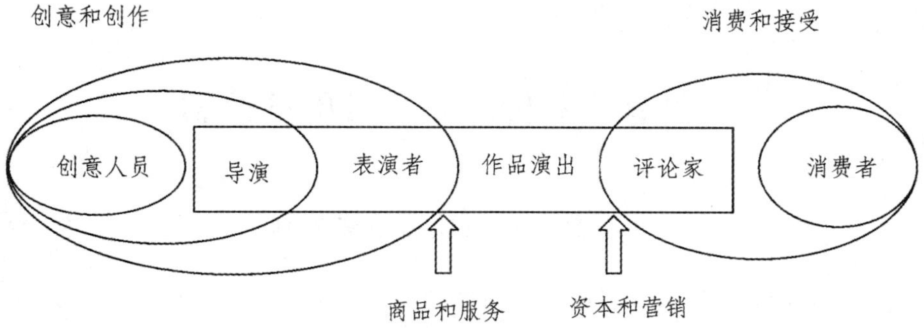

图 11—2 演艺项目和影视产业项目的质量保障

演艺项目中比较典型的是女子十二乐坊，它独特的演出内容和形式促成其独特的演出风格。策划者王晓京对这一舞台效果大胆的称之为“视觉流行民乐”。这种“视觉流行民乐”使音乐不再只是听觉上的享用，而是观众全感官的盛宴。为更好地达到可听可视的双重流行效果，演出非常重视舞美视觉效果，如舞台上会透过通天蓝色的灯光，LED 发光管组成的晶莹璀璨的夜幕，瞬间营造出一个夜凉如水的静谧等。可以说，色彩绚丽、对比鲜明的服饰、道具（包括具有可观性乐器古筝、扬琴、琵琶、二胡、竹笛、箫、葫芦丝、独弦琴等）与高科技现代灯光相配合，最大限度地调整观众的视觉感受，营造了一幅幅光彩夺目、绚丽多姿、时尚新鲜的舞台场景。

而《印象·刘三姐》是中国较早的实景演出项目。它由梅帅元担任总策划、制作人，张艺谋任总导演，两位年轻导演王潮歌、樊跃加盟，经历 3 年半努力制作而成。从 1999 年到 2004 年，一共历经了 5 年的磨炼才出来一个精品，5 年艰苦打造，数易其稿，颠覆了无数的修改案才最终展现在国人面前。《印象·刘三姐》全场演出超过 70 分钟，演出人员超过 700 人，整个剧目有 67 位中外著名艺术家加盟创作，109 次修改演出方案，投资近1亿元人民币，历经5年零5个月完成。

在影视产业项目实践中，项目团队都把作品质量作为剧作的生命线，严把策划、剧本、拍摄、制作以及审看、修改等艺术创作的每个环节，尤其重视剧本策划关、论证关，每个剧本都要经过多次论证和充分考虑，把精品意识落实到创作和生产的每一个环节、每一道工序。例如，为了把电视剧《小小飞虎队》做成精品，某项目团队在全国范围内选择了二十多位编剧，先后拜访了《闯关东》的编剧高满堂、《亮剑》的编剧江奇涛、《天下粮仓》的编剧高峰等，广泛征求意见，仅剧本大纲就进行了10次研讨。

资料来源：张立波编著：《文化产业项目策划与管理》，341—342页，北京，北京大学出版社，2013。

第四节　文化产业项目质量控制

一、文化产业项目质量控制

（一）文化产业项目质量控制的概念

文化产业项目的质量控制是针对项目具体实施过程的监督和管理，包含项目质量控制标准的制定，项目质量实施情况的监督和度量，项目质量监督结果与项目质量标准的比较，项目质量误差与问题的确认，项目质量问题的原因分析，采取项目质量纠偏措施从而消除项目质量差距与问题等一系列活动。它是贯穿项目发展全过程的质量控制管理活动。

（二）文化产业项目质量控制和质量保障

文化产业项目质量控制与项目质量保障管理都是为确保项目质量能够达到标准、满足各项需求的活动。但是他们两者面向不同的范围，有着较大的区别。文化产业项目控制是直接面向项目本身，找出项目本身的问题和发展过程的偏差；文化产业项目保障则是从项目的资源管理、实施方法、组织管理、项目环境等相对侧面的因素来进行考量，是项目保障因素的管理。可以说，项目质量控制是一种过程性、把关性、标杆性质的活动；项目质量保障是一种保障性、预防性和改善性质的活动。

（三）相关概念区别

1. 项目质量预防工作和项目质量检验工作

项目质量预防和项目质量检验均是项目质量控制的重要内容。项目质量预防是项目开始前的事前控制，项目质量检验是贯穿项目过程中和项目结束的事中和事后管理工作。

2. 项目质量问题的特异原因和系统原因

项目质量控制的一个重要目标便是发现项目存在问题的原因，并及时从根源上解决这些问题。项目存在问题的原因可以分为特异原因和系统原因两种。特异原因是在项目过程中随机或突然产生，一般无规律可循，难以预防；系统原因一般是根据常规和发展趋势能够预测到的项目问题原因。

3. 项目质量容忍区间和项目质量控制界限

一般的文化产业项目中，衡量项目质量设有项目质量控制界限，即项目质量要求的最低要求，低于这个要求便需要质量预警。在项目质量标准和控制界限之间存在差距，形成了一个项目质量的容忍空间。当项目实际满足了项目质量控制界限，但未达到质量标准则是可以容忍的；若未满足项目质量控制界限，则超过了项目容忍区间。

二、项目质量控制过程

（一）项目质量控制的依据

1. 项目质量计划

项目质量计划是专门针对该项目的质量计划文件，包含了项目的质量管理工作的指标、计划、安排和处理方案等。

2. 项目质量工作说明

相比项目质量计划，项目质量工作说明是质量管理人员的工作手册，详细罗列质量管理工作的要求规定。

3. 项目质量控制标准和要求

根据实际项目和相关条件制定出项目质量控制的标准和达到项目质量的详细要求，它应该高于项目目标和计划指标。

4. 项目工作质量核验清单

项目工作质量核验清单详细罗列了项目质量内容，质量管理者根据核验清单来进行质量检测。

5. 组织过程资产信息

组织过程资产中包含了组织的项目质量方针和项目质量方面的各种信息、经验与教训，是质量控制的参考之一。

6. 项目工作绩效信息

项目工作绩效包含了项目技术性能考核信息、项目可交付成果的度量信息、项目纠正措施的信息等可用于项目质量控制过程的审计、评估和分析的内容。

7. 获准的项目变更要求

随着项目的变化更新，项目质量标准和要求也要随之变化。一旦项目获准项目变更，项目的质量控制工作需要根据变化作为依据开展工作。

8. 项目可交付成果

项目质量控制的最终目标便是保证项目达成效果与计划质量相符合。所以项目可交付成果作为项目成果展示是项目质量需要考虑的重要内容。

（二）项目质量控制的手段

1. 控制图法

控制图法是以图示的方式来进行项目质量控制，它以生动形象的方式绘制出了控制界限、实际结果和实施过程。控制界限可分为上、下界限，上、下界限与项目质量目标或者指标之间的空间便是项目质量的容忍空间。控制图法是建立在项目实际统计数据基础上以数据变量的形式展现出项目实施过程的规律，能够发现项目质量何时失去控制。

当然，呈现质量变化过程的流程表法、反映因果的鱼骨图、确认项目质量因素的帕累托图等图表法也是项目质量控制的绝佳方法。质量管理者需要根据不同的需求、不同的阶段选择最合适的方式。

2. 项目质量趋势分析法

项目质量趋势分析是一种运用各种预测方式来获取项目质量未来发展趋势和结果的质量控制方式。运用这种方法需要使用到统计学中回归分析、相关分析、趋势外推分析等方法。通常项目质量趋势分析会借用趋势分析图，以线形图的方式并以数据发生的先后顺序绘制成图，借以反映质量过程在一段时间的变化情况。在文化产业项目中，项目质量趋势分析的方法主要运用于项目进度与投入产出，用以确认相关活动的质量是否出现偏差。

3. 项目产出物质检测法

项目产出物质检测法则是针对文化产业项目中产出的各项实质物质进行检测，以保证项目产品与质量要求一致。对于大量的产品物品，检测法往往会使用统计抽样的方式，以随机抽取样本的属性来预示总体产品的属性特点。这一过程必须有严格的记录查询，防止放水摸鱼的情况。

4. 项目工作核验法

项目工作核验法是针对项目实施过程中各项工作而产生的，确定工作是否符合项目质量要求的过程。这一方法首先需明确项目中涉及的各项工作的流程、步骤和要求，逐条罗列，形成核验清单。在质量检测过程中对照核验清单细细核对，找出其中与质量管理要求不符合的工作内容，并及时予以调整。

5. 纠偏和补救措施的方法

在项目进行过程中不可避免会出现或大或小的各种影响质量的问题。针对这种情况，及时纠偏和补救措施便显得十分重要。具体包括项目质量补救措施、项目质量纠偏措施、项目计划指标的变更以及项目返工和项目降低等级使用等方法。

（三）项目质量控制的成果

文化产业项目质量控制的最终目的是项目质量的提高与改进，而最直接的结果包括项目度量结果、项目认可、项目调整、项目纠偏等。

1. 项目质量控制的度量结果

项目质量控制的度量结果即是对于项目接受与否的结果，是在项目结束后产生的。对项目质量的接受有两层含义：其一是指项目质量控制人员根据项目质量标准，对已完成项目结果做出的接受和认可；其二是指项目业主或用户或其代理人根据项目总体质量标准，对已完成项目结果的接受和认可。如果人们做出不接受的决定，就应对项目的质量缺陷进行修复，以达到项目质量要求。

2. 项目质量恢复结果的认可

项目出现质量问题后，人们对于项目质量恢复工作结果的认可也是项目质量控制的重要成果。如果对一个不被人们接受的项目质量实施结果进行质量修复后，人们还是不能接受项目质量修复工作的结果，就需要考虑调整或降低项目质量要求了。

3. 调整或降低项目质量要求

当项目的实际情况和预计的质量要求存在较大的偏差，而这种偏差是由于预计的质量要求过高或者过低造成的，人们需要重新调整项目质量要求，使其在一个合理的水平上。

4. 纠偏和补救

在质量控制过程中，当实际项目出现问题，则需要及时纠偏和补救来确保项目的质量。这也是项目质量控制的成果之一。

5. 更新项目信息

根据质量控制，已经改变的相关内容需要及时更新。这种结果直接反映在项目信息更新的各类文件，包括核验清单、质量报告文档、项目变更计划等。这些文档成为项目执行组织的重要依据，也是下一阶段项目发展的重要参考经验。

6. 确认可交付的成果

项目质量控制最终需要确定项目产品或服务符合可交付的要求。所以确认可交付的成果是其重要的结果。

本章案例：

《捉妖记》遭遇重拍危机下的质量控制

国家新闻出版广电总局于2014年9月底下发了第100号文件“劣迹艺人封杀令”。因受到柯震东的影响，这一纸命令对于《捉妖记》来说无异于是毁灭性的打击，将近65%的电影内容需要重拍。当电影需要重拍，那用什么来保证品质？档期的压力、投资的问题、艺人档期的不定种种问题如压在创作团队的一座座大山。然而，重拍后的《捉妖记》凭借超24亿票房成为华语电影史上浓墨重彩的一笔。

这次关于《捉妖记》的重拍事件，导演江志强要面对的不仅仅是电影市场的挑战，更多的是要面对行业从未遇到的难题，还有在难题下对电影品质的保证。

江志强，安乐影业老板，被称为“亚洲第一制片人”，从李安的《卧虎藏龙》到张艺谋的《英雄》《十面埋伏》《满城尽带黄金甲》，以及李连杰的武打收山制作《霍元甲》，再到《北京遇上西雅图》《风暴》《寒战》，这些电影的背后他都是真正的幕后推手，全香港每年票房的一半收进他家的18座电影院，就连北京的文艺青年们都是受惠于他的百老汇moma影院。影视工业网的幕后·深度栏目对话《捉妖记》导演江志强去探寻重拍电影情况下，如何保证电影的品质，以下是主持人宋小白和导演的部分访谈内容。

宋小白：《捉妖记》是许诚毅导演的第一部真人电影，当时做这个决定的时候，有什么样的信心，会做这样一个项目？

江志强：许诚毅他本来叫我拍动画片，我说我不拍动画片，因为我不懂。他想拍一个中国的东西，那我们就用特效来做一个和真的一样的，可以有感情，可以与人沟通，也能够让人爱上他的。这个他懂啊，许诚毅就说我可以啊！我相信他可以。

为什么相信他？第一，我对他的创作很有信心，他能够在梦工厂呆二十几年，做到梦工厂的一把手，所以我相信他有能力创作出很猛很厉害的东西，这个我对他充满信心，因为他不是一个新人，他的作品大家有目共睹。他唯一缺乏的是怎么找到好的团队，找到好的演员，这个是我的强项。我很有把握能够给他写一个好的剧本，给他配好的演员，所以我从来对他都很有信心的。

当时项目确定是有很大的风险，但是我有想有计算过。通常我不会花这么多钱，但是这个项目没有这么多钱拍不出来。当然是可以花三天，花两个月去做一个妖，但是两个月做出来就是五分钱的特效，《捉妖记》这个妖，如果归到一个人去制作的话，需要一千年的时间才能做出来，也就是一千年才能完成这个电影，许诚毅他不懂得做五分钱的特效，他只懂得做一千年的特效，所以我们追求的都是这样的东西，这是我对他的信任。

宋小白：在具体创作上你们是怎么分工，像在妖怪的形象上，是以许导为中心？

江志强：以许导为中心。因为我请他就是这个意思，我懂的话就不找他了。一定要找懂的人，做最厉害的东西，我是百分之百相信他的判断。

整个制片的创作里面，我给导演很大的创作空间。当然其他很多的宣传上面就是我做主了，他也不会干预，也会积极的配合，因为每个人都有每个人的强项，他也很相信这个东西。我会给创作者空间，如果你给创作者绑脚绑手，那么你找他干吗？这也是我做监制的原则。

宋小白：《捉妖记》特效都是在大陆完成的吗？

江志强：我们请了工业光魔的人来做我们的特技总监，由他们来监督，视觉特效制作公司是 BaseFx，他们也是《变形金刚》的特效制作公司，我们的要求就是按照《变形金刚》的特效来做。

特效做不好，怪就怪老板，不能怪特效公司。许诚毅告诉我，有很多人打电话给他说：许诚毅我有一个电影想找你拍，是一个《西游记》的题材，我们想现在是 7 月份开拍，春节上片。因为很多中国老板都以为做特效很简单，其实是根本不懂。7 月去拍一个《西游记》可以年底上映，这是没有特效的《西游记》，但是当你看到这个电影花了 3 年才出来，肯定是有好的地方，特效就是讲究时间和钱。

宋小白：《捉妖记》在观众定位上是什么样的？

江志强：我们的观众是 6 岁到 60 岁。我们最重要的是希望能够做到 13 岁到 33 岁的女性，因为我们觉得在看电影的群体里面，现在她们说了算，所以先主打她们。

然后喜剧很重要。因为观众现在大部分人还是觉得电影是一个娱乐。现在中国的生活很紧张，和美国不一样，现在的美国人做很多事情已经不需要用脑了，他们已经有了职业的规律，白天9点到5点用脑，其他时间都不用脑，中国人现在不是，很多都是用脑用到半夜。当可以放松的时候，他肯定会选择去看一个娱乐片。我估计再过10年、15年，生活没有这么紧张了，事物的发展肯定就会有另外一个规律，看电影会追求另外一类电影。生活稳定了，人们就会追求心灵上面的东西了，现在大家每天都在干活，想的都是生活，需要去逃避。

宋小白：当时做重拍这个决定的时候，用了多久？

江志强：一个月。我们2014年10月9号收到消息，11月1号就确定不等了。理由是什么？我们等的话，所有的员工是不是都要解散呢？导演是不是要回美国休息一年？如果不等，他们还是要生活嘛。我们运气好的话，等半年这块可以给打开了，但是因为我们还没有百分之百完成，当时还有三个月的后期，这个电影只有两个档期可以放，一个是暑期，一个是春节。按照这个档期来算，我们最快明年春节才能上，你想想明年春节有五六部大片，我们不是一个出名的IP，谁都不知道什么东西，所以11月我们就确定了，就争取赶紧拍。

宋小白：在投资上做了哪些调整？

江志强：我们追投了7000万，本来这个电影到2014年12月就完了，可是现在一直拖到2015年6月份才做完，500个工作人员6个月的时间，65%的电影重新拍，演员免费没收钱，但500个工作人员怎么生活啊？

这个电影刚开始是没有其他投资人的，没有投资人的原因，因为拍这个电影的时候，都没有一个固定的预算去拍，因为都不知道投多少钱，做特效很没底，后来出来这个问题，所有的要从头来过，所以这帮朋友就非常帮忙，他们就问我要不要帮忙，要不要我投一点。当然这些都是我们确定补拍后，才定的。

宋小白：《捉妖记》重拍用一个月的时间去思考，当时市场上成功的把握率是有多少？

江志强：没有把握率，当时想的是这个戏是不是就完蛋了。重拍不是说想重拍就能拍的，因为你要所有演员回来拍，还要导演愿意重拍，以及很多合约上的问题要解决，还需要有大量的钱，所以纠结一个月不算多，因为真的是没有把握的事情。比方说我们要重拍，如果百合正在演一个电视剧，要演到年底，可是戏里面有两个人的对戏，必须要等百合，你怎么办？所有演员要重新搭这个档期过来，是非常有难度。景还要重新搭，当时还没有摄影棚，中影摄影棚都给了《长城》，冬天没有棚怎么拍戏，所以很多很多困难。都需要一个一个去解决。

宋小白：经历过“劣迹艺人”这个事情，如果一个项目再碰到这个问题，从制片公司这边有什么建议吗？

江志强：没有。第一，你叫演员赔，你觉得三个亿他能赔给你吗？他会赔吗？他有钱赔你吗？然后其实也不是钱的问题，是机会的问题。比如说一个项目他需要演员一定要保持好的形象。可是他做了那些被禁止的事情，你杀了他？那是没办法的。保险都不会赔。将来只有一个方法，演员犯错是演员的问题，跟电影没关系。

资料来源：影视工作网：《江志强：当电影遭遇重拍，用什么保证品质》，有删改，参见 http：//107cine.com/stream/67173/.2016/7/6.

第十二章　文化产业项目风险管理

任何项目都有风险，项目在实施过程中存在着很多不确定性，风险贯穿于项目的整个过程。文化产业项目管理中的一项重要任务就是对文化产业项目可能出现的风险以及已经出现的风险进行有效的管理，加强项目管理过程中的风险意识，建立有效的风险防控体系。

第一节　文化产业项目风险管理的基本概念

一、项目风险与文化产业项目风险

（一）风险概述

1. 风险的定义

风险（Risk）是指损失发生的不确定性，它是不利事件或损失发生的概率及其后果的函数。风险是人类历史上长期存在的客观现象，它不仅会带来损失，往往也蕴藏着机遇。

2. 风险管理的历史

风险管理的历史是随着人类文明的开端而开始的。原始社会时，最古老的人类面临的主要风险是来自于毒蛇猛兽的威胁，为了生存，人们不得不联合起来共同抗击野兽的袭击，并且为了更有效地打击野兽，人们研制出一些原始的工具，这便是最古老的人类风险管理意识的萌芽。

现代风险管理问题起源于第一次世界大战后的德国。战败后的德国发生了严重的通货膨胀，造成经济衰竭，也因此产生了包括风险管理在内的企业经营管理问题。后来，美国在 1929—1933 年卷入 20 世纪最严重的经济危机，更使风险问题成为众多经济学家研究的重点。1931 年美国管理协会首先倡导风险管理，并在以后的若干年里，以学术会议及研究班等多种形式集中探讨和研究风险管理问题。风险管理问题逐渐得到了理论探讨和一些大企业的初步实践，从20世纪60年代起，对风险管理的研究逐步趋向系统化、专门化，在各国的项目管理知识体系中都把风险管理作为重要的管理内容之一。

（二）项目风险的概念和特性

顾名思义，项目风险管理就是对项目中的风险进行管理。对项目风险的学术定义，主要有以下几种有代表性的说法。

美国项目管理协会（PMI）对项目风险的定义是：项目风险是一种不确定事件或状况，一旦发生，就会对项目的时间、费用、范围或者质量目标产生积极或消极影响。

加拿大项目管理大师马克思·怀德曼（Wideman）对项目风险的定义："对造成损失的大量不确定情况出现的可能性所作的估计。"

现代项目管理理论一般认为：由于项目所处环境和条件本身的不确定性和项目业主或顾客、项目实施组织或其他相关利益主体主观上不能准确预见或控制的影响因素而使项目的最终结果与项目相关利益主体的期望产生背离，从而给项目相关利益主体带来损失或增长的可能性。

项目风险源于任何项目中都存在的不确定性，但应从风险对项目成功造成的威胁或带来的机遇的角度来看待风险。项目风险基于以下一个简单的等式：

风险＝(事件的可能性)×(事件的后果)

也就是说，项目的风险可以从两方面来评价，事件发生的可能性和事件发生的后果或影响。风险对项目所造成的威胁只要能与冒此风险所得到的收获相抵，就属于可接受风险。

项目风险具有如下几个方面的特性：

1. 项目风险是有时限的。

不同的风险可能只存在于项目的某一阶段。同样，风险的承担者也只在特定的时间内才承担这些风险。

2. 项目风险管理的目的在于预测。

项目风险管理的目的不是在风险事件发生后用来追查和推卸责任。项目的团队应当是在一个相互信任、开放的环境中工作，信息的及时沟通对于风险管理十分重要。

3. 项目风险管理是有代价的。

项目风险的计划编制、识别、分析、监控和处置都需要分配项目的资源。由于项目风险管理是用来减轻或预防未来可能出现的问题，其真正价值只有在未来才能体现出来，有可能用于风险管理的投入在将来会抵消甚至多于风险造成的损失。

4. 项目风险具有可变性

风险的产生和作用范围是随着项目环境、条件和规律逐渐发展和变化的。项目风险可以是突发性的，也可以是渐进性的，风险的性质和影响范围也可大可小。

5. 项目风险具有双面性

项目风险与机遇如同硬币的两面，机遇来自于有利的项目环境而风险来自于不利的项目环境。项目的机遇与风险是并存的，能够为项目进展增加成功概率的风险不妨尝试。

（三）文化产业项目风险的概念和成因

1. 文化产业项目风险的定义

综合文化产业项目的特性和项目风险的概念，本书认为，文化产业项目风险，是指由于管理者不能预见或控制的一些影响因素，使得项目实施的过程与结果和项目管理者的预期产生背离，从而使项目利益相关者蒙受损失的可能性。

2. 文化产业项目风险的成因

文化产业项目实施过程中，风险的成因具有一定的复杂性，大体上可以分为以下几个方面：

（1）风险产生的客观根源

客观来说，首先事物本身具有变化性和局限性，项目在发展过程中本身就带有一定的不确定性。风险的客观存在决定了项目的管理者在有限的范围内可以降低风险发生的频率和损失的程度，但无法完全消弭风险。其次管理者接收到的信息也具有过程性、不完整性和滞后性，给管理者的认知造成阻碍，使得管理者认知的盲点成为文化产业项目风险的一般根源。最后项目环境本身是复杂且动态变化的，且不受管理者的主观控制，使文化产业项目进行的路线产生了与计划不同的偏移，从而增加了项目进行的不确定性。

（2）文化产业项目风险的环境成因

首先，文化产业项目受到市场环境的影响，市场规模的变化、市场的波动、通货膨胀、汇率波动、金融危机等宏观上的经济变化都会对文化产业项目产生影响，增加项目风险。其次文化产业项目也受到社会环境因素的影响，社会热点、社会风气和宗教习俗等因素也会对文化产业项目造成一定的风险。再次，不可抗的自然环境因素也会对文化产业项目的顺利进行造成威胁，例如意外事故、恶劣天气、突发灾难等，都会影响文化产业项目的实施进度或项目效果，增加文化产业项目的风险。最后，政策环境也会对文化产业项目造成不确定的风险，法律、法规、政府干预与制度变化都会对文化产业项目产生直接的影响，尤其是在国内文化产业发展良莠不齐，市场规范正在逐步建立的情况下，政府的干预使文化产业项目的风险更加难以预期。例如，2013年广电总局发布了对歌唱类选拔节目进行调控的消息，各大卫视原本策划的选秀类节目纷纷流产。

（3）文化产业项目风险的意识形态成因

不同于普通项目的是，文化产业项目更多地注入了文化因素和意识形态，国家出于政治、宗教等原因多多少少会对文化产业项目有一定的限制，这也就相应产生了一定的风险。例如1994年张艺谋拍摄的电影《活着》中对政治运动的荒谬性做出嬉笑怒骂的批判，因此遭到了禁映。影视文艺作品偶尔会涉及诸多敏感的题材和话题，根据我国的相关法规，电影必须首先备案审查才能拍摄上映。送未经审查的电影到国际电影节参赛，也是由于这个原因，李玉导演的《苹果》、王小帅导演的《十七岁的单车》和姜文导演的《鬼子来了》均没有在国内顺利上映。文化产业项目要考虑的不仅仅是艺术，也要认清资本的理性，政策法规的红线所造成的风险是可以预测并规避的，其他社会意识形态、道德规范、宗教民俗等因素所造成的风险也应该得到项目管理者的重视。

延伸阅读

电影《苹果》因色情内容被广电总局禁止公映

2008年，广电总局在网站上公布了《关于处理影片〈苹果〉违规问题的情况通报》。《通报》说，《苹果》在电影制作、参加国际电影节、互联网传播及音像制品制作等方面，严重违反《电影管理条例》（以下简称《条例》）及相关法规。为加强和规范电影制片及发行放映的管理，确保电影及各种媒体的传播健康有序，广电总局决定吊销该片的《电影片公映许可证》，停止该片在影院发行、放映及其网络传播。

《通报》指出，由北京劳雷影视文化有限责任公司等联合出品的影片《苹果》违规制作色情内容的片段（未经审查通过），并擅自将未经审查通过的含有色情内容的影片在互联网上传播及制作音像制品，违反了《条例》第二十五条的规定；将未经审查通过的电影版本，送第57届柏林电影节参赛，违反了《条例》第二十四、三十五条的规定；在影片发行放映中进行不健康、不正当的广告宣传，违反了《条例》第三条和《广告法》的相关规定。根据《电影管理条例》等相关法规，并按照《广电总局关于重申禁止制作和播映色情电影的通知》《广电总局关于加强互联网传播影视剧管理的通知》等要求，广电总局决定吊销影片《苹果》的《电影片公映许可证》，没收未经审查通过的影片拷贝及相关素材，制片单位15天内将拷贝等送达总局电影局；停止该片在影院发行、放映；停止其网络传播；建议有关行政部门停止其音像制品的发行。与此同时，对负有主要责任的北京劳雷影视文化有限责任公司，取消其两年内摄制电影的资格；该公司的法定代表人方励，两年内不得从事电影相关业务；对负有相关责任、参与投资拍摄的两家公司，进行通报批评，责令其限期整改。对参与该片拍摄的制片人、导演及相关演员，则进行严肃的批评教育，并要求其做出深刻检查。

对此，方励表示接受广电总局的处罚，并积极配合。但他说有一点需要澄清："网络上流传的'色情内容'是盗版商从该片的台湾音像版本中盗录下来传播的。"他表示会协助有关部门，与院线协调，积极追讨影片拷贝。

资料来源：新浪网：《电影〈苹果〉因色情内容被广电总局禁止公映》，http：//ent. sina. com. cn/m/c/2008—01—04/08561862027. shtml. 2016/7/6.

4. 文化产业项目风险的管理成因

文化产业项目的开发同时也是生产经营活动和管理活动，市场经济的变化、项目本身条件的改变，项目决策者和项目管理者的能力都对项目的实施产生影响。在文化产业项目进行过程中，或多或少会出现项目决策不当、项目进度变化、项目成本过高、项目资金不到位、范围变更、目标不明、组织机构不协调、技术落后、后勤不利、人才流失等等各种管理上的问题，管理不善会使文化产业项目难以达到预期目标，产生威胁项目顺利进行的风险。

（四）文化产业项目风险的分类

为深入了解文化产业项目风险，并对其有针对性地进行管理，本书将从不同角度根据不同标准对文化产业项目风险进行分类。

1. 根据文化产业项目风险有无预警

最常用的项目风险分类是根据风险发生时是否有预警信息进行分类，可以将无预警信息突然爆发的风险称为"风险Ⅰ"，将有预警信息的风险称为"风险Ⅱ"。通过区分文化产业项目风险是否有预警进行分类控制，对前者进行及时反应，消除影响，对后者进行识别控制。

2. 根据文化产业项目风险的发生概率

为了认识文化产业项目风险的大小，按照文化产业项目风险的发生概率进行分类要求界定不同层次的风险概率，可以按照发生概率的大小将项目风险分成三级、五级或多级。分类的方式可使用概率的相对比例，如从“十分不可能”到“几乎确定”，也可以通过数值大小来表示常规比例，进而进行分类。

3. 根据文化产业项目风险的影响

首先，文化产业项目风险可能造成的影响作用于项目的不同方面，可能是人才、资金、进度等，根据影响对象可以对风险进行区分。其次，影响的程度也可以按照严重程度分为三级、五级或者多级，以区分不同程度的风险。一般来说可以通过相对影响标度来反映风险发生后的影响以及对每个项目目标影响的重要程度，例如，“很低”“低”“中等”“高”“很高”等。最后，根据项目风险对项目造成的是消极影响还是积极影响，也可以将风险分为“纯粹风险”和“机会风险”。“纯粹风险”会给文化产业项目带来风险损失，而“机会风险”则是文化产业项目在一定经营条件下进行可能带来收益的探索时所承担的不确定性。

4. 根据文化产业项目风险的来源

首先根据文化产业项目风险的来源可以将风险分为外部风险和内部风险，外部风险来自于外部环境，由政策法规、金融市场、自然条件等宏观的外部因素造成；内部风险则来源于项目进度、资金、范围等内部因素。其次为了准确地描述风险来源，可以在确定风险是外部风险还是内部风险之后精确化为某一具体来源的风险，例如由宏观经济环境造成的风险可以称之为经济风险，由政府监管政策调整带来的风险称为政策风险，由行业市场的波动造成的风险称之为行业风险等等。通过具体描述风险的来源和内容，有利于管理者有针对性地提出风险控制的计划。

二、风险管理与文化产业项目管理

(一) 项目风险管理的定义和目标

项目风险管理是在项目进行的全过程中，项目管理者对于影响项目的进程、效率、效应、目标等一系列不确定性因素的管理，包括项目风险管理规划、风险识别、分析、应对和监控的过程。[①] 通过采取有效的措施确保项目

---

① 凯兹纳、爱华：《项目管理：计划、进度和控制的系统方法》，北京，电子工业出版社，2002。

风险处于受控状态，才能保证项目目标的顺利实现。系统的项目风险管理可以分为风险识别、风险分析、风险应对和风险监控四个基本阶段。

项目风险管理的目标就是通过对风险进行监控和缓解，增加积极事件的概率和影响，降低消极事件的概率和影响，从而保证项目的顺利进行，提升项目效益。

（二）文化产业项目风险管理的定义

文化产业项目风险管理是指文化产业项目的组织管理者对项目风险进行识别、分析和评估，建立风险计划，提出风险处置方案，提升正面风险，减小负面风险，从而以最低成本实现最大安全保障的科学管理方法。

文化产业项目风险管理具有全过程、全要素的特点。

（三）文化产业项目风险管理的意义

文化产业项目风险管理对于保证文化产业项目的顺利进行具有重要意义。首先，文化产业项目的风险管理是从项目计划到收尾的全过程中持续进行的管理活动，要求项目管理者从计划阶段就要审时度势，从而有效地进行风险识别；其次，风险管理要求管理者对项目本身和环境具有深入的了解，对项目的信息、数据和资料进行及时更新，才能提高风险分析的科学性和准确性。最后文化产业项目的风险控制要求管理者和执行者的全员参与，有利于提升项目组织的内外部沟通和组织的执行力。

具体来说，文化产业项目风险管理对于文化产业项目有以下具体作用：

1. 优化项目范围及资源配置。

2. 提升项目运营的效益。

3. 改善项目执行组织的信息沟通。

（四）文化产业项目风险管理的过程

文化产业项目风险管理在普通的管理流程（计划与归档）之外主要包括了风险识别、风险分析、风险应对和风险监控。主要工作阶段如图 12—1 所示。

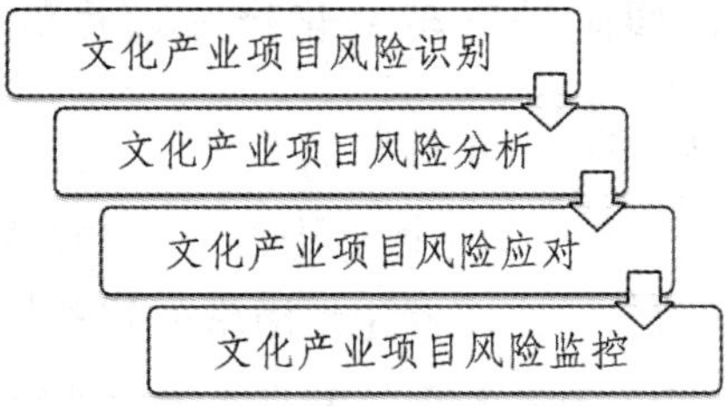

图 12—1　文化产业项目风险管理过程

值得注意的是，在风险管理的过程中，风险的出现随着项目的推进也会不断出现，因此每个阶段不是次序进行并有明显的步骤的，而是一个反复的过程。反复的频率则应根据项目因地制宜。有的时候，经常发生的风险经过识别之后便可以越过分析阶段直接进入应对阶段，而监控阶段发生的风险也可以直接进入应对阶段，采取措施进行风险控制。

第二节　文化产业项目风险的识别

一、文化产业项目风险识别的概念与目标

文化产业项目风险识别是项目组织运用各种方法找出影响项目目标顺利实现的主要风险因素，并识别出风险的来源和特征，研究风险对文化产业项目的可能影响，为有效地应对和控制风险提供依据的管理活动。参加风险识别的人员通常为风险管理团队，对于文化产业项目组织来说，可以是：项目经理、团队成员、利益相关者和风险管理专家。

文化产业项目的风险识别贯穿于项目管理的全过程并反复进行，只有发现并调查文化产业项目中存在的问题，对项目所有方面进行明确认知，才能有效地进行接下来的风险分析与应对。文化产业项目风险识别的目标包括：感知项目的潜在风险；识别风险的成因；认知风险的特征；预计风险的影响。

二、文化产业项目风险识别的依据和方法论

（1）文化产业项目风险识别的依据

文化产业项目风险的识别需要依靠大量的项目信息，并总结规律，根据项目的计划与效益，发现信息中展现或暗示出的项目风险。因此风险的识别需有以下的依据：

1. 项目计划

首先，文化产业项目规划中的目标设置、成本计划和预计收益以及项目组织者和利益相关者对项目成果的期望，本身就是项目风险识别的重要对象。如果项目计划过高、缺乏科学合理的预判，那么项目首先就要承担无法达成项目目标的风险。其次，文化产业项目的进度计划和质量计划等包含项目实施过程信息的计划也是风险识别的依据。对项目的整体计划有所了解，才能明确项目整个进行过程中可能出现的风险。

2. 风险管理计划

风险管理计划中包括风险管理的职责分配，预算和进度计划中的风险

管理活动因素以及风险的类别、概率和影响等。因此文化产业项目风险管理计划可以为风险识别提供识别的责任分配和识别标准，提供利益相关者的风险容忍度，作为风险识别的依据。

3. 项目范围说明书

文化产业项目一般来说较多采用创新性的技术和复杂的项目结构，项目范围书可以为文化产业项目风险识别提供假设条件信息作为风险识别的依据。

4. 项目产出描述

一般来说，文化产业项目风险的不确定性与项目的进度有关，项目的产出描述可以提供项目是否按照计划实现项目成果输出的信息，包括项目成果的质量和进度。文化产业项目风险的识别需要根据这些信息判断项目是否按照原定计划顺利进行，从而识别项目是否存在潜在风险或已遭遇风险。

5. 项目历史资料和信息

文化产业项目的历史资料指的是与该项目相关或类似的其他项目的资料，这些对历史项目的描述可以作为识别新项目中的风险的重要参考和依据。项目历史资料中应该包括历史项目的风险因素分析、风险事件、风险应对措施以及风险后果的信息。具体说，主要包括历史项目的原始记录、商业性的历史项目数据库和团队成员经验等等，这些历史信息对于新项目中的风险识别提供重要依据。

（二）文化产业项目风险识别的工具

1. 风险核对表

根据上文提到的文化产业项目风险识别的依据，包括对项目管理计划和历史项目经验的信息，列出一张核对表，包括项目可能遇到的风险和历史项目成败的原因。项目风险管理者可以对照这张核对表，与项目实施的实际情况进行对比，从而核验出项目的风险。如表12—1所示。

表12—1 文化产业风险核对表

风险类别		可能性	潜在影响	后果	总体评价
政策与法律风险	与现行法律相悖				
	政府管制				
	产业政策转向				
	……				
……					

2. 因果图

因果图又称鱼骨图、石川图，可以清楚明确地展示出风险的成因，便于进行文化产业项目风险识别，图 12—2 给出一个简单的例子。

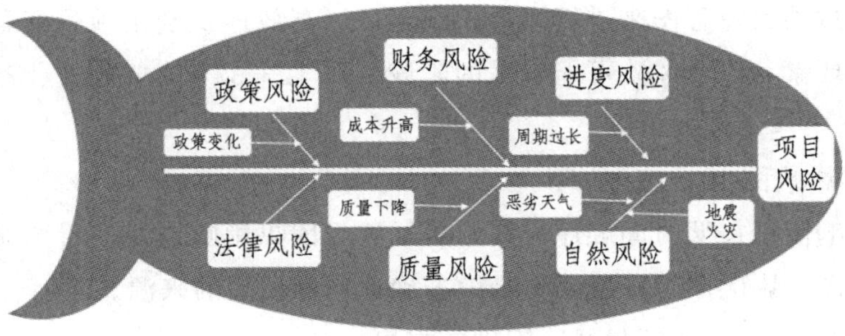

图 12—2　因果图

3. 流程图

项目流程图按内在逻辑联系给出项目的工作流程，包括了项目系统流程和实施流程，具有结构化、逻辑分明的特点。文化产业项目流程图则比普通项目更加复杂，因为项目各部分的相互关系更为密切。一般来说，要绘制文化产业项目的流程图，首先需要确定项目的起始和终点，然后明确

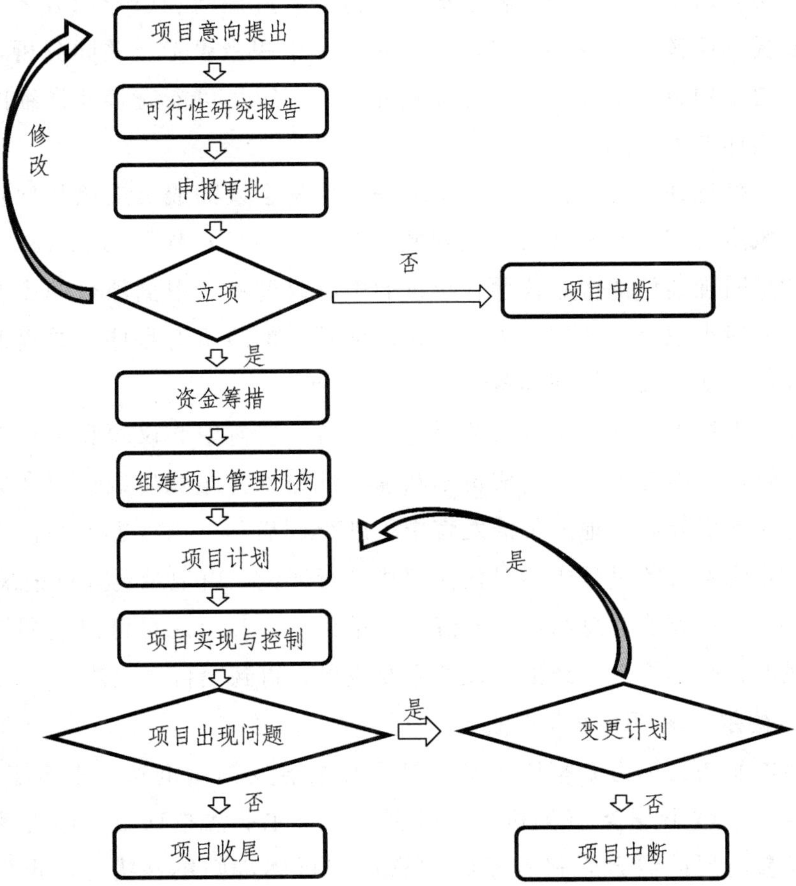

图 12—3　流程图

项目的步骤并按顺序连接，同时要考虑到各个阶段是否能顺利进行的可能性。通过项目流程图来进行风险识别，可以高效地识别出项目流程中存在的风险要素，以及风险可能发生的阶段。图 12—3 为简要的文化产业项目流程图。

4. 影响图

影响图是按照时间顺序排列，表示项目因果影响以及变量与结果之间关系的图。影响图可以帮助更高效准确地明确风险的来源。

（三）文化产业项目风险识别的方法

1. 头脑风暴法

头脑风暴法是将项目团队成员、利益相关主体和不同领域的相关专家组织在一起，通过与会成员进行头脑风暴取得一份综合性的潜在风险因素的清单的方法。头脑风暴法又称为集思广益法，目的是发挥与会成员的创造性思维和发散性思维，而不是达成一致的观点和做出明确的决策。一般来说，头脑风暴会议由项目核心成员主持，通过提问和引导的方式，鼓励与会成员畅所欲言，在共同讨论、彼此启示中积极思考、共同分析，从而识别并提出项目的潜在风险，并互相补充，获得尽可能完善和详细的风险清单。具体的方法如下：

（1）挑选并邀请与会成员：参加头脑风暴会议的成员应该是项目核心成员、风险管理专家和项目相关领域的专家，一般为 10—15 人。

（2）明确会议的中心议题：会议的中心议题应该根据项目的需要进行确定，一般来说讨论的中心为新文化产业项目的风险有哪些，并提前通知与会成员，便于成员提前准备。

（3）主持人引导成员发言并讨论：主持人应对中心议题和项目有着深入的了解，并能够引导与会成员不断深入地讨论并拓宽思维；与会成员应在主持人的引导和其他成员的发言中不断得到启示，积极思考并投入到讨论中。轮流发言的过程中不对任何想法进行评论，由记录员进行记录。

（4）意见评价及总结：在轮流发言结束后，与会成员可以共同评价每一个观点，由主持人总结出会议的主要成果，得到项目风险清单。

2. 德尔菲法（专家调查法）

德尔菲法又称为专家调查法，是一种匿名反馈函询法，来自于 20 世纪 50 年代的美国著名咨询机构兰德公司。德尔菲法指项目风险专家以匿名方式参与风险管理，将专家组的意见进行逐步归纳、统计，再匿名反馈，再归纳、统计直至若干轮之后得到专家组有关项目风险的一致看法的方法。德尔菲法有利于控制专家在识别风险时受到影响，更强调定量的客观性。但德尔菲法是否能被正确使用取决于是否遵守原则：首先应邀请文化产业相关的领域或项目风险管理相关专家；其次各位专家应处于隔离和匿名的状态。具体操作方法如下：

（1）项目组挑选项目相关领域和项目风险管理相关的专家，形成小组，专家组彼此匿名；

（2）项目组提出风险问题调查方案，用专家调查表征询专家组有关项目风险识别的意见；

（3）项目组汇总专家组的意见表，并反馈给专家组，请他们进一步发表意见，重新分析并重新提交；

（4）项目组汇总专家组新的意见，如能达成一致则过程结束，如达不一致则重复进行，直到专家组形成一致意见。

3. 历史信息法

历史信息法指的是通过对历史项目的各种信息进行分析以识别当前项目是否存在类似风险的方法。历史信息法的依据是符合当前项目基本条件和状况的相关信息，主要包括同类文化产业项目的历史信息、公开化或商业性的资料（商业数据库、行业标准、研究成果）以及历史团队成员的经验。具体的操作方法如下：

（1）搜集相关历史信息，包括历史项目的原始数据和历史团队成员经验等定量或定性的信息；

（2）筛选历史信息，判断搜集的历史信息是否符合当前项目的环境条件和工作状态，在一定条件下，历史信息才能对识别项目风险起到关键作用；

（3）分析整理历史信息，将历史信息中发生或显示的项目风险整理为风险核对清单，从而便于与当前项目进行比对识别。

4. 情景分析法

情景分析法指的是通过对文化产业项目未来某个状态的详细描绘和分析，从而识别出项目风险的方法。情景分析法对项目状态的描述包括定性和定量两个方面，可以通过图表、文字或数学公式等数据，也可以通过计算机进行情景模拟。一般来说，情景分析法适用于具有较高创新性的文化产业项目风险识别工作中。具体的操作方法如下：

（1）给出文化产业项目的情景描述，模拟项目状态。

（2）发现项目变动的影响因素，识别项目潜在风险。

（3）分析项目情景变化造成的风险及其后果。

5. 假设条件分析法

假设条件分析法指的是对可变因素较多的文化产业项目的条件和成果的假设进行分析，验证项目假设的有效性，从而辨认出不精确和不确定的假设对项目造成的可能风险的方法。项目的策划本身是建立在设想和假设上的，但项目环境和项目条件却在变化中，通过分析假设的有效性，判断原有假设是否有效来找出由于这些假设的条件和因素带来的各种项目风险。

6. 系统分解法

系统分解法指的是利用系统分解的原理将复杂的文化产业项目分解成一系列结构简单的子系统或者系统元素，从而识别出项目中系统元素到子系统再到整个项目的风险的方法。

三、文化产业项目风险识别的成果

文化产业项目风险识别的成果主要通过风险登记册来体现。风险登记册从项目风险识别开始编制，并在此后的风险分析、风险应对和风险控制过程中继续使用并完善。风险登记册中应包括以下风险识别的成果：

（一）识别出的项目风险清单

识别出的项目风险是文化产业项目风险识别工作最重要的成果，成果体现为项目风险清单。项目风险清单应该对风险识别工作中发现并确定的各种可能发生、可能影响项目效益的事件进行描述，并尽可能详尽。描述的内容应包括已识别风险的类型和内容、来源和成因、发生概率、可能的影响范围、可能造成的损失等。

（二）项目风险的阈值

项目风险的阈值指的是项目风险发展变化的现象和标志，也可以称作项目风险的症状或者征兆。项目风险阈值有很多，主要描述了风险事件产生或即将产生时的表现，又被称作项目风险的触发器。在进行项目风险识别工作的总结中，应识别和区分主要或次要项目风险阈值，并对项目风险的阈值和发生的因果关系进行说明。

（三）项目风险的根本原因

项目风险的根本原因指的是导致项目已识别风险的根本状态或事件。在项目风险识别工作成果中体现为全面详细的项目风险来源的说明，内容上包括所有识别出的风险成因条目，以及发生条件、后果预期等，不管风险发生的可能性大小和可能损失的大小。

（四）新的项目风险类别

文化产业项目风险识别过程中可能会识别出新的风险类别，这些新的项目风险类别不属于项目风险核对表中或项目组已知的项目风险类型。基于项目风险识别的成果，将新的项目风险类别纳入到项目风险类目清单中，便于完善项目风险结构和接下来的项目风险分析。

（五）潜在的项目风险

潜在的项目风险指的是一些相对独立而且无法明确识别的项目风险。这些项目风险不同于已识别风险，不存在客观的阈值明确表明这些风险会发生，因此也无法进行定量的识别，只能通过项目组的主观判断进行确定。潜在风险在市场环境和项目条件的变化过程中很可能转化为真正的风险，并带来后果严重的影响。因此在风险识别的成果中应对潜在的项目风险进行总结，并严密跟踪评估。

第三节　文化产业项目风险的分析

一、文化产业项目风险分析的概念与原则

（一）文化产业项目风险分析的概念

文化产业项目风险分析就是对项目风险的大小、项目风险的影响及其范围、程度等进行分析和评估，并根据风险对于项目目标的影响对风险进行排序的过程。文化产业项目风险分析要求确定风险的原因，并对风险大小和影响的结果进行量化分析，包括了对风险发生的可能性和概率的预测，对风险造成的影响和后果的估量，对风险影响范围和程度的评价和分析。文化产业项目风险分析的目标是要充分了解项目风险，便于采取有效的风险应对措施，减少风险对项目造成的损失。

文化产业项目风险分析可以分为定性风险分析和定量风险分析两种。定性风险分析通常是为风险应对规划过程确立优先级的一种经济有效的方法，并为定量风险分析奠定基础；定量风险分析是对定性风险分析过程中作为对项目需求存在潜在重大影响而排序在先的风险进行分析，并就风险分配一个数字的量化方法。[①] 在文化产业项目风险分析中，具体要采用哪一种风险分析或者将其组合，要取决于风险管理的时间和预算，以及风险及其后果的定性或定量描述的需要。

① 凯兹纳、爱华：《项目管理：计划、进度和控制的系统方法》，北京，电子工业出版社，2002。

（二）文化产业项目风险分析的原则

在文化产业项目风险分析的过程中，可能会受到项目的状态的影响，文化产业项目的文化和意识形态特性的影响以及数据精确性和规划科学性的影响。为了更加客观准确地进行风险分析，在分析过程中应遵守以下的原则：

1. 系统化原则

文化产业项目本身是一个完整的系统，而项目面临的风险本身也是一个复杂的系统，由各个阶段、各种类型、不同性质、不同后果的风险组成。风险与风险之间存在着或多或少的逻辑关系，因此项目风险的分析也不能脱离项目风险这个系统，只有从系统出发综合考虑项目风险，才能完整详细地了解风险。另外，项目风险分析工作也应遵守系统化的原则，从调查分析到综合分类，都应以科学系统的方法来进行风险分析，才能准确地揭示项目风险的性质，形成对项目风险总体的、综合的认知。

2. 全面性原则

文化产业项目风险具有复杂性和可变性，要应对和监控风险，必须全面地了解风险，掌握风险的来源、类型、发生概率和影响范围，并对整个项目风险有着全面的认知，了解各个阶段可能发生的风险，各个风险的优先顺序。只有全面详细地掌握项目风险的信息，才能制定有效的项目风险应对计划，实施有效的风险控制措施。

3. 动态化原则

文化产业项目风险分析的目的在于为文化产业风险应对提供理论支持，以保证文化产业项目风险管理的有效性。文化产业项目本身就是一个动态变化的系统，而项目风险在项目环境和项目状态的影响下更是时刻变化，因此要分析项目风险就要充分认识到项目风险的动态连续变化，采用具有预见性和动态化的方式进行项目风险的定性分析和定量分析，及时更新项目状态、风险阈值、环境条件等信息，保证项目风险分析能及时跟进项目的变化，避免项目的损失。

二、文化产业项目风险分析的依据和方法论

（一）文化产业项目风险分析的依据

1. 项目范围说明书

对于具备创新性和技术性的复杂的文化产业项目来说，项目范围说明书提供了详细的项目结构和风险分析所需的项目信息，用来确定项目中存在的不确定性，为项目风险分析提供依据。

2. 项目计划

项目计划中应包括项目进度计划和项目费用计划，项目进度计划为项目进度提供了格式和标准，而项目费用计划明确了项目费用的估算、预算、结构和控制，在定量的风险分析中，进度计划和费用计划提供了风险分析所需要的数据信息。

3. 风险管理计划

对定性风险分析而言，风险管理计划提供的依据包括风险分析者的职责、风险管理预算和进度活动、风险相关定义、对风险的容忍度等；对定量风险分析而言，风险管理计划提供的依据不仅包括以上提到的内容，还包括风险的类别及分解结构、概率和影响矩阵等。

4. 风险登记册

对定性风险分析而言，风险登记册为风险分析提供的依据主要是识别出的风险清单；对定量风险分析而言，风险登记册提供的依据还包括项目风险的优先级顺序以及风险的类别清单。

5. 历史信息和经验

项目的历史信息和可借鉴的历史项目信息、风险管理专家的相关研究、商业性的风险数据库和项目团队成员的经验都可以作为项目风险分析的依据。

（二）文化产业项目风险分析的工具

1. 概率与影响矩阵

为评估每项风险的优先级和紧迫程度，通常采用概率与影响矩阵。概率与影响矩阵可以清晰地表现出各种风险的概率和影响的组合，从而确定哪些风险更为重要。我们可以用描述性文字或数字来表示概率与影响矩阵。表 12—2 为常见的项目风险概率与影响矩阵。

表 12—2　风险概率与影响矩阵

概率	威胁					机遇				
0.90	0.05	0.09	0.18	0.36	0.72	0.72	0.36	0.18	0.09	0.05
0.70	0.04	0.07	0.14	0.28	0.56	0.56	0.28	0.14	0.07	0.04
0.50	0.03	0.05	0.10	0.20	0.40	0.40	0.20	0.10	0.05	0.03
0.30	0.02	0.03	0.06	0.12	0.24	0.24	0.12	0.06	0.03	0.02
0.10	0.01	0.01	0.02	0.04	0.08	0.08	0.04	0.02	0.01	0.01
	0.05	0.10	0.20	0.40	0.80	0.80	0.40	0.20	0.10	0.05

在上图所示的概率与影响矩阵，每项风险按照其发生概率及一旦发生

所造成的影响来评定级别。矩阵中的数字按照以下公式计算：

风险值＝概率(P)×影响(I)

文化产业项目组可以在风险分析过程中根据项目自身的情况定制风险等级评定规则，如上图中组织对低风险、中等风险和高风险的临界值的规定确定了项目风险的临界值。不同等级的风险用不同深度的灰度来表示。深灰色（数值最大）表示风险最高；浅灰色（数字最小）表示低风险；中度灰色则表示中度风险。根据上图，也可以针对每项目标单独评定某一风险的等级，也可为每项风险确定一个总体的等级水平，最后则可以汇总表格，从而比较并考虑风险的机遇和威胁因素。

2. 概率分布图

连续概率分布代表数值的不确定性，而不连续的概率分布可以用来表示不确定的事件。例如通过连续概率分布来表示进度和费用，用不连续概率分布来表示决策和后果。图 12—4 是常用的两个连续概率分布图（横轴表示时间或费用的可能性，纵轴表示相对概率）。

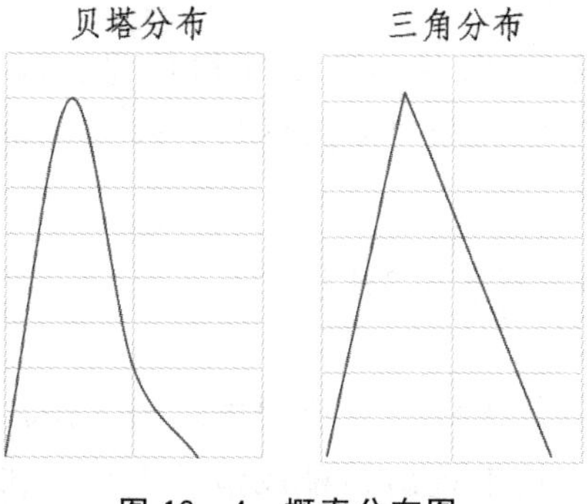

图 12—4 概率分布图

其他可用的分布还包括：均匀分布、正态分布、对数正态分布等。

3. 敏感性分析

敏感性分析是将其他不确定因素保持在基准值的条件下，考察项目的每项要素的不确定性对项目目标产生的影响的方法。[①] 敏感性分析的目的是了解与文化产业项目有关的主要因素对于项目投资价值指标的影响程度，从而确定哪些风险对项目具有更大的潜在影响，确定项目在应对各种风险时的承受能力。敏感性分析常用的工具为敏感性分析表与龙卷风图：敏感性分析表通过数据来表现项目不确定因素的变化率、内部收益率、变化幅度和敏感系

---

① 凯兹纳、爱华：《项目管理：计划、进度和控制的系统方法》，北京，电子工业出版社，2002。

数；龙卷风图则表示具有较高不确定性的变量与相对稳定的变量之间的相对重要程度。如图 12—5 所示。

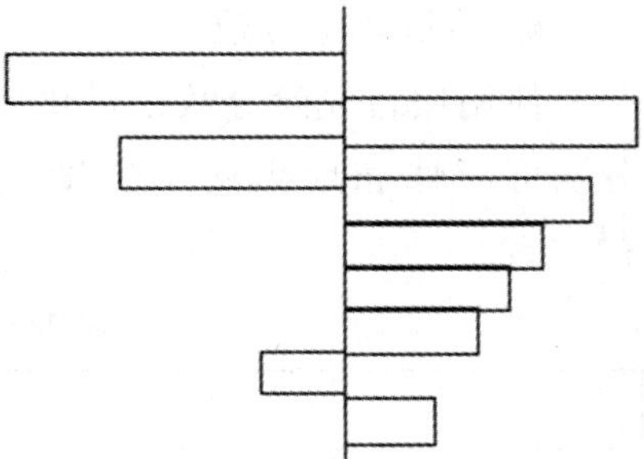

图 12—5　龙卷风图

龙卷风图有一个中心纵轴和一系列横条，横条长度对应于它们所代表的风险因素的影响。横条按降序排列，代表风险因素的影响力逐渐下降。

4. 损失期望值

文化产业项目风险损失期望值的计算公式如下：

$$E=\sum_{i=1}^{n}(P_i \times L_i)+\sum_{j=1}^{m}(P_j \times O_j)$$

在以上公式中，E 表示风险损失的期望值，P 表示项目风险发生的概率，L 表示项目风险的损失值，O 表示项目风险的收益值，i 和 j 分别表示项目的第 i 种或第 j 种风险。

因此要通过求得损失期望值来进行风险的定量分析，首先要分析并估计项目风险发生的概率、项目风险给项目带来的损失，然后求出风险的损失期望值，通过风险的损失期望值来度量项目风险的大小。

5. 决策树分析

决策树工具指的是对所考虑的决策以及采用这种或者那种现有方案可能产生的后果进行描述的一种图解方法。决策树描述的是在项目环境的不确定的情况下，每种可选择决策的费用和概率，以及每条路径的收益，通过量化所有收益得出每条路径即每种决策方案的预期价值。图 12—6 是决策树示意图。

决策定义	决策节点	机会节点	路径价值
制定决策	依据：决策的费用 成果：已定决策	依据：情景概率 成果：预期货币价值	计算：沿路径

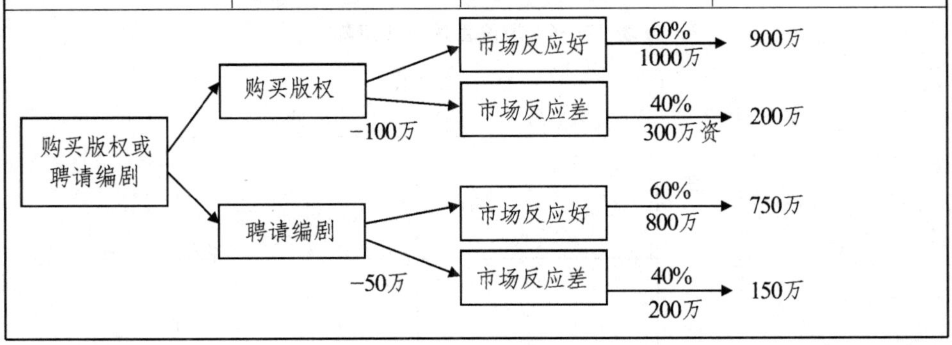

图 12—6　决策树

6. 项目风险分数

使用项目风险分数来量化风险，首先要对各个风险因素进行评分。评分从可能性和后果两个维度进行考虑，两个维度需要考虑的因素如表12—3：

表 12—3　风险分数量化表

	风险因素			
风险可能性（P_f）	成熟度（P_m）	复杂度（P_C）	依赖性（P_d）	
风险后果（C_f）	费用（C_c）	进度（C_s）	可靠性（C_r）	质量（C_P）

判断分值为：

非常低（0.1）、较低（0.3）、中（0.5）、较高（0.7）、非常高（0.9）

计算公式为：

$$P_f=(P_m+P_c+P_d)/3$$

$$C_f=(C_c+C_s+C_r+C_p)/4$$

$$RF=P_f+C_f-P_f\times C_f$$

判定原则：$RF<0.30$ 表示低风险

$0.30\leqslant RF\leqslant 0.70$ 表示中等风险

$RF>0.70$ 表示高风险

（三）文化产业项目风险分析的方法

1. 访谈法

访谈法是风险管理者通过对项目成员进行访谈来对风险概率及其对项目目标产生的后果进行量化的方法。访谈的内容则需要根据文化产业项目采用的概率分布类型来选定。访谈的结果可以通过风险管理评估矩阵来展现，矩阵可以将风险分为高、低两类（见表 12—4 风险管理评估矩阵 1）或者根据三点估算法分为高、中、低三等（见表 12—5 风险管理评估矩阵 2）。此外需要将风险阈值设定的标准进行标注，从而判断访谈的结果是否可信。

表 12—4　风险管理评估矩阵 1

		后果	
		高	低
可能性	高		
	低		

表 12—5　风险管理评估矩阵 2

风险因素	后果	可能性	潜在影响
某项风险	高	低	中

在文化产业项目风险分析过程中，风险矩阵不仅给出了项目风险的概率和后果的组合，也可以根据实际情况选用描述性文字和数值来记录访谈结果。

2. 专家判断法

专家判断法指的是文化产业项目相关专家和风险管理专家运用自己的经验来验证项目数据和技术，度量项目范围和成本风险，分析项目风险的概率和后果。专家判断法依靠专家的经验，通常用于代替或辅助其他的风险分析方法，但同样具有一定的可靠性。

3. 模拟仿真法

模拟仿真法指的是运用模型将详细规定的各项不确定性换算为对项目目标产生的影响，从而对项目风险进行分析的方法。模拟仿真法一般常用蒙特卡罗技术或三角模拟技术。在模拟中，风险管理者可以利用分析模型和软件模拟风险事件发生的条件和环境，通过反复计算得出反应项目风险概率的数值，为每个叠加过程选择的概率分布函数并据此计算概率分布，从而得到项目风险概率的模拟结果。针对不同类型的风险，可以选择不同的模型进行模拟。例如对于费用风险可以选择项目工作分解结构或费用分解结构，对于进度风险则可以选择紧前关系绘图法。

三、文化产业项目风险分析的过程和成果

（一）文化产业项目风险分析的过程

1. 项目风险信息的收集和筛选

在分析文化产业项目风险之前，风险管理者应有计划地建立起项目风险分析的系统，可以是人机系统也可以是人工系统，从而便于收集、整理和存储项目风险信息。项目风险的第一步为风险信息的收集，但这项工作并不是一次性的，而是在项目进行过程中持续不间断地进行。其次进行风险信息的筛选、处理、存储，为项目风险分析提供及时更新的准确数据。

2. 项目风险的分类

项目风险的分类工作就是项目风险管理人员根据经验对项目风险进行初步识别和性质判定。通过对项目风险的初步分析，了解风险的属性，根

据项目风险清单对风险进行分类，从而便于全面深入地了解该项风险。项目风险的识别和分类是进一步分析的基础。

3. 项目风险概率的分析

项目风险概率可以依据项目信息等，利用上述的工具和方法进行定性和定量的分析，从而对项目风险的概率及其分布进行确定。项目风险概率的确定是项目风险分析中最重要的工作之一，为风险的应对工作提供依据。

4. 项目风险后果的分析

项目风险后果的分析就是根据风险登记册和历史信息等数据，以及风险管理者的经验，对已识别出的风险进行后果及其程度的全面分析。风险后果的分析不仅包括确定风险给项目目标带来的是负面影响还是正面影响，还要确定后果的影响范围和损失期望值。

5. 项目风险优先级确定

在确定项目风险的概率和后果之后，就可以根据项目自身的特性和需要对项目风险的优先级进行确定，给出项目风险优先级序列。项目风险的优先序列的基本原则是后果严重、可能性更高的项目风险要优先进行应对和控制。

6. 项目风险分析成果输出

项目风险分析成果的体现可以是风险登记册或者风险分析报告，内容主要包括更新的项目风险清单、风险分类、概率和后果分析以及优先序列说明等。但项目风险分析并不是以成果输出为结束，而是根据项目的情况进行反复的风险分析，每次分析都会以输出风险分析成果为最后一步。

（二）文化产业项目风险分析的成果

风险登记册是在风险识别过程中形成并在风险过程中逐渐完善的风险管理成果，在风险分析阶段，风险管理者应根据定性和定量的风险分析将以下需要更新的内容纳入风险登记册中，为此后的风险应对和控制提供依据：

1. 项目风险的概率分析

2. 项目风险的优先级清单

3. 项目风险的类别分类

4. 风险趋势分析

表 12—6 总结了文化产业项目风险分析的依据、工具和成果。

表 12—6 文化产业项目风险分析总结

依　据	工　具	成　果
·项目范围说明书 ·项目规划 ·风险管理计划 ·风险登记册 ·历史信息和经验	·概率与影响矩阵 ·概率分布图 ·敏感性分析 ·损失期望值 ·决策树分析 ·项目风险分数	·项目风险的概率分析 ·项目风险的优先级清单 ·项目风险的类别分类 ·风险趋势分析

第四节　文化产业项目风险的应对

一、文化产业项目风险应对的概念和依据

文化产业项目风险应对指的是依据风险识别和风险分析的结果，为减少风险的威胁而制定方案、采取措施，从而削减和避免项目损失，为项目目标增加实现机会的过程。通过对文化产业项目风险的识别和分析，综合考虑项目风险的概率和影响，根据风险登记册确定的项目风险的优先级决定风险应对的策略和措施，形成风险管理方案、预防性措施、管理储备和保险契约等。

文化产业项目风险应对的依据主要有：

（一）风险管理计划

风险管理计划的内容包括风险管理者的角色和职责，风险判定的标准和风险管理的预算。其中以下具体要素可以作为文化产业项目风险应对的依据：各类风险的限度、风险管理人员分配、风险管理预算等。

（二）风险登记册

风险登记册作为风险识别的成果并在风险的定性分析和定量分析过程中进一步完善。风险登记册为风险应对提供信息基础，是风险管理者在制定风险应对策略时的参考。主要作为依据的内容有：已识别的风险、风险的来源、风险优先级清单、风险的趋势等。其中对风险的分类和对风险优先级的确定有助于明确风险应对的工作主次，确定近期需要采取应对的风险有哪些，需要进一步识别和分析的风险有哪些，需要保持观察的低风险有哪些，从而提高风险应对工作的效率和准确性。

二、文化产业项目风险应对的策略

（一）制定风险应对规划

在应对某项文化产业项目风险时应首先制定风险应对规划，综合使用

不同的风险应对策略，选取最有效果的策略或策略组合。制定风险应对规划的过程如下：

1. 通过风险分析工具选择风险应对策略，确定最适合的风险应对方法，必要时确定主要策略和备用策略；

2. 根据文化产业项目自身特点制定具体行动来实施该策略；

3. 根据风险管理计划对风险应对的预算，为风险应对措施的实施分配时间和应急储备金；

4. 制定应急计划，确定应急计划触发的项目条件；

5. 在主要策略被确定无效的情况下采用备用策略。

（二）消极风险的主动应对策略

消极风险是文化产业项目面临的主要风险，通常会对项目造成进度上、费用上的损失，影响项目目标的实现。在确定风险为项目带来的是消极风险后，项目管理者可以根据项目风险登记册对消极风险采取一定的主动应对策略，主要有以下三种：

1. 风险规避策略

风险规避策略指的是通过改变项目计划，放弃有风险的项目资源、项目技术或项目方案，以排除风险，或者保护项目的目标不受影响，或者降低项目目标要求。例如对于不成熟的高风险的技术可以通过延长进度或减少范围的方法进行规避。风险规避策略是最彻底的风险控制方式，对于文化产业项目来说，一般会在风险可能性大、损失严重而又难以转移和接受的时候选择规避策略。但选择规避策略时可能会放弃一定的经济效益或者产生新的风险，因此规避策略对项目管理者的经验知识、前期积累和经费支持都有较高的要求。

2. 风险转移策略

风险转移策略又称合伙分担风险，是将文化产业项目本身面临的风险后果连同应负的责任转移给第三方组织去承担的策略。风险转移并不是降低风险发生的概率或者减少风险造成的损失，而是将风险的管理责任转移给第三方，从而当风险发生的时候，风险造成的损失可以转移给第三方。对于文化产业项目来说，转移风险的策略一般应用于概率小损失大，并且很难由项目管理者处理的风险上，例如金融风险。风险转移的方法分为非保险转移方法和保险转移方法两类，而具体的工具则有保险、履约保证书、担保书等多种。非保险转移方法指的是借助合同或者协议将风险损失的法律责任转移给非保险的组织，包括通过买卖契约的出售和通过分包合同的分包。保险转移方法指的是通过签订保险合同，一方交付保费，一方承诺于特定风险事件发生后承担经济损失的风险转移方式。对于文化产业项目来说，通过固定总价合同将风险转移给卖方或通过费用加成合同将费用风险转移给买方都是风险转移的方法。

3. 风险减轻策略

风险减轻策略指的是提前采取行动减少风险发生的概率或减轻风险造成的后果到一个可以接受的临界值。提前采取一定措施降低风险概率和减少损失比亡羊补牢更加有效。对于文化产业项目来说，一般在项目组既不愿放弃风险项目也不愿转移风险责任的情况下，项目管理者才会选择风险减轻策略。风险减轻策略主要有两种，分别是损失预防和损失抑制。损失预防指的是在损失发生前为了降低造成损失的风险发生的概率，消除或减少风险因素，从项目风险的原因出发控制风险损失。损失抑制指的是在风险事件发生时或发生后采取措施减少损失发生的范围或损失程度的方法。①

（三）积极风险的主动应对策略

如果风险事件对于项目目标的实现存在积极影响，那么就可以采取适当的主动应对策略来增加积极风险的概率或者扩大积极风险的影响，从而有助于项目目标的实现。

1. 风险开拓策略

风险开拓策略指的是确定风险事件为项目带来的影响是积极影响后，通过消除与积极风险相关的不确定性来确保积极风险的发生。对于文化产业项目来说，采取风险开拓策略的前提是确定风险事件对于项目目标的影响是积极的。主要的方式是通过为保证积极风险的发生，为其提供更多的资源，以加快进度或实现超出预期的质量。

2. 风险分担策略

风险分担策略指的是根据文化产业项目的条件和相关利益者承担风险的能力的大小，与最能把握机遇、实现利益最大化的第三方合作，建立风险分享的合作关系。

3. 风险提高策略

风险提高策略应用于已识别出的积极风险事件，指的是通过促进或增强积极风险的成因，最大限度地发挥其驱动因素，强化积极风险的触发条

① 凯兹纳、爱华：《项目管理：计划、进度和控制的系统方法》，北京，电子工业出版社，2002。

件，提高其发生的机遇或扩大其积极影响的范围和程度，最终提高文化产业项目的机遇。

（四）风险的接受策略

由于很难消除文化产业项目的所有风险，如果遇到项目难以找到应对良策又难以消除或规避的风险时，项目管理者可以选择采取接受策略。接受策略可以应用于积极风险或者消极风险，也分为被动和主动两种方式。被动接受策略又称为风险容忍，即不采取任何措施，待风险事件发生时相机处理。主动接受策略为风险储备，即储备应急储备金和一定时间用于应对潜在巨大损失的未知风险。

三、文化产业项目风险应对的成果

（一）更新的风险登记册

经过风险识别形成的风险登记册在风险分析过程中进一步更新，而在项目风险应对过程中，将进一步选择适当的应对策略纳入风险登记册。其中高风险、中等风险的应对策略应根据风险优先级详略得当，优先级较低的风险也应纳入观察清单。风险登记册应纳入的内容包括：

1. 已识别的风险，包括风险描述、风险影响、风险来源；
2. 风险管理者的角色划分及其职责；
3. 风险优先级清单以及项目风险概率分析；
4. 风险应对的策略选择；
5. 风险策略对应的具体行动；
6. 风险应对的预算，包括费用预算和时间预算；
7. 应急计划以及应急触发条件，包括应急储备金计划；
8. 风险应对实施后可能遗留或导致的二次风险。

（二）项目管理计划

由于选择的风险应对策略以及其对应措施，项目管理的整体进度和控制过程也将发生改变，因此项目管理计划需要进一步更新，从而确保风险应对的措施作为项目的一部分得到监控和实施。

（三）项目风险管理计划

经过风险应对策略的选择，文化产业项目风险管理计划中应纳入的包括：项目风险识别和分析结果的说明，项目风险应对的责任分配，项目风险应对的计划及预算，项目风险策划的实施说明和项目风险应急计划安排等。其中最重要的是项目风险应急计划和项目应急储备金。

1. 项目风险应急计划

项目风险应急计划又称为项目应急预案，指的是项目组在假设项目风险发生的前提下，针对重大风险事件准备的行动计划，可以作为项目风险管理计划的一部分，也可以作为独立的项目风险应急计划。项目风险应急计划也应该根据项目风险的优先级确定应急计划决策者、设计应急计划触发条件、安排应急行动。

2. 项目风险应急储备金

应急储备金是用于缓解项目风险的常用做法，目的在于预防不可预知的风险，主要包括财务应急储备金、管理应急储备金和任务应急金等。风险应急储备金的计划应根据文化产业项目自身的特点进行设计。例如任务应急金可以用来抵消产生于个人任务或者工作包的风险，如预算削减、进度延迟和环境条件改变等；管理应急金则用于项目层次的更高风险的预算安全措施。同样如何使用应急储备金也应该作为项目风险管理的一部分进行合理计划。

延伸阅读

IP 改编电影项目的风险转移

1. 商业保险

通过商业保险转移风险是好莱坞比较成熟的转移电影风险的手段，也是采用普遍、科学有效的风险转移方式，有很多专门服务影视业的保险公司，如救火队基金保险公司（Fireman's Fund）、国际电影保险公司（International Film Guarantors）、伦敦劳埃德保险公司（Lloyds of London）等，为影视项目提供专业的、定制的保险业务，有效地规避了项目过程中的意外风险及不可控风险。目前，国内通过商业保险转移风险的实践极其有限，大多是为演员提供人身意外险，还有一些针对片场设备、设施的财产险。

近些年，国家也不断出台相关政策，鼓励保险公司推出适合文化企业的新险种。在宏观政策支持和市场需要的背景下，国内保险行业一方面应该引进熟悉电影行业的专业人才，积极探索新的保险业务，满足电影项目需求；另一方面大型保险公司可以在原有的基础上建立子公司或分公司，专门从事影视业的保险业务，为影视业定制特殊险种，提供专业化市场服务。

当下最为重要的一环是在保险行业和影视行业之间搭建一座桥梁，以影视专业方式分解各个“涉险”环节和风险水平，形成影视行业全流程的高风险透明度，以此吸引保险机构了解影视业、进一步涉足影视业，根据影视行业的需求以及保险公司的承受力设计相关风险转移的险种。

2. 引入第三方担保、监理机构

完片担保也是好莱坞转移风险常用的方式，担保公司或保险公司担保影片按进度和预算计划完成影片拍摄全过程，按时向发行人交付成片，否则将承担约定损失，从而有效转移电影项目的进度风险、资金风险等。这种方式的另一大优越之处在于担保公司作为风险的承担者，为了降低自身风险，会自觉行使监理人的职责，“监控影片的制作过程，包括拍摄的进展、开支状况、制片现场的走访等”，使得电影制片公司不必耗费专门人力进行监管，由担保公司和监理机构的专业人才完成。

鉴于国内关于影视项目担保的市场环境尚未成熟，可以先由政府牵头与大型保险公司合作，政府资金作为劣后方为影视项目提供担保；或者建立专项基金，鼓励国内担保公司和保险公司提供影视担保服务。通过政府引导的方式逐步引入市场化运作的担保、监理机构，有效转移影视项目风险。

资料来源：陈鹏、付怡：《IP 改编电影项目的风险评估及过程管理机制》，《当代电影》，2016（2），90—81 页。

第五节　文化产业项目风险的监控

一、文化产业项目风险监控的概念与目标

（一）文化产业项目风险监控的概念

文化产业项目风险监控指的是在项目进行过程中，根据项目风险管理计划对项目工作进行监督和控制以识别、分析和规划新生风险，跟踪监测已识别风险，重新分析已发生风险，检测应急计划触发条件，监测剩余风险，审查风险应对策略的实施和评估策略实施效果的过程。

文化产业项目是发展和变化的，因此项目风险也在发展和变化中，风险的控制就是一种主观改造事物的过程，使项目风险的信息更加符合客观规律、更容易被管理者识别和把握。可以说对项目风险的监控就是一个不断识别项目风险，不断修正风险决策的过程。项目风险监控的对象包括：项目风险的发展、项目风险的征兆、风险防范措施的效果等等，风险监控

的结果是使风险实现由不可控向可控的转变。

文化产业项目风险监控的基本原则是：在风险事件发生之前控制风险要素，降低风险发生的可能性；在风险事件发生中及时阻止或抑制其发展，减轻风险造成的损失；在风险事件发生之后迅速对风险损失进行充分有效的补偿，减少间接损失。

（二）文化产业项目风险监控的目标

文化产业项目风险监控是在项目期间不间断进行的过程，直接目的是为了确认项目风险的阈值是否发生改变，风险的状态和趋势是否发生改变，风险的管理是否恰当，并根据风险的情况修改应急储备金。对于文化产业项目的风险管理来说，风险监控要达到以下的目标：

1. 及时识别项目风险；

2. 积极采取风险应对措施；

3. 积极消除风险的消极后果；

4. 建立风险文档，吸取风险经验。

二、文化产业项目风险监控的依据和方法论

（一）文化产业项目风险监控的依据

1. 风险管理计划

文化产业项目的风险管理计划为项目风险的监控提供的依据包括风险管理人员角色分配及职责、风险负责人、风险监控时间和费用预算。

2. 风险登记册

经过风险识别、风险分析和风险应对三个步骤完善的风险登记册可以为文化产业项目风险监控提供的依据包括：风险监控的人员分工、风险应对策略及对应的具体行动、风险征兆和关键阈值、风险的优先级及观察清单、剩余风险和二次风险以及应急储备金等。

3. 工作绩效信息

文化产业项目的工作绩效信息包括项目可交付成果的状态、纠正性措施和绩效报告，工作绩效信息可以反馈出风险管理是否存在问题，风险监控是否达到预期效果，是风险监控过程中的重要依据。

4. 项目管理计划的修订和变更

项目管理计划随着项目的进行会进行修订和变更，包括工作方法、合同协议、范围计划和进度计划。修订和变更项目计划可能会引起新风险或已识别的风险的变化，因此风险管理者应对这些变更进行分析，并分析其

对风险登记册、风险应对计划和风险管理计划的影响。

（二）文化产业项目风险监控的方法

1. 风险再评估

文化产业项目的风险监控通常需要对新风险进行识别并对风险进行重新评估，重新评估的内容和深度需要根据文化产业项目的绩效情况而定。风险再评估的方法通常用于出现了风险登记册未预期的风险或者观察清单里未登记的风险。由于风险未被识别和分析，原有的风险应对策略可能无济于事，因此需要有针对性进行风险再评估，进行额外的应对策略选择，从而及时控制风险。

2. 风险审计

文化产业项目的风险审计指的是检查并记录风险应对策略，处理已识别风险及其原因的效果，也即风险管理的效果，从而对风险进行有重点的监控。

3. 储备金分析

应急储备金的分析指的是在项目进展的某些时间点上，将剩余的储备金金额与剩余的项目风险量进行比较，从而确定剩余的储备金是否仍旧充足。

4. 状态审查会

项目状态审查会可以定期召开会议，就项目风险管理进行讨论，会议的内容和时长根据已识别的风险、风险的优先级和风险应对策略的选择来决定。通过会议讨论，来对项目的状态进行分析，对可能发生和正在发生的风险进行分析审查。

三、文化产业项目风险监控的过程和成果

（一）文化产业项目风险监控的过程

文化产业项目的风险监控是有一定步骤并在项目进行过程中不间断进行的工作，主要的工作步骤如下：

1. 建立项目风险事件控制体制；
2. 确定要控制的具体项目风险；
3. 确定项目风险的控制责任；
4. 确定项目风险监控的行动时间；
5. 制定各个具体项目风险的监控方案；
6. 实施各个具体项目风险的监控方案；

7. 跟踪各个具体项目风险的控制结果；

8. 判断项目风险是否已经消除。

如果可以认定风险已经解除，则监控工作可以结束；如判定某项项目风险仍未解除，则需要重新识别风险。用流程图 12—7 表示项目风险监控的流程如下。

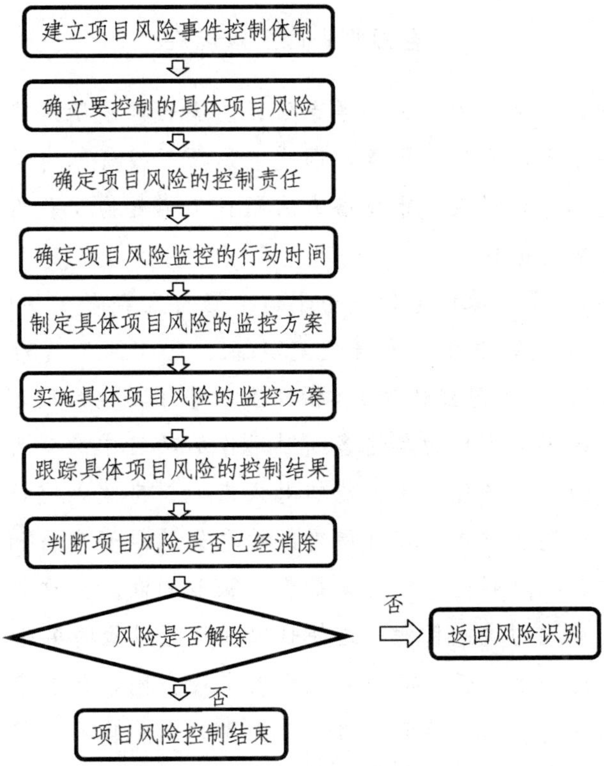

图 12—7 风险监控流程图

（二）文化产业项目风险监控的成果

1. 更新的风险登记册

在文化产业项目风险监控过程中，风险登记册应进一步更新，更新的内容包括：风险再评估、风险审计和风险状况审核的结果、项目风险实际结果和风险应对策略的实际结果。风险登记册可以就此完成文化产业项目的风险管理的记录，并形成项目收尾过程的依据和组成部分。

2. 更新的项目管理计划

在文化产业项目风险监控的过程中根据风险的变化提出的应急计划和权变措施以及推荐采取的应急措施，应该纳入整体变更控制的过程。如果批准的变更请求对风险管理过程存在影响，则应对风险管理计划的相应部分进行修改，并纳入更新的项目管理计划当中。

3. 组织过程资产

组织过程资产应包括风险登记册、风险管理计划、风险核对表和风险分解结构，并在项目收尾时给出最终版本。项目风险管理活动中的经验教训将有助于促进项目组知识库的丰富。

本章案例：

电影投资的风险规避

众所周知，任何的项目都要考虑项目的成长和风险规避问题。因为电影市场中存在很多的不确定因素，因此电影项目投资本身就是一件高风险的事业，因此如何选择具备市场潜力的题材不但是为了获得经济利益的前提，也是风险规避的保证。

《变形金刚》不是原创电影，由于这个题材已经形成了广泛的话题性，因此它作为一部改编电影，本身已经具备了巨大的消费潜力。正如《哈利·波特》系列、《纳尼亚传奇》《指环王》等续集电影同理。好莱坞大电影厂之所以将改编电影作为其诸多同时运作的项目中的一大主力，是因为这天然形成的消费市场优势不但能够对未来的票房收入有保证，而且这种票房市场的保证还能够在前期就使得改编电影的融资变得相对简单，因为电影投资人的目标很明确，投资就是为了赚取利润。而这种巨大的利润潜力正迎合了投资人的这一目的，这便是该片消减风险的第一个方法。

同样，任何一个项目，即使有很好的市场空间，但要素资源的选择也会影响电影项目的成功。导演作为一部高预算电影作品的投入资源，不仅需要具备驾驭“高概念”影片的能力，同时需要非常清晰地了解电影消费者们的观影偏好，并且更必须深谙如何以最低的经济投入获得最高的作品质量。

《变形金刚》控制风险的第二大方法是在合适的时机选择了合适的导演。

迈克尔·贝本身是拍摄商业广告出身的电影导演，因此，他对于影视作品如何投合消费者（包括产品消费者和电影消费者）的审美取向，并引发他们的购买行为具有极强的敏感性。他的电影以快节奏和爆破性的冲击镜头风格而著称，这种强烈的视觉表现方式受到年轻消费者的热烈欢迎。在正式接拍《变形金刚》之前，迈克尔·贝也正经历着事业的滑铁卢。然而，评估一位导演的盈利能力并不能以一部电影的得失而判断其今后作品的票房潜力。在表12—7中，以相对理想化的数学方法，将迈克尔·贝对影片的盈利能力进行一个简单的预估。

表 12—7　迈克尔·贝盈利能力的预估模型（假设）

电影	预算（万美元）	全球总票房（万美元）	盈利率
《石破天惊》	7,500	33,607	49%
《绝地战警》	2,300	14,165	105%
《末日天劫》	14,000	55,460	32%
《珍珠港》	15,150	45,050	−1%
《绝地战警 2》	13,000	27,254	−30%
《逃出克隆岛》	12,000	16,302	−55%
总计（不含《变形金刚》）	63,950	191,838	
平均（不含《变形金刚》）	10,658	31,973	17%
《变形金刚》	15,000	70,573	57%
总计（含《变形金刚》）	78, 950	262, 410	

数据来源：http：//www.the—numbers.com/.

票房以不进行通胀调整的全球票房的 1/3 为电影制片方的实际收入（在此不包含其他相关电影收入），依照如下公式：

平均盈利率＝[(全球总票房收入÷3)—总预算]÷总预算×100%

以迈克尔·贝从业以来的 6 部作品的总预算和全球总票房成绩为衡量标准，接拍《变形金刚》之前的影片平均盈利能力为 17%，同时，电影平均预算约为 1.06 亿美元。由此，可以判断迈克尔·贝具备了商业盈利能力。而如果以表格中的《珍珠港》的盈利率为参考，当影片预算大约在 1.5 亿美元时，刚好是迈克尔·贝的盈利能力的临界点，可以实现收支的平衡。再综合考虑《变形金刚》后续产品的盈利潜力、上映档期的影片竞争程度及其他变量，只要影片制作预算花费控制在 1.5 亿美元内影片亏损的可能性便不大。

在遭遇《逃出克隆岛》票房惨败之后，对于迈克尔·贝来说这的确是一个机遇。事实证明，斯皮尔伯格的选择并没有错。作为导演，迈克尔·贝的确是个具备经济头脑的省钱高手。

首先，迈克尔·贝能用最具效率的方法进行拍摄资金的分配。在经过了孩之宝的“变形金刚文化速成班”的短期培训之后，他能够用最快的速度明白什么才是这部电影票房取胜的关键。并迅速调整好对《变形金刚》的态度，从不屑一顾到狂热分子，个人体验的转变使他明白未来的这部电影不需要现实中的明星，变形金刚才是真正的明星。所以如何在画面上呈现变形金刚的形象才是至关重要的。因此他聘请了三家特效公司，乔治·卢卡斯的工业光魔，还有DigitalDomain和Asylum，共同制作《变形金刚》里的特效镜头，并将1.5亿美元中的85%都作为特效制作的酬劳。用这笔资金成功缔造了电影特效里可称之为里程碑式的视觉特效，至此为止从来没有一部电影的特效能有《变形金刚》这么多过。全片共有630个特效镜头，仅仅几十秒钟的画面中，就要体现上万个零件同时变化。电影中大部分变形金刚的出镜是以大远景或近景来体现的，这两种相对偏极端的景别使用可以避免过多地进行特效制作，同时，美工组还特别制作了变形金刚的1∶1模型，用于一些实拍的场景与后期CG的组合使用，以控制预算费用。

其次，迈克尔·贝在人员调配上，起用了自己的老班底。比如，电影中所有军队部分的细节，都由美国军官希勒负责，而这位军官就曾与迈克尔·贝在《勇闯夺命岛》《世界末日》中合作过。而《变形金刚》起用的5位风格迥异的特效剪辑师也全部与迈克尔·贝合作过。这就保证了创作团队中的每一工作人员不用花费太长的时间来适应迈克尔·贝的管理风格，减少团队合作间产生的摩擦，实际上也直接减少了制作和管理成本。

在音乐部分，迈克尔·贝选择了由原创与版权音乐共同组成。在原创音乐上，除了部分为了烘托宏大的场景时使用交响乐团的现场录制音乐外，不少地方使用了可以在电脑上制作的电子音乐，如具有重金属质感的摇滚乐等等。而版权音乐，只需要支付相应的版权费，不用支付过多的原创配乐费。因为通常这些配乐大师们的创作价格与电影中的配乐数量也是有联系的。你可以选择签下整部电影音乐的原创配乐费用，也可以选择只让他们制作其中的一部分，当然这两种价格是有差别的。

在外景方面，迈克尔·贝并没有像许多大片导演一样选择境外拍摄，而是全部在美国本地拍摄，这样不仅减少了运输费、食宿等其他费用的产生，同时，也能避免主创人员的工作精力分散。因为到一个新的地方，主创人员可能会出现水土不服而导致身体状况下降，或因新鲜好奇，想在拍摄工作之余顺便旅游的心情也不利于工作精力的集中。

第三，高效的片场管理风格。一部电影的拍摄周期也是影响制片预算的一大因素。不同于后期剪辑和特效制作，由于片场预算是由设备、场地租借费、道具预算、人员薪酬等各方面共同构成，因此片场拍摄每增加一天就意味着制片预算的增加。迈克尔·贝发明了被称之为“贝氏工作界面”的管理方法，要求每天在他到来之前所有的现场必须全部到位，同时一天工作12个小时从不加班加点。在高强度的现场管理节奏之下，不少镜头都是一遍即过，这不仅保证了所有的主创人员能够用最充沛的精力投入工作，还节省了胶片成本，并且也能保证在计划预算下的制片进度的顺利进行。除去设备准备的几天外，全部场景实地拍摄仅用了83天。

资料来源：张宏、王沁沁：《高预算电影运作的风险控制——〈变形金刚〉的制片与营销解析》，《当代电影》，2008（12）。

第十三章　文化产业项目收尾管理

根据美国项目管理协会的概念界定，项目收尾阶段是指项目按计划实施完工直至所有善后工作完成的阶段。文化产业项目收尾是一个完整的文化产业项目的最后阶段，只有经过了这个过程，项目才有可能正式投入使用，才有可能面向市场提供出预定的产品或服务，项目的利益相关者也才有可能终止他们为完成项目所承担的责任和义务，并从项目中获益。

第一节　文化产业项目收尾管理概述

一、文化产业项目收尾的含义

当一个文化产业项目的最终目标已经实现，或者项目各阶段的所有工作都已经完成，又或者虽然有些任务还没有完成，但由于某种特殊原因必须终止时，该项目便进入收尾工作。文化产业项目收尾工作是非常重要的一个阶段，它对于资源和经验的积累都具有重要的意义，因此，必须做好项目的收尾、交接工作。文化产业项目收尾工作的目的在于确认项目实施的结果是否达到了预期要求，并通过项目的移交和清算，确认项目可能带来的实际效益，进一步提升文化产业项目参与者对项目的认识，并从中汲取经验教训，运用到未来的项目管理实践中。

二、文化产业项目收尾工作的内容

文化产业项目收尾工作主要包括以下内容：对文化产业项目已经完成的工作成果或项目活动进行重新审查，全面了解项目完成情况；移交已经完成或取消的项目；建立某些特定程序，用以协调、核实项目可交付成果的各项活动并形成文件；与项目客户或赞助方进行联系和沟通，正式验收项目可交付成果；整理相关文档并存档；形成项目总结报告；解散项目团队。概括起来说，文化产业项目收尾工作主要可以分为项目管理收尾和项目合同收尾。

（一）项目管理收尾

文化产业项目管理收尾，也叫行政收尾，是指对整个项目或一个项目阶段的项目实施工作完成与终结的各种文件和信息进行收集、生成并分发的项目管理工作。文化产业项目管理收尾通过项目内容的考察与评估来确定项目实施的成果达成和利益实现，收集、整理项目活动的过程记录，合理处理经济和社会效益的成果，对所涉及信息进行归类存档并完成项目审计工作。在这一过程中，项目涉及的利益相关者参与其中，同时作为被观察和观察者，全方位了解、整理项目过程中的工作内容，需要完成项目记录的收集整理、分析项目成败、总结项目经验并存档保存等任务。详尽有效的项目管理收尾工作是下一个文化产业项目绝佳的参考文件。

（二）项目合同收尾工作

在结束了所有的项目工作后，项目合同收尾工作，顾名思义，就是对照项目合同条款，确认合同内容的实现，结清工作款项，签订收尾合同，解决未决之事的收尾流程。首先，收尾工作需要在管理收尾工作的基础上再次确认所有的项目内容已经完成或所有项目目标已经实现；其次，对项目过程进行系统审查，确保项目合同规定的所有工作已经按要求完成；最后，反馈结果，对于未达成合同要求的，需要更新合同记录，然后完成其他收尾工作。如若在合同中已说明项目收尾工作的具体规定，则项目收尾需要根据合同要求来进行。

三、文化产业项目收尾工作程序

文化产业项目的管理收尾工作和项目的合同收尾工作，在实际操作过程中，均有着严格的操作流程和操作方法。

（一）项目管理收尾工作流程及方法

文化产业项目管理收尾的最核心工作是对项目进行验收和审计。

1. 文化产业项目验收

文化产业项目验收，又称项目范围确认或项目移交，是项目或项目阶段结束时，项目团队在将项目成果交付给项目使用者之前，由项目接受方会同项目团队、项目监理等有关方面对项目的工作成果进行的审查。一般来说，文化产业项目验收包含项目质量验收和项目文件资料验收两部分。项目质量验收是依据项目质量计划及要求来衡量项目各项是否达到指标，尤其是对于项目中所涉及的文化内涵及其彰显内容的评估；项目文件资料验收是将项目开始过程中产生的项目策划、项目资料和涉及的参考资料全部包含在内的文件的保存、整理及交接。当项目质量验收合格、项目文件交接完整后，我们才能够对于项目做出更为全面、客观的评价，最终便于形成项目评估文件。项目验收的一般过程如图 13—1 所示：

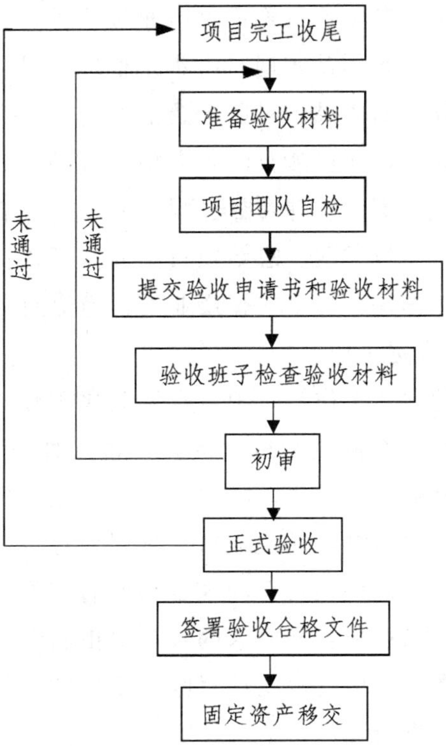

图 13—1　项目验收的一般过程

资料来源：金青梅主编：《文化产业项目管理》，175 页，西安，西安交通大学出版社，2011。

文化产业项目验收的最基本标准是具有法律效力的项目合同书的各项内容，其中包含项目过程的质量要求、工作要求及所需取得的项目成果等内容。除此之外，相关国际和行业标准、项目涉及的相关政策法规、甚至社会评价等均可作为项目验收的重要参考内容。

2. 文化产业项目审计

文化产业项目审计，是指相关审计机构依据国家的法令和财务制度、企业的经营方针、管理标准和规章制度，采用科学的方法和程序对文化产业项目活动进行审核检查，判断其是否合法、合理和有效，并借以发现错误、纠正弊端、防止舞弊、改善管理，保证项目目标顺利实现的一种管理活动。从确定审计的准备、实施计划、形成报告到提出建议再到归档整理，项目审计工作有着连续的工作流程。

审计准备：成立项目审计小组，形成审计工作周密的计划，其中包括明确审计的目的、确定范围、明确审计项目、形成项目审核清单和制定审计实施计划等。

实施计划：这是项目审计的重中之重，实施计划需要审计小组成员依照项目审核清单逐项进行检查，发现其中的错误或者弊端，并进行纠正或者调整。

审计报告：审计报告是项目审计形成的完整的书面文件，包含对项目审计资料的收集整理、项目审计评估、项目审计结论等。

提出建议：这是文化产业项目实现可持续发展和进行再创造的重要依据。一方面，根据审计报告提出项目过程中的问题和解决措施；另一方面，为其他文化产业项目提供参考。

归档整理：最后，项目审计过程中的全部文件包括项目审计记录以及各种原始项目材料需要整理归档、建立项目审计档案，以备日后查考和研究。

（二）文化产业项目合同收尾的程序和方法

1. 文化产业项目合同收尾的程序

文化产业项目合同收尾就是根据合同相关条款的规定，进行项目合同的验收、核实、移交和付款等工作，以及解决未尽事项、结束合同的过程。该阶段不仅要了结项目的所有合同协议，还要与管理收尾过程的相关工作相配合。合同收尾通常遵循收集合同资料、核实合同内容、整理归档合同资料的工作程序。

收集合同资料：在合同收尾中应收集的资料包括：合同正副文本、合同附件、备忘录、相关表格、清单以及在项目执行过程中所产生的会议纪要、合同变更申请及批准文件、合同补充协议，还包括一些技术文件、付款凭证、单据等财务记录、合同验收报告等。

核实合同条款：这一过程和上述验收审计管理相结合，确认合同规定的各项内容已经实现。

整理归档合同资料：这一过程在前两项工作的基础上将已有的大量文件进行整理、分类、编号、装订、存档，专门保存放置以供查阅。

2. 文化产业项目合同收尾的工具

（1）项目采购审计

文化产业项目的采购审计是针对项目起始投入到项目实现过程中所有的采购计划及其实施的审查。文化产业项目中涉及的采购内容不仅包含物资等实物资源，还包含文化资源、媒介资源等内容，其中涉及版权、宣传费用等需要仔细考究。项目采购审计的主要目的是为审计过程和其他文化产业项目提供一定的参考依据。

(2) 项目合同档案管理系统

文化产业项目合同档案管理系统主要包括项目合同基本信息管理、项目资金计划管理、项目交付管理、项目合同进度管理、项目合同成果管理、项目发票管理、项目合同变更、项目合同导出等内容。项目合同档案管理系统的合理运用，便于基础数据的迅速导出管理，为项目收尾提供精准的相关信息，及时反馈合同的瑕疵并进行改进，提高项目管理效率。

三、文化产业项目收尾结果

从形式上看，文化产业项目收尾结果是一系列的文件档案，包含正式验收的文件、项目档案、收尾文件等；从内容上看，是项目的经验教训与纵深发展趋势。

正式验收文件：表明项目客户或赞助人已经正式确认，客户的要求以及项目产品、服务或成果的技术规定已经满足。

项目档案：项目活动产生的文件，如项目管理计划；范围、费用、进度和质量基准；项目日历；风险登记册；规划的风险应对行动以及风险后果。

项目收尾文件：项目收尾文件包括表明项目已经完成的正式文件以及完成的项目可交付成果移交给诸如某运营单位等其他人的正式文件。当项目尚未完成就终止时，这份正式文件就指明项目终止的原因，并履行正式程序，将取消项目的已完成与未完成可交付成果移交他人。

第二节　文化产业项目后评估

一、文化产业项目后评估的基本概念

文化产业项目后评估，是在项目收尾后对项目的执行过程、目标达成、经济效益、社会影响等方面进行的系统、客观的分析，发现项目存在问题及改善之处，总结项目优秀经验的过程。相对于项目事前评估而言，

文化产业项目后评估是可供项目管理者、策划者等参考的一种经验总结。两者的对比见表13—1。

表13—1 项目前评估与项目后评估的对比①

对比项目	项目前评估	项目后评估
时点	项目的起点	项目竣工后
目的	确定项目是否可以立项	总结项目经验教训，改进新项目决策和管理服务
内容	应用预测技术，分析评价项目未来可能的效益，确定项目投资是否可行	总结项目的准备、实施、完工、管理和运营过程，进行分析和评价，预测对未来新项目的影响
判断标准	项目投资者要求获得的收益率或基准收益率（社会折现率）	主要分析项目前期评估的结论对比，兼顾项目的实际影响
作用	为确立项目的科学决策服务	知识管理，为未来新项目的科学决策提供参考，兼有反腐败与防腐败的作用

二、文化产业项目后评估的特点

（一）信息反馈作用

文化产业项目后评估是用来说明项目实际运行中的问题以及结束后所产生收益的实际情况的，它是对整个文化产业项目的总结性工作，是项目的有力补充。文化产业项目后评估是对项目的直接追踪和反馈，汇集了大量有用的信息，具有信息反馈的作用。

（二）事后评估为主

文化产业项目后评估是建立在项目收尾的基础上，更多项目的成果包括效益统计、资金利用等内容已经能够清楚地反映出来，相关数据更新能够帮助建立起事后评估的各项量化的评价指标。相比项目前的预测性评估和项目过程中的阶段性评估，后评估的事后评估特性建立在现实基础上，使其对比性、科学性和有效性更具说服力。由于项目后评估工作本身及其结果主要是用于对项目及其决策者的功过评价和奖惩，所以项目后评估具有很强的事后评估的特性，甚至有人将其称为“秋后算账”的特性。

（三）为运营决策服务

文化产业项目后评估的一大重要作用便是作为文化产业项目管理者、决策者和策划者的重要参考。时事在变化，不同阶段的文化产业项目策划

① 本节表13—1、13—2、13—3、13—4均参见金青梅主编：《文化产业项目管理》，177、180、184页，西安，西安交通大学出版社，2011。

和运营和实际总是存在一定的偏差。这种偏差是后评估的一项重要评估内容，不仅是项目现阶段的发展总结，更是对该项目下一阶段的持续发展做出的全面和高效的工作准备。因此，文化产业的项目后评估是为项目的运营和决策服务的。

三、文化产业项目后评估的要求

（一）客观公正

文化产业项目后评估始终需要建立在项目实施的实际情况基础上，以客观独立的态度去发现项目存在的问题，并进一步分析问题和提出解决方案。在此过程中，需要借鉴项目管理者或者决策者的自评内容，但是更多地需要从第三者的角度来完成整个项目的评估工作。客观公正是项目后评估的首要原则。

（二）精准实用

为使得后评估对于项目后续发展能够起到促进作用，需要具备精准的实用操作性。评估者在评估过程中需要运用准确的评估方式，避免各类误差。评估报告的写作中，评估者需要避免冗杂、难以理解的专业术语，专注于实用方法的运用，提出可供操作的具体方法。

（三）全面可信

项目后评估的全面可信原则要求评估者由小及大，考虑到项目的方方面面，包括项目经济效益、社会效益、项目成果、项目管理过程、项目效率等等。与此同时，后评估作为后续工作开展的依据和其他文化产业项目的重要参考，其效用很大程度上取决于其可信度。为确保项目后评估的全面可信，首先需要评估者具备专业的知识储备和丰富的工作经验；其次需要建立起全面的责任制度，实现问责到人、永久问责；最后，要求评估过程以及形成的结果均能够有据可依。在这一过程中，科学的评估方法的运用是提高评估效率以及可信度的重要方式。除此之外，建立起公开透明的工作制度，接受全面的监督，也有利于项目效果的有效发挥。

四、项目后评估内容与程序

（一）项目后评估内容

1. 收益后评估

文化产业项目收益后评估是以项目投产后实际取得的收益（经济效益、社会效益、环境效益等）以及隐含在其中的技术影响为基础，重新测算项目的各项经济数据，得到相关的投资效果指标，然后将它们与项目前期评估时测算的有关经济效果值、社会环境影响值进行对比，评价和分析其偏差情况及原因，吸取经验教训，从而为提高项目的投资管理和投资决策水平服务。它主要可以包含以下几类效益评价内容：

（1）项目经济效益评价：是针对项目产生的经济收益，评价其投资效率，财务管理等内容。

（2）项目社会效益评价：一方面需要从项目自身的文化效益入手，客观看待项目在文化传播、社会文化塑造等方面的作用；另一方面需要衡量文化项目对于周边环境以及社会环境、城市发展等带来的影响。

（3）社会环境效益评价：是对项目环境影响效果的审定，它不仅包含物理生活环境，也包含文化生活环境。

（4）项目可持续性评价：是对项目可持续性发展的认知，需要明确项目的投入产出的可持续性关系，鉴定影响项目持续发展的因素，从而能够提出切实可行的发展建议。

2. 管理后评估

文化产业项目管理后评估是以项目收尾验收和项目收益后评价为基础，并结合其他相关资料，对项目整个生命周期各阶段管理工作所进行的综合评价。针对各阶段任务、工作内容的实际情况进行分析，管理后评估能够通过比较分析来衡量出项目管理各环节的管理水平，总结经验和教训，便于今后的管理和发展。按照完整的项目流程，管理后评价可以划分成以下阶段进行评价：

（1）策划评估：根据实际运营状况来反思文化产业项目策划，重新认识项目定位、项目目标、营销方案、投资预算等内容，找出其中优缺点，总结策划提升方案。

（2）过程评估：针对项目过程中的实际操作，从项目工作进程、项目实施矛盾等方面来认识项目过程中的问题，从而进行解决的过程。

（3）投资管理评估：从投资者的投资决策到项目的资金到位、资金预算等入手，观察其从准备、监督到使用的过程，提炼其中管理经验。

（4）项目认知评估：开展对项目的满意度调查，广泛征求项目发展建议，从中分类整理出项目的可供改进之处。

除此之外，管理后评估还包含了项目效益评估、财务评估、社会环境评估等多个方面。

（二）文化产业项目后评估程序

文化产业项目后评估涉及项目选择、计划制定、完成评估报告等一系列过程。

1. 选择后评估项目

并非所有的文化产业项目均需要经历后评估流程。一般来说，对于范围较小、时期较短的文化产业项目完成项目总结评估即可。需要后评估过程的项目往往是涉及范围较广、项目内容较复杂、代表性较为突出或者出现重大失误的一类项目。在确定了项目的基础上进行独立评估（即通过第三方来进行评估）和自评的过程。

2. 编制项目后评估计划

项目后评估计划是确保评估人员在实施过程中有条不紊的重要手段。首先，需要建立第三方的评估小组来执行后评估工作；其次，签订委托合同，确定需要评估的内容范围；最后，确定后评估计划，包括评估的范围、目的、方法、工作流程、撰写报告等内容。

3. 自我评估和独立评估

评估小组需要组织自我评估过程，提倡项目管理者、决策者和策划、实施工作人员根据项目的实际完成情况和原来的预期相比较，总结出项目进程、项目效果、项目目标实现、项目建设经验等相关内容。与此相对应，需要评估小组采用专家咨询法、调查法等以第三方立场来对整个项目过程进行评估。

4. 完成后评估报告

评估小组在广泛收集相关数据、内容、归纳整理出有价值的结论基础上，完成后评估报告。要求必须反映项目真实情况，要求报告文字准确、简练，尽可能不用过分生疏的专业化词汇；项目后评估报告的结论、建议要与项目问题分析相对应，并与文化产业项目未来的发展规划和政策制定相联系。

五、文化产业项目后评估方法

（一）成功度法

通常来说，在文化产业项目实施后评价方案时，从综合的角度来评判其发展是较为全面的方式。项目综合评价包括了项目的成败分析和项目管理各环节的责任分析。综合评价一般采取成功度评价方法，该评价方法主要是依靠评价专家或专家组的经验，综合评价各项指标的评价结果，对项目的成功程度做出定性结论，也就是通常所说的打分的方法。项目综合评

价成功度评价是以项目目标的实现程度和经济效益的评价结论为基础的综合评价，成功度可分为五个等级。(见表13—2)

表13—2 项目综合评价成功度等级

项目综合评价成功度等级	等级描述
完全成功（A+）	项目各项指标都已全面实现或超过，项目取得巨大的效益和影响。
基本成功（A）	项目的大部分目标都已实现，项目达到了预期的效益和影响。
部分成功（B）	项目实现了原定的部分目标，项目只取得了一定的效益和影响。
不成功（C）	项目实现的目标非常有限，项目几乎没产生什么正效益和影响。
失败（D）	项目目标不现实或已无法实现，项目不得不终止。

（二）统计预测法

针对文化产业项目中具有现实统一意义的数据，诸如影视文化项目产生的票房收入、衍生品收入、版权收入、收视率贡献等具体的数据信息，评估人员可借用这些数据的对比、变化趋势等反映出来的内容说明一定的问题，并做出一定的预测分析。在项目经济和效益的统计中，统计学确定的不变价理论，使项目数据具有了统计性和可比较性，成为项目后评估中效益评价的一条重要标准。

（三）对比分析法

文化产业项目因其双重性质的特殊性，一些社会效益及隐性效益难以以具体的数据来测量。对比分析法，从面向客观事物入手，通过纵向对比、有无对比、横向对比等方式找出其中的重点和问题，挖掘隐藏在其中的本质和规律，从而解决问题并推动项目的持续发展。

前后对比法：将项目实施前的可行性分析报告与项目实际运营成果进行前后对比，找出项目变化内容，究其根源，提出改善措施。

有无对比法：假设项目未实行状况下与现已实行情况的对比，找出项目的真实效益和影响，可用于项目环境和社会效益的评估方面。

横向对比法：将项目与行业内同一类型项目做比较，分析项目优劣，从而发现项目的竞争力和可改善之处。目前各行业推行的标杆管理法，就是一种横向对比方法。横向对比法是对产生行业最佳绩效的最优项目管理实践的探索，也是一种项目团队学习的方法。

（四）逻辑框架法

逻辑框架法（logical framework approach，LFA）是一种综合和系统

地研究和分析问题的思维框架。LFA是用一张简单的框图来清晰地分析一个复杂项目的内涵关系，并将几个内容相关、必须同步考虑的动态因素组合起来，通过分析它们之间的关系，从项目设计策划到项目目标等方面来评估项目活动或工作。逻辑框架法通过对项目设计的清晰描述，更清楚地了解项目的目的和内容，在项目后评估中采用这种方法有助于对关键因素和问题做出系统的合乎逻辑的分析。

LFA的基本模式是一张4＊4的矩阵，如表13—3所示。

表13—3　逻辑框架法（LFA）的基本模式

层次描述	客观验证指标	验证方法	重要外部条件
目标	目标指标	检测和监督手段及方法	实现目标的主要条件
目的	目的指标	检测和监督手段及方法	实现目的的主要条件
产出	产出物定量指标	检测和监督手段及方法	实现产出的主要条件
投入	投入物定量指标	检测和监督手段及方法	落实投入的主要条件

实际应用的文化产业后评估的逻辑框架表，如表13—4所示：

表13—4　项目后评估逻辑框架表

项目描述	客观验证的指标			原因分析		可持续能力
	原定指标	实现指标	差别或变化	内部原因	外部原因	
项目宏观目标						
项目直接目的						
项目产出/建设内容						
项目投入/活动						

六、文化产业项目后评估报告的撰写

文化产业项目后评估报告是后评估的汇总结果，是有力的参考资料。它不仅描述了项目过程中的实际情况和客观问题，也是对项目的经验总结和拓展。

（一）文化产业项目后评估报告编写要求

文化产业项目后评估报告有相对固定的内容格式，在编写时应做到以下要求：

1. 项目后评估报告应真实反映项目情况，客观公正地分析项目存在的问题，认真总结经验教训。

2. 因为项目后评估报告是反馈经验教训的主要文件形式，必须满足项目信息反馈的需要。

3. 项目后评估报告要求文字准确清晰，尽可能不用过分专业化的词汇。

4. 项目后评估报告的内容和结论要与问题和分析相对应，要把经验教训、建议、项目后评估的结果和将来的项目规划和政策的制定与修改联系起来。

（二）文化产业项目后评估报告的内容

一般来说，文化产业项目后评估报告包含报告的封面与简介、报告正文和报告附件三大部分。

1. 报告的封面和简介

文化产业项目后评估报告封面信息应包括项目后评估报告的编号、密级、评估者的名称、隶属机构、时间等；项目后评价报告的内容简介应包括项目评估的一些假设前提条件等简要信息，如：报告的摘要和目录、项目简介、项目评估目标、项目评估指标权重的安排、项目的重要基础数据说明等。

2. 报告正文

文化产业项目后评估报告的正文部分一般需要包含以下几方面的内容。

项目摘要：主要是对项目的回顾，以简练的语言阐述文化产业项目的背景、建设目标、建设内容、工作计划和投资预算等内容。

项目前评估的情况：是项目实施前分析的依据和结论，是项目初期对于项目可达到效果的预测。

项目实际实施情况：是后评估报告的核心内容，包含项目建设过程中的详细内容，项目实际达成的各项成果及产生的效益。

项目后评估数据：是以量化的形式展现项目实施的各项结果，展现项目评估各项指标，分析影响项目实际效果的各项因素，对未来项目的发展做出预测。

项目后评估的结论和经验教训：是通过对比分析等方法得出的项目综合发展的最终结论，是项目经验教训的集合，是项目持续发展的重要指导。

3. 报告附件

文化产业项目后评估报告的附件，应包括支持项目后评估分析过程和结论所必需的各种文件和资料，如：项目前评估的一些文件资料，项目实际实施情况的各种文件资料，以及项目发生各种变更的文件和资料等等。

延伸阅读

文化产业项目评估的14条要素

第一，法律政策。文化经营更强调政策导向性，而文化产业是与意识形态密切相关的产业，经营者所从事的项目必须符合国家文化产业政策导向和限制等。在评估中要重点关注此点，文化产业项目不能存有侥幸心理和打“擦边球”的路线设计，否则，该项目面临的风险可能不是一般的商业风险。

第二，产业特征。考评文化产业项目的最基础要素就是项目要符合文化产业特征，必须具备规模效应、可复制性、产业延伸、盈利模式、持续发展等特征。

第三，文化背景。这是文化产业项目生存的土壤，最大的文化背景就是社会意志和公众容忍程度，主要包括民族文化、民俗民风、文化取向、宗教观念、道德观念及文化时尚等。

第四，消费需求。文化产业提供的产品或服务往往需要消费者的文化经验呼应，目标市场愈明确，消费人群的呼应度愈高。如何提炼文化产品或服务的普世价值，如何达到无障碍传播，需要耐心的学习积累，在无法做到市场全覆盖时，最明智的选择就是做明确的市场细分。

第五，执行团队。人才和团队是文化产业的核心价值所在，评估人员和团队的价值主要考虑以下因素：主要人员的资质、团队人员结构、创意能力、管理能力、专业能力、团队稳定性、拥有的人脉资源。

第六，宗旨分析。多数文化产业组织忽视了组织宗旨明晰化，一般做法是一有创业方向，就匆匆组建团队开始“摸着石头过河”，以致于出现主业不明显、分散化发展、战线过长、战略模糊、阶段性任务不清等致命问题。

第七，知识产权。核心的内容价值和知识产权价值是文化产业组织的根本竞争力，在文化产业项目评估中，独特的执行力、独有资源、授权资源、版权资源、专利技术、渠道资源、整合能力都是重要的评估指标。此外，文化产业组织在项目特点、技术应用、政府专项支持等方面的优势，也是评估中应注意的重点。

第八，规范管理。文化产业组织因其特性较难推行规范化、标准化管理，例如，人员和创意、设计等成本很难标准化，生产时间很难规范化，销售难以模板化等。但是，产业化管理的要求则是必须最大程度实现模板化、程序化、标准化、规范化，因此，一个文化产业项目的规范管理程度对其产业化发展、获得资本支持和企业上市等有重大影响。

第九，资金保障。文化产业项目因其培育期相对传统产业要长、风险控制困难，故而对资金保障的要求就更为迫切，因此，注册资本、固定资产规模、知识产权获利能力、筹集资金能力、银行借贷能力是文化产业项目评估的重要依据。

第十，盈利模式。文化产业项目有两条实现路径，即文化产业化和产业文化化，完整的路径则是先文化产业化后产业文化化。

第十一，营销推广。市场营销是文化产业组织实现生存发展的关键环节，也是目前文化产业组织的最薄弱环节。一个文化产业项目，除了要具备传统的渠道推广能力之外，还要有事件营销、体验营销、娱乐营销、互动营销等特殊能力。

第十二，风险控制。尽管文化产业项目的风险较难控制，但由于文化产业的每个行业都有一定产业规律，只要用心掌握这些规律和市场手段，就可以量化风险控制系数。

第十三，市场培育。文化产业提供的产品或服务在很大程度上受到消费者文化素养的制约，所以，有战略眼光的文化产业经营者，在服务现有消费者的同时，还会注意兼顾培养潜在消费者以及其他一些社会责任。

第十四，技术应用。规模化、集聚化、批量化、流程化、标准化等是产业化的标志，这需要应用互联网、多媒体、声光电、3G、防伪等多种应用技术，因此，应用技术也应当成为项目评估的重点。

资料来源：月明：《文化产业项目该如何评估》，《中国文化报》，2010年6月23日。

本章案例：

“欢乐春节”项目评估报告

近年来，中国对外文化交流工作得到高度重视，相关部门、地区都开展了大量卓有成效的工作。其中，文化部的“欢乐春节”成为一项对外文化交流重大品牌活动。2013年10月以来，文化部对外联络局与北京大学新闻与传播学院对“欢乐春节”进行了科学评估。本文选取了其评估报告的部分内容，以期对相关部门、相关地区的对外文化交流工作有所借鉴。

2013年10月下旬以来，文化部外联局与北京大学新闻与传播学院合作，选取“欢乐春节”“上海国际艺术节”这两项对外文化交流重大品牌活动进行评估，力求逐步建立起科学完善的对外及对港、澳、台文化工作评估体系。其中有关“欢乐春节”项目评估工作报告如下。

评估工作情况

评估工作分三阶段展开。

第一阶段：制定评估工作方案。11月初，根据文化部部长蔡武同志提出的“评估方法要创新，要确定指标、定量分析和引入第三方专家”的指示，文化部外联局与北京大学新闻与传播学院联合组成了课题组，以文化部近年来开展的对外文化交流重大品牌活动——“欢乐春节”作为试点，先后数次召开专题会，广泛征求局内有关处室负责同志、相关媒体记者和高校专家的意见，起草制定了较为完善的评估工作方案、指标体系和填报说明。

经过前期大量认真细致的材料筛选、汇总和整理工作，课题组认为，“欢乐春节”活动有两个特征：其一，它是由众多活动组成的一项对外文化交流品牌活动，因而必须对其各个子活动进行逐一的评估，再将各个子活动汇总，从而形成“欢乐春节”活动的总体评估。其二，它是世界上特有的文化交流活动，没有可横向对比的外国举办的类似文化交流活动。不像对新华社等媒体的国际传播力的评估，可以将其与路透社等国际知名媒体进行国际传播能力的横向对比。因而“欢乐春节”活动只能进行自身的纵向比较，例如，将2013年的活动与2010年的活动进行纵向对比。因此，对“欢乐春节”的评估必须由两种评估指标组成：一种是活动主办或承办单位自评指标。只有通过对参与“欢乐春节”各单位活动情况自评，才能知道该单位活动情况，才能将其汇总，形成反映“欢乐春节”总体情况的数据。另一种是专家评估指标，专家们根据历年“欢乐春节”活动的总体数据，对其发展趋势进行评估。

12月2日，评估工作专家组召开会议，对“欢乐春节”活动的评估指标体系进行了研讨和论证。评估指标体系按传播的目的性、传播力、影响力、可持续发展力四大核心指标，设计了9个一级指标：传播目的性分解为预期的社会效益、预期的经济效益；传播力分解为人力、财力、宣传/营销力；影响力分解为社会效益、经济效益；可持续发展力分解为创新开拓力、自我积极性。同时，分别设计了两类评估指标。一类是参加活动单位的自评和第三方评估指标（前者有24个二级指标和81个三级指标，后者有4个二级指标和25个三级指标)；一类是对活动发展趋势进行评估的专家评估指标（29个二级指标和173个三级指标）。

第二阶段：参加“欢乐春节”子单位试点自我表现总结评估。鉴于评估活动时间紧，参加“欢乐春节”活动的子单位多（2013年有385个），决定此次先进行30个子单位自我评估试点，以便为来年全面铺开总结经验。12月12日，外联局专门召开相关处室负责人的会议，对评估工作进行动员部署。各相关处室高度重视，依据自我表现评估方案，进行自我评估，提交了填好的自我评估表。12月16日搜集到填答自我评估表27份，其中有效自我评估表24份。课题组对24份自我评估表进行了统计分析。

第三阶段：专家总结评估。专家评估分两步进行。第一步由北京大学新闻与传播学院课题组组织对海外英文和中文媒体关于“欢乐春节”报道，进行宏观趋势的量化分析和微观的定性化的文本分析。北大课题组通过融文公司（Meltwater）利用搜索引擎和语义分析工具在网络上抓取与评估对象相关的中文和英文内容（主要是提及的数量和正面报道的数量），并在此基础上形成宏观的量化的效果评估；北大新闻与传播学院课题组师生，通过融文公司提供的和通过Google搜索到的相关报道文章，进行微观的文本分析，并适当运用深入访谈的方法，对“欢乐春节”的评估体系和活动进行访谈，形成交叉验证，补充和完善网络调查结果，确保有关成果和结论的科学性。之后，北大课题组向外联局提供了7篇研究初步成果。

第二步，外联局将各种初步研究成果的材料（包括24份自我评估表统计分析、我国对外文化交流重大品牌活动“欢乐春节”文化交流能力评估指标体系、“欢乐春节”国外媒体报道分析报告、“欢乐春节”访谈分析报告以及韩、日、印尼国民对“欢乐春节”认知和态度）发给专家组各位专家，供其会前审阅。12月19日，专家组举行会议，对“欢乐春节”活动开展评估会，通过现场质询、集体讨论得出了对“欢乐春节”活动评估的最终分值和整体评价，并对今后进一步办好“欢乐春节”提出了建议。

评估结果

总体评价

经过评估，大家认为，“欢乐春节”活动四年来按照中央部署，提升了对外文化交流能力，丰富了交流渠道载体，完善了管理体制，扎实推进中国文化走出去的步伐，取得了重要的阶段性成果。一是海外媒体对我国春节的报道量明显提升。“欢乐春节”系列活动的中英文媒体报道总量，从2010年起稳步上升，2010年为2196篇，2011年为3907篇，2012年为4553篇，2013年为6188篇。二是正面报道量快速攀升。根据融文公司计算机软件的机器分析，2010年正面报道101篇，占总报道量的5%；2013年正面报道2566篇，占总报道量的41%。对2013年美国纽约、华盛顿、芝加哥、旧金山、洛杉矶等城市以及夏威夷的英文媒体相关报道的人工文本分析显示：总数为626篇的英文媒体报道中，616篇为正面或中立报道，占98.4%；仅有10篇为负面报道，占1.6%。三是外国民众知道“欢乐春节”文化活动的人增多。2013年在印尼、韩国和日本的问卷调查显示，听说过“欢乐春节”活动的受访者，印尼为91.2%，韩国为65.1%，日本为36.0%。四是外国民众喜欢“欢乐春节”文化活动的人众多。上述问卷调查知道“欢乐春节”活动的受访者中，较喜欢和很喜欢“欢乐春节”活动的，印尼为64.6%，韩国为23.8%，日本为21.9%。

大家认为，“欢乐春节”在实际操作层面还存在一些问题和困难，需要研究解决。在传播影响力方面，经济效益与社会效益相比反差巨大。根据对24个活动项目样本的统计，传播的社会效益显著，到场观众数量的总数达到1669650人次，平均每项活动的观众数量达到79507.14人次。共有2142位国家政要参加活动，6916位文化精英参加。而24个项目样本的经济效益几乎为零。在可持续发展力方面，24个活动组织者对经济效益不满意，与对活动较为满意形成鲜明对照。活动组织者自我评价打分中，对活动总体满意程度的平均打分为93.6分（满分为100分，下同）。对活动经济效益的满意程度平均打分只有60.6分。对包括社会效益满意度、自我表现满意度及适合外国文化程度的其他各项都较为满意，平均打分分别为93.5、93.3及93.5分。在资源统筹方面，“欢乐春节”的主办和承办单位多样，特别是由于审批权限下放，一些部门和地方的春节外派项目没有报备文化部，为纵横向协调带来困难，致使个别团组在海外出现“撞车”现象。在发展战略方面，缺乏对“欢乐春节”全局性的深入研究；我们目前主要是派团，手段比较单一。与西方的圣诞节相比（圣诞节中有圣诞老人、圣诞故事、圣诞音乐，市场化程度高），我们的“欢乐春节”在系统设计、长期规划、运作方式上还有发展空间。

核定分值和改进建议

经专家评估，“欢乐春节”活动总分为87.8分（具体分值见表13—5）。

表 13—5　评估专家给“欢乐春节”的分值

核心指标	专家打出的分数	权重
传播力	86.6	30%
影响力	90.4	50%
可持续发展	83.2	20%
最终得分	87.8	100%

专家们建议对“春节”“欢乐春节”、各项活动名称等关键词的英文（外文）翻译需要统一。英文关键词的准确和统一的翻译也有助于活动后对英文媒体报道的数据收集。这次课题组请融文公司利用关键词抓取网上数字化媒体关于“欢乐春节”的报道就遇到了困难，影响了报道数据的统计。如在华埠站按“欢乐春节”关键词搜到的美国媒体报道为 0；而按活动名称关键词就可以搜到《华盛顿邮报》上的 2 篇报道，篇幅分别为 532 字和 1592 字（“Qingming Riverside,” China’s Folk—fusion Extravaganza，532 words；Dance as Cultural Ambassador，1592 words）。建议今后在“走出去”之前，应该把相应的英文/本地文信息通过网络渠道发布出去，对活动名称、活动场所、形象大使等均在第一时间配发英文的统一写法，便于活动举办地人士参考使用和有效传播。

专家们认为，“春节”的英文及其他外文的翻译亟待标准化。目前春节有多种英文译法：Chinese New Year，Lunar New Year，Spring Festival，Chun Jie，和 Lunar New Year（Chun Jie）。究竟哪个表达最适宜作为中国向海外推广春节的英文版关键词，值得研究和论证，应尽快使春节的外文翻译标准化。专家组成员初步意见认为，将春节英译为 Lunar New Year（Chun Jie）较好。

专家们认为，文化部这次实行定量指标测评、在自我评估基础上进行专家第三方评估的做法，是对以往总结评估工作的创新，工作方案和指标体系设置代表了当前国内学界和实际部门的高水准；评估结果较客观地反映了近年来对外文化交流取得的成效，有助于总结经验、查找问题、分析原因，对于下一步加强和改进我国对外文化交流能力建设工作有指导意义。

资料来源：《“欢乐春节”项目评估报告》，《公共外交》季刊，2014（02）。

参考文献

一、专著

1. 朱兰：《质量控制手册》，上海，上海科技文献出版社，1981。

2. 国际标准化组织ISO10006：《项目质量管理指南》，第一版，北京，标准出版社，1997。

3. 古津进著、陈立权译：《质量管理实践》，北京，商务印书馆，1998。

4. 王志纲著：《策划旋风》，广州，广东经济出版社，1998。

5. 凯兹纳、爱华著：《项目管理：计划、进度和控制的系统方法》，北京，电子工业出版社，2002。

6. ［英］格特（Gert Wi jnen）、鲁迪（Rudy Kor）著，戚安邦等译：《独特性任务的项目和项目群管理方法》，天津，南开大学出版社，2005。

7. ［美］项目管理协会（PMI）著，卢有杰、王勇等译：《项目管理知识体系指南》，第三版，北京，电子工业出版社，2005。

8. 邱菀华等编著：《现代文化产业项目管理——如何成功运作大型活动》，北京，机械工业出版社，2005。

9. 胡正明著：《市场营销学》，济南，山东人民出版社，2005。

10. ［美］彼得·德鲁克：《管理的实践》，北京，机械工业出版社，2006。

11. ［美］杰弗里·K. 宾图（Jeffrey K. Pinto）著，鲁耀斌、董园园、赵玲等译：《项目管理》，北京，机械工业出版社，2007。

12. ［美］哈罗德·科兹纳（Harold Kerzner）著，杨慧敏、徐龙译：《项目管理最佳实践方法》，北京，电子工业出版社，2007。

13. 戚安邦、张连营主编：《项目管理概论》，北京，清华大学出版社，2008。

14. 剑红、翁旸著：《电影市场营销学》，北京，中国电影出版社，2008。

15. ［美］哈罗德·科兹纳（Harold Kerzner）著，杨爱华译：《项目管理》，北京，电子工业出版社，2010。

16. ［美］艾伦·J. 斯科特（Allen. J. Scott）著，董树宝、张宁译：《城市文化经济学》，北京，中国人民大学出版社，2010。

17. 金青梅主编：《文化产业项目管理》，西安，西安交通大学出版社，2011。

18. ［英］阿兰·斯威伍德（Alan Swingewood）著，黄世权、桂琳译：《文化理论与现代性问题》，北京，中国人民大学出版社，2013。

19. 张立波编著：《文化产业项目策划与管理》，北京，北京大学出版社，2013。

20. 陆耿主编：《文化产业项目策划与实务》，北京，中国科学技术大学出版社，2013。

21. 赵晶媛编著：《文化产业与管理》，北京，清华大学出版社，2013。

22. 罗立彬、梁瑞主编：《文化市场营销学》，北京，高等教育出版社，2013。

23. 秦剑、夏聃著：《文化产业创意与策划》，北京，中国传媒大学出版社，2015。

24. 陈少峰、张立波、王建平主编：《中国文化企业品牌案例》，北京，清华大学出版社，2015。

25. 王忠主编：《文化产业项目管理案例分析》，武汉，华中师范大学出版社，2016。

26. 何群著：《文化产业管理学》，北京，中国人民大学出版社，2016。

二、论文

1. 柏定国：《基于项目管理的县域文化产业研究》，中南大学博士学位论文，2005。

2. 王刚：《创意产业发展中的项目管理》，上海交通大学硕士学位论文，2009。

3. 高文莉：《中美电视剧制播模式比较研究》，暨南大学硕士学位论文，2010。

4. 廖敏：《“隐形的翅膀”艺术展项目管理研究》，西南交通大学硕士学位论文，2011。

5. 张晓启：《宁波市文化广场建设项目融资管理研究》，东南大学硕士学位论文，2011。

6. 邓明兴：《JZ公司苏州数字电视整体平移项目风险管理研究》，电子科技大学硕士学位论文，2011。

7. 褚润萍：《体育产业投融资项目风险管理研究》，华东师范大学硕士学位论文，2012。

8. 姜军：《齐鲁动漫影视城项目效益评估研究》，中国海洋大学硕士学位论文，2012。

9. 邵梦烨：《电影〈101次求婚〉网络营销策划案》，浙江大学硕士学位论文，2013。

10. 刘景锋：《石景山区创意文化产业园项目质量控制研究》，吉林大学硕士学位论文，2013。

11. 程岩：《项目管理方法在影视制作工程中的应用》，北京化工大学硕士学位论文，2014。

12. 张硕：《天津市文化产业园区项目建设的风险分析与对策》，天津工业大学硕士学位论文，2014。

13. 舒心：《文化产业项目风险管理体系研究》，西南石油大学硕士学位论文，2014。

14. 马辉：《CSPN电视体育联播项目风险管理研究》，山东大学硕士学位论文，2014。

15. 杜云峰：《长春国际广场工程项目施工进度控制研究》，吉林大学硕士学位论文，2015。

16. 王冲：《商业地产项目成本管理研究》，华东理工大学硕士学位论文，2015。

17. 李绪红、周军：《中国风险投资企业项目管理的核心问题及其解决策略：组织和人力资源管理角度的思考》，《上海管理科学》，2004（2）。

18. 袁奇山：《中西项目管理中的文化差异》，《企业文化》，2004（2）。

19. 陈玉恒：《项目管理的文化解读》，《中国工程咨询》，2004（2）。

20. 郭毅夫：《论大型文化活动项目的风险管理》，《科技创业月刊》，2005（18）。

21. 霍学喜、谭文枫、牛军让：《庆阳香包民俗文化产业化项目组织管理浅析》，《陕西农业科学》，2006（2）。

22. 秦霖、邱菀华：《大型文化项目组织结构模式探析》，《北京航空航天大学学报》（社会科学版），2006（2）。

23. 万涛：《项目团队的冲突协调机制及其博弈分析》，《科技进步与对策》，2007（3）。

24. 刘彤：《文化产业项目管理的特点与关键环节》，《北京印刷学院学报》，2008（5）。

25. 张宏、王沁沁：《高预算电影运作的风险控制——〈变形金刚〉的制片与营销解析》，《当代电影》，2008（12）。

26. 任永庆、姚晓军：《项目费用风险控制研究》，《经济研究导刊》，2009（4）。

27. 杨远琼：《项目管理绩效提升策略研究》，《科技创新导报》，2009（8）。

28. 夏燕红、徐保根：《从“唐僧西天取经”看高效项目团队建设》，《经济论坛》，2009（22）。

29. 吕冠珠、丁荣贵：《管理知识型项目团队面临的挑战》，《项目管理技术》，2009（6）。

30. 程娥：《构建高效项目团队的关键点》，《经济研究导刊》，2010（12）。

31. 吴昱龙：《重视项目收尾管理工作》，《土木建筑学术文库（第14卷）》，2010。

32. 王文杰：《文化产业项目管理中的风险分析》，《现代传播：中国传媒大学学报》，2011（10）。

33. 蔡继静：《浅论影视投资风险管理》，《视听》，2012（7）。

34. 杨状振：《美国电视剧的制播技巧与类型实践》，《影视艺术》，2012（3）。

35. 方永恒、付丽莎：《文化产业项目后评价研究》，《广西社会科学》，2013（2）。

36. 尹希宝：《房地产项目质量管理研究》，《企业导报》，2013（1）。

37. 陈燕君：《受众满意度是质量评判的重要标准——文化艺术项目的质量控制研究》，《剑南文学：经典阅读》，2013（11）。

38. 胡雪瑛：《杨凌文化产业广场建设项目商业计划书》，《企业改革与管理》，2014（12）。

39. 李飒：《文化产业园风险管理体系研究》，《管理现代化》，2014（1）。

40. 李亢、安国山：《解读新媒体环境下基于大数据分析的电影营销——以电影〈后会无期〉为例》，《中国市场》，2014（52）。

41. 郝玉贵、万良永：《文化企业产品成本结构与核算制度创新——基于光线传媒的案例分析》，《财会学习》，2014（3）。

42. 张蕊：《电视节目生产中的项目管理方案探究》，《经营管理者》，2014（12）。

43. 赵鋆汐：《风险控制视域下的文化产业项目策划及管理研究》，《现代经济信息》，2015（1）。

44. 郁宁：《浅析风险管理技术在出版类移动 APP 项目中应用的必要性》，《媒体时代》，2015（8）。

45. 侯方园：《文化产业项目策划与管理风险控制》，《中国管理信息化》，2015（18）。

46. 袁圆：《市场营销中项目管理及其实践创新》，《现代营销》，2015（12）。

47. 高军、王睿：《文化产业项目风险集成管理模式研究》，《西南民族大学学报：人文社会科学版》，2015（1）。

48. 陈鹏、付怡：《IP 改编电影项目的风险评估及过程管理机制》，《当代电影》，2016（2）。

49. 刘晶、石罂：《解析〈芈月传〉的“互联网＋”营销案例，《媒介研究》，2016（5）。

50. 马华敏：《基于项目管理视角的营销管理创新》，《湖北函授大学学报》，2016（4）。

三、网络资料

1. 中国政府网
2. 新华网
3. 中新网
4. 网易新闻
5. 前瞻网
6. 光明网
7. 联合早报网
8. 百度百科
9. 新浪网

后 记

随着我国文化体制改革的不断深化和文化企业实力的持续增强，文化产业项目成为文化产业发展的基本载体和文化产业实践的落脚点，企业运作越来越多地以项目的形式出现，项目管理理念和方法引起业界广泛关注，从而引起了文化产业学界对“文化产业项目管理”课程的高度重视，近两年来，各高校文化产业管理专业纷纷将其列为专业必修课。

山东大学历史文化学院是国家第一批成立文化产业管理学系的高等院校，自 2004 年成立之后，不断完善学科教学体系，2008 年开始开设“文化产业项目管理”课程。授课之初，在全国还没有一本专门的“文化产业项目管理”教材，能够直接参考的资料也很少，因此，在 8 年的教学过程中，一边不断搜集相关资料，一边持续优化课程体系。本教材是在多年教学积累的基础上，参考学界最新研究成果和业界成功实践经验编写而成。教材体系以项目管理基本知识框架为基础，摈弃不适合文化产业项目的管理内容，增加能够反映文化产业项目属性的管理内容，实现项目管理基本知识与文化产业项目的合理对接，既反映项目管理的理念精髓，又体现文化产业项目实践的特殊规律。

本教材重视理论与实践的结合，每章除了正文部分，增加了延伸阅读资料和案例展示，能够有效地增强学生对学科理论知识的理解，提升学习兴趣。

本教材由唐建军拟定写作提纲、统稿、校正文字，并完成教材第一、二、三、四、五、七、八、九章的写作；教材第六、十、十二章的写作由我系文化产业管理专业研究生李桦完成，文化产业管理专业研究生万燕蓉以及本科生鞠增平共同完成了第十一章和第十三章的写作。

本教材能够按期顺利出版，要感谢福建人民出版社的大力支持，对参与本书审稿、编校的编辑们表示由衷的谢意！在本教材编写过程中，参考了大量国内外学界同仁的研究成果，在此也向这些专家、学者们表示感谢！

“文化产业项目管理”相对来说还是一门新兴的学科，在学科体系的探索过程中，难免有疏漏和不足，欢迎来自各方面的沟通交流和批评指正。

唐建军

2016年7月